1992

中国煤炭工业年鉴

煤炭工业出版社

编审委员会名单　（按姓氏笔划为序）

主任委员	范维唐					
副主任委员	万国程	马德庆	王成龙	陈明和	芮素生	苑振铎
	赵全福	梁　东	韩宗顺	潘惠正		
委　员	门迎春	于宝球	万国程	卫国福	马德庆	王文澄
	王成龙	方宝昌	王焕文	白凤祥	孙旭东	朱登山
	刘　刚	刘崇礼	陈炎光	陈明和	陈炳强	沈德琛
	芮素生	张双聚	张维昌	范学光	范维唐	苑振铎
	郝凤印	费文忠	赵全福	洪尚清	奚如豹	殷继昌
	梁　东	韩宗顺	鲍恩荣	魏元锐	戴必青	

编写出版人员名单

主　编	孙旭东	吴志莲				
责任编辑	井光山					
编写组成员	（按姓氏笔划为序）					
	马士杰	于伯忍	王便文	孔祥美	田玉章	刘　丹
	刘　富	刘洪波	关文侠	杜兴亚	李东辉	李作献
	汤稼轩	张大艺	张素娟	周国华	赵光杰	晏达宇
	黄玉治	黄坤福	梁冠畴	商登莹	董传馨	靳雨桐
	褚洁华	蔡燕莉	谭恩利	潘克功	滕利群	
版式设计	解　冰	侯海燕				
封面设计	郑玉水					
责任校对	米淑荣					
工作人员	龚正薇	杨慧玲				

第二届全国十大杰出青年——大雁矿务局第一煤矿矿长　张喜武

书库中之瑰宝

《中国煤炭工业百科全书》

由范维唐主编、800多位专家学者共同编撰的《中国煤炭工业百科全书》将由煤炭工业出版社于1994年出版。这是一部填补空白、传之后世的力作，是全面、系统、科学地介绍煤炭工业的有关知识，反映当今世界和我国煤炭工业发展水平的、具有完备检索系统的大型专业工具书。

全书共收4000余词条，约1000万字，囊括了古今中外煤炭工业的基本词汇和知识体系，分7卷出版。本书图文并茂，装帧精美，集学术价值、史料价值、收藏价值于一体。请注意出版日期。

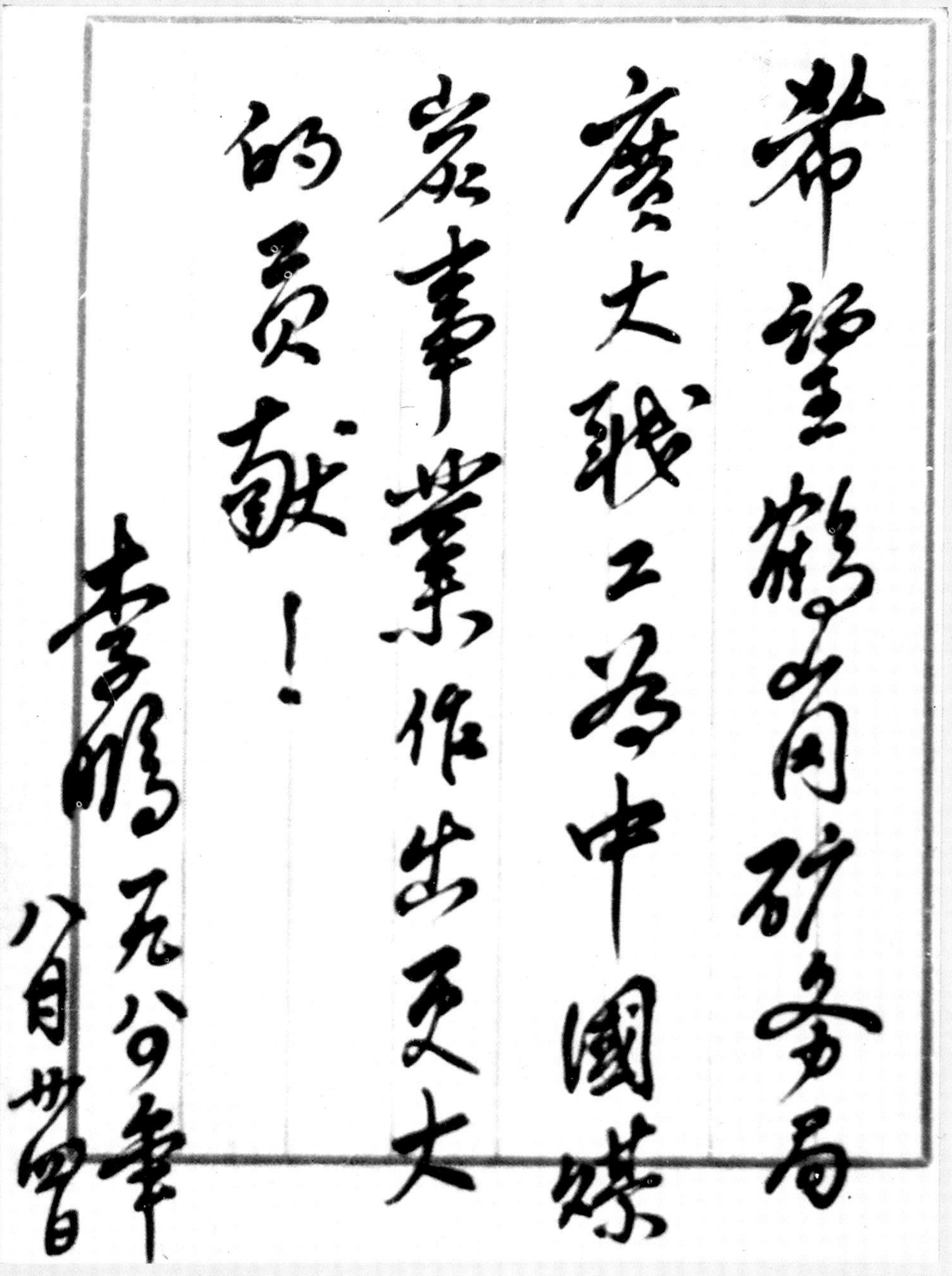

李鹏总理为鹤岗矿区题词

李鹏总理（左三）在鹤岗矿区视察

中共中央政治局常委乔石在中国工业 40 年展览馆鹤岗矿务局展室参观

中华全国总工会主席倪志福（左）在中国工业 40 年展览馆鹤岗矿务局展室参观

全国特大型企业
东煤集团主要成员
鹤岗矿务局

鹤岗矿务局位于黑龙江省东北部小兴安岭南麓的鹤岗市，现隶属东北内蒙古煤炭工业联合公司，系东煤集团主要成员之一。1945年建局后，曾为夺取东北人民解放战争的胜利做过重要贡献。建国后，经过几十年艰苦奋斗和大规模的开发建设，到1978年煤炭产量已突破1000万吨。目前，已成为拥有固定资产28亿元、下属31个县团级基层单位、17万职工、年产1800万吨煤炭的全国特大型企业。

多年来，特别是在党的十一届三中全会以后，鹤岗矿务局始终坚持走“挖、革、改”内涵扩大再生产的道路，领先科技进步，大上机械化，大搞标准化，积极改善产品、产业结构，大力发展多种经营，不断增加商品煤品种，是国家6大出口煤基地之一。煤炭产量连年持续稳定发展，安全生产创出历史最好水平，设备配套日臻完善，生产生活协调发展，三大主体同步前进，两个文明建设双轨运行，经济效益明显增强，企业后劲大有潜能。实行投入产出总承包责任制以来，共上缴国家税金3亿多元。1989年获全国煤矿优秀企业管理奖，并建成国家二级企业，1991年建成标准化局，是全国思想政治工作的优秀企业。1991年在全国500家最大工业企业中排第68位（按销售额排序），列全国煤炭企业第2位。

目前，这个局正以邓小平南巡谈话精神为指导思想，确立了“以煤为主、多元发展，依托优势，辐射内外、优化结构，科技兴局”的战略发展方针，和到1995年产量达到2000万吨的奋斗目标。全局广大职工在建设有中国特色的社会主义道路上，为实现矿区现代化继续开拓拚搏。

矿区面貌日新月异

中国统配煤矿总公司原总经理胡富国（右三）在鹤岗矿务局视察

东北内蒙古煤炭工业联合公司副总经理崔敬谦（右一）等领导同志在鹤岗矿务局井下视察

矿区新貌

党的十四大代表、全国思想政治工作创新奖获得者　　鹤岗矿务局党委书记史文胜同志

全国煤矿优秀企业家、鹤岗矿务局局长吕伯春同志

东北第一大煤矿（井工矿）——兴安煤矿

解放后，新中国建设起来的第一对现代化竖井——新一竖井

岩巷掘进机械化

小露天开采

新建的年入选原煤 300 万吨的峻德煤矿选煤厂

综采工作面

露天剥岩装载机械化

井下电机车双轨运输标准化大巷

煤炭列车编组外运

井下通风自动化监测

基本建设欣欣向荣

年设计发电量 15 万千瓦的热电厂

严格煤质化验，保证用户满意

综机维修

新区勘探

实行送饭到桌的餐厅化矿工食堂

鹤岗矿务局历来重视思想政治工作
图为全局政研会第七届年会

重介选煤

鹤岗矿务局档案管理晋升国家一级
图为考评现场

鹤岗局重视安全培训，被东北内蒙古煤炭工业联合公司评为先进单位
图为局安全培训中心的教学大楼

设备先进、医技力量雄厚的矿务局总医院

规范化学校——矿务局中学

瞧！幼儿园的小朋友们玩得多开心

矿区职工文化活动中心——文化宫

1992 年全局职工体育运动大会

局多种经营总公司机关办公大楼

多种经营总公司连获中国煤炭企协优秀企业管理奖

鹤岗矿务局多种经营总公司在中苏边界四大开放口岸之一的萝北县名山镇办起了旅游业
图为该公司航行在黑龙江水面上的“名鹤号”旅游船

大屯煤电公司龙东煤矿

龙东煤矿地处江苏省沛县境内，是一座年设计能力为 90 万吨的中型矿井，隶属于中国统配煤矿总公司大屯煤电公司。矿井于 1981 年动工兴建，1987 年建成投产。现有职工 3370 人。

矿井投产以来，全矿职工发扬“奋发进取、求实创新、团结奉献”的龙东精神，连续 3 年被中国统配煤矿总公司命名为“质量标准化特级矿井”；1989 年建成煤炭工业二级企业；1990 年产量达到 102.5 万吨，提前一年零一个月达产，被中国统配煤矿总公司命名为“现代化矿井”。

1991 年，这个矿积极响应国务院关于开展“质量、品种、效益年”活动的号召，认真贯彻新颁质量标准化标准，强化企业管理的基础工作，强化安全生产。全年完成原煤产量 102.6 万吨，全员效率达到 2.3 吨/工，比计划减亏 200 万元，安全生产创出了历史最好水平，质量标准化的 7 个单项指标全部达到部特级，跨入首批质量标准化新标准部特级矿井行列。

投产 4 年来，这个矿曾先后被中国煤炭企业管理协会授予首届中国煤炭工业优秀企业管理奖；被江苏省命名为煤炭工业先进企业；被能源部命名为国家节能二级企业；被中国统配煤矿总公司授予通风管理优胜矿、坑木低耗矿、三铁管理、木场管理标兵矿，火工品管理、机电管理、煤质管理先进矿；被江苏省命名为档案管理先进单位、二级计量合格单位；被中国统配煤矿总公司、煤矿地质工会命名为矿际竞赛先进矿。

目前该矿正积极投身于改革的大潮中，走减人、减面、增产的路子，实现一矿一面年产 100 万吨的奋斗目标。

党委书记　朱一龙

中国煤炭工业优秀矿长　宋振德

地址：江苏省沛县龙固镇

邮编：221613

电话：大屯煤电公司总机转 2249

电挂：3001

特大型煤炭生产基地
兖州矿区

兖州矿区是我国煤炭工业第一个为赶上世界先进水平而按现代化要求设计和建设的以大型矿井为主体的特大型煤炭生产基地。矿区位于山东南部，跨兖州、济宁、邹县、曲阜、微山等5县市。拥有兖州和济宁东部两大煤田，总面积885平方公里，地质储量92亿吨。规划建8对矿井，总生产能力为年产煤炭2275万吨。

该矿区70年代中期开始大规模建设，至1989年，仅用15年时间即建成了6对矿井，两座选煤厂，形成了1255万吨的生产能力和480万吨的洗选能力。建设期间，他们开发应用的10余项综合建井技术，达到世界先进水平，1990年获能源部煤炭工业科学技术进步特等奖，并被推荐申报国家科技进步特等奖。其中，他们自行施工的年入选煤炭300万吨的钢结构兴隆庄煤矿选煤厂主厂房，先后荣获了建筑行业鲁班（金像）奖和国家优质工程银牌奖。

兖州矿区的建设，为我国工业发达的华东地区提供了一个就近供煤的特大型煤炭生产基地。它拥有的优良的煤种和可根据市场需要进行加工的综合生产能力，不仅可为社会提供优良的动力用煤，而且可为大型钢铁厂提供低灰分炼焦配煤，为城市提供造气用煤，为制造以煤代油新型燃料——水煤浆提供良好的原料。

现在，兖州矿务局已成为煤炭工业中以煤为主，煤、电、运、煤化工、建材等多种经营共同发展，生产、基建、多种经营三位一体的现代化特大型企业。该局现有职工67000余人，其中，从事建井、建筑、机电、设备、安装、铁路、桥梁等工程施工的队伍近20000人。这个局1987年被原煤炭工业部命名为质量标准化矿务局；1988年被命名为现代化矿务局，并被国务院企业管理指导委员会批准为国家二级企业；1988年12月被批准为特大型企业。目前，兖州煤田的开发和建设工作已经基本完成；济宁东部煤田的开发和建设工作正在大规模进行中。

兖州矿务局机关办公大楼

1991年10月，能源部副部长、中国统配煤矿总公司总经理胡富国同志到兖州矿区视察工作

局领导深入基层，
和工人一起下井

依靠科技进步，南屯煤矿
安全生产 6 周年

井下高速铁路

设计生产能力400万吨的特级大型现代化东滩煤矿皮带运输线

现代化的矿井安全监测系统

荣获国家建筑行业最高荣誉奖——鲁班（金像）奖的现代化的兴隆庄煤矿选煤厂

职工食堂

建设中的 400 万吨的
济宁二号矿井

丰富多彩的文化生活

团结奋进　争创一流的平顶山矿务局一矿

平顶山矿务局一矿于 1957 年 12 月动工兴建，1959 年 12 月 25 日简易投产，设计能力 150 万吨/年。1974 年经过一期改扩建，该矿生产能力达到 240 万吨/年，1985 年又进行二期改扩建，矿井生产能力达到 400 万吨/年，跨入全国特大型矿井行列，并建成一座与此相配套、年入选能力为 340 万吨的动力煤选煤厂。

目前，全矿有职工 11930 人，拥有固定资产总值 34595 万元，是我国中南地区第一座现代化矿井和质量标准化矿井，全国煤炭系统第一个国家一级计量单位，档案管理国家一级单位，并建成煤炭行业一级企业，能源部思想政治工作优秀企业。还先后获得了河南省“文明单位”、“先进党组织”、“民主管理优秀企业”等称号。1991 年，又荣获河南省“质量管理奖”，是全省煤矿唯一获此荣誉的单位。

另外，在全面质量管理、企业标准化、会计、地测、经营调度、计算机应用等方面，也都达到部级标准，还被中国统配煤矿总公司和河南省命名为“全国煤矿职工生活福利标准化矿井”、“环境优美化矿井”。

在深化企业内部改革和完善经营机制的过程中，平顶山矿务局一矿以改革为动力，不断健全和完善基础工作，以全面安全管理为前提，以全面质量管理为基础，大搞质量标准化。该矿的综采工作面、掘进工程质量、机电管理、通风、运输、地质测量，都达到原煤炭部颁发的煤矿质量标准化的一级标准。

全矿职工以“团结奋进，创新求实，深入挖潜，争创一流”的精神，向高标准的现代化矿井迈进。

平顶山矿务局一矿矿长荣庆龙在井下指导生产

平顶山矿务局一矿的决策者们正在规划一矿的宏伟前景

平顶山矿务局二矿

平顶山矿务局二矿于 1955 年破土建井，1957 年 10 月 1 日简易投产，原设计能力为年产 21 万吨，服务年限 20 年。投产第二年达到设计能力，1971 年到 1975 年，原煤年产量连续 5 年实现翻番。

党的十一届三中全会以后，二矿职工坚持深化完善内部改革，发扬“艰苦奋斗，科技兴矿”的二矿精神，全力发展扩充采掘机械化，原煤产量逐年提高。从 1985 年实行 6 年总承包以来，全矿原煤产量稳定保持在 50 万吨以上，提前 264 天完成 282 万吨的 6 年总承包原煤生产计划，实现税利 1957.16 万元。1991 年原煤产量突破 55 万吨，创建矿历史最高水平，并实现了安全生产 1000 天的奋斗目标。

作为全局最老、最小、基础条件最差的二矿，勇于进取，狠抓企业管理，建设现代化矿井的步子越迈越大。他们是全局第一对最早实现产量翻番的矿井，在全局第一家建成了日处理能力为 3 万吨废水的坑口水厂，在全国煤炭行业是第一个坑木万吨耗最低的“坑木低耗标兵矿”，又是第一家在全国煤炭系统成功进行煤矿矸石山绿化改造实验的矿井，为煤矿环保工作提供了新鲜经验。

在二矿的发展史册上，全矿职工勤奋工作，无私奉献，写下了一页页光彩闪烁的篇章。继 1988 年经中国统配煤矿总公司验收成为平顶山矿务局第一批质量标准化特级矿井之后，二矿又先后被命名为中国统配煤矿总公司生产调度标准化特级矿井、地测工作特级矿井、节能管理国家二级企业、煤矿职工生活福利达标企业、会计工作三级单位，以及省级“综合治理先进单位”、省级“重合同、守信用”先进单位、省级“设备管理先进单位”、省级“仓库管理达标单位”、国家二级“档案管理达标单位”、国家“二级计量管理单位”等数十项荣誉称号。1989 年，经中国统配煤矿总公司验收，二矿晋升为煤炭工业二级企业。特别是 1991 年，经过全矿职工数年的艰苦努力，他们终于迎来了硕果累累的丰收季节，实现了盼望已久的奋斗目标——建成现代化矿井。

平顶山矿务局二矿领导班子在一起

全国煤炭工业优秀矿长——平顶山矿务局二矿矿长朱建林同志

瞧，矸石山绿化得多漂亮。图为中央电视台为平顶山矿务局二矿矸石山绿化摄像

平顶山矿务局五矿

平顶山矿务局五矿位于平顶山矿区中西部龙山南麓，是一个设计年产 120 万吨的大型现代化矿井。井田面积 10.83 平方公里，现有可采储量 3033 万吨。全矿现有职工 6000 多人，45 个基层单位。拥有固定资产 7795 万元。现任党委书记张云，矿长孙文志。

五矿于 1956 年 12 月 27 日破土动工，1959 年元月 1 日简易投产。30 多年来，五矿人发扬“求实、创新、信誉、效率”的平煤企业精神，以经济建设为中心，坚持改革开放，加强企业管理，推动科技进步，把五矿建成了特级质量标准化矿井、煤炭工业二级企业和现代化矿井。

在改革开放的大潮中，五矿为此深化企业改革，转换机制，变生产型为生产经营型，坚持质量第一、信誉为本，走减人、增效，少投入、多产出的路子。随着生产的发展，职工生活水平不断提高。在煤炭质量管理方面，实现全面质量管理，售出的原煤做到质级相符，不欠量、不亏吨。

五矿重视安全教育和安全管理工作，全矿职工牢固树立了安全第一的思想，建立了一整套安全管理制度，增加安全资金的投入，应用先进技术装备实行管理。该矿还坚持两个文明一起抓的方针，把精神文明建设摆上党政工作的重要议事日程，两个文明建设取得双丰收。

平顶山矿务局领导到五矿现场办公

平顶山矿务局五矿
党委书记张云

平顶山矿务局五矿矿长孙文志

平顶山矿务局五矿党政一班人

前进中的平顶山矿务局六矿

平顶山矿务局六矿始建于1958年，1970年7月1日简易投产，原设计生产能力为90万吨/年。1980年，经原煤炭部重新核定，矿井综合生产能力为120万吨/年，服务年限105年．1983年以后进行了矿井的改扩建工程，矿井生产能力增至210万吨/年。1985年以来，六矿连续3年被原煤炭部命名为“坑木低耗矿”、“坑木管理标兵矿”，1989年被中国统配煤矿总公司命名为“二级质量标准化矿井”，1990年又被授予“一级质量标准化矿井”。先后曾多次获得局级先进企业、局级坑木低耗标兵矿、金属支护用品管理标兵矿、精神文明建设和双廉建设先进单位、市级文明单位、卫生先进单位等光荣称号。

1991年，全矿6000多名干部、职工，在矿党委书记李元发和矿长孙永绍的带领下，创出了八项历史水平和五项近几年来的最好水平：现代化矿井建设在全局属总公司免检单位，1991年12月9日被中国统配煤矿总公司正式认定为现代化矿井；企业升级创历史最好水平，计量工作达国家二级，综合能耗被评为省级节能企业，取得了省级先进企业的光荣称号；矿井综合防尘达国家二级；职工生活福利达标，全年为职工办了24件好事等。同时，原煤产量提前23天，超2874吨完成了年计划，全年实际完成135.86万吨，超计划5.86万吨，超奋斗目标0.86万吨，创1987年以来最好水平；开掘总进尺，提前31天超17米完成了15300米的年计划，全年完成16519米，超计划1219米，超奋斗目标1019米；安全上实现了安全生产一周年，创1988年以来最好水平；被矿务局授予1991年度安全生产先进单位称号。

目前，平顶山矿务局六矿全体职工，正以饱满的热情和崭新的精神面貌，向新的目标、新的、更高的水平阔步前进。

平顶山矿务局六矿外景

平顶山矿务局六矿党委书记李元发

平顶山矿务局六矿矿长孙永

平顶山矿务局党政一班人

在建设高标准现代化矿井道路上阔步前进的

平顶山矿务局十矿

平顶山矿务局十矿位于平顶山矿区东部，煤田面积 22.5 平方公里。矿井于 1958 年 8 月破土动工，1964 年 2 月移交生产，原设计生产能力为 120 万吨，1982 年经原煤炭部批准进行了矿井改扩建，于 1986 年 12 月竣工，使矿井生产核定能力达到 180 万吨，从 1987 年以来，实际生产能力达到 200 万吨以上。十矿现任党委书记为郭景瀛、矿长为傅树林。全矿现有职工 7550 人，自投产到去年底，累计生产原煤 4176.6 万吨，现有固定资产 1.6 亿元。该矿坚持依靠科技进步发展生产，大力发展以综采、综掘为主的采掘机械化。目前，现有四个综采队，一个高档普采队、一个综掘队，1991 年采煤机械化程度达到 91.53%，其中综采机械化程度达到 76%，掘进装载机械化程度达到 94.93%，其中综掘机械化程度达到 23.1%，工作面单产达到 36566 吨，单进达到 184.37 米，综采二队连续两年创出了百万吨的好水平，综掘队使用国产综掘设备 1991 年 11 月创出了单孔月进 1031 米的好水平。

该矿认真贯彻落实党的十一届三中全会以来的路线、方针、政策，大刀阔斧进行了企业内部改革，1987 年被原煤炭部授于煤质管理先进矿井，1990 年被中国统配煤矿总公司授于“第二届中国煤炭工业优秀企业管理奖”，矿长傅树林同志 1990、1991 两年被总公司命名为优秀矿长。

该矿努力建设现代化矿井，于 1989 年底建成现代化矿井，1990 年 4 月由中国统配煤矿总公司正式命名，同年质量标准化达到特级，矿井通过了煤炭行业二级企业验收和命名。1991 年又被评为能源部统配煤矿矿际竞赛先进单位，安全生产实现了全年百万吨死亡率为零，综合防尘达到部一级。

该矿在生产和建设中，坚持两个文明一起抓，在建设和巩固现代化矿井中提出了“勤奋求实，争创一流”的十矿精神，开展了“真心实意，真抓实干”活动，提出了二三年内实现五化（井下标准化、井上花园化、食堂餐馆化、宿舍旅馆化、治安秩序化），建设高标准现代化矿井向煤炭行业一级企业迈进的目标，并被平顶山市授予“文明单位”和“环境优美工厂”。总产值达到 1050 万元。

1992 年，该矿进一步深化内部改革，转换经营机制，坚持科技兴矿，“严治矿，创水平”，稳产挖潜，提高两效，在建设高标准现代化矿井向煤炭行业一级企业迈进的道路上再展英姿，阔步前进！

平顶山矿务局十矿党政领导班子在规划十矿的发展远景

平顶山矿务局十矿党委书记郭景瀛和矿长傅树林在一起

平顶山矿务局十矿综采二队是年产超百万吨的采煤队

平顶山矿务局十一矿

平顶山矿务局十一矿拥有 4100 名职工，年设计生产能力 60 万吨，是目前平顶山矿务局唯一一对开采急倾斜煤层的矿井。井田走向长 3.75 公里，倾斜宽 1.9 公里，面积 7.13 平方公里。该矿井 1972 年动工兴建，1979 年 1 月简易投产，至 1984 年，6 年共生产原煤 150 万吨，每年生产原煤平均仅 25 万吨。

1985 年，统配煤矿实行投入产出总承包，给十一矿注入了活力。承包第一年，产量就比上年提高 29.2%，第二年就达了产，生产原煤 60.2 万吨，以后逐年提高，1990 年，被中国统配煤矿总公司命名为质量标准化矿井。

十一矿重视科技兴矿。他们积极培养和引进各类管理人才，目前，全矿 484 名干部中，具有中等专业以上学历的 278 人，占 57.4%，具有大专以上学历的 109 人，占 22.5%，具有专业技术职称的 164 人，占 33.9%，其中，具有高级技术职称的就有 8 人。

1991 年，全矿生产原煤 67.6 万吨，超国家计划 7.6 万吨，百万吨死亡率为 0，实现安全生产 900 天，经中国统配煤矿总公司验收，达到了现代化矿井标准，矿井晋升为省级先进企业，其中，计量、档案管理分别晋升为国家二级单位。

如今，矿党政领导正团结一致，在改革的道路上加快步伐，向新的高峰攀登。他们决心在近两年内把十一矿建成花园式矿区。

平顶山矿务局十一矿党委书记余安民

平顶山矿务局十一矿矿长李慎先

平顶山矿务局十一矿党政领导研究生产方案

平顶山矿务局田庄选煤厂

中国统配煤矿总公司平顶山矿务局田庄选煤厂，座落在河南省中部、平顶山东麓，是一座年设计入选量 350 万吨的重介浮选联合流程选煤厂。它由我国自行设计、施工，全部采用国产设备，总投资 6082 万元，厂区占地 27.87 公顷，于 1970 年 10 月 1 日建成投产。

全厂分为两个平行的生产系统，简单工艺流程是：原煤先经分级筛湿法分级为三个粒度级别，块煤（300～13 毫米）采用重介质斜轮分选机分选，末煤（13～0.5 毫米）采用重介质旋流器分选，煤泥（—0.5 毫米）采用浮选法分选。主要产品 1/3 焦精煤自 1979 年至今为河南省优质产品。

洗精煤产品供武汉钢铁公司、安阳钢铁公司等企业炼焦用，洗中煤及洗混煤供青山电厂、姚孟电厂等企业发电用，全部产品供全国 9 省、市 75 家大中型企业。

1970 年投产以来，全厂职工克服困难，使生产逐步走上正轨，尤其是党的十一届三中全会以后，精煤生产有了更大的发展。1970 年至 1991 年累计洗精煤 2925.25 万吨，实现利润 29581.15 万元，税金 9801.13 万元，连年超额完成国家下达的产量、利税计划。

近几年来，田庄选煤厂加强企业管理工作，先后获得省级先进企业、质量标准化一级选煤厂、洗水闭路循环二级选煤厂、省级文明单位等称号。

随着生产的发展，田庄选煤厂职工的生活福利也逐步得到改善，职工食堂、澡塘、旅馆化宿舍等生活福利设施荣获中国统配煤矿总公司达标先进单位等称号。企业文化活动方兴未艾，享有“集邮之厂”、“书法之乡”之美誉。

胡富国总经理来厂检查工作

煤泥处理车间

浮选车间一角

生产岗位计算机的运用

职工食堂

平顶山矿务局
香山多种经营公司

香山多种经营公司是平顶山矿务局下属的一家综合性多种经营集体企业，现有职工 2640 人，其中工程技术人员 61 人，高级职称 8 人，工业占地面积 16.4 万平方米，厂房面积 5 万平方米，固定资产 2000 万元，流动资金 800 万元，产值 2500 万元。

该公司的前身是平顶山矿务局九矿，由于矿井衰老，1989 年 7 月 1 日经原煤炭部批准报废，就地转产。1990 年 1 月 1 日由全民所有制转为集体所有制企业。转产后，在矿务局的正确领导和大力扶植下，坚持“报废、转产、搞活、发展”的指导思想，以煤为依托，大力发展多种经营，先后建起内衣厂、水泥厂、机械加工、汽车修理、缝纫、商店等多种经营厂点，缓解了部分富余人员和待业青年的就业压力。1991 年对建立的小厂进行了巩固、改善、提高、发展。同时，又多方筹集资金 750 万元新建了建筑陶瓷厂，为使产品生产成龙配套，又相继建起了钵匣厂，石英砂厂和内衣厂的漂染生产线。目前 2×5 万千瓦的坑口电厂项目国家计委已批准，资金已落实，一期工程正开始筹建。香山公司初步呈现出欣欣向荣，蒸蒸日上的局面。

公司下属的建筑陶瓷厂年生产马赛克 80 万平方米，具有国内先进水平，是河南省内最大的一家建筑陶瓷厂，釉面生产线正在筹建，不久将推出墙壁砖、地板砖等新品种；针织内衣厂，年产内衣 12 万打，漂染 500 吨光坯布，内衣品种繁多，花色新颖，产品远销欧洲、东南亚和中东地区；水泥厂可生产 400#、500# 的硅酸盐水泥和耐火材料，产品出口南朝鲜和日本等国家或地区；青年煤矿，年产 15 万吨优质焦煤，发热量为 6500～7000 千卡/千克，含硫 0.33%，灰分 14～16%，含矸率为零。

香山公司技术力量雄厚，地理位置优越，交通便利，工业广场内铁路、公路与国家铁路、公路相连，可代办运输。

香山公司厂貌

平顶山矿务局党委书记陈兆华来陶瓷厂检查指导工作

香山公司总经理陈安泉（高级工程师）

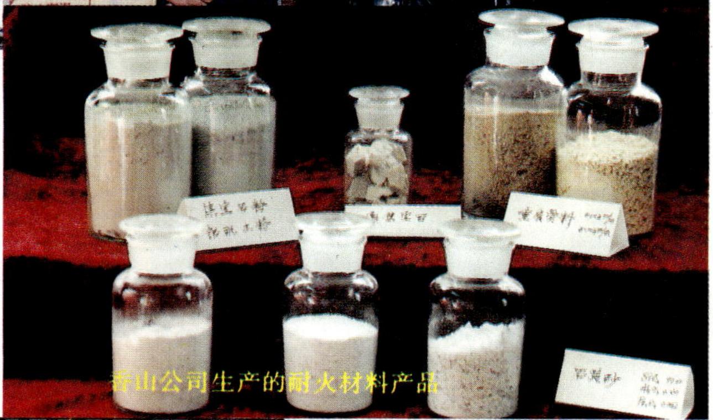
香山公司生产的耐火材料产品

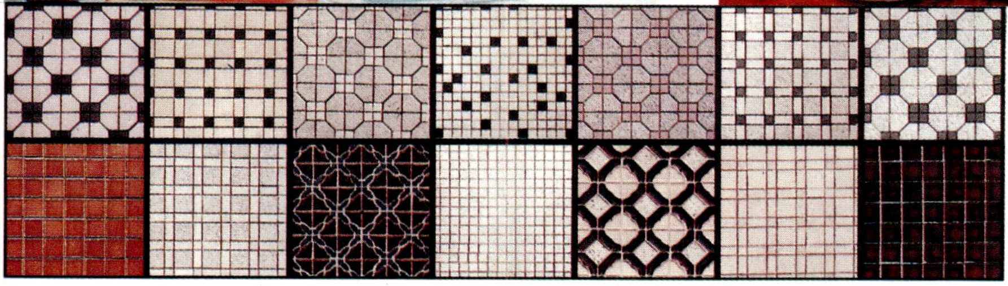
香山公司生产的马赛克产品

公司总经理：陈安泉
公 司 地 址：河南省平顶山市青石路
电　　　话：223831 转 59122
电　　　挂：7115
邮 政 编 码：467044

大同矿务局燕子山煤矿

大同矿务局燕子山矿是一座设计能力为年产 400 万吨的特大型矿井。井田范围走向 8.8km 倾斜长度 6.6km，面积 58km²，可采煤层 12 层，井田地质储量 5.6 亿吨，可采储量 3.8 亿吨，服务年限 67 年。区内煤种为二号弱粘接煤，发热量为 28 兆焦，为低灰、低硫的优质动力煤。

矿井始建于 1980 年 8 月 15 日，设计总投资 55091 万元，1988 年 12 月 20 日正式投产。1989 年 12 月 25 日，设计规模为年入选原煤 450 万吨的选煤厂建成投产。

投产以来，燕子山矿广大职工坚持社会主义企业方向，坚持改革开放，坚持两个文明一起抓，励精图治，艰苦创业，使生产建设年年发展，矿井面貌年年更新。特别是 1991 年，全矿“从两化建设入手，从生活福利起步”，大力改善职工生活福利，实现了食堂餐馆化、宿舍旅馆化、澡塘淋浴化，兴建了全局一流的集贸市场和矿区街心公园，完善了生活福利和文化娱乐设施等等。下大力气狠抓了矿井标准化建设，各项工作取得了突破性的进展。煤炭产量大幅度提高，安全实现了低控，质量标准化矿井、现代化矿井同步建成。

进入 1992 年，全矿深化企业改革，转换内部机制，大力发展第三产业，方方面面的工作都有了新的起色。矿井采煤工作面月平均单产达到 82559 吨，掘进工作面月平均单进达到 393.79 米，全员效率达到 3.277 吨/工。采煤机械化程度为 100%，掘进装载机械化程度为 100%，综合掘进机械化程度为 84.59%。通过改革，全矿形成了 2000 人搞生产、2000 人搞生活服务、2000 人开发第三产业的格局，成为全局机构最简、投入最少、效率最高、效益较好的一个矿井。

燕子山矿现有职工 6311 名，4 个综采队，3 个机掘队。目前，全矿上下正团结一致，奋力拚搏，为建成一矿、一队、一面的高标准现代化矿井，实现矿井1993年达产而奋斗。

雄伟，整洁的现代化矿井——燕子山煤矿

燕子山矿的各级领导时时
都把生产和安全放在心上

燕子山煤矿实现了质量标准化矿井、现代化矿井同步建成

大同矿务局云岗矿

矿长　王纪仁

云岗矿位于大同市西郊 17 公里处，与著名的云岗石窟相毗邻。井田南北走向约 13.1 公里，东西倾斜约 5.75 公里，面积为 59.75 平方公里。现有工业储量 6.4 亿吨，可采储量 4.3 亿吨，可采煤层 11 层，可采厚度 19.95 米，属高沼气矿井。

矿井 1966 年兴建，1973 年投产，固定资产原值 1.7 亿元，设计能力 270 万吨。经过历年的挖潜改造，产量以每年 6.77％的速度递增。建矿以来，已累计生产原煤 5670 万吨，累计上缴利税 6.05 亿元。全矿现有 3 个综采队，2 个综掘队，3 个普掘队，实际年产 400 万吨以上，是目前大同矿务局产量最高的生产矿井。

近年来，云岗矿以改革总揽全局，以提高经济效益为中心，深化改革，转换经营机制，主攻效率、效益，大力推行集约化生产，全面落实企业经营承包责任制，使企业的生产经营状况越来越好。煤炭产量从 1989 年开始连续三年突破 400 万吨，1991 年 3 个综采队和 2 个综掘队全部成为百万吨队和万米队。全员效率 1991 年达到 4.001 吨/工，工作面单产、采掘机械化程度都大幅度提高。特别是 1991 年实现利润 1719 万元，一举扭亏为盈。

云岗矿十分重视基础管理工作，不断完善运行机制，推进现代化管理，企业的整体素质和管理水平显著提高。1989 年一年之内建成质量标准化矿井，现代化矿井和煤炭行业二级企业。1991 年被中国统配煤矿总公司命名为新标准特级矿井、出口煤管理先进单位，被中国煤炭企业管理协会命名为煤炭行业一级企业。1992 年 4 月份被山西省委、省政府命名为"模范企业"。

云岗矿解放思想，更新观念，锐意改革，坚定地走以煤为主多种经营的发展道路。"断奶绝粮，逼上梁山"，大力发展第三产业的经验和做法，受到了来矿视察工作的国务院副总理朱镕基同志的高度赞扬。到目前为止，全矿从事多种经营，第三产业的已有云新实业公司、云煤建井公司、生产资料公司、电讯公司、生活服务公司、劳动服务公司、房地产开发公司等 7 大公司，经营网点 67 个。1992 年 1～8 月就实现经营额 2570.80 万元，发展势头良好。

坚持"两个文明"一起抓，使企业各方面工作得到全面发展。1990 年被大同市委、市政府命名为"文明单位"，被山西省煤管局命名为"思想政治工作先进单位"。1991 年被能源部命名为全煤系统思想政治工作优秀企业。

目前，云岗矿正在认真贯彻落实中央 2 号、5 号文件和朱镕基副总理来矿视察的指示精神，围绕 1992 年"依靠科技，推进两化；深化改革，提高两效"的总方针，努力实现自己的奋斗目标，即：(1) 1995 年以前，保证煤炭产量达到 450 万吨；1997 年达到 600 万吨；(2) 结构模式：3000 人从事煤炭生产，3000 人从事生产和生活服务，3000 人转岗从事第三产业，形成"3 个 3"的格局；(3) 效益以 1992 年利润指标为基数，每年增产 8％，即每年多交 192 万元；(4) 全员效率：1992 年达到 4.5 吨/工，1993 年达到 5 吨/工，1994 年达到 6 吨/工；(5) 继续下大气力狠抓安全工作。力争在短时间内建成高产高效现代化矿井。

铁道游击队故乡的一颗明珠

蒋庄煤矿

蒋庄煤矿座落在津浦铁路西侧、京杭大运河东畔、荷花飘香的微山湖边、山东省枣庄市和济宁市交界处。该矿井 1979 年 12 月破土兴建，1989 年 6 月投产，设计生产能力 150 万吨，井田面积 40.3 平方公里，地质储量 2.34 亿吨，可采储量 1.44 亿吨，服务年限70.6年。与之相配套的年入选能力150万吨的选煤厂，采用混合跳汰洗煤，生产质量可靠的 6 级炼焦配煤。

蒋庄煤矿全部采用综机采煤，掘进装载机械化程度达 100%，综掘进尺占掘进总进尺的 26.3%，井下运输实现了皮带化，生产调度、选煤监测、财务分析、劳动人事工资、生产计划实现了微机管理。

投产伊始，这个矿提出了“一年改变矿井面貌，两年实现质量达标，三年建成现代化矿井”的目标。全矿 4250 名职工发扬“艰苦奋斗，务实求新，争创一流”的企业精神，奋发图强，顽强拚搏，到 1992 年 6 月产煤 247 万吨，安全生产 881 天，科研成果 70 多项。职工食堂实现了饭馆化，宿舍达到了旅馆化，整个矿井绿树掩映，花香四溢。该矿 1990 年被枣庄市命名为“双文明”单位、被中国统配煤矿总公司命名为特级质量标准化矿井。1991 年被山东省煤管局党组授予端正党风先进单位、思想政治工作优秀企业。被山东省煤管局授予矿际竞赛先进单位。被中国统配煤矿总公司命名为职工生活福利先进单位、现代化矿井。

蒋庄煤矿这颗闪耀在铁道游击队故乡的璀灿明珠，日益放射出灿烂夺目的光彩。

蒋庄矿貌

党委书记黄宪林

矿长孙庆珍

团结奋斗创一流的三河尖煤矿

七·五期间国家重点工程之一的徐州矿务局三河尖煤矿位于风景秀丽的微山湖畔。该矿1979年12月破土动工，1988年8月12日建成投产，设计年生产能力120万吨，并建有一座年入选原煤120万吨的动力选煤厂。是江苏省年设计生产能力最大、储量最丰富、煤质最好、机械化程度最高、开采水平最深的矿井，也是江苏省最年轻和最有发展前途的矿井。

这个矿现有一个综采工作面，两个高档普采工作面和一个综掘工作面，采掘机械化程度均达100%。1991年生产原煤120.20万吨，提前两年达到矿井设计能力，1991年度先后被中国统配煤矿总公司命名为仓库管理、职工生活、一通三防、综合防尘、群众体育达标矿，1992年3月19日被中国统配煤矿总公司命名为现代化和特级质量标准化矿井。

三河尖煤矿矿长吴先瑞同志

三河尖煤矿党委书记张华周同志

中国地方煤矿
烟台培训中心
（鲁煤宾馆）

中国地方煤矿烟台培训中心、山东省地方煤矿烟台培训中心（鲁煤宾馆）是中国地方煤矿公司与山东省煤炭工业局于 1985 年共同投资 1400 万元兴建的，它坐落在美丽富饶的黄金海岸——烟台市。培训中心（鲁煤宾馆）不仅搞技术术培训，还可为公出、度假、旅游的八方客人提供优质的住宿服务。它位于环境优美的地段。

培训中心宾馆具有较完善的服务软硬条件，具有中、高档客房 140 间，床位 370 余张。房间内均配有卫生间、电话、彩电、席梦思床、地毯、沙发等设施，服务达到程序化、标准化和规范化。此外，宾馆还设有卡拉 OK 舞厅、游艺室、闭路电视和会议室、教室等，也是举办会议、学习班、疗养的理想场所。

培训中心下设的接待部除为客人提供优质的宾馆服务外，还组织胶东一日游（刘公岛、养马岛、长山岛和蓬莱阁），同时还开辟了烟台至平壤、莫斯科、泰国、马来西亚、新加坡及香港、澳门的旅游路线。培训部可为煤炭行业各单位提供培训服务。经营部主要从事煤炭、建材的经销业务，并可为各单位代购、代办胶东的水产品和水果等。

中心书记、经理刘仁昌热情欢迎八方来客光顾烟台。

整洁的接待大厅

依山傍海的中国地方煤矿烟台培训中心

中心书记、经理刘仁昌热情欢迎八方来客

中心有大小各异的各式会议室，可满足各种会议的需要

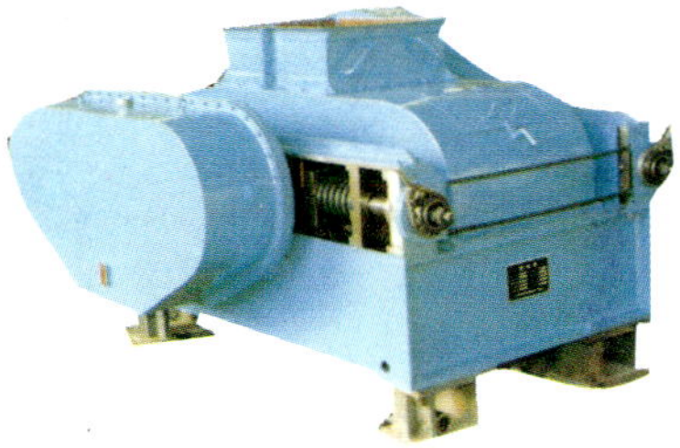

北票矿务局机电总厂

TLL—1000型立式螺旋卸料离心脱水机

主要技术指标

TLL-1000型立式螺旋卸料离心脱水机，适用于选煤厂0.5～13mm末煤脱水，处理能力150t/h，产品水分7～9%，工艺性能达到国内同类产品先进水平，荣获能源部1991年科技进步奖，被评为市优产品。

地址：辽宁省北票市冠山街　　电话：(04285) 22881
邮编：122100　　电挂：(矿) 4349

湖南煤矿安全仪器厂

AZL-60/60B过滤式自救器

当煤矿井下发生火灾或煤尘、瓦斯爆炸时，佩戴该过滤式自救器能使矿工免遭灾区CO的毒害，从而逃离灾区环境，脱离危险。

产品型号	防护时间 (min)	质量 (g)	长×宽×高 (mm)
AZL-60型	60	1100	100×94×145
AZL-60B型	60	940	100×94×122

地址：湖南省长沙市河西石岭塘　　电话：82650
邮编：410013　　电挂：1344

苏南煤矿机械厂

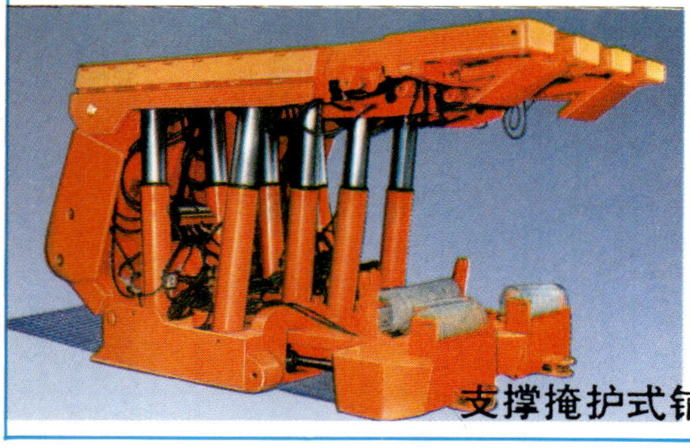

支撑掩护式铺联网液压支架

主要技术指标

型　　号　ZZP6000/19.5/31L
适用范围　5m以上厚煤层分层开采，倾角小于12°，顶板为坚硬砂、砂砾岩，顶板压力小于10MPa，采用全部垮落法顶板管理。
支架高度 (m)　1.95～3.1

支护宽度 (m)　1.5
初撑力 (kN)　5210
工作阻力 (kN)　5880
支护强度 (MPa)　0.852
切顶力 (kN)　4239
铺联网方式　架前自动铺联底网
支架质量 (t)　14.9

地址：江苏省常州市　　邮编：213012
电话：600665　600450　　电挂：5685

苏南煤矿机械厂

主要技术指标

LM-120型反井钻机：

87年4月通过技术鉴定
90年获部优、省优产品称号
91年获国家质量金质奖

钻机全液压驱动，机械化程度高，适合于单向抗压强度为80～150MPa的岩石，用于钻凿井下煤仓、通风孔、泄水池等暗井工程。该机1987年4月通过技术鉴定，1990年获部优、省优产品称号，1991年获国家质量金质奖。

导孔直径 (mm)　244
扩孔直径 (mm)　1200
钻孔深度 (m)　120
钻孔倾角 (°)　60～90
主机功率 (kW)　62.5
主机质量 (t)　8

地址：江苏省常州市　　电话：600665　600450
邮编：213012　　电挂：5685

ZFY (LM) -120型反井钻机

中国煤炭工业进出口总公司

中国煤炭工业进出口总公司于1982年7月成立，是经国务院批准的中国煤炭行业从事对外经济贸易的全国性专业化公司。

总公司实行工贸结合、技贸结合，统一经营全国煤炭进出口业务，经营煤炭技术和机电设备及矿产品的进出口业务，经营利用外资开发煤矿业务和有关煤炭合作项目以及经营煤炭系统第三产业商品的外贸业务。

总公司所属的专业公司有：中国煤炭进出口有限公司、中国煤矿设备进出口公司、中国煤炭开发公司和中国煤炭进出口深圳公司。在国内有关省、市设有12个直属分公司和办事处，在日本、比利时、英国、韩国、泰国、香港等地建立了代表处、独资或合资公司。

中国煤炭进出口总公司本着平等互利的原则，热诚欢迎各国煤炭界、工商界、贸易界、金融界人士和公司为开展友好合作，扩大中国煤炭出口，引进国外先进技术和设备、资金和管理经验，发展煤炭工业的对外经济技术合作和贸易往来。

总经理：卫国福

副总经理：宋　勤、陈荣寿、施毓才

黄绍辰、邹保林、谢鸿秋

地址：中国北京市朝阳区霞光里八号

邮政编码：100016

电话：(01) 4678866（中继线）

(01) 4677032（经理办公室）

电传：211273　CNCIE　CN

211274　CNCIE　CN

211275　CNCDC　CN

传真：(01) 4664863、4677038

电挂：北京　3520（国内）

CNCIEC　BEIJING（国际）

湘潭煤矿机械厂

湘潭煤矿机械厂主要生产矿山掘进、提升、锚喷支护、高压防爆电器等设备，并承担过国家“六五”、“七五”重点科技攻关项目的研制，本厂产品行销全国各省市、自治区，部分产品出口国外，深得用户好评。

BGP_8-6 矿用隔爆型高压真空配电装置

JKY2.5/1.2BS 型防爆液压矿井提升机

JZZ8/12Y 型全液压钻装锚机组

地址：湖南省湘谭市建设路口
邮编：411104
电话：61899
电挂：1681

南桐矿务局

南桐矿务局是重庆地区主焦煤生产基地之一，隶属于中国统配煤矿总公司，为二类大型企业，下属五矿三厂，职工 2.6 万人。该局固定资产原值 3.8 亿元，核定生产能力225 万吨/年，1990 年生产原煤 236 万吨，销售收入 2.63 亿元。

产品与销路：南桐矿务局煤炭产品主要有冶炼精煤、混煤、选电煤、动力配煤、洗配锅炉煤、沸腾煤等。其它产品还有硫精砂、325 和 425 号矿渣硅酸盐水泥及沸渣硅酸盐水泥、二氧化碳吸收剂、钠石灰、沸渣砖、各种矿用橡胶制品等。煤炭产品以重庆经济区为主要市场，近 10 年来还远销于江苏、浙江、上海、湖南、湖北等 7 省 1 市。

该局自然条件较差，但是近年来他们坚持改革开放，依靠科技兴矿，大搞综合加工利用，从 1986 年以来，先后被国家经委、煤炭部等授予“全国企业整顿先进单位”、“全国厂长负责制搞得好的单位”、“全国资源综合利用先进集体”、“全国科技进步先进单位”、“全国工业普查先进单位”、“全国思想政治工作优秀企业”等称号，1990 年又被批准为“省级先进企业”、1990 年度又获“重庆市企业管理优秀奖”。改革 10 年来，该局实现了产值翻番，职工人均收入翻番，质量提高，消耗下降，矿区面貌大为改观。

南桐矿务局被国务院全国工业普查领导小组授予国家级先进单位称号

自 1986 年以来，南桐矿务局已连续 5 年获得“全国思想政治工作优秀企业”称号

南 桐 矿 务 局
局　　长：张滋云
党委书记：刘志清
地　　址：重庆市南桐矿区清溪桥
电　　话：71724
电　　挂：3815
邮政编码：630802

编 辑 说 明

《中国煤炭工业年鉴》创刊于1982年，是一部记载中国煤炭工业发展全貌的文献资料性工具书。1992年版《年鉴》由能源部、中国统配煤矿总公司、东北内蒙古煤炭工业联合公司和中国地方煤矿公司组成的《中国煤炭工业年鉴》编审委员会审定编辑方针及原则，由《中国煤炭工业年鉴》编辑部编辑，中国煤炭工业出版社出版发行。

1992年版《中国煤炭工业年鉴》用翔实的统计数字和丰富的材料全面系统地介绍了1991年中国煤炭工业的基本情况，并着重反映了在党的十三届三中全会关于治理经济环境，整顿经济秩序，全面深化改革的总方针的指导下，我国煤炭工业为实现"一番保两番"的战略目标，继续深化改革，抓好三件大事、三项建设和三个主体，大力推进现代化建设的情况和经验。

1992年版《中国煤炭工业年鉴》共设21个栏目，主要内容是：

大事纪要
统计资料
省（市、区）煤炭工业概况
领导人重要讲话
重要会议
重要新闻报道和报刊评论
现代化矿务局、矿井和选煤厂
设计、科研、情报、教育和医疗卫生简介
先进单位和个人
人事、机构、体制
深化改革
对外经济贸易
国际交往
方针、政策性文件简目
主要标准、规程和规范简目
设计、科研成果
基本建设项目
煤炭工业产品
学术团体及其主要活动
书、报、刊简目

附　录

1992年版《中国煤炭工业年鉴》的“统计资料”栏目，是煤炭系统1991年的重要统计数字。在“省（市、区）煤炭工业概况”栏目中，也列举了一些统计数字。由于统计的口径不尽相同，其些数字可能略有出入。凡统计数字不一致之处，均以“统计资料”栏目中所列数字为准。

1992年版《中国煤炭工业年鉴》中的全国性数字，不包括我国台湾省的有关数据。

谨向为1992年版《中国煤炭工业年鉴》撰文、提供资料和核稿的单位以及有关同志表示衷心感谢，并祈望继续予以关心和支持。

《中国煤炭工业年鉴》编辑部

1992年7月

目　录

省（市、区）煤炭工业概况

领导人重要讲话

重要会议

重要新闻报道和报刊评论

现代化矿务局、矿井和选煤厂

先进单位和个人

先进单位

先进个人

人事、机构、体制

基本建设项目

煤炭工业产品

学术团体及其主要活动

书、报、刊简目

设计、科研、情报、教育和医疗卫生简介

附　　录

加快煤炭工业改革开放和发展步伐

能　源　部　副　部　长
中国统配煤矿总公司总经理　胡富国

1991年，煤炭工业在治理整顿和深化改革中，克服市场疲软、运输不畅、“三角债”困扰等许多困难，稳步向前发展，为加快煤炭工业改革开放和发展步伐奠定了坚实的基础。

全国原煤产量达到10.84亿吨，比上年略有增长。集体乡镇煤矿产量增长1000万吨。地方国营煤矿产量有所下降，统配煤矿产量与上年基本持平。主要原因是在国民经济治理整顿期间，煤炭需求不旺，暂时供大于求，抑制了煤炭生产，许多煤矿采取了限产压库的措施。西部煤矿还受到运输条件的制约。煤矿企业抓住时机，下力量调整采掘关系，加强内部管理，狠抓安全生产，提高煤炭产品质量，取得了显著成绩。各煤炭生产企业面向市场，走访用户，按照用户的意见和要求积极改进工作，强化检查和监督，使商品煤质级不符问题有所改进，出口煤的质量问题也有所改善，洗精煤灰分和水分创近20年来的最好水平。

煤炭基本建设取得了新成绩。完成投资总额116亿元，比1990年增加20亿元。其中直属直供煤矿建设项目完成投资103亿元，建成投产新井和扩建井26处，新增原煤生产能力2714万吨。投产了大同四台沟、古交东曲和阳泉贵石沟等一批装备先进、设施完善、年产400万吨以上的特大型现代化矿井。以业主项目负责制、招标投标、监理制和项目总承包为主要内容的基本建设改革向前推进，对投资、工期、质量的控制作用得到加强，涌现出了一批工程建设速度快、质量高、效益好的典型。

煤矿安全生产再创历史新水平。全国统配煤矿百万吨死亡率比上年降低26.2%，提前达到了1995年的奋斗目标。一些事故多发地区煤矿安全状况明显好转。煤矿安全生产状况连续几年稳定好转，是国家十分重视和大力支持的结果，是各煤矿、各部门狠抓瓦斯防治，突出重点，防止重大恶性事故，不断强化以安全为中心的生产管理的结果，也反映了煤矿开展质量标准化、安全创水平活动，强化职工安全意识，加强安全基础工作取得了明显成效。

科技进步在煤炭生产建设中发挥越来越大的作用。煤矿着力发展采掘机械化，实行合理集中生产，提高单产单进，实现了减面、减头、减人、提效。统配煤矿原煤全员效率达到1.259吨/工，比1990年提高3.45%；采掘机械化程度分别达到68.69%和68.83%，分别比上年提高3.59和5.82个百分点；有47个综采队年产超过100万吨。科研单位在重点科研项目攻关的同时，积极推进已有成果向现实生产力的转化，一批重大技术成果，如综机放顶煤开采、粘土注浆等新工艺开始进入煤炭生产建设主战场，对提高效率和效益发挥了显著作用。

改革开放取得新进展。党中央、国务院关于搞好国营大中型企业的方针、政策，对煤炭企业增强自身活力，探索搞好搞活的路子，起到了重要的指导和推动作用。国务院副总理朱镕基和有关部门的同志到开滦煤矿现场办公，落实了开滦新一轮的承包方案，使搞活统配煤炭企业在点上有了突破。对搞活煤机厂和矿区地面厂问题也进行了专题调研，拿出了初步方案。煤炭工业对外开放不断扩大，1991年出口煤炭2012万吨，首次突破2000万吨大关，创汇额达7.6亿美元。煤机产品出口成交额达1260万美元，比1990年翻了一番。多种经营产品出口和煤矿集体经济边境贸易有了起步。在国际技术市场上的竞争能力得到增强。新近开设的深圳、海南、满洲里等煤炭工业对外开放窗口，对多渠道开拓国际市场、推进国际交流与合作、进一步扩大开放将发挥更大的作用。

精神文明建设抓落实，求实效，取得积极效果。学习石圪节活动已成为煤炭工业两个文明建设的强大推动力。各部门、各单位结合实际，学精神、学实质，涌现出了一批各种类型、各个层次的先进典型。总结推广它们的学习经验，又进一步推动了这一活动的深入开展。江泽民、李鹏、宋平等中央领导同志接见石圪节矿风报告团成员，极大地鼓舞和调动了广大煤炭职工学习石圪节、艰苦奋斗搞现代化的积极性和创造性。各单位、各级领导干部重温党的十三届六中全会决定，找差距，订措施，提高认识，把全心全意依靠工人阶级的方针落到实处。在抗洪救灾斗争中，煤炭职工再一次表现出大公无私和特别能战斗精神。

煤炭工业在发展中仍然存在不少问题，如投入不足问题，煤价扭曲问题，企业经济困难、活力很差的问题，等等。这些问题严重制约着煤炭工业的进一步健康发展。国家对煤炭工业的问题十分重视。在治理整顿期间，煤炭基本建设投资没有压缩而且有所增加。国务院决定自 1991 年 12 月 10 日起，煤炭的售价平均每吨上调 5 元。这些政策、措施，在一定程度上缓解了煤炭工业和煤炭企业的矛盾和问题。但从发展眼光看，用发展社会主义商品经济的总体要求来衡量，煤炭工业还远远不能适应整个国民经济走上商品经济新体制、新机制的轨道的要求。解决这些问题，必须从缓解当前矛盾入手，从长远发展着眼，坚持改革，深化改革，从根本上摆脱传统的产品经济体制的束缚，走出有中国特色的煤炭工业发展之路。

1992 年是进一步解放思想、加大改革力度、加快发展步伐十分关键的一年。我们要认真学习、深刻领会邓小平同志 1992 年一二月间南巡的重要谈话精神，坚定不移地贯彻党的“一个中心、两个基本点”的基本路线，全心全意依靠工人阶级，转换经营机制，发展多种经营特别是第三产业，减人提效，扭亏增盈，搞好搞活煤炭企业；突出深化改革，突出以经济效益为中心，大胆地试，大胆地闯，推进煤炭工业改革开放和健康发展。

1992 年，煤炭工业在深化改革、扩大开放、加快发展等方面将迈出更大的步伐：

——劳动用工、干部人事、工资分配三项制度的配套改革将作为转换煤炭企业内部经营机制的突破口，推动企业经营机制的转换。改革的方向是：紧紧依靠工人阶级，推进劳动、人事、工资分配三项制度的改革，在企业内部形成收入靠贡献、岗位靠竞争的新机制。要大胆试点，取得经验后，慎重推开。

——以经济效益为中心，推进煤炭工业结构的调整。调整生产结构，按市场需求和提高效益的要求合理组织生产，改进吨煤工资包干办法，实行工资与盈亏挂钩，调整产品结构，大力发展洗选加工，增加适销对路产品，提高煤炭质量，开拓煤炭市场；调整产业结构，发展多种经营和第三产业，走资源综合开发、综合利用和深度加工的路子，积极建立以煤为主，煤、电、化、运以及其它产品多种产业的综合性企业。

——加强煤炭成本管理，搞好成本分析，实行目标成本考核和建立扭亏增盈目标责任制，逐步明确政策性亏损与经营性亏损的界限，严格考核，扼制煤矿亏损增长势头。研究制订利益机制和政策措施，调动企业减人减亏提效的积极性，力争三五年摆脱经济困境。

——煤炭工业对外开放的思想将进一步解放，胆子和气魄要更大一些，路子更宽一些。进出口贸易、外资利用、技术交流与合作将趋向多样化，对外开放的市场趋向多元化，要充分利用国际国内的有利环境，发挥煤炭行业的优势，开创对外开放的新局面。

——继续坚持“安全第一、预防为主、综合治理、总体推进”的方针，上下一条心，形成全员、全过程、全方位抓安全的管理机制，做到管理与装备并重，努力实现安全生产的新突破，力争达到原定 2000 年的安全目标。

——推进煤炭科技进步，提高职工素质。针对生产建设等领域的技术薄弱环节，进行重点攻关。安排好“八五”国家技术引进、消化、改造一条龙项目“新型高效煤炭采掘设备”和重点新技术推广项目的组织实施。结合企业内部改革和内部经营机制的转换，加强对职工的教育培训，提高职工的业务技能和技术素质。

——继续为职工办好三件实事。推进住房改革，安排好职工子女就业，解决矿区吃水问题，是我们一定要为职工办好的三件实事。“八五”期间要在解决这三个问题上有大的作为。

——紧紧围绕改革开放和经济建设，加强和改进煤炭职工思想政治工作。通过“六好”区队建设，把学习石圪节活动扎向基层，深入开展下去。强化改革开放的宣传教育，统一思想，提高认识，全心全意依靠工人阶级搞好煤炭企业。大兴调查研究之风，切实改进领导作风，力戒形式主义，把工作抓紧、抓实、抓细。

深化改革、扩大开放是发展煤炭工业的必由之路，我们一定要在党中央、国务院的领导下，团结一心，发奋图强，埋头苦干，真抓实干，共创改革开放大业，夺取煤炭工业现代化建设的新胜利。

大事纪要

1991年

1　月

△ 7日　国家经委以经体(1989) 799号文同意将湖北煤矿机械厂人事、劳动工资关系从1990年10月 1日起划归中国统配煤矿总公司管理。

△ 9日　世界采矿大会组委会副主席范维唐，受中国采矿全国委员会主任胡富国同志的委托，在西郊宾馆主持召开了世界采矿大会中国采矿全国委员会会议，研究和决定了以下几个方面的问题：①关于提交下届（第十五届）世界采矿大会6～8篇论文的分配问题；②我国参加下届世界采矿大会采矿设备展览会的展出问题；③世界采矿大会国际组委会为培训发展中国家青年采矿工程师而设立的克鲁宾斯基奖学金的使用问题；④矿业统计和增补一名中国采矿全国委员会委员问题。

△ 10日　国家计委以计工（1991)26号文复函浙江省人民政府：同意将长广煤矿公司由国家直供重点煤矿企业改为国家统配煤矿企业。该公司管理体制改变后，其煤炭产量纳入国家统配煤矿生产计划，仍由浙江省平衡分配；账务、人事、劳资及物资供应渠道等不变；亏损仍由浙江省补贴。

△ 11日上午　中共中央政治局常委乔石同志，在山东省委书记姜春云、省委常委、副省长高昌礼等同志陪同下，到枣庄矿务局八一矿视察，听取了枣庄矿务局及八一矿的工作汇报，视察了井口、职工食堂、澡塘和文化楼，到家属宿舍进行了访问，在井口接见了部分先进工作者和劳动模范，并一起合影留念。乔石同志向工人同志们问好，勉励青年工人要向老工人学习。

△ 19日　按照国家颁发的《建设监理试行规定》，为加快西部矿区的开发，中国统配煤矿总公司批准成立了陕西煤炭建设监理咨询公司。其主要任务是：承担煤炭建设项目的矿建、土建、安装和矿区配套设施的建设及国家建设工程的监理和咨询业务。公司隶属于中国统配煤矿总公司陕西公司。

△ 22日　伊敏煤电公司成立，东北内蒙古煤炭工业联合公司副总经理孙秉政参加了成立大会。伊敏煤电公司由能源部归口管理，东煤、东电对其实行行业管理。

△ 24日　国务院秘书局张克智局长主持研究山东肥城市区压煤需要搬迁的有关问题。中国统配煤矿总公司计划局郝玉策同志和国家计委、能源部、财政部、物价局的有关同志出席了会议。会议建议搬迁所需的资金由肥城矿务局在扣除自用煤后，按吨煤平均加价5元、每年可集资2000万元、5年可达1亿元来解决；搬迁费用由矿务局按矿井开采顺序编制搬迁计划，按搬迁进度分期付款。

△ 25～27日　中国统配煤矿总公司在北京召开了安全工作会议。胡富国总经理主持会议并作重要讲话。张宝明副总经理作了题为《立足综合治理、强化安全基础，为进一步实现安全生产稳定好转而奋斗》的报告，范维唐、濮洪九副总经理出席了会议。会议回顾了1990年的安全工作，总结了“七五”安全生产的基本经验和教训，提出了“八五”计划和十年规划安全目标设想及1991年安全工作意见。

1991年总公司的安全奋斗目标是：煤炭生产百万吨死亡率和煤炭基本建设万米死亡率要严格控制在预定指标以内；生产和基建矿井都要努力控制住一次死亡10人以上的重大恶性事故，煤矿火工厂要杜绝重大爆炸和死亡事故；全年力争建成10个综合防尘标准化矿务局；每个矿务局都至少要有一至两个矿井实现综合防尘标准化。

△ 25日～2月3日　中华全国总工会副主席、原煤炭工业部部长于洪恩，国家能源投资公司副总经理陈钝等一行6人，在鹤岗矿务局检查工作，并为该局多种经营产值突破4亿元祝捷。

2　月

△ 2月初　我国第一个国家级综合型能源数据库，由国家计委、中国科学院能源研究所建造成功。这个数据库全面开发了我国能源状况、生产加工、流通分配、消费和节能等方面的信息。

△ 4日　能源部以外经(1991)19号文件，转发对外经济贸易部《关于东北煤矿工程公司开展对外承包劳务业务的复函》的通知。同意东北内蒙古煤炭工业联合公司所属的东北煤矿工程公司开展对外承包工程

和劳务合作等业务。

△ 6日 1990年度全国煤炭出口工作表彰大会在北京五洲大酒店召开。国务院生产委员会总调度局石万鹏局长主持大会。国家计委副主任叶青、中国统配煤矿总公司总经理胡富国、铁道部副部长石希玉、交通部副部长林祖乙等到会并作了重要讲话。

国务院口岸办唐筱光主任，铁道部李家钧总调度长，运输总局王成廉副局长，呼和浩特、北京和郑州铁路局副局长，交通部海运局胡汉湘局长，石臼港务局局长，秦皇岛、连云港和天津港务局副局长，中国统配煤矿总公司调运局洪尚清局长，以及中国煤炭进出口总公司卫国福总经理和黄绍辰副总经理参加了会议。国家计委郭文祥副秘书长宣读了对1990年度煤炭出口工作中作出重大贡献的中国煤炭进出口总公司、大同、枣庄矿务局等15个单位予以表彰的决定，并授予"煤炭出口先进单位"的奖旗。

△ 9日 东北内蒙古煤炭工业联合公司以东煤干字〔1991〕108号文件，任李再清为多种经营公司经理。

△ 19日 能源部以能源（1991）111号文颁发了《关于加强地方煤矿煤炭产品质量管理的若干规定》，对加强地方煤矿煤炭产品质量管理提出了明确要求。

△ 21日 国家税务局以国税函发（1991）331号文就国营统配煤矿集体企业继续给予减免所得税照顾下发了通知。对国营统配煤矿所属安置待业青年的煤炭工业集体企业回收全民企业报废矿井和开采过的边角残煤，并实行单独堆放、单独核算，纳税确有困难的，经省、自治区、直辖市税务局批准，可在1992年底以前，酌情继续给予减征或免征所得税的照顾。

△ 21日 劳动部副部长李沛瑶、矿山局局长柴兆喜、北京市劳动局副局长王建论等领导同志由中国统配煤矿总公司劳资局魏元锐局长陪同，到中国统配煤矿总公司职业病医学研究所、北京矿务局职防所检查工作。

△ 28日 能源部以能源煤字(1991)150号文件《关于命名铁法等单位为中国煤炭工业现代化矿务局、现代化矿井（露天）的决定》，命名东北内蒙古煤炭工业联合公司铁法、大雁两个矿务局和霍林河矿区指挥部为现代化矿务局（指挥部）；命名铁法矿务局晓青矿、鸡西矿务局城子河矿等12个煤矿为现代化矿井。

3 月

△ 2～6日 中国统配煤矿总公司工作会议在北京召开，参加会议的有各省公司、直管矿务局、基建公司、统配矿务局（矿）以及科研、设计、大专院校和煤机厂的负责同志共320多人。中顾委委员钟子云、国家计委副主任叶青、能源部副部长史大桢、全国政协委员贺秉章和老部长李建平、任志恒、许在廉、邹桐、贾慧生、张超、孔勋、贾林放、刘辉、徐达本等同志参加了开幕式。参加开幕式的还有国家计委、能源部、中组部、人事部、财政部、工商银行总行、能源投资公司有关司局负责同志以及全国煤矿地质工会、东北内蒙古煤炭工业联合公司、中国地方煤矿公司、华晋焦煤公司、华能精煤公司的负责同志。

大会由陈钝副总经理主持并致开幕词，胡富国总经理在会上做了题为《高举改革旗帜，搞好统配煤炭企业》的报告（报告详细内容见"领导人重要讲话"栏目）。会议对前10年煤炭工业取得的成绩及存在的问题做了简要回顾，阐述了"八五"和后10年的奋斗目标及基本思路，部署了今明两年的12项重点工作。钟子云同志，叶青同志在会上作了重要讲话。张宝明、范维唐、濮洪九副总经理出席了大会。

△ 5日 能源部以能源安保（1991）160号文表彰了全国地方煤矿安全生产先进单位，共计150个，其中省（区、市）煤炭工业厅(局、公司)19个，地(市)县煤炭工业局（公司）和地方矿务局32个，地方国营煤矿67个，乡镇煤矿32个。

△ 20日 东北内蒙古煤炭工业联合公司以东煤干字(1991)238号文任命刘元盛为公司副总会计师（副局级）；任命邱振先为公司副总工程师。

△ 21日 能源部领导在部机关接见了第四届全国优秀企业家（金球奖）和1990年度全国企业管理优秀奖（金马奖）能源系统获奖的代表。煤炭行业获奖的有山西晋城矿务局局长贾中秀和潞安矿务局。

△ 22日 国家科委在人民大会堂组织召开了中国企业科技进步案例——潞安矿务局试点成果发布会。会议总结交流了潞安矿务局科技进步的经验。国务委员、国家科委主任宋健、国务院生产委员会主任叶青，国家科委常务副主任李绪鄂，中顾委副秘书长李力安、国务院副秘书长徐志坚、中国统配煤矿总公司总经理胡富国、副总经理范维唐等领导同志及各界代表200多人出席了会议。宋健、叶青、李绪鄂、胡富国等领导同志在大会上讲了话。潞安矿务局局长尚海涛作了经验介绍。

△ 28日 劳动部、国家计委、能源部联合以劳力字（1991）15号文下发《关于完善煤矿农民轮换工制度若干政策性意见的通知》。主要意见为：①适当放宽招工地区限制。按照就地就近招收原则，在当地招收确有困难时，可以跨地区招收，但必须经双方地区劳动行政部门批准；②建立严格的培训制度。农民轮换工进矿后，一律实行下井前为期不少于2～3个月的专门培训，经考试合格后，方可下井上岗，不合格者予以辞退；③适当延长轮换期限。农民轮换工合同期满后，如企业生产需要，经双方协商同意，在报经市以上劳动行政部门批准后，可续订合同。合同期限累计不得超过8年；④从农民轮换工中留转一定比例的生产骨干为城镇合同制工人。转为城镇合同制工人的比例不得超过续订合同总人数的3%，必须在国家下达的"农转非"计划指标范围内；⑤提高回乡补助标准；⑥适当提高农民轮换工的待遇。

△ 28日 中委（1991)88号文，任命韩英同志为中国统配煤矿总公司副总经理(排张宝明同志之前)；免去陈钝同志中国统配煤矿总公司副总经理职务。

△ 28日 中委（1991）89号文，任命韩英同志

为中共中国统配煤矿总公司党组副书记；免去陈钝同志中共中国统配煤矿总公司党组副书记职务。

4 月

△ 1日 《地方煤矿》杂志更名为《中国地方煤矿》。许在廉同志题写刊名，能源部黄毅诚部长、胡富国副部长为《中国地方煤矿》题词。

△ 9日 王竹泉同志诞辰100周年纪念大会在北京举行。中国统配煤矿总公司总经理胡富国，副总经理陈钝、张宝明、范维唐、濮洪九，原煤炭工业部副部长钟子云、李建平、任志恒、许在廉、邹桐、贾慧生、杨一夫、贾林放、范文彩、徐达本、刘向三、全国政协常委、中国科学院学部委员黄汲清，全国人大代表、中国科学院学部委员陈国达，中国科协秘书长张之一和部分专家学者以及王竹泉同志的亲属及生前好友共200余人参加了大会。

王竹泉同志是我国著名地质学家，新中国煤田地质事业的奠基人。他毕生从事煤田地质工作，为我国煤田地质事业和煤炭工业的发展做出了卓越贡献。

△ 10日 能源部以能源任(1991) 11号文任命王殿林、李树文为东北内蒙古煤炭工业联合公司副经理。

△ 15日 《人民日报》头版头条发表了中共中央办公厅调研室对中国统配煤矿总公司党组贯彻十三届六中全会《决定》情况的调查，题为《密切联系群众，促进煤炭工业发展》（详细内容见“重要新闻报道和报刊评论”栏目)。

△ 21日 山西省洪洞县三交河煤矿发生特大瓦斯爆炸事故。能源部副部长胡富国，中国地方煤矿公司总经理韩宗顺前往现场指挥抢险救灾工作。

国务院秘书长罗干22日批示：“已打电话告山西省副省长郭余怀同志，国务院及李鹏总理向遇难者家属表示慰问，对遇难者表示哀悼，并对仍在井下的矿工尽一切努力抢救。”26日，罗干又在劳动部的报告上批示：“要举一反三，对所有煤矿要进一步加强安全教育，提高领导和干部对安全的责任感，采取切实有力的措施，确保煤矿的安全生产，要认真查清这次事故的原因，对事故的责任者要严肃处理。”

△ 29日 河北省峰峰矿务局九龙口立井正式建成投产，能力为120万吨。

△ 29日 国家体改委以体改生〔1991〕56号同意江西省人民政府将萍乡、丰城、英岗岭、洛市矿务局和分宜煤矿电机厂及其相关企业的劳动人事关系划归中国统配煤矿总公司管理；鉴于乐平矿务局生产的煤主要供电厂、焦化厂、瓷厂等国家企业，为使该局能稳定供煤，同意将该局的生产、财务、劳动、国有资产、物资、供销指标从1991年1月1日起划转中国统配煤矿总公司。

5 月

△ 5～6日 由中国地方煤矿公司总经理韩宗顺、安监局长赵质敏主持，在北京召开各省(区、市)煤炭工业厅（局、公司）安监局（处）长紧急会议，会议针对山西省洪洞县三交河煤矿“4·21”特大事故教训，研究防止地方煤矿重大恶性事故的措施。能源部副部长胡富国到会做了重要讲话。

△ 7日 煤炭工业出版社在北京举行建社四十周年庆祝大会。中华全国总工会副主席、书记处第一书记于洪恩、国家新闻出版总署副署长于永湛、中宣部出版局副局长高明亮、中国统配煤矿总公司副总经理张宝明、范维唐及原煤炭工业部副部长贾林放、贾慧生、杨一夫参加了庆祝会。

△ 7～10日 中国统配煤矿总公司集体经济工作会议在山东新汶矿务局召开。总公司胡富国总经理，韩英、濮洪九副总经理参加了会议，并分别在大会上讲了话。濮洪九副总经理在报告中回顾了“七五”期间煤矿集体经济发展的基本情况，提出了集体经济今后10年的发展规划目标和“八五”计划指标。在会上做了题为《巩固阵地，稳步前进，继续大力发展煤矿集体经济》的工作报告（报告详细内容见“领导人重要讲话”栏目）。

△ 7日 能源部在北京召开全国煤矿安全生产电话会议。胡富国副部长通报了山西三交河煤矿“4·21”特大恶性事故，并号召全国700万煤矿职工紧急行动起来，立即在全国煤矿开展一次全国性的安全生产大检查活动。黄毅诚部长和中华全国总工会、全国安全生产委员会、劳动部、国务院生产委员会等部门的有关负责同志出席会议并讲了话。

△ 11日 中国统配煤矿总公司胡富国同志在山东煤矿微波通信干线工程交接验收仪式上剪彩。这是我国第一条最长的、全部国产化设备的煤矿微波通信干线。干线东起淄博的洪山，经泉城向南，跨越泰山，南至薛城入枣庄矿区通信网。全长360km，12个微波站，实现了山东省主要矿务局与省公司的电话自动等位拨号，并为建设数据传输网奠定了基础。该工程将对山东省煤炭生产、建设及现代化管理，起到有力的推动作用。

△ 16～20日 能源部在江西召开全国煤炭财务工作经验交流及先进表彰大会。胡富国副部长致信大会表示祝贺。

会议围绕深化改革，健全、完善承包经营责任制，深入开展内部经济核算、内部银行等问题进行了交流。

△ 22日 全国安全生产委员会、劳动部、能源部、全国总工会联合在北京召开煤矿安全生产汇报会。会议由胡富国副部长主持，山西省副省长乌杰等同志汇报了山西省洪洞县三交河煤矿“4·21”瓦斯煤尘爆炸事故及现场抢救情况，分析了事故原因，制定了搞好山西省煤矿安全生产的措施。全国安全生产委员会副主任李沛瑶在会上讲了话。

△ 29日～6月8日 由能源部副部长胡富国任安全大检查领导小组组长、全国煤矿地质工会主席赵景岐、能源部安环司司长李学成、劳动部矿山局副局长张世德、中国地方煤矿公司总经理韩宗顺任副组长，共42名同志，组成联合安全检查团，对山西省地

方煤矿进行了安全检查，并于6月18日向国务院提交了《关于对山西地方煤矿安全检查发现的问题解决意见的报告》。

△ 30日 中国统配煤矿总公司总经理胡富国、副总经理张宝明和有关厅局负责同志到国家体改委汇报关于统配煤矿6年来投入产出总承包的基本情况、"八五"及今后10年改革的思路、关于搞活统配煤矿和继续总承包的意见。体改委主任陈锦华、副主任贺光辉、洪虎和各厅、局负责人以及有关综合部门负责同志听取了汇报。

6 月

△ 4日 东北内蒙古煤炭工业联合公司副总经理崔敬谦代表公司在北京人民大会堂参加了"元宝山露天矿引进设备招标签字仪式"。能源部副部长和中标单位德国克拉塔夫公司总裁出席了签字仪式。

△ 9～10日 东北内蒙古煤炭工业联合公司副总经理崔敬谦参加并主持了"东煤公司1991年科技工作会议"，并做了重要讲话。

△ 12日 宋平等中央领导同志在中南海主持召开座谈会，就如何落实全心全意依靠工人阶级的方针问题进行了讨论。中共中央、国务院有关部委和部分企业的负责同志参加了座谈会，能源部胡富国、陆佑楣副部长在会上发了言。

△ 20日 国家计委副主任叶青同志在计委203会议室主持会议，就平朔露天矿西方石油公司撤出后，西方石油公司的投资股份转入中国人民银行，平朔露天煤矿仍然是合作企业，继续享受中外合作企业的各项政策及生产管理、资金投入、还贷等有关问题进行了研究。中国统配煤矿总公司总经理胡富国、副总经理张宝明及平朔、中国煤炭进出口总公司的有关同志出席了会议。

△ 21日 国家计委以计能源(1991)883号文给中国银行关于美国西方石油公司从平朔安太堡露天矿撤出后有关问题的批复。主要内容是：经研究并报国务院同意，同意中国银行信托咨询公司与美国西方石油公司谈定的转股条件，将中岛50%的债务转给中国银行信托咨询公司，"西方"自1991年7月1日起从"中岛"空手撤出，"西方"撤出后，安太堡露天矿实际上已是国营企业，但考虑该矿的特殊情况，原则上同意继续享受中外合作经营企业的有关优惠政策。

△ 21～24日 东北内蒙古煤炭工业联合公司副总经理崔敬谦在南戴河参加了国务院煤代油办公室对东煤公司1991年计划项目审评会。

△ 22～24日 全国煤炭生产、销售座谈会由能源部在京组织召开，黄毅诚部长、胡富国副部长出席会议并讲了话，国家计委、铁道部、交通部、物资部等有关负责同志参加了会议。

会议听取了冶金、化工等用煤大户的意见，并就全国煤炭行业上半年的生产、运输、销售等方面存在的问题进行了一次全面的分析和研究，同时对下半年及明年的煤炭发展形势进行了预测。

△ 27～30日 能源部、全国煤矿地质工会联合在抚顺召开1990年度统配煤矿矿际竞赛先进矿表彰大会。会议表彰了77个矿际竞赛的优胜先进矿井，并颁发了奖状、奖牌，同时为矿长们披戴了红花。

△ 28日 中共中央总书记江泽民、国务院总理李鹏、中共中央政治局常委宋平在人民大会堂亲切会见了石圪节矿区报告团成员。中国统配煤矿总公司总经理胡富国，副总经理韩英、张宝明、范维唐、濮洪九等同志出席了接见。接见时，江泽民同志说：你们依靠艰苦奋斗，使企业得到很大发展。老工人要做好传帮带，把艰苦奋斗的优良传统传下去。宋平同志说：石圪节矿的先进事迹不仅值得煤炭战线的同志学习，而且值得整个工业战线和全国人民学习。中央领导同志在讲话中还要求各级党组织要保持工人阶级先锋队的性质，全心全意依靠工人阶级，努力把生产搞好，把企业办好，走出一条中国工业现代化的道路。

△ 30日 黑龙江省七台河矿务局铁东斜井正式建成投产，设计能力为120万吨。

7 月

△ 2～5日 中国统配煤矿总公司在北京召开了学习石圪节经验交流会（会议的详细内容请参见"重要会议栏目"）。

△ 8～11日 能源部在哈尔滨市东北内蒙古煤炭工业联合公司基本建设局召开了全国煤炭行业搞活大中型企业座谈会。会议重点座谈了影响当前企业搞不活的原因及存在的问题，对今后如何搞活企业提出了建议。

△ 9日 国家物价局王兴家副局长等5人到东北内蒙古煤炭工业联合公司调查东北煤炭价格及"八五"期间煤炭调价趋势。

△ 9日下午 原煤炭工业部党组副书记、副部长、离休老干部王新三同志（1932年春参加革命工作，行政8级），由北京赴北戴河疗养途中，突然大口咯血，经开滦总医院紧急抢救无效，不幸去世。享年77岁。家属根据王新三同志生前意愿提出：①丧事从简，不搞遗体告别，不开追悼会；②遗体在唐山火化；③请转告离休老部长们，不要来唐山。

△ 10～13日 东北内蒙古煤炭工业联合公司在中国煤矿工人温泉疗养院召开了东煤公司局长、书记会议。会议的中心任务是：总结通报公司1991年上半年工作情况；围绕"发展、繁荣"，深化改革，提高"两效"，对如何克服目前的经济困难，搞活企业，精简机构，整组提效，以及住房制度改革等热点问题进行座谈讨论，研究办法；动员全公司广大职工，振奋精神，坚定信心，扎扎实实地做好下半年的工作，确保全年各项工作任务圆满完成。

△ 11日 国务院以国发（1991）37号文件颁发《国务院关于清理整顿个体采煤的通知》，对清理整顿个体煤矿工作明确了政策界限，提出了具体要求。

△ 19日 能源部召开煤炭行业防汛救灾电话会议。胡富国副部长在会上讲了话，要求煤炭行业广大

干部和职工积极投入到抗洪救灾斗争中去，没有受灾的地区，要把本职工作做好，以实际行动支援灾区。司局长、处长要带头，这场斗争对每个共产党员、对处以上干部都是个考验。有关抗洪救灾的问题，随到随处理，不能耽误。

△ 20日　中国统配煤矿总公司党组以中煤总党字（1991）第39号文下发给淮南矿务局党委、总公司所属各企事业单位党委，授予孙勇同志“抗洪抢险青年英雄”称号。文中写道：淮南矿务局潘一矿多种经营公司工业分公司标准件厂青年机修工人孙勇同志，今年7月2日在抗洪抢险中，为保卫国家财产和人民生命安全英勇献身。为表彰孙勇同志的英雄事迹，中国统配煤矿总公司党组决定授予孙勇同志“抗洪抢险青年英雄”荣誉称号，并号召全系统共产党员、共青团员和广大职工向孙勇同志学习。

△ 23日　日本朝阳贸易株式会社会长黄明德先生的代表张燕燕女士前来中国统配煤矿总公司向我受灾煤矿捐赠70万日元（约5000美元）。办公厅梁东主任代表总公司接受捐款，并请张燕燕女士转达中国统配煤矿总公司对黄明德先生的感谢。

△ 24日　经国家工商行政管理局批准，东北内蒙古煤炭工业联合公司在国家登记注册。注册资金人民币4.67亿元（公司本部）。经营范围：组织煤炭资源的地质勘探、矿井设计、施工；组织煤炭生产、加工、销售；组织煤机及配件的生产、销售；煤炭及其制品和本系统生产的设备的批发零售；煤炭生产所需材料、设备的系统内供应和销售。

△ 25日　共青团中央、国家计委在人民大会堂召开了共和国重点工程建设青年功臣授奖大会。中国统配煤矿总公司系统开滦、平顶山、淮北等矿务局的8位同志被授予青年功臣称号。

△ 截止月末　东北内蒙古煤炭工业联合公司号召广大煤矿职工向关内灾区捐款，总计达500万元；同时还向吉林省部分灾区捐助价值60万元的优质煤炭。

8　月

△ 5日　《瞭望》（周刊）第31期刊载题为《依托集团优势发展起来的东北煤炭工业》的署名文章，对东北内蒙古煤炭工业联合公司成立9年来所取得的成就予以详细报道。

△ 5日　黑龙江省七台河矿务局铁东煤矿建成投产，工期40个月，设计能力年产120万吨。

△ 6日　国务院副总经理朱镕基、副秘书长王书明等一行5人来到中国统配煤矿总公司现场办公，听取了胡富国总经理关于煤炭工业基本情况、问题和建议的汇报，朱副总理即席作了重要讲话。张宝明、范维唐、濮洪九副总经理以及中国统配煤矿总公司总工程师、总经济师有关部（局）主要负责同志参加了汇报会。

△ 21日　内蒙古自治区扎赉诺尔矿务局铁北煤矿建成投产，设计能力年产150万元。

△ 27～31日　国家计委副主任叶青等6人，在中国煤矿工人大连疗养院听取了东北内蒙古煤炭工业联合公司及公司所属各矿务局关于“八五”发展规划和当前煤矿生产、建设、经营等方面的情况汇报。

9　月

△ 2日　中国统配煤矿总公司总经理胡富国、副总经理范维唐及有关局（部）领导出席了在人民大会堂召开的国家“七五”科技攻关总结表彰大会。江泽民、李鹏等党和国家领导人出席会议并向获奖单位和个人颁奖。李鹏总理代表党中央、国务院在会上作重要讲话。

全国共有453项重大科技成果和206名科技人员获奖。煤炭系统共有11项成果获奖；4人获“国家‘七五’科技攻关突出贡献科技人员和管理人员”奖。

△ 10～14日　东北内蒙古煤炭工业联合公司首届青年艺术节在阜新矿务局举行。中国统配煤矿总公司副总经理韩英、东北内蒙古煤炭工业联合公司总经理李云峰及团中央、吉林团省委等领导同志参加了艺术节。

△ 12～14日　能源部在抚顺矿务局主持召开了“全国统配煤矿防治瓦斯工作会议”。能源部副部长胡富国作了题为《切身加强领导，落实安全责任，依靠科技进步，防止重大事故，为全国统配煤矿安全生产持续稳定好转而奋斗》的报告。能源部部长黄毅诚在会议结束前作了重要讲话。

△ 20日　河北省兴隆矿务局汪庄南平硐建成投产，生产能力为6万吨。

△ 23日　根据中日双方协议，中日煤炭综合会议第11次例会在成都召开。会议的议题是研究和确定中日煤炭贸易的数量、煤种、煤质及铁路、港口运输的安排，并由中方有关部门介绍中国煤炭出口、煤质改善、铁路、港口、运输、装运情况以及利用日本贷款建设煤矿、铁路和港口等项目的进展情况。

10　月

△ 6～8日　全国煤矿地质工会和中国地方煤矿公司在桂林联合召开全国地方煤矿安全网员表彰会议，全国煤矿地质工会主席赵景岐、中国地方煤矿公司总经理韩宗顺到会并讲了话。会上共表彰地方煤矿21个群监会、12个先进井口接待站、17个先进家属协管会、63名先进群监员、36名先进职工家属。

△ 15日　黑龙江省七台河矿务局龙湖五井正式建成投产，能力为15万吨。

△ 15日　中国统配煤矿总公司深圳公司开业典礼在深圳贝岭居宾馆举行。国家计委、国家工商管理局、能源部以及广东省、深圳市等有关部门的领导同志参加了开业典礼。典礼由深圳公司董事长濮洪九同志主持。中国统配煤矿总公司总经理胡富国、副总经理韩英、深圳市市长郑良玉、广东省经委副主任何顺民等领导同志分别在典礼会上讲了话。

深圳公司是中国煤炭工业在特区的“窗口”，该公司作为中国统配煤矿总公司的直属公司，其任务是：依托经济特区，发挥煤炭工业资源、人才、技术优势，以多种形式吸收和运用国内外资金，引进先进技术设备，吸取经济特区和国外先进管理经验，开办各种生产服务型企业，兴办中外合资、合作企业，开展进出口贸易，为经济特区建设和加快我国煤炭工业现代化建设服务。

△ 25日　能源部在京召开煤炭建设暨达产动员大会。会议中心议题是：深入贯彻全国能源工作会议精神，动员煤炭战线全体职工，在今明两年完成投产5000万吨的任务，“八五”期间矿井达产增加产量5000万吨。黄毅诚部长、胡富国副部长出席会议并讲了话。

△ 28日　陕西澄合矿务局王村矿铁路专用线与国运线正式开通。王村矿年设计生产能力150万吨，1988年12月正式移交投产。过去由于铁路专用线未能与西韩线贯通，致使矿井原煤无法运出，积压煤炭达10万吨。铁路专用线的开通，解决了该矿煤炭外运的困难。

11　月

△ 15日　原煤炭工业部副部长张超同志捐赠珍藏当代书画作品仪式在中国国际贸易中心举行。张超同志将多年来收藏的当代书画作品167幅及自己创作的39幅作品全部无偿捐赠给中国煤炭博物馆。捐赠的书画中有刘海粟、董寿平、启功、黄胄、娄师白等名家的珍贵作品。

原全国政协副主席杨成武、中顾委秘书长李力安、原煤炭工业部副部长杨一夫、范文彩及老画家周怀民夫妇、国画家姚治华教授和书法家欧阳中石教授等60余人到会祝贺。

△ 20日　黑龙江省鸡西矿务局城子河改扩建矿井建成投产，新增生产能力120万吨。

△ 30日　宁夏回族自治区石嘴山矿务局三号立井建成投产，能力为90万吨。

△ 30日　黑龙江省七台河矿务局四处小井建成投产，能力为30万吨。

△ 11月　已98岁高龄的原煤炭工业部顾问孙越崎先生长期从事中国的工矿事业并做出了杰出贡献。为实现孙越崎先生发展科技教育、振兴中华的宏伟愿望，奖励工矿科技成果，培养人才，全国人大副委员长朱学范、全国政协副主席钱伟长、程思远、侯镜如和中国统配煤矿总公司总经理胡富国、副总经理范维唐、石油天然气总公司总经理王涛、原水电部副部长李鄂鼎等20人，于11月发起建立“孙越崎科技教育基金”。将筹集的资金以“孙越崎科技教育基金”名义设立煤炭、石油、电力高等院校优秀学生奖学金；奖励工矿部门生产、建设、科研方面有特殊成果的项目；奖励热爱科技教育事业并有显著成就的工程技术人员和教育工作者；选派煤炭、石油、电力工业优秀的科技人员出国深造；邀请国际知名专家、学者来华讲学和资助与能源有关的国际科技交流活动。

12　月

△ 1日　东北内蒙古煤炭工业联合公司鸡西矿务局荣华立井开工，设计能力240万吨/年。

△ 1日　东北内蒙古煤炭工业联合公司铁法矿务局三台子二井开工，设计能力240万吨/工。

△ 1日　河北省峰峰矿务局薛村改扩建矿井建成投产，新增生产能力45万吨。

△ 1～28日　1992年全国统配煤炭计划、分配、订货会在上海召开。能源部副部长胡富国主持了会议。这次会议初步落实了1992年国家可分资源计划5.5亿多吨，比1991年国家计划增加2000多万吨。

△ 2日　宁夏回族自治区灵武矿务局灵新二斜井建成投产，生产能力为30万吨。

△ 5日　中共海南省驻琼企事业工作委员会以驻琼工组发（1991）第82号文批复中国统配煤矿总公司驻海南办事处：中统煤总公司“关于建立中国统配煤矿总公司驻海南办事处委员会的函”已收悉，经研究同意成立中共中国统配煤矿总公司驻海南办事处委员会，党委委员为茹玉甫、杜崇澍、程汉林、黄蕴治、冯登科。书记为茹玉甫。

△ 6日　国任字（1991）第152号文，任命芮素生同志（原煤炭科学技术情报研究所所长）为煤炭科学研究总院院长职务；免去邬廷芳同志煤炭科学研究总院院长职务。

△ 10日　东北内蒙古煤炭工业联合公司七台河矿务局提前70天完成全年国家原煤生产计划，原煤产量突破1000万吨，提前跨入千万吨局行列。

△ 11日　中国统配煤矿总公司举行了享受1991年度政府特殊津贴人员座谈会。范维唐副总经理主持了会议，韩英副总经理讲了话。国家人事部专家司司长庄毅同志，中央电视台、新华社、光明日报社等新闻单位的记者应邀参加了会议。

座谈会上，中国统配煤矿总公司向享受1991年度政府特殊津贴的127名专家、学者、技术人员颁发了荣誉证书。并就科技兴煤及如何做好知识分子工作进行了座谈。

享受1991年度政府特殊津贴的127名专家、学者、技术人员，是中国统配煤矿总公司按照党中央的指示精神和规定的选拔范围、选拔条件，先征求专家所在单位的意见确定初选人员；经煤炭系统各方面专家组成的评审委员会对初选人员进行综合评审并采取无记名投票的方式产生正式入选；由总公司党组研究确定并报人事部审批的。

所批准的127名专家、学者、技术人员，均具有高级专业技术职务，其中，60岁以下的有91名，占总人数的70%；据不完全统计，127人共获国家科技成果奖77项，获省部级科技成果奖190项。自今年7月1日起，他们每人每月可享受政府特殊津贴100元。

△ 11日　中国地方煤矿公司以中地煤生字第228号文，命名258个地方煤矿为部级地方煤矿质量标准化矿井。

△ 13日　山西省大同矿务局四台沟斜井建成投产，能力为500万吨。

△ 14日　江苏省孔庄改扩建矿井建成投产，新增能力60万吨。

△ 14日　河南省平顶山矿务局十二矿改扩建矿井建成投产，新增生产能力60万吨。

△ 14日　国务院以国发（1991）71号文批准东北内蒙古煤炭工业联合公司为国家大型企业集团（全国55家）。

△ 15日　四川省芙蓉矿务局长宁小井建成投产，生产能力为10万吨。

△ 16日　江西省洛市矿务局流舍斜井建成投产，生产能力为30万吨。

△ 16日　山西省古交矿东曲平硐正式建成投产，生产能力为400万吨。

△ 17日　东北内蒙古煤炭工业联合公司铁法矿务局提前完成国家原煤生产计划，原煤产量突破1000万吨，提前跨入千万吨局行列。25日，公司为铁法矿务局召开了祝捷会。

△ 18日　能源部以能源任〔1991〕61号文任命陈志奎为东北内蒙古煤炭工业联合公司副经理。

△ 19日　山西省阳泉矿务局贵石沟斜井建成投产，生产能力为400万吨。

△ 20日　四川省广旺矿务局磨岩小井建成投产，生产能力为9万吨。

△ 20日　内蒙古自治区海渤湾矿务局平沟改扩建矿井建成投产，新增生产能力75万吨。

△ 20日　内蒙古自治区扎赉诺尔矿务局灵泉三矿改扩建矿井建成投产，新增生产能力135万吨。

△ 20～24日　东北内蒙古煤炭工业联合公司在铁法矿务局召开工作会议。总经理李云峰作了题为《依靠管理与科技进步，提高经济效益，推动公司发展繁荣方针进一步落实》的工作报告（报告详细内容见“领导人重要讲话”栏目）。能源部总工程师秦仲一出席了会议并讲了话。

△ 25日　河南省焦作矿务局位村立井建成投产，生产能力为50万吨。

△ 25日　山西省晋城矿务局凤凰山改扩建矿井建成投产，新增生产能力250万吨。

△ 26日　中国科学院通知：山东矿业学院宋振骐教授于1991年11月当选为中国科学院学部委员。

△ 27日　东北内蒙古煤炭工业联合公司鸡西矿务局原煤产量突破2000万吨。31日，东煤公司为鸡西矿务局召开了祝捷大会。

△ 28日　吉林省辽源矿务局梅河七斜井建成投产，生产能力为9万吨。

△ 据生产调度统计　中国统配煤矿总公司1991年实际共生产原煤36789万吨，超过去年计划2388万吨，完成年计划的118.29%；洗精煤实际完成5316万吨，超过年计划228万吨，完成年计划的104.48%；百万吨死亡率比去年下降23.08%。

△ 据中国煤炭进出口总公司业务统计　截止到1991年12月31日，我国煤炭出口船数量已突破2000万吨，达到2010万吨。其中平朔安太堡露天煤矿出口642万吨，超过1990年610万吨的出口数量。

统计资料

煤炭工业总产值（按1990年不变价格计算）

单位：10^4元

	1991年	1990年	1991年为1990年的%	1991年比1990年增(+)、减(-)
全国总计	6020409	5873724	102.50	+146685
统配煤矿	3247741	3232820	100.46	+14921
非统配煤矿	2315973	2225287	104.08	+90686
其中：集体所有制煤矿	1488775	1402545	106.1	+86230
煤矿机械厂及其它工厂	456695	415618	190.88	+41077
按大中小型企业分				
大型企业	2704598	2526571	107.05	+178027
中型企业	617694	710380	86.92	-92686
小型企业	2698117	2594101	104.01	+104016

注：本表系煤炭系统数字，下同。

煤炭工业净产值（按当年价格计算）

单位：10^4元

	1991年		1990年	1991年为1990年%	1991年比1990年增(+)、减(-)
	净产值	占工业总产值比重(%)			
全国总计	1423729	23.6	1255579	113.4	+168150
统配煤矿	877141	27.0	742439	118.1	+134702
地方煤矿	469624	20.3	445451	105.4	+24173
煤矿机械厂及其它工厂	76964	16.9	67689	113.7	+9275

注：净产值统计范围系独立核算的全民所有制企业。

煤炭工业主要产品产量

	计算单位	1991年	1990年	1991年比1990年增(+)、减(-)
一、原　煤　产　量	10^4t	108428	107930	+498
其中：统配煤矿	10^4t	48060	48022	+38
二、炼焦用洗精煤产量	10^4t	8137	8552	-415
其中：本系统	10^4t	7186	7136	+50
三、列入国家计划的无烟块煤产量	10^4t	1046	994	+52
四、煤矿机械产品产量	10^4t	32	34.60	-2.60
五、多种经营综合利用产品产量				
电　　力	$10^8kW\cdot h$	37.32	27.09	+10.23
生　　铁	10^4t	12.18	15.71	-3.53
钢	10^4t	16	17	-1
轧 钢 材	10^4t	2	2	—
硫 铁 矿	10^4t	13.39	8.6	+4.79
焦　　炭	10^4t	531	462	+69
水　　泥	10^4t	569	544	+25
自营木材	m^3	97962	101210	-3248
金属支架	万架	10	26	-16

原煤产量增长速度

	全　国	统配煤矿	地方煤矿	
			合　计	其中：集体所有制煤矿
一、增长速度(%)				
1985年比1984年	10.5	2.9	18.1	23.0
1986年比1985年	2.5	1.9	3.0	4.0
1987年比1986年	3.8	1.5	5.8	6.8
1988年比1987年	5.6	3.4	7.4	3.5
1989年比1988年	7.6	5.5	9.2	10
1990年比1989年	2.4	4.8	0.5	2.5
1991年比1990年	0.5	0.1	0.8	2.9
1991年比1985年	3.7	2.8	4.4	4.9
二、增长数量(10^4t)				
1985年比1984年	8305	1156	7149	4983
1986年比1985年	2176	766	1410	1077
1987年比1986年	3405	628	2777	1886
1988年比1987年	5178	1425	3753	1040
1989年比1988年	7428	2385	5043	3054
1990年比1989年	2515	2192	323	853
1991年比1990年	498	38	460	1013
1991年比1985年	21200	7434	13766	8922

按经济类型分的原煤产量

单位：10^4t

	1991年		1990年		1991年比1990年
	产　量	比重（%）	产　量	比重（%）	增（+）、减（-）
全国总计	108428	100	107930	100	+498
统配煤矿	48060	44.3	48022	44.5	+38
地方煤矿	60368	55.7	59908	55.5	+460
其中：省营煤矿	6459	6.0	6643	6.2	-184
专营煤矿	5928	5.5	5871	5.4	+57
县营煤矿	7968	7.3	7995	7.4	-27
集体所有制煤矿	35593	32.8	34580	32	+1013
个体煤矿	3993	3.7	4331	4.0	-338
其　它	427	0.4	488	0.5	-62

按煤种牌号分的原煤产量

单位：10^4t

	1991年		1990年	
	产　量	比重(%)	产　量	比重(%)
全国总计	108428	100	107930	100
无烟煤	21437	19.8	21285	19.7
烟　煤	82512	76.1	82094	76.1
其中：炼焦烟煤	51826	47.8	51277	47.5
贫瘦煤	1195	1.1	1736	1.6
瘦　煤	4650	4.3	4921	4.6
焦　煤	9578	8.8	9798	9.1
肥　煤	7918	7.3	7574	7.0
1/3焦煤	7386	6.8	6976	6.5
气肥煤	4167	3.8	3929	3.6
气　煤	11470	10.6	12396	11.5
分不出牌号煤	5462	5.0	3947	3.6
一般烟煤	30685	28.2	30817	28.5
贫　煤	5504	5.1	4843	4.5
1/2中粘煤	26			
弱粘煤	7888	7.3	7914	7.3
不粘煤	1297	1.2	1151	1.1
长焰煤	8548	7.9	8095	7.5
分不出牌号煤	7422	6.8	8814	8.1
褐　煤	4479	4.1	4551	4.2

按省、市、自治区分的原煤产量

单位：10^4t

	全国			统配煤矿			地方煤矿					
							合计			其中：集体所有制煤矿		
	1991年	1990年	1991年比1990年增（+）、减（－）	1991年	1990年	1991年比1990年增（+）、减（－）	1991年	1990年	1991年比1990年增（+）、减（－）	1991年	1990年	1991年比1990年增（+）、减（－）
全国总计	108428	107930	+498	48060	48022	+38	60368	59908	+460	35593	34580	+1013
北京	993	1003	－10	593	602	－9	401	401	—	381	364	+17
河北	6142	6191	－49	3899	3953	－54	2244	2238	+6	988	980	+8
山西	28857	28593	+264	11379	11262	+117	17478	17331	+147	13202	12960	+242
内蒙古	4922	4762	+160	2756	2726	+30	2166	2035	+131	1105	925	+180
辽宁	5234	5101	+133	3926	3754	+172	1309	1348	－39	996	1007	－11
吉林	2558	2610	－52	1313	1260	+53	1246	1350	－104	775	758	+17
黑龙江	8514	8263	+251	5029	4998	+31	3485	3266	+219	2271	2099	+172
江苏	2470	2408	+62	1719	1682	+37	752	726	+26	307	278	+29
浙江	139	137	+2				139	137	+2	11	12	－1
安徽	3080	3205	－125	2294	2454	－160	786	751	+35	341	274	+67
福建	857	925	－68				857	925	－68	356	361	－5
江西	2123	2027	+96	675	643	+32	1447	1384	+63	709	659	+50
山东	6054	5995	+59	3342	3285	+57	2712	2711	+1	1134	1080	+54
河南	8972	9080	－108	4130	4318	－188	4843	4762	+81	2912	2852	+60
湖北	810	924	－114				810	924	－114	453	514	－61
湖南	3314	3371	－57	301	302	－1	3012	3069	－57	1398	1279	+119
广东	933	890	+43				933	890	+43	213	234	－21
广西	993	979	+14				992	979	+13	217	232	－15
四川	6904	6784	+120	1791	1794	－3	5112	4990	+122	3149	2970	+179
贵州	3723	3695	+28	1088	1024	－64	2635	2671	－36	846	936	－90
云南	2193	2227	－34	258	256	+2	1935	1972	－37	1080	1075	+5
西藏	0.9	0.9	—				0.9	0.9	—			
陕西	3289	3327	－38	1428	1482	－54	1861	1846	+15	1358	1386	－28
甘肃	1543	1564	－21	680	684	－4	862	880	－218	491	474	+17
青海	286	320	－34				286	320	－34	60	61	－1
宁夏	1403	1443	－40	1018	1077	－59	385	366	+19	126	127	－1
新疆	2111	2100	+11	441	464	－23	1670	1636	+34	713	690	+23
海南	1.5	1.3	+0.2				1.5	1.3	+0.2			

按构成分的统配煤矿原煤产量

单位：10^4t

	1991年		1990年		1991年比1990年
	产 量	比重（%）	产 量	比重（%）	增(+)、减(-)
总 计	48060	100	48022	100	+38
一、矿井产量	42969	89.4	42629	88.8	+340
其中：回采	38704	80.5	38068	79.3	+636
掘进	2846	5.9	3084	6.4	-238
其它	1419	3.0	1477	3.1	-58
二、露天产量	3306	6.9	3304	6.9	+2
三、其它产量	1785	3.7	2089	4.3	-304

按省、市、自治区分的炼焦用洗精煤产量

单位：10^4 t

	炼焦用洗精煤产量			其中：冶炼用炼焦精煤产量		
	1991年	1990年	1991年比1990年增(+)、减(-)	1991年	1990年	1991年比1990年增(+)、减(-)
全国总计	7851	8552	-415	7136	7329	+93
北 京	31	31	—	31	31	—
河 北	1138	1185	-47	1130	1183	-53
山 西	1159	1767	-608	1009	1043	-34
内 蒙 古	154	133	+21	154	133	+21
辽 宁	468	471	-3	443	448	-5
吉 林	118	112	+6	86	91	-5
黑 龙 江	869	869	0	741	775	-34
江 苏	443	434	+9	381	359	-22
安 徽	861	573	+288	845	568	+277
江 西	143	131	+12	129	120	+9
山 东	871	942	-71	849	942	-93
河 南	528	551	-23	419	432	-13
湖 南	174	171	+3	174	169	+5
湖 北						
广 东	8	8	0			
四 川	499	529	-30	400	428	-28
贵 州	279	290	-11	276	287	-11
云 南	132	123	+9	116	101	+15
陕 西	85	68	+17	85	68	+17
宁 夏	147	142	+5	121	129	-8
新 疆	30	22	+8	30	22	+8

煤炭工业洗选煤产品产量

单位：10^4t

	1991年	1990年	1991年为1990年的%
一、洗　　煤			
炼焦用洗精煤	8137	8552	－415
冶炼用洗精煤	7422	7329	＋93
其它用炼焦精煤	715	1223	－508
洗 混 煤	903	803	＋100
中　　煤	470	495	－25
煤　　泥	375	387	－12
洗 块 煤	2533	1468	＋1065
洗 末 煤	761	634	＋127
洗 原 煤	328	153	＋175
二、筛选块煤	5037	6339	－1302
无烟块煤	1971	2039	－68
烟 块 煤	2535	3759	－1224
褐 块 煤	531	541	－10
三、筛选混末煤	15915	15274	＋641
末　　煤	14132	12968	＋1164
粉　　煤	1782	2306	－524

煤炭系统重点选煤厂选煤产量

单位：10^4t

	1991年	1990年	1991年比1990年增(＋)、减(－)
一、合　　计			
入选原煤	19582	19088	＋494
入选比重（%）	18.1	17.7	＋1.1
二、炼焦煤选煤厂			
入选原煤	12731	12677	＋54
精煤产量	6855	6742	＋113
产　　率（%）	53.85	53.19	＋0.26
入选比重（%）	24.56	24.72	－0.16
三、动力煤选煤厂			
入选原煤	6851	6411	＋440
洗选产量	2379	2481	－102
产　　率（%）	34.72	38.71	－3.99

统配煤矿煤炭资源及分配情况

单位：10^4t

	1991年	1990年	1991年比1990年 增(+)、减(-)
一、分配资源量合计	50130	43662	+6468
生产量	45815	46430	-615
其它资源	8443	1042	+7401
盘盈(+)、盘亏(-)量	-32	6	-40
减选煤损耗	4096	3812	+284
二、调出(-)、调入(+)原料煤		-4	
三、供应量合计	46403	40087	+6316
中央部	25219	20352	+4867
省、市、自治区	19275	17961	+1314
出口	1445	1436	+9
其它	464	338	+126

统配煤矿煤炭调出调入量

单位：10^4t

	1991年			1990年		
	调入量	调出量	净调出(+)、调入(-)量	调入量	调出量	净调出(+)、调入(-)量
全国总计	25249	25249		25183	25183	
北京	1570	328	-1242	1557	268	-1290
天津	1322		-1322	1227		-1227
河北	2037	1135	-902	1875	1114	-761
山西		14149	+14149		14582	+14582
内蒙古	979	2037	+1058	557	1286	+729
辽宁	2782	93	-2689	2797	97	-2701
吉林	1122	92	-1030	1070	35	-1035
黑龙江	672	1648	+976	642	1672	+1030
上海	2249		-2249	2277		-2277
江苏	1973	289	-1684	2056	284	-1771
浙江	1089		-1089	1079		-1079
安徽	774	588	-186	1017	747	-270
福建	426		-426	444		-444
江西	434	68	-367	466	67	-399
山东	1266	733	-533	1268	776	-491
河南	462	2311	+1849	505	2293	+1788
湖北	1880		-1880	1855		-1855
湖南	538	115	-422	567	123	-444
广东	1029		-1029	1069		-1069

续表

	1991年			1990年		
	调入量	调出量	净调出(+)、调入(-)量	调入量	调出量	净调出(+)、调入(-)量
广西	362		-362	386		-386
四川		5	+5	110	29	-81
贵州		477	+477	1	508	+507
云南	28		-28	31		-31
陕西	194	558	+364	245	453	+208
甘肃	368		-368	507	108	-399
青海	159		-159	164		-164
宁夏	22	431	+409	23	571	+547
新疆		193	+193		170	+170
海南	63		-63	64		-64
出口	1445		-1445	1319		-1319
入选差额	-4					

统配煤矿洗精煤分配情况

单位：10^4t

	1991年	1990年	1991年比1990年增(+)、减(-)
分配量合计	6005	5931	+74
其中：1.中央部	2877	2769	+108
2.地方工业	2772	2812	-40
3.出口	356	345	+11
4.其它	—	5	-5

主要工业部门产品煤耗定额

	计算单位	1991年	1990年	1991年比1990年增(+)、减(-)
一、冶金工业				
每吨焦炭耗洗煤	kg		1431	
每吨生铁耗焦炭（入炉焦比）	kg		577	
二、电力工业	kg			
发电耗标准煤（每1000kW·h耗标煤）		390	392	
三、化学工业				
每吨合成氨耗焦炭白煤	kg	1296	1253	
每吨电石耗焦炭	kg	569	562	
四、建筑材料				
每吨水泥熟料耗标准煤	kg	183	185.4	
五、交通运输				
铁路机车百万吨每公里耗标准煤	kg		125	

全国燃料生产消费构成

	计算单位	1991年	1990年
一、燃料生产构成			
标准燃料国内生产总量以燃料生产总量为100	10^4t	104867	104000
煤　炭	%	74.07	74.1
石　油	%	19.21	19
天 然 气	%	2.04	2
水力发电	%	4.68	4.9
二、燃料消费构成			
标准燃料国内消费总量以燃料消费总量为100	10^4t	102300	98000
煤　炭	%	76.0	75.6
石　油	%	17	17
天 然 气	%	2	2.1
水力发电	%	5	5.3

煤矿机械厂主要机电产品产量

	计算单位	1991年	1990年
煤矿机电产品产量合计	t		
1.采 煤 机	台-t	278-8802	315-8965
2.刮板输送机	台-t	4043-87585	5071-99646
3.转 载 机	台-t	186-2875	212-2936
4.掘进装载设备	台-t	160-2033	103-1344
5.液压支架	套-架-t	4153-58264	4199-57012
6.单体液压支柱	万根-t	65-31612	74-37419
7.煤矿矿井专用设备	t	5253	6310
8.煤田勘探设备	台-t	851-881	619-615
9.煤电钻及岩石电钻	台	61728	69959
10.矿　灯	万盏	278	300
11.煤矿信号元件	台（套）	90421	105236
12.煤矿专用仪器仪表	台（套）	459018	560196
13.其它专业设备	t	20365	26127

煤炭工业统配煤矿主要经济技术指标

	计算单位	1991年	1990年	1991年比1990年增(+)、减(-)
一、主要产品产量				
统配煤矿原煤产量	10^4t	48060	48022	+38
本系统冶炼用洗精煤产量	10^4t	7186	7136	+50
无烟块煤产量（列入计划）	10^4t	1046	994	+52
二、开拓进尺	10^4m	83.1	82.8	+0.3
三、质　量				
商品煤灰分	%	19.27	18.96	+0.31
商品煤含矸率	%	0.11	0.12	-0.01
冶炼用精煤灰分	%	10.13	10.19	-0.06
冶炼用精煤产率	%	51.56	53.19	-1.63
四、劳动生产率				
原煤全员效率	t/工	1.259	1.217	+0.042
回采工效率	t/工	6.093	5.716	+0.377
五、材料及电力消耗				
企业坑木消耗	$m^3/10^4t$	44.20	48.53	-4.33
原煤生产坑木消耗	$m^3/10^4t$	36.94	39.79	-2.85
综合电力消耗	kW·h/t	46.97	43.98	+2.99
六、回采工作面平均月产量	t/个/月	17126	16040	+1086
七、掘进工作平均月进度	m/个/月	123.9	118.86	+5.04
八、采区回采率	%	78.90	78.08	+0.82
九、采煤机械化程度	%	68.69	65.1	+3.59
十、掘进装载机械化程度	%	68.83	63.01	+5.82
十一、自用煤率	$t/10^4t$	329〔注〕	415	—

注：自用煤率未包括东北内蒙古煤炭工业联合公司数字，与上年不可比。

地方煤矿主要经济技术指标

	计算单位	1991年	1990年	1991年比1990年增(+)、减(-)
年末固定资产原值	10^4元	1957753	2277466	-319713
商品煤灰分	%	21.44	21.33	+0.11
商品煤含矸率	%	1.77	1.77	—
原煤全员效率	t/工	0.660	0.655	+0.005
企业坑木消耗	$m^3/10^4t$	101.02	105.43	-4.41

统配煤矿回采工作面利用指标

		计算单位	1991年	1990年	1991年比1990年增(+)、减(-)
回采产量		10^4t	38704	38068	+636
年末工作面	个数	个	2022	2129	-107
	总长度	m	212497	219061	-6564
平均工作面	个数	个	1883	1978	-95
	总长度	m	196235	204727	-8492
	长度	m	104	104	—
	月进度	m	50.6	47.5	3.1
	月产量	t/个	17126	16040	+1086
煤层生产能力		t/m^2	3.25	3.26	-0.01

统配煤矿回采工作面采煤机械化程度及单产

	计算单位	1991年	1990年	1991年比1990年增(+)、减(-)
一、采煤机械化程度	%	68.69	65.10	+3.59
其中：综采	%	37.56	35.47	+2.09
高档普采	%	26.20	24.12	+2.08
普采	%	3.11	3.73	-0.62
水采	%	1.82	1.77	+0.05
二、工作面平均个数				
全部工作面	个	2022	1978	+44
1.机采工作面	个	913	819	+94
其中：综采	个	280	247	+33
高档普采	个	602	432	+170
普采	个	87	112	-25
水采	个	31	29	+2
2.非机采工作面	个	1109	1159	-50
三、工作面单产				
全部工作面	t/月	17126	16040	+1086
1.机采工作面	t/月	26879	25208	+1671
其中：综采	t/月	47541	45642	+1899
高档普采	t/月	18662	17719	+943
普采	t/月	11247	10530	+717
水采	t/月	21481	19765	+1716
2.非机采工作面	t/月	9535	9558	-23
四、劳动效率				
1.机采工作面	t/工	10.493	9.846	+0.647
其中：综采	t/工	19.508	18.223	+1.285

续表

	计算单位	1991年	1990年	1991年比1990年增(+)、减(-)
高档普采	t/工	6.793	6.522	+0.271
普　采	t/工	5.278	4.734	+0.544
水　采	t/工	10.432	4.097	+6.335
2.非机采工作面	t/工	3.960	2.971	+0.989

统配煤矿掘进进尺及掘进工作面利用指标

		计算单位	1991年	1990年	1991年比1990年增(+)、减(-)
掘进进尺	全　部	10^4m	622.7	622.2	+0.5
	其中：开拓巷道	10^4m	83.1	82.3	+0.8
	煤　巷	10^4m	293.7	302.6	-8.9
	半煤岩巷	10^4m	213.3	207.4	+5.9
	岩　巷	10^4m	157.8	152.3	+5.5
掘进工作面平均个数	全　部	个	4470	4643	-173
	其中：开拓巷道	个	1051	1081	-30
	煤　巷	个	1393	1518	-125
	半煤岩巷	个	1247	1279	-32
	岩　巷	个	1830	1845	-15
掘进工作面平均月进度	全　部	m	123.9	118.9	+5
	其中：开拓巷道	m	65.9	63.4	+2.5
	煤　巷	m	175.7	166.1	+9.6
	半煤岩巷	m	142.5	135.1	+7.4
	岩　巷	m	71.9	68.8	+3.1

统配煤矿三个煤量、掘进率及回采率

		计算单位	1991年	1990年	1991年比1990年增(+)、减(-)
三个煤量	开拓煤量	10^4t	439277	425548	+13729
	准备煤量	10^4t	235330	225709	+9621
	回采煤量	10^4t	35715	34193	+1522
三个煤量可采期	开拓煤量	年	9.61	9.36	+0.26
	准备煤量	月	58.42	59.96	-1.54
	回采煤量	月	11.09	10.89	+0.20
掘进率	生产掘进率	m/10^4t	144.93	145.95	-1.02
	开拓掘进率	m/10^4t	19.34	19.30	+0.04
采区回采率	合　计	%	78.90	78.08	+0.82
	煤厚1.3m以下	%	85.53	84.05	+1.48
	煤厚1.3～3.5m	%	79.62	79.58	+0.04
	煤厚3.5m以上	%	76.81	75.81	+1.0

重点煤矿机械厂概况

	计算单位	1991年	1990年
机械厂数	个	36	36
工业总产值（按1990年不变价格计算）	10^4元	238131	238414
总产量	t	243245	265818
全员劳动生产率	元/人	28478	29128
年末职工人数	人	85945	84549
固定资产原值	10^4元	185051	170390
年末设备拥有量	台		27349
金属切削机床	台	8374	8386
锻压设备	台	1490	1495

地方煤矿基本情况

	计算单位	1991年	1990年	1991年比1990年增(+)、减(-)
一、企业单位数	个	20812	19171	+1641
二、工业总产值(1990年不变价格)	10^4元	2322761	2198038	+124723
三、原煤产量	10^4t	60368	59908	+460
四、自1971年累计基建投资完成额	10^4元	1753947	1620819	+133128
五、年末职工人数	人	3571957	3642763	-70806
其中：省营煤矿	人	526073	530880	-4807
专营煤矿	人	453468	438940	+14528
县营煤矿	人	523615	516811	+6804
乡镇煤矿	人	2068800	2156132	-87332
六、年末固定资产原值	10^4元	1957753	2277466	-319713

煤炭工业基本建设投资及新增固定资产

单位：10^4元

	1991年		1990年	
	投资额	比重(%)	投资额	比重(%)
一、基本建设投资额	1160254	100.0	951744	100.0
1.按资金来源分				
其中：国家投资	637189	54.9	496108	52.1
自筹投资	100820	8.7	101327	10.6
2.按隶属关系分				
直属直供项目	1027126	88.5	848375	89.1
地方项目	133128	11.5	103369	10.9
3.按投资构成分				
建筑安装	701225	60.4	587668	61.7
设备工器具购置	266066	22.9	223877	23.5

续表

	1991年		1990年	
	投资额	比重(%)	投资额	比重(%)
其　　它	192963	16.7	140199	14.8
4.按投资用途分				
生产性建设	954251	82.2	796208	83.7
非生产性建设	206003	17.8	155536	16.3
其中：住宅	102703	8.9	84111	8.8
二、基本建设新增固定资产	796315	68.6	584437	61.4

按用向分的煤炭基本建设投资额

单位：10^4元

	合计				其中：直属直供项目			
	1991年		1990年		1991年		1990年	
	投资额	比重(%)	投资额	比重(%)	投资额	比重(%)	投资额	比重(%)
总　　计	1160254	100.0	951744	100.0	1027126	100.0	848375	100.0
一、矿区建设	1102271	95.0	912905	96.0	974046	94.8	813291	95.9
1.矿井（露天）建设	748174	64.5	683689	71.8	642776	62.6	602115	71.0
2.选煤厂建设	62030	5.3	60525	6.4	59360	5.8	58043	6.8
3.矿区附属工厂	92938	8.0	64677	6.8	88301	8.6	58044	6.8
4.矿区公用工程	131693	11.4	60600	6.4	117387	11.4	53513	6.3
其中：铁路专用线	88873	7.7	35679	3.7	78460	7.6	29789	3.5
5.生活福利文教卫生	46243	4.0	32226	3.4	45281	4.4	31133	3.7
6.其　　它	21193	1.8	11188	1.2	20941	2.0	10443	1.2
二、基地建设	11386	1.0	8449	0.9	11271	1.1	8349	1.0
三、煤矿机械厂	5960	0.5	4094	0.4	5259	0.5	3683	0.4
四、设　　计	3248	0.3	2733	0.3	3059	0.3	2376	0.3
五、地　　质	13449	1.2	4389	0.4	12088	1.2	3252	0.4
六、科　　研	2611	0.2	2418	0.3	2472	0.3	2382	0.3
七、院　　校	7801	0.6	6604	0.7	7437	0.7	6074	0.7
八、其　　它	13528	1.2	10152	1.0	11494	1.1	8968	1.0

煤炭工业基本建设规模

	计算单位	合计		其中：直属直供	
		1991年	1990年	1991年	1990年
一、矿井建设规模					
上年末续建	处-10^4t	300-17260	291-14622	89-12865	95-10984
本年投产	处-10^4t	38-2891	50-2299	24-2738	22-2007
本年新开工	处-10^4t	60-3201	49-2646	21-2590	17-2124
本年末续建	处-10^4t	322-17570	290-14969	86-12717	90-11101
投产与规模比例	倍	7.1	7.5	5.7	6.5
至投产止建设工期	月/处	56.6	53	56.6	53
二、选煤厂建设规模					
上年末续建	处-10^4t	27-5255	27-4995	23-5045	16-3245
本年投产	处-10^4t	10-1725	6-1270	7-1575	6-1270
本年新开工	处-10^4t	6-920	7-1555	6-920	7-1555
本年末续建	处-10^4t	23-4450	28-5280	22-4390	17-3530

煤炭工业施工和竣工房屋建筑面积

单位：m^2

	1991年			1990年		
	施工面积	竣工面积	房屋竣工率(%)	施工面积	竣工面积	房屋竣工率(%)
总　　计	9309908	4688378	50.4	8625306	4557546	52.8
厂　　房	1248693	526716	42.2	1374928	674550	49.1
仓　　库	270244	147027	54.4	218612	101235	46.3
商业营业用房	98614	52723	53.5	75849	27780	36.6
服务业用房	219949	96696	44.0	160964	90004	55.9
办公室	385052	162609	42.2	320566	175202	54.7
家属宿舍	4632018	2651605	57.2	4317573	2458770	56.9
集体宿舍	816779	391236	47.9	679848	381731	56.1
教育用房	383691	166827	43.5	404862	166019	41.0
文化体育用房	133872	55047	41.4	92741	37985	41.0
医疗用房	337219	120147	35.6	218334	76211	34.9
科学实验研究用房	114964	28314	24.6	94028	18826	20.0
其　　它	669813	289431	43.2	667001	349233	52.4

煤炭工业基建新建矿井井巷工程主要经济指标

	计算单位	1991年	1990年	1991年比1990年增(+)、减(-)
一、矿井成巷进尺	m	183218	207213	-23995
二、井巷平均月进度				
立　　井	m/个	36.19	29.40	+6.79
斜　　井	m/个	60.13	58.98	+1.15
岩　　巷	m/个	61.73	62.95	-1.22
半煤岩巷	m/个	93.70	100.64	-6.94
煤　　巷	m/个	96.32	97.40	-1.08
三、掘进工效率				
立　　井	m^3/工	0.815	0.739	+0.076
斜　　井	m^3/工	0.682	0.751	-0.069
岩　　巷	m^3/工	0.736	0.816	-0.080
半煤岩巷	m^3/工	1.160	1.085	+0.075
煤　　岩	m^3/工	1.032	0.876	+0.156

煤炭工业基建施工主要经济指标

	计算单位	1991年	1990年	1991年比1990年增(+)、减(-)
一、工程量				
井　　巷	m	263365	272613	-9248
土建竣工	m^2	3354866	3196376	+158490
二、施工产值	10^4元	471120	429434	+41686
三、劳动生产率				
全　　员	元/人·年	12611	11372	+1239
矿建工人	元/人·年	17369	15103	+2266
土建工人	元/人·年	22405	20035	+2370
安装工人	元/人·年	29715	26548	+3167
四、实物效率				
井　　巷	m/人·年	6.76	6.53	+0.23
土建竣工	m^2/人·年	29	27	+2
五、机械设备				
完好率	%	91	90.5	+0.5
利用率	%	68	69	-1

地方国营煤矿各类建设资金情况

单位：10^4元

	1991年	1990年	1991年比1990年增(+)、减(-)
总　计	169361	175889	-6528
1.基本建设投资	29418	36950	-7532
2.国家补助资金	31100	31600	-500
其中：技术改造	17100	17100	0
铁路建设	4000	4500	-500
小型基建	10000	10000	0
3.买能力资金	0	5500	-5500
4.省内各种自筹	98843	101839	-2996

部及省属煤矿设计院任务完成情况

		计算单位	1991年	1990年
提交矿区总体	件数	件	1	1
	能力	10^4t	700	1075
提交矿井和露天矿	件数	件	34	46
	能力	10^4t	5834	7435
提交选煤厂	件数	件	16	24
	能力	10^4t	2585	5085

煤炭工业地质勘探主要工程量完成情况

	计算单位	1991年	1990年	1991年比1990年增(+)、减(-)
1.开动钻机				
平　均	台	308.54	353.66	-45.12
最　高	台	618	668	-50
2.机械岩芯钻探进尺	m	1042447	1175778	-133331
其中：地质勘探	m	952334	1067290	-114956
水文钻探	m	90113	108488	-18375
3.无岩芯钻探进尺	m	171710	185926	-14216
4.钻 月 数	个	3374.59	3943.79	-69.2
5.钻月效率	m	309	298	+11
6.台 月 数	个	2873.89	3303.37	-429.48
7.台月效率	m	363	356	+7
8.纯钻进单位小时进尺	m	1.46	1.41	+0.05
9.煤芯采取情况				
煤层厚度	m	18057.75	17644.55	+413.20
煤芯长度	m	15519.85	15680.45	-160.60
采 取 率	%	85.9	88.9	-3

续表

	计算单位	1991年	1990年	1991年比1990年增(＋)、减(－)
10.完成钻孔	孔	2219	2823	－604
其中：特甲级/特级(钻探评级)	孔	1829/873	2158/1086	－329/－214
乙级（钻探评级）	孔	272	407	－135
丙级（钻探评级）	孔	2	6	－4
11.报废工程量				
全孔报废	孔/m	11/3243	22/8231	－11/4988
补斜纠正	孔/m	196/9042	266/12214	－70/3172

煤炭工业地球物理探矿工作主要指标

		计算单位	1991年	1990年	1991年比1990年增(＋)、减(－)
地震勘探	测线长度	km	5896.7	3243.8	＋2652.9
	物理点	个	143307	130409	＋12898
	开动台月数	台/月	124.65	121.54	＋3.11
电法勘探	面积	km^2	8191.90	10317.40	－2125.50
	测线长度	km	4001.7	4208.0	－206.3
	物理点	个	48880	65955	－17075
	开动台月数	台/月	133.58	146.80	－13.22
重力勘探	测线长度	km	731.2	303.5	＋427.7
	物理点	个	5545	2006	＋3539
	开动台月数	台/月	3.48	1.26	＋2.22
磁力勘探	测线长度	km	1223.5	1071.2	＋152.3
	物理点	个	43202	20699	＋22503
	开动台月数	台/月	15.84	11.61	＋4.23

直供单位材料消耗情况

	计算单位	1991年	1990年	1991年比1990年增(＋)、减(－)
生产万吨煤主要材料消耗				
坑木	$m^3/10^4t$	44.2	48.5	－4.3
炸药	$t/10^4t$	2.99	3	－0.01
钢材（包括金属制品）	$t/10^4t$	17.78	20.2	－2.42
水泥	$t/10^4t$	50.77	49.4	＋1.37

直供单位钢材使用方向

单位：t

	1991年	1990年
总　　计	2351392	2429249
一、直供单位合计	2173460	2234298
1.生产消费	1710914	1739320
2.基本建设	445849	478622
3.地质勘探	16697	16356
二、拨出系统	177932	194951
1.生产拨出加工	18465	42159
2.基建拨出加工	21048	17265
3.支护拨出加工	33150	42962
4.支援系统外单位	105269	92565

县营以上煤矿单位年末职工人数

单位：人

	1991年		1990年	1991年比1990年增(＋)、减(－)
	人　　数	比重(%)		
全　国　总　计	5541095	100	5463977	＋77118
一、工业部门	4905637	88.5	4849468	＋56169
二、建筑业及资源勘探	560782	10.1	541609	＋19173
1.建　筑　业	448334	8.1	429786	＋18548
2.地质勘探	97655	1.8	76634	＋21021
3.勘察设计	13170	0.24	13305	－135
4.筹建机构及生产准备	1623	0.03	1884	－261
三、农　　林	1782	0.03	1776	＋6
四、科学研究	10300	0.19	10867	－567
五、文教卫生	38393	0.69	36818	＋1575
六、国家机关	3976	0.07	3752	＋224
七、其　　它	20225	0.37	19687	＋538
在全国总计中				
统配煤矿	3631739	65.5	3571492	＋60247
其中：工业生产	3358083	60.6	3297598	＋60485
基本建设	272252	4.9	272466	－214
重点机厂	87763	1.58	78127	＋9636
专县煤矿	1111912	20.1	1062561	＋49351

统配煤矿工业生产按专业分的年末职工人数

单位：人

	1991年		1990年		1991年比1990年
	人　　数	比重(%)	人　　数	比重(%)	增(+)、减(-)
工业生产职工合计	3358083	100	3297598	100	+60485
其中：1.生产工人	1494088	44.5	2006692	60.9	-4909
2.学　　徒	3738	0.11	4584	0.14	+16
3.工程技术人员	57282	1.71	73507	2.2	+2843
4.管理人员	164950	4.9	214779	6.5	+6420
5.服务人员	501059	14.9	624070	18.9	+28048
6.其它人员	243835	7.3	373966	11.3	+16824
在工业生产职工中					
一、原煤生产人员	1577626	47.0	1594828	48.4	-17202
原煤生产工人	1389076	41.4	1409240	42.7	-20164
1.井下工人	1126609	33.4	1146731	34.8	-20122
其中：回采工人	315752	9.4	334343	10.1	-18591
掘进工人	256296	7.6	266818	8.1	-10522
2.地面工人	223164	6.6	223763	6.78	-599
3.露天工人	28114	0.84	28312	0.86	-198
二、非原煤生产人员	735710	21.9	704734	21.4	+30976
其中：选　　煤	73388	2.19	70386	2.1	
机　　修	66632	1.98	66208	2.0	
综合利用	26043	0.78	25042	0.8	

煤炭工业企业固定资产及流动资金

单位：10^4元

	1991年	1990年	1991年比1990年增(+)、减(-)
一、年末固定资产原值	11396923	9968082	+1428841
其中：工业生产	8590640	7456751	+1133889
二、资金总额			
年末固定资产净值	8005450	6914175	+1091275
年末全部流动资金	2934943	2247177	+687766

直属高等学校概况

单位：人

	1991年	1990年	1991年比1990年增（+）、减（-）
一、院校数量	14	14	—
二、在校生数	32020	32207	-187
研究生	1101	1062	+61
大学生	30919	31145	-226
三、投生数	9462	9239	+223
研究生	344	399	-51
大学生	9118	8840	+278
四、毕业生数	9131	9335	-204
研究生	344	388	-44
大学生	8787	8947	-160
五、教职工总数	16958	17798	-840
其中：教师数小计	5984	6159	-175
教授	158	167	-9
副教授	1195	1246	-51
讲师	1924	2075	-151

直属中等专业学校概况

单位：人

	1991年	1990年	1991年比1990年增（+）、减（-）
一、学校数（所）	26	24	+2
二、在校生数	21942	18524	+3418
三、招生数	9739	8267	+1472
四、毕业生数	7212	9358	-2146
五、教职工总数	6571	6311	+260
其中：教师数	2818	2754	+64

煤炭系统职工大学及函授教育基本情况

单位：人

	1991年	1990年	1991年比1990年增（+）、减（-）
一、职工大学			
1.数量（所）	34	34	—
2.在校生数	3853	8020	-4167
3.专职教师数	2256	2413	-157
二、部属高校办函授			
1.函授教职工数	658	664	-6
其中：专职教师	247	280	-33
2.在校生数	6434	6471	-37

统配煤矿集体福利设施概况

	计算单位	1991年	1990年
一、职工食堂			
个　　数	个	3441	2769
其中：班中餐食堂	个	649	592
建筑面积	10^4m^2	270.2	235.1
就餐职工	万人	146.3	143.7
炊、服人员	万人	9.0	8.1
冷藏设备吨位		20849	19213
二、生产（井口）澡堂			
个　　数	个	1015	1178
建筑面积	10^4m^2	223.6	206.6
三、托儿所、幼儿园			
个　　数	个	1439	1284
建筑面积	10^4m^2	114.9	92.5
入托人数	人	17.5	14.92
保教人数	人	2.17	2.31

煤炭工业集体经济基本情况

	计算单位	1991年	1990年	1991年比1990年增(＋)、减(－)
一、生产总值	10^4元	1015571	871454	＋144117
其中：工　　业	10^4元	723342	501437	＋221905
农 牧 业	10^4元	6945	6288	＋657
商饮服务业	10^4元	159282	143205	＋16077
二、利税总额	10^4元	45045	50811	－5766
三、期末人数	人	1339357	1306522	＋32835
其中：共安置待业青年	人	806849	785507	＋21342
家 属 工	人	139621	130120	＋9501
全民职工	人	181830	184900	－3170
聘用人员	人	36373	29836	＋6537

煤炭工业集体经济产值及主要产品产量

	计算单位	1991年	1990年	1991年比1990年增(+)、减(-)
一、工业总产值	10^4元	723342	501437	+221905
二、农牧业				
耕地	亩	192091	189080	+3011
产粮	10^4kg	2534	3395	-861
产木材	m^2	—	99	-99
三、工副业				
产砖	10^4块	81304	130135	-48831
产水泥	10^4t	156	124	+32
产钢	10^4t	0.98	1.60	-0.72
产铁	10^4t	0.81	2.03	-1.22
产煤	10^4t	3623	3615	+8
产焦炭	10^4t	30.4	32.1	-1.7

百万吨综采队基本情况

局、矿、队	产量(10^4t)	单产(t/月)	工作面工效(t/工)	备注
潞安矿务局漳村矿综一队	180.0185	151682	65.21	
潞安矿务局王庄矿综一队	100.1079	86899	52.15	
潞安矿务局王庄矿综二队	100.4591	83716	57.08	
潞安矿务局王庄矿综三队	130.0462	108372	53.11	
潞安矿务局王庄矿综四队	100.0981	89135	44.97	
潞安矿务局五阳矿综一队	121.0016	101341	33.94	
潞安矿务局石圪节矿综一队	104.6345	87928	41.62	
晋城矿务局古书院矿综一队	154.0003	128334	62.19	
晋城矿务局古书院矿综二队	100.0006	83334	43.17	
晋城矿务局王台铺矿综二队	102.5590	90760	59.37	
晋城矿务局王台铺矿综二队	101.6862	86175	51.10	
晋城矿务局凤凰山矿综一队	107.0445	108675	48.85	
晋城矿务局凤凰山矿综二队	101.1050	89632	39.55	
晋城矿务局凤凰山矿综三队	101.2803	88377	52.86	
阳泉矿务局一矿北丈八井七四队	104.1499	87082	32.71	
阳泉矿务局二矿西丈八综四队	120.0577	100048	34.00	
阳泉矿务局三矿竖井综五队	101.0674	90562	40.25	
阳泉矿务局四矿综二队	135.0082	112789	47.35	
西山矿务局杜儿坪矿综二队	106.0772	90125	34.44	
西山矿务局西铭矿综一队	100.4879	89402	54.73	
大同矿务局同家梁矿综一队	102.6571	83569	36.50	
大同矿务局晋华宫矿综二队	100.6843	83904	46.50	
大同矿务局忻州窑矿综二队	100.1764	83480	51.40	
大同矿务局云岗矿综一队	103.7027	93934	52.70	

续表

局、矿、队	产　　量 (10⁴t)	单　　产 (t/月)	工作面工效 (t/工)	备　注
大同矿务局云岗矿综二队	107.1331	92676	47.10	
大同矿务局云岗矿综三队	103.1492	89229	51.60	
平顶山矿务局一矿综五队	116.7294	97763	52.89	
平顶山矿务局十矿综二队	123.3256	102857	35.86	
义马矿务局常村矿一队	105.8772	92875	37.86	
义马矿务局杨村矿二队	102.9354	89199	25.09	
义马矿务局耿村矿五四队	102.5808	103512	33.72	
兖州矿务局南屯矿综一队	100.9483	84124	44.95	
兖州矿务局南屯矿综二队	140.7666	117306	84.51	
兖州矿务局鲍店矿综一队	101.3150	84429	34.17	
兖州矿务局兴隆庄矿综三队	103.4591	86216	37.32	
邢台矿务局东庞矿综二队	109.1832	90986	45.73	
邢台矿务局邢台矿综二队	102.2594	85216	49.80	
乌达矿务局五虎山矿综二队	101.0080	94577	29.20	
铁法矿务局晓南矿综一队	150.0569	125047	40.7	
铁法矿务局晓青矿综一队	101.1169	84264	37.4	
铁法矿务局晓明矿综一队	106.0912	88409	34.2	
鸡西矿务局城子河矿一四五队	100.5614	83803	39.4	
鸡西矿务局正阳矿一八五队	100.0150	83345	34.8	
鹤岗矿务局兴安矿综一队	100.0322	83336	25.2	
双鸭山矿务局新安矿综二队	100.0262	83355	31.5	
七台河矿务局富强矿综一队	103.0062	85839	34.1	

中国统配煤矿总公司

重点煤矿主要

局矿名称	原煤产量 (10⁴t)	商品煤 灰分 (%)	商品煤 含矸率 (%)	洗精煤 产量 (10⁴t)	洗精煤 灰分 (%)	掘进总进尺 (m)
开滦矿务局						
全局合计	1725	25.70	0.18	555		175160
赵各庄煤矿	197	24.55		72		29263
林西煤矿	120	19.10		57		15487
唐家庄煤矿	110	21.22		46		13966
唐山煤矿	302	19.79	0.01	144		28436
马家沟煤矿	75	22.38		34		15664
范各庄煤矿	280	18.73	0.05	126		21106
吕家坨煤矿	171	27.36		50		20252
荆各庄煤矿	183	35.58	0.01			13665
钱家钱煤矿	240	35.51	1.20	25		12208
林南仓煤矿	46	29.75	0.23			5113
大同矿务局						
全局合计	3001	7.78	0.08			335373
煤峪口煤矿	207	6.50	0.07			21012
永定庄煤矿	215	7.85	0.03			25692
同家梁煤矿	265	7.26	0.14			28667
四老沟煤矿	194	7.23	0.11			24818
忻州窑煤矿	226	7.92	0.09			17872
白洞煤矿	127	7.36	0.06			16702
雁崖煤矿	133	8.74	0.16			19232
挖金湾煤矿	172	8.53	0.07			26001
晋华宫煤矿	343	9.17	0.07			39648
马脊梁煤矿	95	6.82	0.00			9718

省(市、区)煤炭工业概况

直属企业煤炭生产概况

技术经济指标

回采工作面平均月产量(t)	掘进工作面平均月进度(m)	采煤机械化程度(%)		掘进装载机械化程度(%)		企业坑木消耗($m^3/10^4t$)	原煤全员效率(t/工)
		合计	其中：综采	合计	其中：综掘		
19353	127.86	68.53	45.78	55.56	20.18	47.49	1.242
9417	104.72			75.51	1.91	75.22	0.799
9516	129.98	45.61		4.27		43.73	0.625
14018	151.52			6.50		55.46	0.729
22167	132.38	82.97	63.47	47.18	30.43	42.26	1.517
10581	97.09			61.16		99.27	0.678
33602	152.38	100.00	64.47	50.72	30.54	38.30	2.010
21429	88.93	96.79	2.00	91.68	2.83	29.38	1.499
35809	189.19	74.42	72.54	74.17	59.46	41.11	2.045
46486	602.27	100.00	100.00	89.99	89.99	30.39	2.288
	115.36			5.30		29.89	
30198	200.37	93.87	74.88	96.68	35.29	33.61	2.332
34435	181.94	100.00	90.89	99.94	46.43	36.60	2.470
30028	216.98	100.00	65.20	99.60	43.75	38.41	2.215
38990	202.48	100.00	75.24	93.11	35.61	28.23	2.516
16966	143.09	94.99	45.40	99.48	16.55	54.12	2.005
45430	198.34	100.00	92.62	97.85	33.87	15.75	2.517
19427	175.44	100.00	61.13	86.68	27.64	37.83	1.372
22880	138.61	100.00	49.07	84.62	19.68	39.63	2.001
16221	165.24	77.17	43.48	98.61	20.85	36.99	1.714
35440	207.63	91.12	79.96	100.00	23.50	23.51	3.064
29548	199.30	88.73	88.73	100.00	37.64	20.66	2.251

局矿名称	原煤产量 (10⁴t)	商品煤		洗精煤		掘进总进尺 (m)
		灰分 (%)	含矸率 (%)	产量 (10⁴t)	灰分 (%)	
大斗沟煤矿	190	6.84	0.03			13669
王村煤矿	162	8.30	0.08			22979
云岗煤矿	402	7.26	0.17			40199
燕子山煤矿	238	8.36	0.00			23733
平顶山矿务局						
全局合计	1780	22.23	0.01	310	10.43	199148
一　矿	366	24.70				31223
二　矿	55	17.32				9358
三　矿	30	20.11				7257
四　矿	164	24.81	0.01			15832
五　矿	127	18.85				14967
六　矿	136	25.44				16519
七　矿	121	15.83				15347
八　矿	170	22.68		100	10	19700
九　矿						
十　矿	226	28.97				23176
十一矿	67	19.84				9312
十二矿	58	22.58				7522
高庄煤矿	54	15.21				10045
大庄煤矿	115	17.39	0.09			15500
统配小井	91					
淮南矿务局						
全局合计	902	20.89	0.03	136	11.44	169299
新庄孜煤矿	191	19.65	0.02			40204
谢家集一矿	155	20.04	0.06	34.6	11.5	30054
谢家集二矿	118	20.75	0.01			20011
李郢孜一矿	85	20.88	0.02			19366
李郢孜二矿	22	27.05	—			6506
孔集煤矿	39	20.88				15790
李嘴孜煤矿	36	19.99				11068
潘一矿	210	22.42		18.29	11.49	16711
潘二矿	36	28.09				9589
望峰岗洗煤厂				83.2	11.4	
淮北矿务局						
全局合计	1363	22.69	0.01	439	11.16	196051
袁庄煤矿	61	30.88				10024
张庄煤矿	154	31.96		47	12.17	17720
朱庄煤矿	155	30.70				19392
相城煤矿	31	26.84				3011
岱河煤矿	149	32.31				17534

续表

回采工作面平均月产量(t)	掘进工作面平均月进度(m)	采煤机械化程度(%)		掘进装载机械化程度(%)		企业坑木消耗($m^3/10^4t$)	原煤全员效率(t/工)
		合计	其中：综采	合计	其中：综掘		
25636	219.30	78.40	72.1	82.32	43.27	38.84	2.508
17858	264.46	68.01	58.12	97.56	51.78	30.31	2.012
66355	318.26	100.00	86.84	100.00	48.81	25.46	4.001
62482	320.28	100.00	100.00	100.00	56.54	20.03	2.404
23320	149.90	69.14	53.18	82.05	18.40	12.85	1.930
42787	184.65	96.54	96.54	83.57	44.26	12.46	3.057
15274	179.41	44.11		84.84		5.20	1.501
13237	141.79			85.48		14.75	1.204
42806	174.80	100.00	70.36	85.66	29.10	12.00	2.983
21283	126.57	42.19	27.19	83.12		10.44	1.709
23548	156.80	82.96	50.26	69.21	19.40	13.93	1.931
20020	142.75	63.26	56.27	84.52	10.50	13.74	1.463
14116	118.20	32.06	31.37	72.26	31.06	15.03	1.402
41217	174.69	91.53	76.28	94.93	23.30	12.57	2.896
14607	121.55	20.08		73.75		23.09	1.249
15211	180.51	69.72	69.72	84.27	19.80	13.97	2.013
14708	167.33	44.13		76.07		13.20	1.514
15679	148.33	33.41		80.90		9.58	1.920
14910	97.99	33.4	14.9	53.87	2.97	39.69	0.859
15301	83.95	—		54.88		43.73	0.881
14905	83.76	34	—	54.55		26.17	0.952
18034	105.56	34.3		50.28		44.01	0.875
9320	130.89	21.6		47.08		75.32	0.838
6564	167.64			27.44		12.84	0.406
7123	121.27			45.09		38.31	0.50
8191	113.58			33.27		79.98	0.611
32260	95.54	80.5	63.3	97.21	30.11	22.97	1.829
14403	86.29	50.05		49.39		63.29	0.381
16915	116.85	36.70	5.08	86.8	6.15	20.26	1.188
11182	94.13			91.2		34.82	0.801
20432	132.05	70.20	1.00	97.0	0.74	10.83	1.989
21686	131.04	87.50	1.87	98.3	2.44	14.61	1.855
13184	105.02			99.2		10.15	0.636
22845	142.97			100.0		14.10	1.302

局矿名称	原煤产量 (10⁴t)	商品煤		洗精煤		掘进总进尺 (m)
		灰分 (%)	含矸率 (%)	产量 (10⁴t)	灰分 (%)	
杨庄煤矿	110	18.58	0.55			15504
沈庄煤矿	32	30.39				7728
芦岭煤矿	162	22.14		91	9.57	21996
朔里煤矿	153	28.02				15939
石台煤矿	127	21.37		53	12.15	19263
朱仙庄煤矿	102	18.76		58	12.03	19890
临涣煤矿	65	28.37	0.12	30	13.00	12353
海孜煤矿	31	28.10				9448
童亭煤矿	31	31.03				6249
大屯煤电公司	365	14.45		152	8.49	47251
姚桥煤矿	121	16.29				15995
孔庄煤矿	51	12.35				8750
徐庄煤矿	90	15.84				14279
龙东煤矿	103	20.39				8227

东北内蒙古煤炭工业联合

表1 重点煤矿主要

局矿名称	原煤产量 (10⁴t)	商品煤		洗精煤		掘进总进尺 (m)	回采工作面平均月产量 (t)
		灰分 (%)	含矸率 (%)	产量 (10⁴t)	灰分 (%)		
全公司合计	13811.02	21.49	0.23	1271.34	9.75	1642849	18814
一、辽宁小计	4263.93	23.16	0.18	443.49	8.39	443341	18441
抚顺矿务局	878.35	11.27	0.01	269.63	6.41	36245	12966
阜新矿务局	1276.94	20.69				115682	17517
北票矿务局	245.57	21.26		70.87	11.39	43965	14731
铁法矿务局	1025.65	30.78	0.30			88983	40516
南票矿务局	230.58	33.55	0.10			58284	22066
沈阳矿务局	563.69	27.55	0.65	102.99	11.52	91935	12909
烟台煤矿	5.04	35.52	0.70			2468	1364
八道壕煤矿	38.10	39.37	0.91			5777	5841
二、吉林小计	1586.46	28.59	0.26	86.57	11.56	242303	14463
辽源矿务局	450.41	20.35	0.07			71566	16674
通化矿务局	550.49	32.24	0.44	86.57	11.56	77389	13458
舒兰矿务局	423.87	30.19	0.29			61145	16848
珲春指挥部	161.69	34.92	0.11			32203	9118

续表

回采工作面平均月产量(t)	掘进工作面平均月进度(m)	采煤机械化程度(%)		掘进装载机械化程度(%)		企业坑木消耗($m^3/10^4t$)	原煤全员效率(t/工)
		合计	其中：综采	合计	其中：综掘		
18046	146.22	50.80	0.33	98.9	0.92	17.59	2.004
16673	125.27			98.5		13.86	0.651
15062	124.24	20.00		67.5	0.37	26.68	1.104
23281	148.20	79.70	1.88	94.8	1.68	21.75	2.001
16470	138.70	15.10		68.6		14.59	1.203
15553	92.59	30.10		62.9		26.30	1.196
12000	71.85			92.6		24.63	0.670
7403	107.00			87.8		42.05	0.568
12722	87.30			94.5		54.81	0.708
25944	145.17	82.1	63.0	91.79		23.15	1.429
26050	140.16	71.3	71.3	100		18.24	1.512
16033	135.30	62.4	—	92.13		28.05	0.986
23122	150.16	93.9	51.9	77.7		19.90	1.444
44223	159.44	94.7	94.7	99.4		17.63	2.303

公司直属企业煤炭生产概况

技 术 经 济 指 标

掘进工作面平均月进度(m)	采煤机械化程度(%)		掘进装载机械化程度(%)		企业坑木消耗($m^3/10^4t$)	原煤全员效率(t/工)	全民产量(10^4t)
	合计	其中：综采	合计	其中：综掘			
133.23	74.93	31.56	76.89		54.31	1.222	12193.05
139.93	63.17	42.11	73.41		59.19	1.186	3925.58
152.39	33.33	33.33	67.60		86.88	1.501	775.44
158.27	59.69	24.99	83.73		38.28	1.440	1109.37
122.13	83.81		50.72		93.80	0.749	241.71
185.29	93.44	86.50	91.96		32.06	1.504	1003.14
194.12	75.10		80.04		67.42	0.906	220.08
101.89	19.44	10.31	57.62		81.11	0.797	532.70
35.96					397.62	0.200	5.04
65.50	21.27		6.20		199.63	0.454	38.10
131.68	59.75	16.30	66.26		80.12	0.832	1312.92
148.43	56.84	51.34	72.06		84.82	0.866	355.99
126.95	44.48		48.93		91.42	0.783	442.59
133.53	70.52		72.36		60.93	0.881	373.69
110.89	79.54		83.44		83.63	0.790	140.65

局矿名称	原煤产量 (10⁴t)	商品煤		洗精煤		掘进总进尺 (m)	回采工作面平均月产量 (t)
		灰分 (%)	含矸率 (%)	产量 (10⁴t)	灰分 (%)		
三、黑龙江小计	5905.92	18.43	0.20	741.30	10.36	804531	20206
鸡西矿务局	2006.18	21.74	0.16	228.88	11.27	264322	22736
鹤岗矿务局	1752.38	17.44	0.14	201.17	10.28	231888	23649
双鸭山矿务局	1126.45	16.38	0.18	135.24	9.47	200349	17842
七台河矿务局	1020.91	18.45	0.38	176.01	9.95	107972	14514
四、内蒙古小计	2054.71	20.92	0.35			152674	20001
平庄矿务局	654.06	25.80	0.06			59622	13903
扎赉诺尔矿务局	517.23	13.63	0.08			55221	24937
大雁矿务局	346.23	19.22	0.14			37831	37748
霍林河指挥部	407.19	23.77	1.22				
伊敏煤电公司	130.00	23.29	1.10				

表2 重 点 煤 矿

局矿名称	隶属	地址及邮政编码	实际年产量 (10⁴t)
西露天矿	统配	辽宁省抚顺市古城子街一路1号 113001	345.26
老虎台矿	统配	辽宁省抚顺市虎万路19号 113003	300.03
龙凤矿	统配	辽宁省抚顺市露天区 113000	130.15
高德矿	统配	辽宁省阜新市孙家湾路 123003	52.47
平安矿	统配	辽宁省阜新市海州区平安中部 123002	36.30
五龙矿	统配	辽宁省阜新市金家沟 123002	130.00
王营矿	统配	辽宁省阜新市韩家店乡 123002	44.30
东梁矿	统配	辽宁省阜新县东梁乡 123125	64.1134
艾友矿	统配	辽宁省阜新县伊马图乡 123129	11.8333
清河门矿	统配	辽宁省阜新市清河门区 123006	135.7100
新邱露天矿	统配	辽宁省阜新市新邱区中部 123005	61.13
海州露天矿	统配	辽宁省阜新市太平区 123003	573.50
冠山矿	统配	辽宁省北票市冠山街 122100	107.00
台吉矿	统配	辽宁省北票市台吉街 122122	102.01
三宝矿	统配	辽宁省北票市三宝街 122112	31.2000
大明一矿	统配	辽宁省铁法市大明镇 112702	76.0407
大明二矿	统配	辽宁省铁法市大明镇 112703	114.69
晓明矿	统配	辽宁省铁法市调兵山镇 112700	156.55
大隆矿	统配	辽宁省铁法市晓明镇 112701	130.05
晓南矿	统配	辽宁省铁法市晓南镇 112704	215.08
小青矿	统配	辽宁省铁法市小青镇 112702	160.05

续表

掘进工作面平均月进度（m）	采煤机械化程度(%)		掘进装载机械化程度(%)		企业坑木消耗（$m^3/10^4t$）	原煤全员效率（t/工）	全民产量（10^4t）
	合计	其中综采	合计	其中：综掘			
124.66	88.17	32.29	86.85		48.79	1.326	5029.05
130.75	95.54	37.96	92.25		41.88	1.366	1525.27
118.62	81.53	25.10	81.93		47.39	1.468	1532.36
128.67	90.94	43.79	83.09		55.60	1.223	1042.02
117.33	81.03	17.78	91.16		54.82	1.135	929.40
175.71	66.62	15.54	51.52		41.19	1.522	1925.50
173.97	58.74	18.96	47.85		62.29	1.176	603.75
161.69	51.25	13.10	31.52		60.08	1.237	483.72
204.85	97.43	12.93	86.11		42.03	1.301	300.84
						6.232	407.19
						6.002	130.00

基本情况

局矿名称	隶属	地址及邮政编码	实际年产量（10^4t）
大兴矿	统配	辽宁省铁法市晓明镇　112701	83.68
三台子矿	统配	辽宁省铁法市三台子镇　112702	67.01
三家子矿	统配	辽宁省锦西市三家子街中心里　121523	54.00
邱皮沟矿	统配	辽宁省锦西市邱皮沟街　121015	54.07
大窑沟矿	统配	辽宁省锦西市赵家屯街　121015	34.77
小凌河矿	统配	辽宁省锦西市凌河街　121015	60.03
苇子沟矿	统配	辽宁省锦西市苇子沟街　121523	16.21
彩屯矿	统配	辽宁省本溪市竖井岗东街　117019	150.00
田师傅矿	统配	辽宁省本溪市田师傅镇　117019	6.1218
牛心台矿	统配	辽宁省本溪市牛心台镇　117019	7.40
红阳一矿	统配	辽宁省沈阳市苏家屯区　110108	86.00
红阳二矿	统配	辽宁省沈阳市苏家屯区　110106	116.00
前屯矿	统配	辽宁省沈阳市新城子区　110123	40.05
清水矿	统配	辽宁省沈阳市新城子区　110123	24.00
蒲河矿	统配	辽宁省沈阳市新城子区　110127	60.01
大桥矿	统配	辽宁省沈阳市新城子区　110122	20.12
红阳四矿	统配	辽宁省灯塔县西马峰乡　111302	23.00
烟台矿	统配	辽宁省灯塔县铧子镇　111311	5.04
八道壕矿	统配	辽宁省黑山县八道壕镇　121401	38.10
西安矿	统配	吉林省辽源市西安大路51-5　136201	117.26
梅河矿	统配	吉林省梅河口市红梅街　135000	238.73

局矿名称	隶　属	地址及邮政编码	实际年产量 (10^4t)
砟子矿	统配	吉林省浑江市砟子镇　134007	56.68
八道江矿	统配	吉林省浑江市八道江镇　134301	69.52
湾沟矿	统配	吉林省浑江市三岔子区　134326	76.10
松树矿	统配	吉林省浑江市松树镇　134321	48.50
大湖矿	统配	吉林省浑江市临江区　134339	62.15
道清矿	统配	吉林省浑江市六道江镇　134309	41.28
五道江矿	统配	吉林省通化市五道江镇　134007	43.02
铁厂矿	统配	吉林省通化市铁厂镇　134005	8.06
苇塘矿	统配	吉林省浑江市三苇塘街　134321	33.86
石人矿	统配	吉林省浑江市石人镇　134331	3.43
吉舒矿	统配	吉林省舒兰县吉舒镇　132602	106.50
半广矿	统配	吉林省舒兰县吉舒镇　132602	97.08
东富矿	统配	吉林省舒兰县吉舒镇　132601	70.52
舒兰街矿	统配	吉林省舒兰县舒兰镇　132600	47.01
营城矿	统配	吉林省九台市营城镇　130502	50.05
蛟河矿	统配	吉林省蛟河市奶子山镇　132508	44.32
英安矿	统配	吉林省珲春市光明街　133303	81.79
城西矿	统配	吉林省珲春市中华村　133300	14.32
恒山矿	统配	黑龙江省鸡西市恒山区　158142	70.92
滴道矿	统配	黑龙江省鸡西市滴道区　158150	197.54
麻山矿	统配	黑龙江省鸡西市　158203	145.91
城子河矿	统配	黑龙江省鸡西市城子河区　158170	234.09
穆棱矿	统配	黑龙江省鸡西市穆棱镇　158160	116.68
小恒山矿	统配	黑龙江省鸡西市小恒山区　158130	209.47
二道河子矿	统配	黑龙江省鸡西市二道河子区　158147	161.05
正阳矿	统配	黑龙江省鸡西市　158177	126.31
大通沟矿	统配	黑龙江省鸡西市滴道区　158150	34.50
张新矿	统配	黑龙江省鸡西市　158147	67.30
东海矿	统配	黑龙江省鸡西市　158203	91.34
平岗矿	统配	黑龙江省鸡西市　158165	70.17
兴山矿	统配	黑龙江省鹤岗市兴山区　154100	175.01
岭北矿	统配	黑龙江省鹤岗市东山区　154106	110.01
南山矿	统配	黑龙江省鹤岗市南山区　154100	270.25
新一矿	统配	黑龙江省鹤岗市东山区　154106	179.01
兴安矿	统配	黑龙江省鹤岗市兴安区　154100	312.00

局矿名称	隶　　属	地址及邮政编码	实际年产量 (10^4t)
富　力　矿	统　　配	黑龙江省鹤岗市南山区　154100	195.08
大　陆　矿	统　　配	黑龙江省鹤岗市南山区　154100	101.00
峻　德　矿	统　　配	黑龙江省鹤岗市兴安区　154100	150.00
振　兴　矿	统　　配	黑龙江省鹤岗市东山区　154106	40.00
岭　东　矿	统　　配	黑龙江省双鸭山市岭东区　155120	32.70
岭　西　矿	统　　配	黑龙江省双鸭山市　155124	48.85
四方台矿	统　　配	黑龙江省双鸭山市　155130	101.05
宝　山　矿	统　　配	黑龙江省双鸭山市　155131	130.00
七　星　矿	统　　配	黑龙江省双鸭山市　155134	200.21
集　贤　矿	统　　配	黑龙江省集贤县　155141	110.02
双　阳　矿	统　　配	黑龙江省双鸭山市　155137	132.04
新　安　矿	统　　配	黑龙江省双鸭山市　155138	190.10
东保卫矿	统　　配	黑龙江省双鸭山市宝山区　155131	60.00
新　建　矿	统　　配	黑龙江省七台河市新兴区　154605	200.34
新　兴　矿	统　　配	黑龙江省七台河市新兴区　154603	141.07
桃　山　矿	统　　配	黑龙江省七台河市桃山区　154602	130.20
东　风　矿	统　　配	黑龙江省七台河市新兴区　154606	62.01
新　立　矿	统　　配	黑龙江省七台河市新兴区　154604	90.09
富　强　矿	统　　配	黑龙江省七台河市桃山区　154622	155.12
铁　东　矿	统　　配	黑龙江省七台河市茄子河区　154622	27.01
新　富　矿	统　　配	黑龙江省七台河市桃山区　154600	55.90
元宝山矿	统　　配	内蒙古自治区赤峰市元宝山区　024070	73.49
五　家　矿	统　　配	内蒙古自治区赤峰市元宝山区　024077	74.01
古　山　矿	统　　配	内蒙古自治区赤峰市元宝山区　024082	136.20
红　庙　矿	统　　配	内蒙古自治区赤峰市元宝山区　024082	71.20
风水沟矿	统　　配	内蒙古自治区赤峰市元宝山区　024082	96.95
西露天矿	统　　配	内蒙古自治区赤峰市元宝山区　024083	152.00
西　山　矿	统　　配	内蒙古自治区满洲里市　021412	132.21
灵　泉　矿	统　　配	内蒙古自治区满洲里市扎区　021416	147.47
灵　北　矿	统　　配	内蒙古自治区满洲里市扎区　021406	70.29
灵泉露天矿	统　　配	内蒙古自治区满洲里市扎区　021410	132.40
大雁一矿	统　　配	内蒙古自治区鄂温克旗大雁镇　021122	140.00
大雁二矿	统　　配	内蒙古自治区鄂温克旗大雁镇　021122	135.70
大雁三矿	统　　配	内蒙古自治区鄂温克旗大雁镇　021122	20.02
霍林河南露天矿	统　　配	内蒙古自治区霍林郭勒市　029207	340.39
伊敏河一露天	统　　配	内蒙古自治区海拉尔市　021134	130.00

北京矿务局煤炭生产概况

表 1 煤矿生产规模

	矿井数（处）	实际年产量（10^4t）	占全省年产量的比重（%）
全省合计	8	593.04	100
统配矿	8	593.04	100

表 2 重点煤矿基本情况

局矿名称	隶属关系	地址及邮政编码	实际年产量（10^4t）
北京矿务局	统配	北京市门头沟区新桥南大街2号 102300	593.04

表 3 重点煤矿主要技术经济指标

局矿名称	原煤产量（10^4t）	商品煤		洗精煤		掘进总进尺（m）	回采工作面平均月产量（t）
		灰分（%）	含矸率（%）	产量（10^4t）	灰分（%）		
全省（区、市）合计	593.04						
北京矿务局	593.04	19.95	0.10	—	—	188733	5124

局矿名称	掘进工作面平均月进度（m）	采煤机械化程度（%）		掘进装载机械化程度（%）		企业坑木消耗（$m^3/10^4t$）	原煤全员效率（t/工）
		合计	其中：综采	合计	其中：综掘		
全省（区、市）合计							
北京矿务局	115.88	14.19	—	19.70	—	39.70	0.783

河北省煤炭工业概况

表1 煤 矿 生 产 规 模

局矿名称	矿井数(处)	实际年产量(10^4t)	占全省年产量的比重(%)
全省合计	114	4417.66	100.00
一、统配煤矿	34	2173.89	49.21
峰峰矿务局	12	1100.29	24.91
井陉矿务局	3	125.56	2.84
兴隆矿务局	5	112.35	2.54
邢台矿务局	3	418.75	9.48
邯郸矿务局	7	328.52	7.44
下花园煤矿	2	62.39	1.41
八宝山煤矿	2	26.03	0.59
二、地方煤矿	80	2243.77	50.79
邯郸市	4	562.51	12.73
石家庄市	1	48.59	1.10
张家口市	2	31.56	0.71
承德市	2	123.14	2.79
唐山市	15	231.37	5.24
秦皇岛市	10	120.14	2.72
邢台市	1	9.86	0.22
邯郸地区	7	188.77	4.27
邢台地区	8	176.71	4.00
保定地区	5	69.13	1.56
张家口地区	12	312.62	7.08
承德地区	9	147.63	3.34
衡水煤矿	1	16.19	0.37
章村煤矿	2	79.42	1.80
显德旺煤矿	1	126.13	2.86

表2 重点煤矿基本情况

局矿名称	隶属关系	地址及邮政编码	实际年产量(10^4t)
全省合计			4417.66
一、统配矿			2173.89
峰峰矿务局	统配	河北省邯郸市峰峰矿区 056201	1100.29
二矿	统配	河北省邯郸市峰峰矿区太安村 056201	65.34
三矿	统配	河北省邯郸市大峪村 056200	48.32

续表

局矿名称	隶属关系	地址及邮政编码	实际年产量(10^4t)
四矿	统配	河北省邯郸市和村 056202	40.01
五矿	统配	河北省邯郸市西佐村 056201	93.08
羊渠河煤矿	统配	河北省邯郸市羊渠河 056201	170.30
牛儿庄煤矿	统配	河北省邯郸市牛儿庄 056201	91.17
小屯煤矿	统配	河北省邯郸市大淑村 056201	45.01
通二煤矿	统配	河北省邯郸市集贤村 056202	94.04
薛村煤矿	统配	河北省邯郸市薛村 056201	113.84
黄沙煤矿	统配	河北省邯郸市黄沙村 056200	71.05
孙庄煤矿	统配	河北省邯郸市孙庄 056200	117.03
万年煤矿	统配	河北省武安市磁山镇 056302	151.10
九龙口煤矿	统配	河北省邯郸市峰峰矿区 056500	—
井陉矿务局	统配	河北省石家庄市井陉矿区 050100	125.56
一矿	统配	河北省石家庄市井陉矿区 050100	45.55
三矿	统配	河北省石家庄市井陉矿区 050100	73.67
临城煤矿	统配	河北省邢台地区临城县 054300	6.34
兴隆矿务局	统配	河北省承德市鹰手营子矿区 067200	112.35
汪庄煤矿	统配	河北省鹰手营子矿区汪庄镇 067203	58.01
火神庙立井	统配	河北省承德市鹰手营子矿区汪庄镇 067203	38.04
东斜井	统配	河北省承德市鹰手营子矿区汪庄镇 067203	10.74
南平硐	统配	河北省承德市鹰手营子矿区汪庄镇 067203	0.04
营子煤矿	统配	河北省承德市鹰手营子矿区汪庄镇 067200	13.78
一斜井	统配	河北省承德市鹰手营子矿区汪庄镇 067200	9.70
马圈煤矿	统配	河北省承德市鹰手营子矿区北马圈 067201	34.11
斜井	统配	河北省承德市鹰手营子矿区北马圈 067201	26.45
邢台矿务局	统配	河北省邢台市 054021	418.75
邢台煤矿	统配	河北省邢台县物思村 054026	170.01
东庞煤矿	统配	河北省内邱县宋村 054201	189.72
葛泉煤矿	统配	河北省沙河市 054100	26.01
邯郸矿务局	统配	河北省邯郸市 056002	328.52
王凤煤矿	统配	河北省邯郸市峰峰矿区王看镇 056200	61.09
二坑	统配	河北省邯郸市峰峰矿区王看镇 056200	38.71
康城煤矿	统配	河北省武安市康二城镇 056306	66.22
一坑	统配	河北省武安市康二城镇 056306	39.85
三坑	统配	河北省武安市康二城镇 056306	26.37
郭二庄煤矿	统配	河北省武安市郭二庄 056303	61.00
阳邑煤矿	统配	河北省武安市阳邑镇 056305	35.63
陶一矿	统配	河北省邯郸县康庄乡高河村 056101	22.75
陶二矿	统配	河北省邯郸县康庄乡北牛叫村 056101	75.62
下花园煤矿	统配	河北省张家口市下花园区 075313	62.39
玉带山井	统配	河北省张家口市下花园区 075313	31.81

续表

局 矿 名 称	隶属关系	地 址 及 邮 政 编 码	实际年产量 (10⁴t)
宣东一号井	统　配	河北省张家口市下花园区　075313	15.20
八宝山煤矿	统　配	河北省怀来县新保安村　075431	26.03
庙梁山井	统　配	河北省怀来县新保安村　075431	22.21
七一井	统　配	河北省怀来县新保安村　075431	3.82
二、地方煤矿			2243.77
邯郸市			562.51
沙果园煤矿	市　营	河北省邯郸市峰峰矿区彭城炉上村　056200	5.82
贺庄煤矿	县　营	河北省武安市下白石　056300	
暴庄煤矿	县　营	河北省武安市野河乡暴庄　056300	15.12
周庄煤矿	县　营	河北省武安市安庄乡东周村　056300	5.62
姬庄煤矿	县　营	河北省邯郸县康庄乡姬庄　056300	15.02
石家庄市			48.59
赵村铺煤矿	市　营	河北省井陉县赵村铺　050100	4.15
邢台市			9.86
许庄煤矿	市　营	河北省沙河市新城乡许庄　054101	9.86
张家口市			31.56
兴隆山煤矿	县　营	河北省张家口市下花园区兴隆山　075300	5.69
前山煤矿	县　营	河北省张家口市下花园区兴隆山　075300	7.81
承德市			123.14
东风煤矿	市　营	河北省承德市鹰手营子矿区　067200	7.36
南山井	市　营	河北省承德市鹰手营子矿区　067200	
北山井	市　营	河北省承德市鹰手营子矿区　067200	7.36
唐山市			231.37
红星煤矿	县　营	河北省唐山市东矿区　063100	5.70
北寺煤矿	县　营	河北省唐山市东矿区　063100	3.84
西缸窑煤矿	县　营	河北省唐山市东矿区　063100	6.20
乐亭煤矿	县　营	河北省唐山市卑家店　063100	4.22
迁西煤矿	县　营	河北省唐山市围山　063100	6.18
遵化一矿	县　营	河北省唐山市卑家店　063100	6.40
遵化二矿	县　营	河北省唐山市卑家店　063100	6.62
迁安煤矿	县　营	河北省唐山市大庄坨　063100	7.90
屈庄煤矿	县　营	河北省唐山市郊区前屈庄　063020	6.77
印子沟煤矿	县　营	河北省开滦矿区四平　063000	3.63
东窑煤矿	县　营	河北省唐山市东缸窑老半壁店　063000	4.65
刘庄煤矿	县　营	河北省唐山市　063000	2.30
滦县煤矿	县　营	河北省唐山市东矿区白道子　063100	4.28
滦南煤矿	县　营	河北省唐山市东矿区白道子　063100	3.00
东矿区一矿	县　营	河北省唐山市东矿区　063100	
秦皇岛市			120.14
柳江煤矿	市　营	河北省抚宁县石门寨　066309	63.50

续表

局 矿 名 称	隶属关系	地址及邮政编码	实际年产量 (10^4t)
大槽沟井	市 营	河北省抚宁县石门寨 066309	13.00
曹山井	市 营	河北省抚宁县石门寨 066309	13.50
老柳江井	市 营	河北省抚宁县石门寨 066309	14.50
马蹄岭井	市 营	河北省抚宁县石门寨 066309	7.86
长城井	市 营	河北省抚宁县石门寨 066309	6.90
义院口井	市 营	河北省抚宁县石门寨 066309	7.74
昌黎煤矿	县 营	河北省唐山市东矿区古冶 063100	7.49
卢龙煤矿	县 营	河北省唐山市东缸窑 063020	5.28
唐苏煤矿	县 营	河北省抚宁县义院口 066309	1.49
邯郸地区			188.77
申家庄煤矿	县 营	河北省磁县黄沙乡申家庄 056500	26.01
焦窑煤矿	县 营	河北省永年县王边乡焦窑村 057150	30.01
成安煤矿	县 营	河北省武安市安庄乡栗山村 056301	13.79
临章煤矿	县 营	河北省武安市安庄乡东周村 056300	16.28
鸡泽煤矿	县 营	河北省邯郸县康庄乡 056105	2.85
曲周煤矿	县 营	河北省武安市南辛庄 057250	9.76
观台煤矿	县 营	河北省磁县观台村 056500	14.00
邢台地区			176.71
岗头煤矿	县 营	河北省临城县城关 054300	7.80
三王村煤矿	县 营	河北省沙河市三王村 054102	9.70
任县煤矿	县 营	河北省临城县峒上村 054300	8.43
马庄煤矿	县 营	河北省沙河市马庄 054101	2.81
隆尧煤矿	县 营	河北省临城县南程村 054300	2.90
十里亭煤矿	县 营	河北省沙河市十里亭 054102	3.00
磨窝煤矿	市 营	河北省内邱县磨窝 054200	24.32
保定地区			69.13
灵山煤矿	专 营		15.73
灵山井	专 营	河北省曲阳县灵山 073100	6.93
二 井	专 营	河北省曲阳县灵山 073100	4.14
三 井	专 营	河北省曲阳县灵山 073100	3.18
四 井	专 营	河北省曲阳县灵山 073100	1.48

局矿名称	隶属关系	地址及邮政编码	实际年产量 (10^4t)
涞水煤矿	专营	河北省涞水县东垒子 074100	4.80
张家口地区			312.62
芋县煤矿	专营	河北省芋县阳春 075713	77.35
郑湾沟井	专营	河北省芋县阳春 075713	26.36
玉峰山井	专营	河北省芋县阳春 075713	32.16
西细庄井	专营	河北省芋县阳春 075713	18.83
涿鹿煤矿	专营	河北省涿鹿县武家沟 075600	14.52
西寺湾井	专营	河北省涿鹿县武家沟 075600	9.04
西山坡井	专营	河北省涿鹿县武家沟 075600	5.48
尚义煤矿	专营	河北省尚义县木路 076711	11.53
鸡鸣山煤矿	专营	河北省张家口市下花园区 075300	1.20
拐西良煤矿	县营	河北省芋县南留庄 075700	15.21
深沟煤矿	县营	河北省阳源县深沟 075826	1.80
康保煤矿	县营	河北省康保县土城子 076661	7.57
胡庄煤矿	县营	河北省涿鹿县胡庄 075300	3.80
承德地区			147.63
涝洼滩煤矿	专营	河北省承德市鹰手营子矿区 067204	17.29
平安堡莱院井	专营	河北省兴隆县平安堡 067720	14.79
平安堡露天	专营	河北省兴隆县平安堡 067720	2.50
平安堡井	专营	河北省兴隆县平安堡 067720	12.18
暖儿河煤矿	专营	河北省平泉县 067400	16.10
杨树岭煤矿	县营	河北省平泉县杨树岭 067503	9.00
松树台煤矿	县营	河北省平泉县松树台 067513	3.38
缸窑沟煤矿	县营	河北省宽城县缸窑沟 067600	4.90
塌山煤矿	县营	河北省宽城县缸窑沟 067600	4.80
红旗煤矿	县营	河北省滦平县涝洼滩 068250	6.65
衡水地区煤矿	专营	河北省武安市半壁店 056306	16.19
章村煤矿	省营	河北省沙河市辛庄 054108	79.42
三井	省营	河北省沙河市辛庄 054108	18.84
四井	省营	河北省沙河市辛庄 054108	51.86
显德旺煤矿	省营	河北省沙河市显德旺 054107	126.13

表3 重点煤矿主要技术经济指标

局矿名称	原煤产量 (10⁴t)	商品煤		洗精煤		掘进总进尺 (m)	回采工作面平均月产量 (t)	掘进工作面平均月进度 (m)	采煤机械化程度 (%)		掘进装载机械化程度 (%)		企业坑木消耗 ($m^3/10^4t$)	原煤全员效率 (t/工)
		灰分 (%)	含矸率 (%)	产量 (10^4t)	灰分 (%)				合计	其中：综采	合计	其中：综掘		
全省合计	4417.66	20.92	0.68	583.79	10.23	610565	10340	92.48	68.19	15.01	43.42	4.88	64.79	0.935
一、统配矿合计	2173.89	19.36	0.04	583.79	10.23	354287	18059	122.78	79.66	18.61	69.46	5.91	35.93	1.090
峰峰矿务局	1100.29	17.69	0.05	353.33	10.67	179423	22337	137.62	95.53	8.05	92.00	9.86	28.97	1.180
井陉矿务局	125.56	19.62	0	58.29	10.98	19477	7822	127.10	26.79		33.26		52.08	0.744
兴隆矿务局	112.35	41.86	0			34180	7700	97.44			40.12		82.19	0.783
邢台矿务局	418.75	16.19	0	147.51	8.85	26071	54252	145.62	100.00	73.04	72.76	29.11	28.64	2.231
邯郸矿务局	328.52	20.23	0.11	24.66	10.40	59154	12674	106.75	47.93		63.79	4.35	33.03	0.771
下花园煤矿	62.39	18.05	0.08			19321	7625	92.27			19.28		82.06	0.640
八宝山煤矿	26.03	18.94	0			16031	4787	124.50			0.99		124.30	0.682
二、地方煤矿合计	2243.77	24.30	2.07			256278	4757	68.96	36.71	5.13	7.41		134.85	0.695
邯郸市	562.50	24.50	1.94			9737	5228	83.05					156.00	0.629
邢台市	9.86	15.80	2.53			1715	7003	71.82					46.80	0.945
石家庄市	48.59	20.90	4.13			10008	857	77.01					214.30	0.484
张家口市	31.56	17.10	6.85			10512	2708	75.52					223.10	0.519
承德市	123.14	40.90	5.55			8476	4003	123.70					194.00	0.679
唐山市	231.37	30.70	2.77			38031	2037	63.65					242.10	0.542
秦皇岛市	120.14	35.90	1.01			29945	2271	53.41					193.90	0.613
邯郸地区	188.77	22.70	1.99			23109	8327	77.68	40.59		6.34		109.90	0.800
邢台地区	176.72	18.70	2.69			12247	5822	63.63	38.60				123.00	0.596
保定地区	69.13	27.70	2.85			17738	1393	66.43					369.50	0.308
张家口地区	312.62	15.80	1.77			41869	4732	65.23	22.07		1.88		119.30	0.713
承德地区	147.63	29.70	4.67			30612	4327	69.40			7.74		167.40	0.545
衡水地区煤矿	16.19	18.60	4.04			2124	4684	64.60					116.80	0.590
章村煤矿	79.42	21.83				8705	16580	69.43	84.45		60.88		51.27	0.750
显德旺煤矿	126.13	22.52				11450	25929	141.01	100.00	29.46	77.47		43.33	1.943

山西省煤炭工业概况

表1 煤矿生产规模

	矿井数（处）	实际年产量（10^4t）	占全省产量的比例（%）
全省合计	279	28856.99	100.00
统配矿	69	11378.80	39.43
省营矿	1	73.52	0.26
地、市营矿	63	1525.59	5.29
县营矿	146	2416.75	8.37
集体矿		13201.62	45.75
个体矿		260.71	0.90

表2 重点煤矿基本情况

局矿名称	隶属关系	地址及邮政编码	实际年产量（10^4t）
大同矿务局	统配	大同市新平旺 037003	3001.03
平朔煤炭工业公司	统配	朔州市 038506	1000.37
阳泉矿务局	统配	阳泉市北大街 045000	1557.67
西山矿务局	统配	太原市河西区 030053	1574.09
汾西矿务局	统配	介休县西关 031200	681.77
潞安矿务局	统配	襄垣县侯堡镇 046204	1018.14
轩岗矿务局	统配	原平县轩岗镇 034114	260.64
晋城矿务局	统配	晋城市北石店镇 048006	1026.12
太原煤气化公司	统配	太原市河西区 030024	121.67
王坪煤矿	统配	怀仁县 038300	65.26
霍州矿务局	统配	霍州市桥东街 031400	500.56
东山煤矿	统配	太原市东郊 030043	106.44
荫营煤矿	统配	阳泉市荫营镇 045011	120.84
固庄煤矿	统配	阳泉市郊河祇村 045014	55.42
小峪煤矿	统配	怀仁县小峪镇 038301	120.52
南庄煤矿	统配	阳泉市南庄路 045001	68.1
西峪煤矿	统配	太原市河西区 030021	100.16
晋普山煤矿	省营	晋城市南郊 048013	65.38
姜家湾煤矿	市营	大同市南郊	96.3
青磁窑煤矿	市营	大同市南郊	110.5
北岩煤矿	市营	晋城市城区	74.2
马口煤矿	地营	左云县	65.9
杨涧煤矿	县营	朔州市城区	57.06

表3 重点煤矿主要技术经济指标

局矿名称	原煤产量 (10⁴t)	商品煤		洗精煤		掘进总进尺 (m)	回采工作面平均月产量 (t)	掘进工作面平均月进度 (m)	采煤机械化程度(%)		掘进装载机械化程度(%)		企业坑木消耗 ($m^3/10^4t$)	原煤全员效率 (t/工)
		灰分 (%)	含矸率 (%)	产量 (10^4t)	灰分 (%)				合计	其中：综采	合计	其中：综掘		
全省合计	28856.99			713.23	9.79									
1.大同矿务局	3001.03	7.78	0.08			335373	30198	200.37	93.87	74.88	96.68	35.29	31.18	2.332
2.山西煤管局	6305.36	17.07	0.06	713.23	9.79	538340	37789	161.35	96.36	69.44	81.21	27.56		2.308
阳泉矿务局	1551.67	18.25	0.05			135227	38337	130.88	100.00	67.02	79.64	26.56	29.36	2.118
西山矿务局	1574.09	17.29	0	363.17	10.01	150730	30159	156.09	100.00	72.06	86.96	16.21	40.12	1.981
汾西矿务局	681.77	14.24	0	234.91	9.38	83470	28745	198.67	88.44	16.39	83.6	15.98	63.47	1.709
潞安矿务局	1018.14	15.7	0.18	103.94	9.92	57245	91918	298.84	100.00	100.00	92.7	64.35	20.89	4.118
轩岗矿务局	260.64	20.19	0			37686	18673	138.92	70.22	1.99	40.26	0.51	71.45	1.247
晋城矿务局	1026.12	16.46	0.05			54444	82696	201.87	100.00	100.00	82.62	69.17	18.95	4.996
太原煤气化公司	121.67	17.58	0.45	11.2	10.32	13198	15290	108.86	72.18		81.12	0	47.10	1.415
王坪煤矿	65.26	24.94	0.30			6340	9038	99.75	37.82	37.82	74.05	0	59.5	1.179
3.山西省煤炭工业厅	17870.8													
（1）统配矿	1072.04	18.51	0.10	158.66	10.15	162038	14685	131.95	70.84	5.49	55.44	3.67		1.578
霍州矿务局	500.56	18.62	0	158.66	10.15	65829	17404	148.53	90.09	13.17	93.77	6.27	31.03	1.784
东山煤矿	106.44	13.08	0.11			19031	12007	111.83	43.89		47.32	0.55	50.33	1.310
荫营煤矿	120.84	18.31	0.01			19398	15604	104.17	88.87		3.96		78.54	—
固庄煤矿	55.42	18.9	0.01			8103	12914	109.99	100		—		57.61	—
小峪煤矿	120.52	21.11	0.32			17757	14697	183.71	60.65		99.67	9.6		1.528
南庄煤矿	68.1	19.71	0			11803	13981	86.72	66.95		5.31			1.189
西峪煤矿	100.16	20.50	0.38			20117	11594	164.89			0			—
（2）地方煤矿	16798.76	14.14	0.90										57.07	1.199
省营	73.52													
专营	1525.59													
县营	2416.75													
集体	13201.62													
个体	260.71													
4.平朔煤炭工业公司	1000.37	21.31	0											12.190

注：大同矿务局产量不含集体小井产量510.94万吨；山西煤管局产量亦不含集体小井产量168.49万吨。

内蒙古自治区煤炭工业概况

表 1 煤矿生产规模

	矿井数（处）	实际年产量 (10^4t)	占全省年产量的比重(%)
全省合计	1235	2868.10	100.00
统配矿	14	831.22	28.98
省营矿	8	47.82	1.67
地、市营矿	13	222.81	7.77
县营矿	67	473.49	16.51
集体矿	1133	1292.76	45.07

表 2 重点煤矿基本情况

局矿名称	隶属关系	地址及邮政编码	实际年产量 (10^4t)
乌达矿务局		乌海市 016040	442.19
包头矿务局		包头市石拐 014070	155.01
海勃湾矿务局		乌海市 016000	189.01
宝日希勒一矿		海拉尔市陈巴虎旗 021025	45.01

表 3 重点煤矿主要技术经济指标

局矿名称	原煤产量 (10^4t)	商品煤		洗精煤		掘进总进尺 (m)	回采工作面平均月产量 (t)	掘进工作面平均月进度 (m)	采煤机械化程度(%)		掘进装载机械化程度(%)		企业坑木消耗 ($m^3/10^4$t)	原煤全员效率 (t/工)
		灰分 (%)	含矸率 (%)	产量 (10^4t)	灰分 (%)				合计	其中：综采	合计	其中：综掘		
全省(区、市)合计		21.71	0.14		9.85	73389	17619	133.30	68.73	34.62	50.64	5.80	45.47	1.054
包头矿务局	155.01	22.51	0.10			19352	10410	110.52	30.03		18.18		44.77	0.611
乌达矿务局	442.19	21.06	0	45.95	9.85	35361	24010	174.99	86.56	55.22	70.77	10.82	38.25	1.401
海勃湾矿务局	189.01	23.54	0.04	5.66		11215	13558	108.15	59.20		43.20		53.54	0.971
宝日希勒一矿	45.01	16.84	0.20			7461	12970	107.01					89.69	0.929

辽宁省地方煤炭工业概况

表 1 煤矿生产规模

	矿井数（处）	实际年产量 (10^4t)	占全省年产量的比重(%)
全省合计	52—512	970.54	100
地、市营矿	28—308	152.30	15.69
县营矿	24—204	129.81	13.38
集体矿		688.43	70.93

表 2 重点煤矿基本情况

局矿名称	隶属关系	地址及邮政编码	实际年产量 (10^4t)
马古煤矿	市属	辽宁省沈阳市新城子区 110121	41.11
康平三台矿	县属	辽宁省铁岭市康平县 112200	21.00
蛤蟆山矿	市属	辽宁省锦西市虹螺县 121507	16.41

表 3 重点煤矿主要技术经济指标

局矿名称	原煤产量 (10^4t)	商品煤 灰分(%)	商品煤 含矸率(%)	洗精煤 产量 (10^4t)	洗精煤 灰分(%)	掘进总进尺(m)	回采工作面平均月产量(t)	掘进工作面平均月进度(m)	采煤机械化程度(%) 合计	采煤机械化程度(%) 其中：综采	掘进装载机械化程度(%) 合计	掘进装载机械化程度(%) 其中：综掘	企业坑木消耗 $(m^3/10^4t)$	原煤全员效率(t/工)
辽宁省全省(区、市)合计	970.54	34.7	5.58	—	—	108049	2369	91	—	—	—	—	275	0.42
沈阳市	41.11	20.9	2.80	—	—	8661	5794	96	—	—	—	—	204	0.66
大连市	8.79	16.4	0.44	—	—	410	—	75	—	—	—	—	195	0.46
抚顺市	22.50	31.0	4.60	—	—	5791	2347	56	—	—	—	—	439	0.27
本溪市	204.18	26.2	4.39	—	—	11733	2113	45	—	—	—	—	252	0.44
丹东市	188.11	35	3.52	—	—	14406	3097	78	—	—	—	—	244	0.38
锦州市	90.50	25.8	3.85	—	—	4666	2536	83	—	—	—	—	237	0.31
阜新市	85.16	24.4	3.46	—	—	3149	739	49	—	—	—	—	245	0.18
辽阳市	47.58	48.8	9.94	—	—	6232	2158	52	—	—	—	—	327	0.58
铁岭市	75.62	29.4	4.3	—	—	17435	5331	82	—	—	—	—	217	0.55
朝阳市	78.63	37.4	8.46	—	—	25582	2059	94	—	—	—	—	341	0.36
锦西市	128.36	30.8	3.25	—	—	9984	2000	73	—	—	—	—	239	0.31

吉林省地方煤炭工业概况

表 1 煤 矿 生 产 规 模

	矿井数 （处）	实际年产量 （10^4t）	占全省年产量的比例 （%）
全省合计		2558.75	100.00
统配煤矿		1312.92	51.3
地方煤矿	357	1245.83	48.7
1.全　民	48	409.56	16.0
省　营	8	73.83	2.9
地（市）营	26	239.78	9.4
县　营	14	95.95	3.7
2.集　体	181	774.81	30.3
统　配	4	273.54	10.7
地（市）营	10	501.27	19.6
县　营			
乡（镇）村	167	411.50	16.1
3.个体矿	128	61.46	2.4
4.其　它（系统外）			

表 2 重 点 煤 矿 基 本 情 况

局矿名称	隶属关系	地址及邮政编码	实际年产量（10^4t）
杉松岗煤矿	吉林省煤炭管理局	辉南县杉松岗镇　135114	32.08
万宝煤矿	吉林省煤炭管理局	洮南市万宝镇　137112	31.63
新胜煤矿	吉林省劳改局	梅河口市新合镇　135006	13.19
石碑岭煤矿	长春市煤炭工业局	长春市郊区三道镇　130123	6.48
羊草沟煤矿	长春市煤炭工业局	九台市放牛沟乡　130505	27.00
缸窑煤矿	吉林市煤炭动力工业局	永吉县缸窑镇　132209	20.21
红阳煤矿	吉林市煤炭动力工业局	永吉县　132207	19.51
刘房子煤矿	四平市煤炭建材局	公主岭市刘房子乡　136103	37.92
延边煤矿	延边州煤炭工业局	和龙县福洞镇　133508	38.02
和龙煤矿	延边州煤炭工业局	和龙县松下坪镇　133515	33.72
凉水煤矿	延边州煤炭工业局	珲春市凉水镇　133301	9.59
三道煤矿	延吉市工业局	龙井市　133411	16.00

表3 重点煤矿主要技术经济指标

局矿名称	原煤产量 (10⁴t)	商品煤 灰分(%)	商品煤 含矸率(%)	洗精煤 产量(10⁴t)	洗精煤 灰分(%)	掘进总进尺 (m)	回采工作面平均月产量 (t)	掘进工作面平均月进度 (m)	采煤机械化程度(%) 合计	采煤机械化程度(%) 其中：综采	掘进装载机械化程度(%) 合计	掘进装载机械化程度(%) 其中：综掘	企业坑木消耗 (m³/10⁴t)	原煤全员效率 (t/工)
全省合计	409.56	32.68	2.14	3.93	17.99	139200	3708	72.86					243.42	0.524
其中：重点煤矿合计													238.72	0.429
杉松岗煤矿	32.08	44.91	2.48	3.93	17.99	9455	3823	65.12					315.38	0.407
万宝煤矿	31.63	40.29	1.33			21566	1808	77.94					315.03	0.558
新胜煤矿	13.19	38.23	2.38			1506	2610	46.48					331.94	0.324
石碑岭煤矿	6.48	31.42	2.80			3807	3699	87.12					163.26	0.931
羊草沟煤矿	27.00	14.58	1.29			5323	7116	83.17					306.54	0.421
缸窑煤矿	20.21	35.25	2.83			4569	3505	97.6					230.15	0.461
红阳煤矿	19.51	47.20	1.52			5368	8668	86.03					71.30	0.908
刘房子煤矿	37.92	30.49	0.80			9005	10259	146.8					293.32	0.413
延边煤矿	38.02	36.00	0.96			7712	2750	46.29					323.78	0.531
和龙煤矿	33.72	26.00	0.73			6425	3611	43.49					372.27	0.482
凉水煤矿	9.59	25.51	4.71			1497	3611	97.84					216.74	0.602
三道煤矿	16.00	29.00	4.00			5379	3078	59.11						

说明：全省合计的是地方国营（全民）煤矿产量，不包括系统外矿井。

黑龙江省地方煤炭工业概况

表1 煤矿生产规模

	矿井数（处）	实际年产量 (10^4t)	占全省年产量的比重 (%)
全省合计		2608.08	100.00
省营矿	137	619.22	23.74
地、市营矿	86	422.24	16.19
县营矿	45	172.31	6.61
集体矿		1394.31	53.46

注：集体矿矿井数（处）统计不全。

表2 重点煤矿基本情况

局矿名称	隶属关系	地址及邮政编码	实际年产量 (10^4t)
鸡东煤矿	省属	黑龙江省鸡东县 158200	56.26
依兰煤矿	省属	黑龙江省哈尔滨市 154854	82.68
立新煤矿	省属	黑龙江省鸡西市 158120	46.69
碱场煤矿	省属	黑龙江省鸡西市 158166	34.18
青山煤矿	省属	黑龙江省林口县 157623	25.01
光义煤矿	省属	黑龙江省穆棱县 157503	18.26
黑宝山煤矿	省属	黑龙江省嫩江县 151449	35.15
升平煤矿	市属	黑龙江省集贤县 154900	22.05
七市煤矿	市属	黑龙江省七台河市 154600	47.05
茄子河煤矿	市属	黑龙江省七台河市 154600	20.00
北岗煤矿	市属	黑龙江省七台河市 154622	26.48
跃进煤矿	市属	黑龙江省鸡西市 158130	19.58
新民煤矿	市属	黑龙江省鸡西市 158150	16.46
老达煤矿	市属	黑龙江省鸡西市 158100	26.60
鸡兴煤矿	市属	黑龙江省鸡西市 158170	16.42
宋集屯煤矿	市属	黑龙江省黑河市 164322	26.70
永丰煤矿	县属	黑龙江省鸡东县 158200	14.04
保合煤矿	县属	黑龙江省鸡东县 158200	11.60
四海煤矿	县属	黑龙江省鸡东县 158150	33.17
勃利煤矿	县属	黑龙江省勃利县 154606	11.04
兴隆煤矿	县属	黑龙江省穆棱县 157500	12.95

表3 重点煤矿主要技术经济指标

局矿名称	原煤产量 (10⁴t)	商品煤		洗精煤		掘进总进尺 (m)	回采工作面平均月产量 (t)	掘进工作面平均月进度 (m)	采煤机械化程度(%)		掘进装载机械化程度(%)		企业坑木消耗 (m^3/10^4t)	原煤全员效率 (t/工)
		灰分 (%)	含矸率 (%)	产量 (10^4t)	灰分 (%)				合计	其中：综采	合计	其中：综掘		
全省(区、市)合计	2608.08	21.32	3.78			176653	3114	64.8	17.8		5.0		135.31	0.747
鸡东煤矿	56.26	16.85	—			8415	7044	76.6	39.2		49.5		187.21	0.606
依兰煤矿	82.68	26.64	4.46			—	—	—					6.11	2.113
立新煤矿	46.69	11.95	1.86			11418	6632	84.6	99.6		23.7		264.78	0.703
碱场煤矿	34.18	24.00	4.00			4537	7777	71.9	67.1		52.5		96.91	0.700
青山煤矿	25.01	20.99	—			6669	6003	88.0			12.0		132.69	0.691
光义煤矿	18.26	—	—			4377	2387	59.5					131.31	0.820
黑宝山煤矿	35.15	87.90	3.00			—	—	—					—	2.109
升平煤矿	22.05	19.10	1.40			7178	4691	49.0					73.32	0.499
七市煤矿	47.05	20.00	3.50			15776	4127	76.0					115.47	0.798
茄子河煤矿	20.00	24.00	3.00			8091	2633	67.0					159.75	0.629
北岗煤矿	26.48	18.00	2.70			10024	2645	94.0					178.79	0.671
跃进煤矿	19.58	20.00	6.00			3740	—	53.4					92.07	0.748
新民煤矿	16.46	39.50	4.00			2406	2458	43.3					76.00	0.735
老达煤矿	26.60	35.00	1.88			6504	3037	63.1					121.48	0.665
鸡兴煤矿	16.42	17.00	6.00			2942	1853	61.3					151.00	0.600
宋集屯煤矿	26.70	2.51	3.00			—	—	—					—	3.510
永丰煤矿	14.04	23.00	8.43			4325	1447	51.0					222.14	0.500
保合煤矿	11.60	11.50	3.02			2672	6972	74.0					214.08	0.560
四海煤矿	33.17	32.00	5.02			7557	3614	43.0					138.18	0.664
勃利煤矿	11.04	—	—			2904	2920	71.0					96.91	0.470
兴隆煤矿	12.95	27.60	6.20			1987	1097	69.6					119.00	0.710

江苏省煤炭工业概况

表1 煤矿生产规模

	矿井数 (处)	1991年实际年产量 (10^4t)	占全省年产量的比重 (%)
全省合计	189	2104.85	100.00
统配矿	19	1352.94	64.28
省营矿	1	3.5	0.17
地、市营矿	28	341.48	16.22
县营矿	14	99.61	4.73
集体矿	127	306.52	14.56
其中：乡、镇、村矿	127	278.3	13.65
统配矿		28.22	0.91
个体矿	2	0.8	0.04

表2 重点煤矿基本情况

局矿名称	隶属关系	地址及邮政编码		实际年产量 (10^4t)
江苏省煤炭工业总公司		江苏省南京市北京西路	210024	2104.85
徐州矿务局	统配	江苏省徐州市西关	221006	1381.16
徐州市地方煤炭工业公司	市属	江苏省徐州市淮海西路	221006	112.81
淮阴市矿务局	市属	江苏省徐州市大黄山	221131	52.86
盐城市矿务局	市属	江苏省徐州市贾汪大泉	221011	46.64
南通市煤炭工业公司	市属	江苏省徐州市柳新	221142	44.62
连云港市煤炭工业公司	市属	江苏省徐州市青山泉	221137	55.03
扬州市煤炭工业公司	市属	江苏省徐州市王庄	221006	41.03
镇江市煤炭工业公司	市属	江苏省镇江市解放路市府大院	212002	38.09
常州市矿务局	市属	江苏省常州市劳动西路	213001	16.02
无锡市煤炭工业公司	市属	江苏省无锡市塘南三支路	215026	25.68
南京市煤炭工业局	市属	江苏省南京市长白街246号	210002	8.3

表3 重点煤矿主要技术经济指标

局矿名称	原煤产量	商品煤		洗精煤		掘进总进尺	回采工作面平均月产量	掘进工作面平均月进度	采煤机械化程度（%）		掘进装载机械化程度（%）		企业坑木消耗	原煤全员效率
	(10^4t)	灰分（%）	含矸率（%）	产量（10^4t）	灰分（%）	(m)	(t)	(m)	合计	其中：综采	合计	其中：综掘	(m^3/10^4t)	(t/工)
全省合计	1797.53	20.57	0.21	286.65	9.95	380870	10493	111.89	55.37	34.17			41.86	0.854
一、徐州矿务局	1352.94	20.20	0.01	286.65	9.95	197847	18241	138.45	55.37	34.17	85.08	1.5	17.73	1.197
1.韩桥矿	107.18	20.21	0.02	33.35		31671	10460	159.90	45.76	24.45	94.76		11.99	0.724
2.大黄山矿	68.19	20.21	0	15.12	13.03	11912	14606	131.93			37.69		21.20	0.849
3.权台矿	132.13	21.80	0	19.67		10685	27497	127.55	90.94	61.22	91.84		22.09	2.027
4.旗山矿	128.57	18.48	0			10928	19835	162.33	62.24	60.73	80.08		18.72	1.873
5.董庄矿	75.92	35.15	0			5664	19065	137.21	13.22		29.17		16.84	0.946
6.新河矿	47.44	21.08	0			15591	7204	142.25	48.76		52.27		33.17	0.500
7.庞庄矿	221.58	13.51	0	116.37		29564	29255	172.99	66.24	66.84	98.47	3.0	16.73	2.212
8.夹河矿	111.20	15.73	0	58.34	9.68	11005	23433	128.50	96.83		100	3.0	13.65	2.003
9.义安矿	64.43	24.63	0	3.28		12040	15059	118.74	19.95		100		13.98	0.876
10.张小楼矿	59.06	23.66	0.03			6301	12778	98.99			93.22		16.55	0.925
11.垞城矿	75.75	33.75	0			13467	11899	107.78			89.81		19.79	0.764
12.张集矿	70.70	11.08	0			12895	12897	137.06	6.56		92.55		12.79	1.025
13.三河尖矿	120.02	17.45	0	10.88		12808	31523	180.55	100	53.83	100		17.26	2.078
14.张双楼矿	61.09	21.53	0.14			8791	21877	119.98	77.07	77.07	69.12		23.73	0.886
二、地方国营煤矿	444.59					183023	4291	92.67					111.58	0.467
1.徐州市地方煤炭工业公司	112.81	21.94	0.12			35360	7962	120.74					88.37	0.516
马庄矿	46.05	20.77	0.02			8967	11858	115.65					39.13	0.755
新庄矿	14.70	20.55	0.03			2665	6868	137.81					36.87	0.590
沛城矿	12.97	27.28	0.32			4815		113.33					139.32	0.309
大刘矿	11.65	17.97	0.58			5275	4311	99.55					230.56	0.393
陈楼矿	11.64	25.56	0.01			6442	4963	123.42					45.21	0.456
夏庄矿	3.80	21.09				1595		122.69					249.21	0.300
永固矿	12.00	24.05	0.08			5601		158.68					138.25	0.525

续表

局矿名称	原煤产量 (10⁴t)	商品煤 灰分(%)	商品煤 含矸率(%)	洗精煤 产量(10⁴t)	洗精煤 灰分(%)	掘进总进尺 (m)	回采工作面平均月产量 (t)	掘进工作面平均月进度 (m)	采煤机械化程度(%) 合计	采煤机械化程度(%) 其中：综采	掘进装载机械化程度(%) 合计	掘进装载机械化程度(%) 其中：综掘	企业坑木消耗 (m³/10⁴t)	原煤全员效率 (t/工)
2.淮阴市矿务局	52.86	19.06	1.79			32630	2760	103.21					186.94	0.407
淮阴市郑庄矿	1.28	19.60	2.11			855	1241	133.59					160.33	0.162
宿迁市胡庄矿	10.50	16.32	1.76			6670	5151	93.55					126.21	0.509
盱眙县坡里矿	3.02	17.83	1.79			1286	1635	80.38					84.33	0.515
宿迁县前玉矿	9.02	23.02	2.03			4151	4144	140.33					372.38	0.438
泗阳县新桥矿	7.92	19.96	1.82			6240	1655	93.13					95.20	0.321
洪泽县九里山矿	5.50	16.72	1.33			3188	2256	127.37					304.00	0.440
沭阳县大李庄矿	8.62	19.45	1.91			5306	3748	73.69					190.35	0.413
宿迁县屯头矿	6.99	18.21	1.62			4924	2774	170.33					91.41	0.416
3.盐城市矿务局	46.64	17.46	1.21			24744	3634	82.32					80.53	0.504
韩场矿	14.94	13.87	1.13			6136	3877	87.37					82.86	0.680
南庄矿	7.60	15.02	1.34			4410	2772	78.43					70.53	0.375
利国矿	16.21	22.26	1.25			9549	4054	76.14					73.33	0.568
殷庄矿	7.00	15.3	1.17			4649	3532	95.48					103.05	0.350
4.南通市煤炭工业公司	44.62	21.65	0.27			15099	5949	85.07					85.31	0.618
柳新矿	36.04	21.26	0.26			11199	7034	90.86					74.93	0.668
如皋县阎台矿	8.58	23.71	0.34			3900	3451	71.92					128.9	0.471
5.连云港市煤炭工业公司	55.03	19.13	1.04			19467	4491	120.97					91.98	0.513
白集矿	21.43	22.65	1.30			8333	5793	109.53					14.68	0.611
赣榆县唐庄矿	13.13	14.16	1.04			7025	4702	195.14					142.8	0.565
赣榆县瓦庄矿	8.13	16.94	0.35			1703	1369	70.96					165.19	0.391
赣榆县马庄矿	6.32					2406								
灌云县湖里矿	6.02	22.47	1.18				4517	96.86					148.17	0.383
6.扬州市煤炭工业公司	41.03	19.85	0.24			6481	9535	113.23					20.91	0.922
王庄矿	35.17	19.68	0			5478	9535	121.09					1.99	1.125

续表

局矿名称	原煤产量 (10⁴t)	商品煤 灰分(%)	商品煤 含矸率(%)	洗精煤 产量(10⁴t)	洗精煤 灰分(%)	掘进总进尺 (m)	回采工作面平均月产量 (t)	掘进工作面平均月进度 (m)	采煤机械化程度(%) 合计	采煤机械化程度(%) 其中：综采	掘进装载机械化程度(%) 合计	掘进装载机械化程度(%) 其中：综掘	企业坑木消耗 (m^3/10⁴t)	原煤全员效率 (t/工)
泰兴县跃进矿	9.35	21.55	1.76			1003		83.58					170.54	0.413
7.镇江市煤炭工业公司	38.09	29.84	0.57			20307	3070	85.77					170.04	0.355
东风矿	5.64	27.11	0.43			2951	2575	80.63					192.38	0.236
伏牛山矿	12.98	24.59	0.43			7094	3104	96.44					221.97	0.396
小力山矿	7.82	24.43	0.15			5231	2827	73.63					120.59	0.362
古洞矿	11.65	24.50	0.93			5031	3562	90.55					134.76	0.403
8.常州市矿务局	16.02	22.90	1.02			11288	2592	71.86					228.77	0.256
儒林矿	5.00	23.79	0.59			3880	2059	69.68					264.20	0.244
卜弋矿	5.57	25.35	1.34			3508	2890	69.50					209.32	0.250
厚余矿	5.45	19.45	1.10			3900	2943	76.62					216.12	0.276
9.无锡市煤炭工业公司	25.68	32.43	1.62			12497	3867	62.51					171.96	0.316
川埠矿	8.20	34.99	1.54			4769	3615	62.10					209.51	0.261
白泥场矿	12.31	31.52	1.67			5060	4722	65.17					100.07	0.399
园田矿	3.42	28.57	1.64			2020	3097	51.79					297.37	0.256
10.南京市煤炭工业局	8.30	30.19	1.96			5160	3692	67.81					132.05	0.332
钟山矿	8.30	30.19	1.96			5160	3692	67.81					132.05	0.332
11.省劳改局湾山矿	3.5													

备注：1.本表全省合计产量不含集体、个体。

2.全省合计、小计产量含3万吨以下矿井指标。徐州矿务局合计产量含青山泉矿报废井产量。

3.地方国营矿矿名前注县名为县营矿，但生产为有关市公司管理。

4.地方国营矿未统计采、掘机械化程度。

浙江省煤炭工业概况

表 1 煤矿生产规模

	矿井数（处）	实际年产量 (10^4t)	占全省年产量的比重 (%)
全省合计		139.17	100.00
省营矿	11	104.64	75.2
地、市营矿	2	2.66	1.9
县营矿	4	15.44	11.1
集体矿		16.43	11.8

注：矿井数栏内数字不包括3万吨以下（含3万吨）的矿井及乡镇煤矿的矿井数。

表 2 重点煤矿基本情况

局矿名称	隶属关系	地址	实际年产量 (10^4t)
长广煤矿公司	省营	浙江省长兴县牛头山	104.64

表 3 重点煤矿主要技术经济指标

局矿名称	原煤产量 (10^4t)	商品煤		洗精煤		掘进总进尺 (m)	回采工作面平均月产量 (t)	掘进工作面平均月进度 (m)	采煤机械化程度 (%)		掘进装载机械化程度 (%)		企业坑木消耗 (m^3/10^4t)	原煤全员效率 (t/工)
		灰分 (%)	含矸率 (%)	产量 (10^4t)	灰分 (%)				合计	其中：综采	合计	其中：综掘		
全省（区、市）合计	139.17	40.85	2.11			85968							140	0.389
省营矿	104.64	41.57	1.90			68869	2820	84	4.06		3.67		118	0.394
地、市营矿	2.66	26.37	4.13			1790							253	0.409
县营矿	15.44	40.21	2.05			15309							391	0.359
集体矿	16.43	—												

安徽省煤炭工业概况

表 1 煤矿生产规模

	实际年产量（10^4t）
全省合计	786.09
省营矿	320.34
地、市营矿	56.44
县营矿	19.00
集体矿	390.31

表 2 重点煤矿基本情况

局矿名称	隶属关系	地址及邮政编码	实际年产量（10^4t）
皖北矿务局	省　营	安徽省宿州市　234011	320.34

注：皖北矿务局实际年产量栏目数字不包括刘一煤矿的统配煤30万吨。

表 3 重点煤矿主要技术经济指标

局矿名称	原煤产量（10^4t）	商品煤		洗精煤		掘进总进尺（m）	回采工作面平均月产量（t）
		灰分（%）	含矸率（%）	产量（10^4t）	灰分（%）		
皖北矿务局	350.34	23.28	0.26			53711	14320

局矿名称	掘进工作面平均月进度（m）	采煤机械化程度（%）		掘进装载机械化程度（%）		企业坑木消耗（$m^3/10^4t$）	原煤全员效率（t/工）
		合计	其中：综采	合计	其中：综掘		
皖北矿务局	86.81	25.43	25.43	26.35	891	10.73	0.993

注：表中各指标按含刘一煤矿30万吨统配煤统计。

福建省煤炭工业概况

表 1 煤矿生产规模

	矿井数（处）	实际年产量 (10^4t)	占全省年产量的比重（%）
全省合计	49	471.52	55.01
省营矿	31	414.12	48.31
县营矿	18	57.40	6.70

注：本表只统计年产3万吨以上（含3万吨）矿井的指标。

表 2 重点煤矿基本情况

局矿名称	隶属关系	地址及邮政编码	实际年产量 (10^4t)
龙岩矿务局	省营	龙岩市下洋 364014	58.15
永定矿务局	省营	永定县坎市 364102	71.01
永安矿务局	省营	永安市水东 366021	100.25
上京矿务局	省营	大田县上京 366102	62.50
天湖山矿务局	省营	永春县下洋 362617	40.78
邵武煤矿	省营	邵武市晒口 354001	21.01
漳平煤矿	省营	漳平市麦元 364403	20.72
苏邦煤矿	省营	龙岩市大吉 364003	46.88

表 3 重点煤矿主要技术经济指标

局矿名称	原煤产量	商品煤		洗精煤		掘进总进尺	回采工作面平均月产量	掘进工作面平均月进度	采煤机械化程度（%）		掘进装载机械化程度（%）		企业坑木消耗	原煤全员效率
	(10^4t)	灰分（%）	含矸率（%）	产量 (10^4t)	灰分（%）	(m)	(t)	(m)	合计	其中：综采	合计	其中：综掘	(m^3/10^4t)	(t/工)
合计	421.30	21.79	1.51			248925	1853	74.47	1.96		31.65		117.2	0.701
龙岩矿务局	58.15	22.35	2.52			32058	1750	70.36			11.79		146.7	0.653
永定矿务局	71.01	18.19	1.03			61510	1472	73.44			16.79		120.6	0.655
永安矿务局	100.25	25.53	1.27			50074	3260	91.53			55.52		92.2	0.742
上京矿务局	62.50	18.64	0.89			33681	1218	67.20			54.05		76.5	0.746
天湖山矿务局	40.78	15.85	1.07			27767	1211	66.93			30.58		98.9	0.686
邵武煤矿	21.01	36.99	2.40			9640	6436	91.08	50.65		27.20		145.8	0.751
漳平煤矿	20.72	28.10	2.42			11648	1175	62.50			20.30		261.0	0.603
苏邦煤矿	46.88	20.01	1.78			22547	2750	76.69			23.02		122.4	0.742

注：本表为省营煤矿的资料。

江西省煤炭工业概况

表 1 煤 矿 生 产 规 模

	矿井数 (处)	实际年产量(10^4t)	占全省年产量的比重(%)
全省合计	2147	2122.98	100
统配矿	5	801.74	37.76
省营矿	6	151.85	7.15
地、市营矿	14	98.77	4.65
县营矿	54	167.52	7.89
集体矿	2068	903.10	42.55

注：集体矿中包括个体煤73.54万吨，联营井煤120.34万吨。

表 2 重 点 煤 矿 基 本 情 况

局矿名称	隶属关系	地址及邮政编码	实际年产量(10^4t)
萍乡矿务局	统配	萍乡市交通路三号 337003	321.86
丰城矿务局	统配	丰城市上塘镇 331141	233.23
英岗岭矿务局	统配	高安县建山镇 330808	60.01
洛市矿务局	统配	丰城市洛市镇 331170	60.10
乐平矿务局	统配	乐平县后港 333300	126.54
八景煤矿	省属	高安县八景 330812	36.23
花古山煤矿	省属	新余市谢家村 336519	33.52
天河煤矿	省属	吉安县天河镇 343115	35.08
棠浦煤矿	省属	宜丰县棠浦镇 336304	14.67
大光山煤矿	省属	安福县 343229	14.33
新华煤矿	省属	高安县八景 330812	18.02

表3 重点煤矿主要技术经济指标

局矿名称	原煤产量 (10⁴t)	商品煤		洗精煤		掘进总进尺 (m)	回采工作面平均月产量 (t)	掘进工作面平均月进度 (m)	采煤机械化程度 (%)		掘进装载机械化程度 (%)		企业坑木消耗 (m³/10⁴t)	原煤全员效率 (t/工)
		灰分 (%)	含矸率 (%)	产量 (10⁴t)	灰分 (%)				合计	其中：综采	合计	其中：综掘		
全省（区、市）合计	953.59	26.57	0.270	141.60	11.16	265706	6720	78.28	14.80	11.44	17.27		81.65	0.627
萍乡矿务局	321.86	27.43	—	47.00	10.41	99271	6324	88.19	6.13	—	31.65		71.38	0.722
丰城矿务局	233.23	21.45	—	76.11	11.25	24847	15320	68.81	42.69	42.69	23.57		61.83	0.831
英岗岭矿务局	60.01	23.46	—			15444	6018	47.00	10.10		23.45		29.26	0.511
洛市矿务局	60.10	40.73	0.130			21534	5175	80.45	15.11		4.11		65.69	0.572
乐平矿务局	126.54	29.26	0.710	2.71	14.85	41087	5258	77.66			3.12		88.65	0.522
八景煤矿	36.23	30.23	0.010			17241	4868	87.37			6.42		137.63	0.453
花古山煤矿	33.52	15.98	0.290	10.98	13.25	13732	5083	75.98			6.13		124.94	0.546
天河煤矿	35.08	26.75	0.850			7225	5908	68.08			5.20		110.38	0.655
棠浦煤矿	14.67	13.79	—	4.80	10.35	12741	3790	79.88			1.56		240.22	0.378
大光山煤矿	14.33	27.99	0.370			8011	3404	76.95			3.88		189.39	0.401
新华煤矿	18.02	35.90	3.580			4573	3409	133.01					255.44	0.282

山东省煤炭工业概况

表1 煤矿生产规模

	矿井数(处)	实际年产量(10^4t)	占全省年产量比例(%)
全省	86	4323.69	71.42
统配矿	27	2897.22	47.86
省属矿	16	757.07	12.51
地市矿	11	220.40	3.64
县营矿	32	449.00	7.42

注：乡镇矿未做统计。

表2 重点煤矿基本情况

局矿名称	隶属关系	所在地及邮政编码	实际年产量(10^4t)	备注
淄博矿务局	山东煤炭工业管理局	山东省淄博市 255120	397.85	
洪山煤矿		山东省淄博市 255138	41.19	注销能力
西河煤矿		山东省淄博市 255100	61.71	
夏庄煤矿		山东省淄博市 255200	56.32	
龙泉煤矿		山东省淄博市 255100	39.16	
岭子煤矿		山东省淄博市 255100	115.36	
石谷煤矿		山东省淄博市 255100	22.44	
双沟煤矿		山东省淄博市 255100	29.30	
南定煤矿		山东省淄博市 255000	32.37	
新汶矿务局	山东煤炭工业管理局	山东省新泰市 271233	743.96	
孙村煤矿		山东省新泰市 271233	127.99	
张庄煤矿		山东省新泰市 271233	98.02	

续表

局矿名称	隶属关系	所在地及邮政编码	实际年产量 (10^4t)	备注
良庄煤矿		山东省新泰市 271233	123.00	
华丰煤矿		山东省新泰市 271413	98.05	
协庄煤矿		山东省新泰市 271221	197.42	
潘西煤矿		山东省新泰市 271103	46.43	
西港煤矿		山东省新泰市 271103	43.26	
枣庄矿务局	山东煤炭工业管理局	山东省枣庄市 277153	623.77	
陶庄煤矿		山东省枣庄市 277011	53.60	注销能力
枣庄煤矿		山东省枣庄市 277154	74.00	
山家林煤矿		山东省枣庄市 277043	50.26	
蒋庄煤矿		山东省枣庄市 277519	100.12	
田陈煤矿		山东省枣庄市 277523	58.02	
八一煤矿		山东省滕州市 277524	75.02	
柴里煤矿		山东省滕州市 277519	178.20	
肥城矿务局	山东煤炭工业管理局	山东省肥城县 271608	381.20	
大封煤矿		山东省肥城县 271619	38.32	
杨庄煤矿		山东省肥城县 271601	68.02	
曹庄煤矿		山东省肥城县 271601	83.46	
陶阳煤矿		山东省肥城县 271613	100.07	
国庄煤矿		山东省肥城县 271613	91.33	
兖州矿务局	山东煤炭工业管理局	山东省邹县 273500	1052.96	
南屯煤矿		山东省邹县 273515	255.63	
北宿煤矿		山东省邹县 273516	53.19	
兴隆庄矿		山东省兖州县 272002	293.00	
东滩煤矿		山东省邹县 273512	150.01	
鲍店煤矿		山东省邹县 273514	250.32	
杨村煤矿		山东省邹县 272003	50.81	
龙口矿务局	山东煤炭工业管理局	山东省黄县 265700	100.1	
坊子煤矿	山东煤炭工业管理局	山东省潍坊市 261200	41.80	

表 3　重点煤矿主要技术经济指标

局矿名称	原煤产量 (10⁴t)	商品煤 灰分 (%)	商品煤 含矸率 (%)	洗精煤 产量 (10⁴t)	洗精煤 灰分 (%)	掘进总进尺 (m)	回采工作面平均月产量 (t)	掘进工作面平均月进度 (m)	采煤机械化程度 (%) 合计	采煤机械化程度 (%) 其中：综采	掘进装载机械化程度 (%) 合计	掘进装载机械化程度 (%) 其中：综掘	企业坑木消耗 (m³/10⁴t)	原煤全员效率 (t/工)
全省合计	6053.92			871.31										
一、统配煤矿	3341.64	18.30	0.06	862.63	8.82	650795	17065	122.80	85.86	43.61	89.57	5.69	46.35	1.195
淄博矿务局	397.85	25.73	0.03			163679	7793	109.00	78.58		79.70		45.35	0.691
新汶矿务局	743.96	16.08	0	311.41	9.47	150562	16726	135.81	84.65	16.17	85.94		55.08	1.349
枣庄矿务局	623.77	17.39	0	202.99	8.02	127427	16376	139.94	72.61	41.07	98.25	7.63	53.65	0.942
肥城矿务局	381.20	15.82	0	125.59	8.71	80982	14400	137.83	90.45	14.79	94.45		57.80	1.220
兖州矿务局	1052.96	17.57	0.13	222.64	8.72	96552	43829	112.33	96.18	89.62	99.72	26.89	28.39	1.963
龙口矿务局	100.10	14.81	0.34			14127	22742	99.41	100.00	38.60	97.28	9.52	46.38	1.321
坊子煤矿	41.80	35.15	0.55			17466	3000	92.02			65.01		139.52	0.502
二、上划省属矿	723.35	23.04	0.11	8.68	11.06	185341	12086	113.40	67.57	6.42	80.13	1.18	57.97	0.913
埠村煤矿	53.00	25.85	0	8.68	11.06	24063	7168	85.65	35.34		77.53		50.00	0.653
汶南煤矿	118.10	28.84				19601	19629	157.74	84.31		87.02		39.27	1.307
泉沟煤矿	46.45	22.93				15704	10910	107.89			86.44		57.14	0.741
南冶煤矿	56.52	22.60				15418	15130	123.80	80.56		86.39		53.82	1.086
鄂庄煤矿	60.76	19.99				12730	22813	137.73	100.00		86.04		33.03	1.191
查庄煤矿	119.59	18.61	0.07			24169	15536	146.22	93.45		100.00	9.06	62.63	1.211
白庄煤矿	40.00	15.98	0.21			8964	15505	126.59	97.03		89.67		67.75	1.010
洼里煤矿	85.38	30.53	0.58			13010	24433	72.54	61.63	50.07	66.69		72.42	1.241
临沂矿务局	86.45	20.06	0.16			41365	4495	106.78			57.90		90.29	0.504
三、省营劳改矿	117.94													
七五煤矿	54.64	9.36	0.18										77.54	1.648
岱庄煤矿	37.35	7.66	0.29										77.77	0.770
武所屯矿	25.95	10.45	1.00										53.18	0.631
四、地营煤矿	234.58													
泮水煤矿	12.16	21.00	0.47										63.02	0.629

续表

局 矿 名 称	原煤产量 (10⁴t)	商品煤		洗精煤		掘进总进尺 (m)	回采工作面平均月产量 (t)	掘进工作面平均月进度 (m)	采煤机械化程度 (%)		掘进装载机械化程度 (%)		企业坑木消耗 (m^3/10⁴t)	原煤全员效率 (t/工)
		灰分 (%)	含矸率 (%)	产量 (10⁴t)	灰分 (%)				合计	其中：综采	合计	其中：综掘		
桑园煤矿	18.10	21	2.7										69.94	0.651
五井煤矿	13.20	18.4	0.66										129.5	0.368
朱刘店煤矿	14.83	10.77	0.33										115.97	0.573
落陵煤矿	40.09	15.59	1.75										47.07	1.042
莱园煤矿	30.14	11	1.09										85.99	0.884
崖头煤矿	19.01	19	0.25										149.17	0.570
崇山煤矿	15.67	22	1.64										60.15	0.630
马坊煤矿	14.59	19	2										123.2	0.671
茅庄煤矿	13.12	22	2.4										148.5	0.613
泉上煤矿	29.49	16.7	2										47.65	0.700
五、县营煤矿	501.92													
琅沟煤矿	15.50	22.8	3										94.58	0.520
东风煤矿	21.00	21.8	1.98										80.76	0.980
平阴煤矿	22.60	17.07	0.84										120.4	0.810
张山子煤矿	4.20	25.75	2.68										137.67	0.412
官地煤矿	3.01	16	1.8										47.12	0.195
薛城煤矿	7.11	24.4	2.2										163.53	0.285
郭庄煤矿	22.05	11	1.5										119.37	0.539
洼东煤矿	18.57	22.42	1.97										47.00	0.847
五图煤矿	6.76	40.2	4.7										153.00	0.691
红泥洼煤矿	5.30	33	1.2										108.00	0.416
杨庄煤矿	15.40	20	1										42.80	0.428
单家村矿	53.22	15.87	0.19										39.34	1.320
小港煤矿	25.47	16	1.8										118.30	0.405
槲林煤矿	18.65	30	2										232.00	0.347

续表

局矿名称	原煤产量 (10⁴t)	商品煤		洗精煤		掘进总进尺 (m)	回采工作面平均月产量 (t)	掘进工作面平均月进度 (m)	采煤机械化程度 (%)		掘进装载机械化程度 (%)		企业坑木消耗 (m^3/10^4t)	原煤全员效率 (t/工)
		灰分 (%)	含矸率 (%)	产量 (10^4t)	灰分 (%)				合计	其中：综采	合计	其中：综掘		
四槐树煤矿	19.17	24	1										96.00	0.502
尚庄煤矿	6.02	26.7	0.65										94.28	0.394
保安煤矿	18.25	20.95	0.58										130.25	0.735
石屯煤矿	17.01	14.60	0.22										118.96	0.523
五理垢煤矿	15.20	26.52	0.54										187.00	0.467
隆庄煤矿	4.45	5.70	0.30										134.00	0.508
汶河煤矿	16.98	23.5	1.58										64.52	0.810
高佐煤矿	14.33	15.08	0.59										129.45	0.601
红旗煤矿	8.61	19.15	0.21										198.2	0.363
东高都煤矿	6.50	15.38	2										167.33	0.370
小庄子煤矿	6.39	17.53	1.68										276.05	0.342
曹庄煤矿	11.38	10.87	2										167.57	0.501
峡矸煤矿	1.07	20	2										224.3	0.205
武河煤矿	6.51	7	1										277.72	0.430
黄山煤矿	9.99	13.6	2.3										149.25	0.402
鲁村煤矿	10.68	18	1.9										161.56	0.360
张店煤矿	13.17	21	2.1										47.3	0.420
六、集体所有制乡镇煤矿	1134.49													

注：因为是重点煤矿的指标，故有些指标分单位相加不等小计。

河南省煤炭工业概况

表 1　煤矿生产规模

	矿井数（处）	实际年产量（10^4t）	占全省年产量的比重（%）
全省合计		8972.58	100.00
统配矿	51	4129.61	46.02
地、市营矿	33	792.90	8.84
县营矿	47	840.84	9.37
集体矿		3209.23	35.77

注：全省实际年产量和统配矿实际年产量，含平顶山矿务局产量。

表 2　重点煤矿基本情况

局矿名称	隶属关系	地址及邮政编码	实际年产量（10^4t）
焦作矿务局	统　配	河南省焦作市　454159	394.52
鹤壁矿务局	统　配	河南省鹤壁市　456650	480.04
义马矿务局	统　配	河南省义马市　472300	1030.14
郑州矿务局	统　配	河南省郑州市密县　452371	535.53
平顶山矿务局	统配直管	河南省平顶山市　467000	1689.37

表 3　重点煤矿主要技术经济指标

局矿名称	原煤产量（10^4t）	商品煤		洗精煤		掘进总进尺（m）	回采工作面平均月产量（t）	掘进工作面平均月进度（m）	采煤机械化程度（%）		掘进装载机械化程度（%）		企业坑木消耗（$m^3/10^4t$）	原煤全员效率（t/工）
		灰分（%）	含矸率（%）	产量（10^4t）	灰分（%）				合计	其中：综采	合计	其中：综掘		
合　计	4073.98	17.93	0.56	53.06	11.46	578988	12271	100.70	32.01	23.03	28.63	3.32	49.52	0.993
统配矿	2440.24	16.84	0.02	20.38	10.70	278954	17731	125.05	50.82	37.99	58.65	6.89	24.53	1.170
焦作矿务局	394.52	15.23	0.00			54125	107116	116.52	31.28	0.72	47.68	0.00	11.02	0.800
鹤壁矿务局	480.04	15.75	0.05	10.85	9.56	67063	16119	119.30	51.06	17.38	66.23	5.55	26.93	1.073
义马矿务局	1030.14	19.00	0.02	9.53	11.93	94968	23566	122.38	68.44	66.44	65.24	10.79	23.39	1.400
郑州矿务局	535.53	15.03	0.00			62798	19482	146.68	29.28	24.17	50.06	8.36	34.02	1.271
县营以上地方矿	1633.74	19.62	1.39	32.68	11.93	300034	8375	85.26	3.06		0.71		97.25	0.800

湖南省煤炭工业概况

表 1 煤矿生产规模

	矿井数（处）	实际年产量（10^4t）	占全省年产量的比重（%）		矿井数（处）	实际年产量（10^4t）	占全省年产量的比重（%）
全省合计		3314.03	100.00	县营矿	107	266.80	8.05
统配矿	25	301.37	9.09	集体矿	1975	1404.95	42.39
省营矿	53	606.01	18.29	个体矿		440.54	13.3
地、市营矿	62	294.36	8.88				

注：统配矿的有关数字是指原统配矿的指标。1991年5月，涟邵矿务局、资兴矿务局、白沙矿务局上缴中国统配煤矿总公司，现该三局全部为统配矿，产量为713.47万吨。

表 2 重点煤矿基本情况

局矿名称	隶属关系	地址及邮政编码	实际年产量（10^4t）
涟邵矿务局	统　配	湖南省娄底市　417000	292.04
资兴矿务局	统　配	湖南省资兴市　423404	235.11
白沙矿务局	统　配	湖南省耒阳市　421827	186.32

表 3 重点煤矿主要技术经济指标

局矿名称	原煤产量（10^4t）	商品煤		洗精煤		掘进总进尺（m）	回采工作面平均月产量（t）
		灰分（%）	含矸率（%）	产量（10^4t）	灰分（%）		
全省合计	907.38	26.30	0.42	154.14	9.61	384904	4482
涟邵矿务局	292.04	23.80	0.56	6.83		134794	4107
资兴矿务局	235.11	43.39	0.02	11.36		49592	7511
白沙矿务局	186.32	16.07	0.66			97109	3141

局矿名称	掘进工作面平均月进度（m）	采煤机械化程度（%）		掘进装载机械化程度（%）		企业坑木消耗（$m^3/10^4t$）	原煤全员效率（t/工）
		合计	其中：综采	合计	其中：综掘		
全省合计	71.71	12.06		21.73		88.32	0.498
涟邵矿务局	64.00	0.9		10.84		96.59	0.450
资兴矿务局	76.57	42.69		68.31		54.18	0.661
白沙矿务局	64.24			6.56		119.47	0.423

注：1.全省合计项下数字系指省属及以上矿井的指标。
2.洗精煤产量合计项下数字包括株洲选煤厂138.41万吨产量。
3.洗精煤灰分合计项下的9.61%为株洲选煤厂的指标。

湖北省煤炭工业概况

表 1　煤　矿　生　产　规　模

	矿　井　数 （处）	实际年产量 （10^4t）	占全省年产量比例 （%）
全省合计	57	293	100
省 属 矿	20	144	49.1
地、市营矿	10	51	17.4
县 营 矿	27	98	33.5

表 2　重 点 煤 矿 基 本 情 况

局　矿　名　称	隶　属　关　系	所　在　地	实 际 年 产 量 （10^4t）
黄石矿务局	省　　属	黄 石 市	76
松宜矿务局	省　　属	宜 都 县	54
七约山矿务局	省　　属	阳 新 县	14

表 3　重点煤矿主要技术经济指标

局矿名称	原煤产量 （10^4t）	商　品　煤		企业坑木消耗 （$m^3/10^4t$）	原煤全员效率 （t/工）
		灰　分 （%）	含 研 率 （%）		
全省直属矿合计	144	21.60	1.72	196	0.363
黄石矿务局	76	14.21	1.17	225	0.340
松宜矿务局	54	29.42	2.49	169	0.392
七约山矿务局	14	32.84	1.75	142	0.387

广东省煤炭工业概况

表1 煤矿生产规模

	矿井数（处）	实际年产量（10^4t）	占全省年产量的比例（%）
全省合计		933.07	100
省营矿	31	384.47	42.2
地、市营矿	5	20.56	2.2
县营矿	10	38.44	4.1
集体矿		213.33	22.9
个体矿		276.27	29.6

表2 重点煤矿基本情况

局矿名称	隶属关系	地址及邮政编码	实际年产量（10^4t）
曲仁矿务局	省属	韶关市花坪 512149	111.71
梅田矿务局	省属	湖南省宜章县 424211	92.22
四望嶂矿务局	省属	兴宁县 514558	50.67
梅县矿务局	省属	梅州市梅正路 514034	25.90
坪石矿务局	省属	乐昌县 512227	36.55
茂名矿务局	省属	高州县 525252	19.40

表3 重点煤矿主要技术经济指标

局矿名称	原煤产量（10^4t）	商品煤		洗精煤		掘进总进尺（m）	回采工作面平均月产量（t）	掘进工作面平均月进度（m）	采煤机械化程度（%）		掘进装载机械化程度（%）		企业坑木消耗（$m^3/10^4t$）	原煤全员效率（t/工）
		灰分（%）	含矸率（%）	产量（10^4t）	灰分（%）				合计	其中：综采	合计	其中：综掘		
全省合计		19.57	0.87	8.10		237366	2351						170.52	0.412
曲仁矿务局	111.71	23.56	0.38			75432	3003	33.77					182.94	0.454
梅田矿务局	92.22	9.37	0.21			55654	2514	28.54					147.82	0.437
四望嶂矿务局	50.67	18.16	0.92			45319	2055	20.08					144.19	0.349
梅县矿务局	25.90	17.40	1.82			33143	1312	34.33					261.94	0.300
坪石矿务局	36.55	27.09	2.77			12640	2207	51.04					108.76	0.460
茂名矿务局	19.40	44.55	3.26			15178	2090	38.64					258.17	0.414

广西壮族自治区煤炭工业概况

表 1 煤矿生产规模

	矿井数（处）	实际年产量（10^4t）	占全省年产量的比重（%）
全区合计	54	992.91	100.0
统配矿	—	—	—
省营矿	33	517.44	52.11
地、市营矿	10	89.24	8.99
县营矿	11	60.32	6.08
集体矿	—	217.38	21.89
个体矿	—	108.53	10.93

注：矿井数为生产能力为 3 万吨以上（含 3 万吨）的矿井。

表 2 重点煤矿基本情况

局矿名称	隶属关系	地址及邮政编码	实际年产量（10^4t）
合山矿务局	区属	柳州地区合山市 546508	237.69
东罗矿务局	区属	南宁地区扶绥县 532115	77.07
红茂矿务局	区属	河池地区环江县 547105	83.06
右江矿务局	区属	百色地区田东县 531501	62.39
那龙煤矿	区属	南宁市郊区 530044	27.03
罗城矿务局	区属	河池地区罗城县 546400	30.20
南宁市矿务局	市属	南宁市 530023	24.38
西湾煤矿	地属	梧州地区钟山县 542601	15.45
稔子坪煤矿	地属	钦州地区钦州市 535038	21.90
东笋煤矿	地属	百色地区百色市 533000	18.09
公篓煤矿	地属	百色地区田阳县 533603	9.42
四塘煤矿	县属	南宁市邕宁县 530216	6.82

注：罗城矿务局系劳改局属煤矿。

表3 重点煤矿主要技术经济指标

局矿名称	原煤产量 (10⁴t)	商品煤 灰分(%)	商品煤 含矸率(%)	洗精煤 产量(10⁴t)	洗精煤 灰分(%)	掘进总进尺 (m)	回采工作面平均月产量 (t)	掘进工作面平均月进度 (m)	采煤机械化程度(%) 合计	采煤机械化程度(%) 其中：综采	掘进装载机械化程度(%) 合计	掘进装载机械化程度(%) 其中：综掘	企业坑木消耗 ($m^3/10^4t$)	原煤全员效率 (t/工)
全区重点矿合计	613.50	39.10	2.82			145725	3524	61.35			5.49		87.26	0.538
合山矿务局	237.69	49.73	1.66			37590	5331	70.73			6.42		28.97	0.583
东罗矿务局	77.07	50.63	4.40			18206	2490	69.69			6.48		66.98	0.589
红茂矿务局	83.06	20.18	0.62			32519	2373	42.64			8.84		189.75	0.387
右江矿务局	62.39	31.58	3.35			13914	6530	73.02			4.12		47.65	0.595
那龙煤矿	27.03	29.26	2.14			3765	2941	106.00					108.76	0.668
罗城矿务局	30.20	40.17	6.39			11116	2150	63.66					199.57	(0.251)
南宁市矿务局	24.38	26.63	5.15			7422	4175	64.40					160.17	0.511
西湾煤矿	15.45	45.44	2.97			6663	2859	68.89					257.28	0.517
稔子坪煤矿	21.90	22.76	0.63			2391	6297	51.35					43.93	0.575
东笋煤矿	18.09	30.32	1.61			5739	4389	118.84			16.83		74.83	0.805
公篓煤矿	9.42	32.53	2.37			3857	4704	102.04					86.46	0.483
四塘煤矿	6.82	29.40	3.00			2543	3935	34.02					88.12	0.325

注：合计全员效率中不包括劳改局所属罗城矿务局的指标。

四川省煤炭工业概况

表 1　煤矿生产规模

	矿井数（处）	实际年产量（10^4t）	占全省年产量的比重（%）
全省合计	264	6903.98	100.00
统配矿	48	1809.20	26.2
省营矿	13	323.62	4.7
地、市营矿	82	713.57	10.34
县营矿	121	700.70	10.15
集体矿		3356.89	48.61

注：矿井数为年产 3 万吨以上的矿井。

表 2　重点煤矿基本情况

局矿名称	隶属关系	地址及邮政编码	实际年产量（10^4t）
广旺矿务局	统配	四川省旺苍县　628200	186.51
芙蓉矿务局	统配	四川省珙县巡场　644501	289.61
攀枝花矿务局	统配	四川省攀枝花市西区　617065	367.87
华蓥山矿务局	省营	四川省华蓥市　638650	130.92
达竹矿务局	省营	四川省达县市　635000	133.71
威远矿	省营	四川省威远县　642465	20.48
嘉阳矿	省营	四川省犍为县　614400	32.31
荣山矿	省营	四川省广元市　628019	33.35

注：华蓥山矿务局、达竹矿务局1992年初已升为统配。

表 3　重点煤矿主要技术经济指标

局矿名称	原煤产量（10^4t）	商品煤		洗精煤		掘进总进尺（m）	回采工作面平均月产量（t）	掘进工作面平均月进度（m）	采煤机械化程度（%）		掘进装载机械化程度（%）		企业坑木消耗（$m^3/10^4t$）	原煤全员效率（t/工）
		灰分（%）	含矸率（%）	产量（10^4t）	灰分（%）				合计	其中：综采	合计	其中：综掘		
全省合计	1194.76	28.20	0.12	218.72	10.29	289250	7488	111.02	26.11	2.89	63.27	1.86	40.88	0.723
广旺矿务局	186.51	37.51	0.15	—	—	44824	5648	110.78	9.53	—	77.05	—	29.97	0.705
芙蓉矿务局	289.61	32.66	0.14	—	—	74481	10867	126.57	20.07	3.04	59.35	—	26.81	0.751
攀枝花矿务局	367.87	14.36	0.08	156.04	10.24	78533	9136	124.50	20.38	0.31	65.84	2.87	45.04	0.864
华蓥山矿务局	130.92	30.30	0.03	5.67	12.08	33058	11247	100.86	79.32	19.09	65.19	9.37	42.64	0.736
达竹矿务局	133.71	20.85	0.20	44.58	10.38	36552	5531	104.93	16.76	—	70.88	0.65	58.03	0.666
威远煤矿	20.48	11.34	0.03	12.43	9.90	7536	2489	71.77	—	—	34.00	—	91.07	0.289
嘉阳煤矿	32.31	37.72	—	—	—	6593	8191	77.45	100	—	24.09	—	69.55	0.508
荣山煤矿	33.35	29.53	—	—	—	7673	2969	66.69	—	—	42.86	—	95.50	0.218

重庆市煤炭工业概况

表 1 煤矿生产规模

	矿井数（处）	实际年产量（10^4t）	占全省年产量的比重（%）
全市合计	879	1592.99	100.00
统配矿	28	938.06	58.89
地、市营矿	8	50.76	3.19
县营矿	40	154.33	9.69
集体矿	803	447.84	28.11

表 2 重点煤矿基本情况

局矿名称	隶属关系	地址及邮政编码	实际年产量（10^4t）
南桐矿务局	统配	四川省重庆市南桐矿区清溪桥 630802	241.78
天府矿务局	统配	四川省重庆市北碚区后峰岩 630704	163.14
松藻矿务局	统配	四川省重庆市綦江县打通镇 631445	300.29
永荣矿务局	统配	四川省重庆市荣昌县广顺镇 632465	166.79
中梁山矿务局	统配	四川省重庆市九龙坡区中梁山田坝 630052	66.06

表 3 重点煤矿主要技术经济指标

局矿名称	原煤产量	商品煤		洗精煤		掘进总进尺	回采工作面平均月产量	掘进工作面平均月进度	采煤机械化程度（%）		掘进装载机械化程度（%）		企业坑木消耗	原煤全员效率
	（10^4t）	灰分（%）	含矸率（%）	产量（10^4t）	灰分（%）	（m）	（t）	（m）	合计	其中：综采	合计	其中：综掘	（$m^3/10^4t$）	（t/工）
全省（区、市）合计	938.06	22.63	0.02	184.31	11.98	265540	6584	110.76	34.10		60.96		52.70	0.647
南桐矿务局	241.78	20.98		83.28	12.89	69792	7933	129.61	16.07		53.47		66.59	0.622
天府矿务局	163.14	25.48		3.19	14.10	49139	6263	110.31	15.65		32.50		77.37	0.631
松藻矿务局	300.29	25.92	0.04			57538	9808	101.57	60.08	48.68	73.21		27.64	0.781
永荣矿务局	166.79	12.15	0.04	87.83	10.68	59811	3841	105.19	45.01		92.61		26.76	0.545
中梁山矿务局	66.06	22.67		10.01	14.57	29260	4310	105.07			37.90		114.83	0.565

贵州省煤炭工业概况

表 1　煤矿生产规模

	矿井数（处）	实际年产量（10^4t）	占全省年产量的比例（%）
全省合计	66	3723.23	100.00
统配矿	21	1087.49	29.2
省营矿	12	154.30	4.1
地、市营矿	17	3.50	9.4
县营矿	18	109.61	2.9

表 2　重点煤矿基本情况

局矿名称	隶属关系	地址及邮政编码	实际年产量（10^4t）
六枝矿务局	统配	六盘水市（六枝）　553400	171.33
盘江矿务局	统配	六盘水市（盘县）　561617	436.16
水城矿务局	统配	六盘水市　553000	436.00
林东矿务局	省属	贵阳市郊　550018	44.00

表 3　重点煤矿主要技术经济指标

局矿名称	原煤产量（10^4t）	商品煤		洗精煤		掘进总进尺（m）	回采工作面平均月产量（t）	掘进工作面平均月进度（m）	采煤机械化程度（%）		掘进装载机械化程度（%）		企业坑木消耗（$m^3/10^4t$）	原煤全员效率（t/工）
		灰分（%）	含矸率（%）	产量（10^4t）	灰分（%）				合计	其中：综采	合计	其中：综掘		
统配	1087.49	18.79	0	279.22	11.93	175106	14301	91.77	38.20	3.44	39.47	0.77	31.65	0.857
六枝矿务局	171.33	21.96	0	31.35	10.23	46769	8240	73.23	0		22.88	0	48.53	0.708
盘江矿务局	436.16	14.35	0	159.75	12.08	51483	23079	118.81	58.14	8.10	31.36	2.63	19.99	0.945
水城矿务局	436.00	20.49	0	88.12	12.27	76854	12877	91.93	32.26		55.01	0	35.73	0.847
林东矿务局	44.00													

云南省煤炭工业概况

表 1 煤 矿 生 产 规 模

	矿井数（处）	实际年产量（10^4 t）	占全省年产量的比重（%）
全省合计		2193.73	100.00
统配矿	8	257.84	11.75
省营矿	12	448.76	20.46
地、市营矿	17	106.10	4.84
县营矿	18	113.91	5.19
集体矿		1267.12	57.76

注：集体矿的矿井数未做统计。

表 2 重 点 煤 矿 基 本 情 况

局 矿 名 称	隶属关系	地址及邮政编码	实际年产量（10^4 t）
一平浪煤矿	统 配	禄丰县一平浪 651217	53.06
羊场煤矿	统 配	宣威县大松树 654411	45.09
来宾煤矿	统 配	宣威县来宾 654402	30.10
田坝煤矿	统 配	宣威县田坝 654407	54.59
后新煤矿	省 属	富源县后新 655500	55.02
恩洪煤矿	省 属	曲靖市新村 655005	17.30
圭山煤矿	省 属	路南县圭山 652206	13.52
可保煤矿	省 属	宜良县禾登 652105	18.60
小龙潭煤矿	省 属	开远市小龙潭 661001	360.79
凤鸣村煤矿	省 属	宜良县凤鸣村 652102	17.55

注：可保煤矿和小龙潭煤矿系露天矿。

表 3 重点煤矿主要技术经济指标

局矿名称	原煤产量 (10⁴t)	商品煤 灰分 (%)	商品煤 含矸率 (%)	洗精煤 产量 (10⁴t)	洗精煤 灰分 (%)	掘进总进尺 (m)	回采工作面平均月产量 (t)	掘进工作面平均月进度 (m)	采煤机械化程度 (%) 合计	采煤机械化程度 (%) 其中：综采	掘进装载机械化程度 (%) 合计	掘进装载机械化程度 (%) 其中：综掘	企业坑木消耗 (m^3/10^4t)	原煤全员效率 (t/工)
一平浪煤矿	53.06	12.44	0.01	28.29	10.83	28379	5776	129.24			21.20		83.98	0.683
羊场煤矿	45.09	24.09	0.00	16.22	13.61	18140	5917	132.85			46.18		136.31	0.663
来宾煤矿	30.10	33.53	0.61			9648	12116	120.63			3.47		29.47	0.690
田坝煤矿	54.59	21.52	0.37	21.65	12.38	16255	8938	87.80			74.36		81.52	0.686
后新煤矿	55.02	23.56	0.41	20.39	12.27	14736	7337	113.74	44.95		95.62		39.75	0.823
恩洪煤矿	17.30	16.96	0.00	14.27	12.20	4112	11543	77.31			26.14		66.42	0.682
圭山煤矿	13.52	18.53		4.62	12.67	7614	5074	113.02			12.25		155.10	0.547
可保煤矿	18.60	17.63	0.23										4.30	1.102
小龙潭煤矿	360.79	15.98	0.20										1.29	3.257
凤鸣村煤矿	17.55	33.31	0.46			1283	12021	102.00					134.81	0.477
陆东煤矿	13.70	22.44	0.30	4.34	11.67	5251	5691	108.20					171.40	0.330

西藏自治区煤炭工业概况

重 点 煤 矿 基 本 情 况

局矿名称	隶属关系	所在地	实际年产量 (10^4 t)	占全区年产量比例 (%)
全区合计			0.9	100
马查拉煤矿	县属	昌都地区	0.9	100

陕西省煤炭工业概况

表1 煤 矿 生 产 规 模

	矿井数 (处)	实际年产量 (10^4 t)	占全省年产量比例 (%)
全省合计	91	3289.6	100.00
统配矿	28	1428.2	43.4
省营矿	2	20.7	0.7
地营矿	4	36.9	1.1
县营矿	57	446.3	13.6
集体所有制矿	—	1357.5	41.2

表2 重 点 煤 矿 基 本 情 况

局矿名称	隶属关系	所在地	实际年产量 (10^4 t)
铜川矿务局	统配	陕西省铜川市	619.7
蒲白矿务局	统配	陕西省蒲城县罕井镇	150.1
澄合矿务局	统配	陕西省澄城县	128.2
韩城矿务局	统配	陕西省韩城市	370.0
车村煤矿	统配	陕西省黄陵县店头镇	34.5
崔家沟煤矿	统配	陕西省铜川市郊区	72.8
苍村煤矿	统配	陕西省黄陵县	53.0
红石崖煤矿	省属	陕西省黄陵县	20.01
北马坊煤矿	专属	陕西省宝鸡市	23.56
彬县煤矿	县属	陕西省彬县	63.34
百子煤矿	县属	陕西省旬邑县	21.5
凡家河煤矿	县属	陕西省横山县	19.56
尧头斜井	县属	陕西省澄城县	21.1

表3 重点煤矿主要技术经济指标

局矿名称	原煤产量 (10^4 t)	商品煤		洗精煤		掘进总进尺 (m)	回采工作面平均月产量 (t)	掘进工作面平均月进度 (m)	采煤机械化程度 (%)		掘进装载机械化程度 (%)		企业坑木消耗 ($m^3/10^4t$)	原煤全员效率 (t/工)
		灰分 (%)	含矸率 (%)	产量 (10^4 t)	灰分 (%)				合计	其中：综采	合计	其中：综掘		
铜川矿务局	619.7	23.46	0.08			93964	10075	94.07	44.16	15.61	54.48	6.31	40.72	0.807
蒲白矿务局	150.1	22.19	0.00			33288	9793	155.09	56.09		25.52	0.00	32.76	0.712
澄合矿务局	128.2	18.86	0.08			17601	10591	91.44	36.77	0.92	87.61	2.78	28.03	0.831
韩城矿务局	370.0	17.41	0.00	60.83	9.59	40858	16420	96.81	45.02	34.66	45.88	0.97	35.02	1.010
崔家沟煤矿	72.8	19.13	0.58			19970	9120	138.68	36.47		9.17	4.45	47.29	
北马坊煤矿	23.56													
彬县煤矿	63.34													
百子煤矿	21.5													
凡家河煤矿	19.56													
尧头斜井	21.1													

甘肃省煤炭工业概况

表1 煤矿生产规模

	矿井数（处）	实际年产量（10^4 t）	占全省年产量的比重（%）
全省合计		1543.21	100
统配矿	12	680.5	44.09
省营矿			
地、市营矿			
县营矿			
集体矿			

表2 重点煤矿基本情况

局矿名称	隶属关系	地址及邮政编码	实际年产量（10^4 t）
窑街矿务局	统配	甘肃省兰州市红古区窑街 730080	304.18
靖远矿务局	统配	甘肃省白银市平川区 730913	341.07
阿干煤矿	统配	甘肃省兰州市七里河区阿干镇 730097	35.02

表3 重点煤矿主要技术经济指标

局矿名称	原煤产量（10^4 t）	商品煤		洗精煤		掘进总进尺（m）	回采工作面平均月产量（t）	掘进工作面平均月进度（m）	采煤机械化程度（%）		掘进装载机械化程度（%）		企业坑木消耗（$m^3/10^4t$）	原煤全员效率（t/工）
		灰分（%）	含矸率（%）	产量（10^4 t）	灰分（%）				合计	其中：综采	合计	其中：综掘		
全省合计	1543.21													
统配矿	680.5	12.52	0.18			107325	12116	112.90	47.41	19.90	33.74	2.55	52.28	0.923

青海省煤炭工业概况

表1 煤矿生产规模

	矿井数（处）	实际年产量（10^4 t）	占全省年产量的比重（%）
全省合计	91	286.79	100.00
省营矿	5	156.29	54.49
地、市营矿	4	18.01	6.28
县营矿	18	52.13	18.17
集体矿	64	60.36	21.04

表2 重点煤矿基本情况

局矿名称	隶属关系	地址及邮政编码	实际年产量（10^4 t）
大通矿务局	省属	青海省大通县 810101	107.64
热水煤矿	省属	青海省海北州刚察县 812303	48.65

表3 重点煤矿主要技术经济指标

局矿名称	原煤产量（10^4 t）	商品煤		洗精煤		掘进总进尺（m）	回采工作面平均月产量（t）	掘进工作面平均月进度（m）	采煤机械化程度（%）		掘进装载机械化程度（%）		企业坑木消耗（$m^3/10^4t$）	原煤全员效率（t/工）
		灰分（%）	含矸率（%）	产量（10^4 t）	灰分（%）				合计	其中：综采	合计	其中：综掘		
全省合计	156.29	23.56	1.257			21528	6183	61.9	3.3		10.38		79.25	0.779
大通矿务局	107.64	24.89	0.92			18550	6247.4	62.1	5.1		11.5		94.15	0.755
热水煤矿	48.65	20.81	1.95			2978	4144.8	50.7			4.5		46.29	0.836

宁夏回族自治区煤炭工业概况

表1 煤矿生产规模

	矿井数（处）	实际年产量（10^4 t）	占全省年产量的比重（%）
全区合计	21	1403.16	100
统配矿	12	986.58	70.31
省营矿	3	163.77	11.67
县营矿	16	99.03	7.06
集体矿	14	125.98	8.98

表2 重点煤矿基本情况

局矿名称	隶属关系	地址及邮政编码	实际年产量（10^4 t）
石嘴山矿务局	统配	石嘴山市石嘴山区 753200	284.90
石炭井矿务局	统配	石嘴山市大武口区 753000	660.51
灵武矿务局	统配	灵武县磁窑堡 751409	41.17
汝箕沟煤矿	区属	平罗县汝箕沟 753404	65.06
灵武矿务局	区属	灵武县磁窑堡 751409	86.47
王洼煤矿	区属	彭阳县 756500	12.24
炭山煤矿	县属	固原县 756000	5.78
冯记沟煤矿	县属	盐池县 751500	9.59
太阳山煤矿	县属	同心县 751300	3.91
上下河沿煤矿	县属	中卫县 751700	9.73
碱沟山煤矿	县属	中宁县 751200	8.15

注：灵武矿务局分统配和区属两部分。

表3 重点煤矿主要技术经济指标

局矿名称	原煤产量 (10^4 t)	商品煤		洗精煤		掘进总进尺 (m)	回采工作面平均月产量 (t)	掘进工作面平均月进度 (m)	采煤机械化程度 (%)		掘进装载机械化程度 (%)		企业坑木消耗 ($m^3/10^4$t)	原煤全员效率 (t/工)
		灰分 (%)	含矸率 (%)	产量 (10^4 t)	灰分 (%)				合计	其中：综采	合计	其中：综掘		
石嘴山矿务局	284.90	27.05	0			30508	23527	127.57	31.01		71.72		37.97	1.274
石炭井矿务局	660.51	17.30	0.04	223.22	焦煤 11.37 动力煤4.9	60726	18164	127.83	60.22		71.48		35.75	1.325
灵武矿务局	41.17	22.94	1.22			5501	13369	126.55	0		0		64.86	1.113
汝箕沟煤矿	65.06	9.59	1.37			5858	9881	107.11					34.90	0.962
灵武矿务局	86.47	13.48	1.18			10528	14911	80.59					33.63	1.392
王洼煤矿	12.24	14.70	1.50			2043	10142	85.13					38.20	0.913
炭山煤矿	5.78	10.91	2.50			1800	2208	50.0					42.53	0.603
冯记沟煤矿	9.59	5.18	2.74			—	3995	—					34.32	1.089
太阳山煤矿	3.91	20.0	3.0			—	1628	—					57.32	0.810
上下河沿煤矿	9.73	15.54	1.79			1695	1269	47.08					81.08	0.587
碱沟山煤矿	8.15	3.50	3.8			1706	2376	35.54					125.48	1.574

注：灵武矿务局分统配和区属两部分。

新疆维吾尔自治区煤炭工业概况

表1 煤矿生产规模

	矿井数 (处)	实际年产量 (10^4 t)	占全省年产量的比重 (%)
全区合计	592	2111.55	100.00
统配矿	12	441.07	20.89
省营矿	31	433.75	20.54
地、市营矿	23	155.39	7.36
县营矿	78	368.87	17.47
集体矿	448	712.47	33.74

注：集体矿712.47万吨产量中，含乌鲁木齐矿务局集体小井产量 31.10万吨，艾维尔沟煤矿集体小井产量5.39万吨，即统配煤矿集体小井产量36.49万吨。

表2 重点煤矿基本情况

局矿名称	隶属关系	地址及邮政编码	实际年产量 (10^4 t)
哈密矿务局	统配	哈密市三道岭 839003	184.59
乌鲁木齐矿务局	统配	乌鲁木齐市东山区 830019	224.92
艾维尔沟煤矿	统配	乌鲁木齐市南山矿区 830025	68.05
区营矿			
布雅煤矿	自治区司法厅劳改局	和田县布雅 848000	19.48
哈满沟煤矿	生产建设兵团农二师	库尔勒市他什店 841011	13.63
工矿厂煤矿	生产建设兵团农四师	伊宁市 835005	15.28
大黄山煤矿	生产建设兵团农六师	昌吉州阜康县大黄山 831509	18.95
石河子南山煤矿	生产建设兵团农八师	石河子市石场镇 832026	43.94
和什托洛盖煤矿	生产建设兵团农十师	和布克赛尔蒙古自治县和什托洛盖镇 834407	20.09
地、市营矿			
康苏煤矿	南疆煤电公司	克孜勒苏州乌恰县 845451	7.40
跃进钢铁厂煤矿	乌鲁木齐市	乌鲁木齐市后峡 830035	18.40
红星煤矿	吐鲁番地区	吐鲁番市七泉湖 838014	9.84
五宫煤矿	昌吉州	昌吉州阜康县五宫 831507	11.64
巴州二煤矿	巴音郭楞蒙古自治州	库尔勒市他什店 841011	14.05
铁力克煤矿	阿克苏地区	拜城县铁力克 842316	18.00
杜瓦煤矿	和田地区	和田市杜瓦镇 848016	14.17
皮里青煤矿	伊犁哈萨克自治州	伊宁市皮里青 835103	11.80
铁厂沟煤矿	塔城地区	额敏县铁厂沟镇 834615	23.51
县营矿			
四棵树煤矿	塔城地区乌苏县	乌苏县四棵树乡 833019	35.82
昌吉市煤矿	昌吉市	昌吉市硫磺沟 831114	16.65
米泉县煤矿	米泉县	米泉县铁厂沟 831407	23.00
沙湾县煤矿	沙湾县	沙湾县南山 832113	9.63
和布克赛尔县二煤矿	和布克赛尔蒙古自治县	和布克赛尔蒙古自治县和什托洛盖镇 834407	12.67

表3 重点煤矿主要技术经济指标

局矿名称	原煤产量 (10⁴ t)	商品煤 灰分 (%)	商品煤 含矸率 (%)	洗精煤 产量 (10⁴ t)	洗精煤 灰分 (%)	掘进总进尺 (m)	回采工作面平均月产量 (t)	掘进工作面平均月进度 (m)	采煤机械化程度(%) 合计	采煤机械化程度(%) 其中：综采	掘进装载机械化程度(%) 合计	掘进装载机械化程度(%) 其中：综掘	企业坑木消耗 (m³/10⁴t)	原煤全员效率 (t/工)
全区统配矿合计	477.56	12.70	0.27			37392	10058	81.04	29.00	6.96	23.26		33.42	1.38
乌鲁木齐矿务局	224.92	15.94	0.20			25111	9728	75.62	10.71	10.71	33.22		20.81	1.26
哈密矿务局	184.59	8.38	0.54			3022	16624	149.90	76.23		2.32		49.04	1.62
艾维尔沟煤矿	68.05	11.44		28.82	10.31	9259	8685	84.70	54.11		3.07		29.55	1.21
布雅煤矿	19.48												(露天小煤矿)	0.66
哈满沟煤矿	13.63	12.00	4.00										66.40	1.20
工矿厂煤矿	15.28	9.00	6.50										22.90	1.40
大黄山煤矿	18.95												69.00	0.95
石河子南山煤矿	43.94	14.00	2.00										87.00	0.83
和什托洛盖煤矿	20.09													
康苏煤矿														
跃进钢铁厂煤矿		12.19	1.42										21.43	2.02
红星煤矿	9.84	13.66	3.00										28.75	1.55
五宫煤矿	11.64	6.00	1.50										36.02	0.66
巴州二煤矿	14.05		9.50										52.00	0.86
铁力克煤矿	11.60												43.27	1.79
杜瓦煤矿	14.17												168.13	1.33
皮里青煤矿	11.80													
铁厂沟煤矿	23.51													
四棵树煤矿	35.82	7.50	1.45										28.12	1.38
昌吉市煤矿	16.65	9.50	2.00										24.00	1.14
米泉县煤矿	23.00	11.50	2.00										16.24	1.18
沙湾县煤矿	9.63	6.45	3.00										40.00	1.00
和布克赛尔县二煤矿	12.67		5.00										16.00	1.63

海南省长昌煤矿概况

主要技术经济指标

年份	原煤产量 (10^4 t)	商品煤		掘进总进尺 (m)	回采工作面平均月产量 (t)	掘进工作面平均月进度 (m)	企业坑木消耗 ($m^3/10^4t$)	原煤全员效率 (t/工)
		灰分 (%)	含矸率 (%)					
1970年	1.0681	50.63	3	395	890	33	578	0.131
1971年	1.4792	50.68	3	1982	1233	165	610	0.126
1972年	0.8528	50.78	3	2184	711	182	530	0.138
1973年	1.2133	51.32	3	2456	1011	204	621	0.129
1974年	1.5440	51.84	4	2226	1287	186	342	0.227
1975年	2.5176	51.42	4	3866	2098	322	362	0.266
1976年	4.5250	52.30	4	5078	3771	423	288	0.414
1977年	7.5205	62.00	3	5172	6267	431	240	0.447
1978年	6.5384	65.25	3	4654	5449	388	281	0.342
1979年	2.2785	58.32	4	3516	1899	293	518	0.168
1980年	2.3106	58.46	3	2445	1926	204	209	0.245
1981年	1.8286	59.11	4	1311	1524	109	283	0.262
1982年	2.4024	62.39	3	1538	2002	128	209	0.328
1983年	2.5038	64.29	3	1633	2087	136	171	0.427
1984年	2.0071	62.49	4	1729	1673	144	197	0.347
1985年	2.4664	62.00	3	1187	2055	99	137	0.408
1986年	2.0013	68.83	3	903	1668	94	132	0.467
1987年	1.7599	66.45	4	647	1467	80	159	0.439
1988年	1.3779	65.47	4	571	1148	75	94	0.618
1989年	0.4347	68.74	4	160	725	38	160	0.907
1990年	1.30	58.00	5	900			65	0.66
1991年	1.50							

邹家华副总理在中国统配煤矿总公司学习石圪节经验交流会议上的讲话(摘要)*

1991年7月4日

刚才胡富国同志作了一个很好的报告，他讲的内容我都同意。

今天能有机会参加这个会议，和同志们见见面，我感到特别高兴。在全国煤炭战线学习石圪节煤矿现场会、党和国家领导人为石圪节矿题词一周年的时候，在周恩来总理亲自树立石圪节煤矿为全国工交战线勤俭办企业五面红旗之一，接见石圪节矿代表28年之际，在我们伟大、光荣、正确的中国共产党诞生70周年纪念日之际，中国统配煤矿总公司召开学习石圪节经验交流会议，这是一个很有意义的大会，也是我们全国煤炭战线的一件大事。对于推进煤炭战线学习石圪节活动深入持久地开展下去，促进煤炭工业10年规划和“八五”计划目标的实现，将要发挥十分重要的作用。

我感到特别高兴的是，自从去年能源部、中国统配煤矿总公司召开学习石圪节现场会，弘扬石圪节精神，重振石圪节矿风以来，全国煤炭战线广泛深入地开展了学习石圪节活动。一年来，这项活动呈现出深入发展的趋势，取得了明显的效果，涌现出了一大批先进的典型。会上有很多单位已经总结交流了学习经验和体会，石圪节精神在煤炭战线已形成了星火燎原之势，石圪节的经验在煤炭战线已经结了很多果实。现在已不是一个石圪节了，已经有了很多很多石圪节式的矿了。许多煤矿从学习石圪节精神找到了前进的方向，石圪节精神已成为推动煤炭工业健康发展的强大动力。

我还特别高兴，能源部和中国统配煤矿总公司作出了全行业学习石圪节的决定。而且要十分感谢石圪节矿风报告团、优秀青年知识分子报告团，一年来，他们十分出色地做了大量的传播石圪节精神和青年知识分子与工人相结合的经验，他们就象一颗灿烂的明星，又象一个具有强大生命的火花，把石圪节的精神带到各地，这必将会推动整个煤炭战线的工作有新的发展。

请允许我代表国务院向你们并通过你们向广大的全体煤炭职工和家属，向石圪节矿风报告团

---

* 根据记录整理，未经本人审阅。

全体同志，向优秀青年知识分子报告团全体同志，表示衷心地感谢和最亲切的慰问。

同志们，这个会开得好。昨天上午富国同志向我介绍了一年来煤炭战线学习石圪节的情况，以及一大批学习石圪节的典型和大量的先进集体、个人的事迹，我十分地感动，受到了很好的教育，社会主义的力量就蕴藏在有高度觉悟的工人阶级之中。江泽民总书记、李鹏总理、宋平同志接见了石圪节矿风报告团全体代表，而且作了重要指示，再一次肯定了石圪节的精神，肯定了弘扬石圪节精神的重要性。能源部、中国统配煤矿总公司在学习、弘扬石圪节精神和经验方面，做了很多的工作，这些工作是有成绩的。通过这次会议，交流经验，共同研究下一步的工作如何深入，如何发扬光大石圪节精神，十分有必要。这对于促进煤炭战线的两个文明建设，保证煤炭工业10年规划和“八五”计划目标的实现，都将发挥重要的作用。

我听了富国同志的介绍，看了一些先进单位的经验，感到一年来通过学习石圪节活动、弘扬石圪节精神，在煤炭战线上取得了丰硕的成果，特别感到有这样一些方面给人以深刻的教育。

一、学习石圪节把两个文明建设都带起来了，实现了“两手抓”、“两手硬”

石圪节本身，是实践党的基本路线的典型，是革命老传统与时代精神相结合的典型，是两个文明建设一起抓的典型。石圪节经过几十年的艰苦奋斗，不仅把一个小煤窑建成了现代化的大型矿井，而且在实践中也建设了一支过硬的职工队伍，培育了良好的矿风。一年多来，许多矿学习石圪节的经验，学会了两个文明一起抓，把二者密切结合起来。在物质文明建设上取得了成果，在精神文明建设上也取得了成果，二者互相促进。过去我们煤炭战线提出了“三个主体”（煤炭生产、基本建设、多种经营）、“三件大事”（抓安全、效率、现代化煤矿建设）。这“三个主体”、“三件大事”对推动煤矿的现代化的建设起到了很好的作用。现在，在学习石圪节活动中又提出了要加强班子、队伍和矿风建设，这就把整个煤炭战线的工作提高到一个新的高度，体现了两个文明一起抓的精神，形成了具有煤炭行业特色的工作路数。学习石圪节，使煤炭企业的党政领导都积极地主动地配合起来抓好工作。这次会上介绍经验有好几个都是矿长讲的，而且讲的是如何搞好队伍建设和矿风建设方面的经验，这是一个十分可喜的现象。比如淄博矿务局的夏庄矿，矿老条件差，去年井下又遭受到三股水患，面对这种困难的局面，他们学习石圪节，狠抓队伍建设，把工夫下在创建“六好”区队上，把两个文明建设的任务落实到基层。去年，不仅提前91天完成生产任务，还减亏35万元，创30年来最好水平，真是一件了不起的事。他们体会到：学习石圪节，创建“六好”区队，把党政工作捆在了一起，“两心”形成“一心”，做起来顺劲，干起来带劲。

二、学习石圪节把人们的精神振奋起来了

榜样的力量是无穷的。毛主席说过：“人总是要有一点精神的。”我们在建设社会主义，社会主义不同于资本主义的一个特点，就在于具有高度社会主义觉悟的人加上高度的劳动生产率和高度的生产力。我们是唯物主义者，承认物质是第一性的，物质决定精神。我们又是辩证唯物主义者，要看到精神对物质的反作用。没有一个好的精神状态，人的觉悟提不高，积极性调动不起来，有再好的条件，也是搞不上去的。精神不振奋，再好的规划，再好的目标也不能成为现实。煤炭战线通过一年来学习石圪节的活动，使广大干部、工人，在困难的环境中，振奋起来，发扬了艰苦奋斗的精神。这样，一些过去基础较好的单位，自强不息创一流，创出了新的水平；一些条件差、困难多以及工作相对落后的单位，努力改变面貌，走向先进。例如，平顶山矿务局大庄矿，过去是个后进单位，全矿先后要求调出的职工1000多人，占职工总数的35%。通过学习石圪节，他们的矿领导认识到，差就差在精神状态上。他们提出振兴大庄矿的“争气、发奋、腾飞”三部曲，去年打了一个翻身仗，5项主要经济指标在全局拿了第一，跨入先进行列。过去千方百计要求调走的，现在又要求调回来。又比如海渤湾矿务局老石旦矿地处偏僻的山区，环境恶劣，他们自己形容是“一年一场风，从春刮到冬”，把人心刮散了，把志气也刮没了，建矿20年以来，从来没有达到过设计能力。学习石圪节以来，他们认识到，这个困难、那个困难，有了奋斗的精神这些困难都不难，都可以克服。通过一年的奋斗，产量首次突破设计能力，晋升为行业二级企业。又比如徐州矿务局的庞庄矿，工作基础比较好，他们的体会是，学习石圪节关键是要有一个良好的精神状态。去年，他们在增支因素多、市场疲软、销路不畅、经营困难的情况下，不等不靠，眼睛向内挖潜力，双增双节很有成效，渡过了难关。今年上半年，有10项技术经济指标创历史同期最好水平。实践充分地说明，不管是好的企业，好的矿或是比较后进的矿，在同样的困难面前，不同的精神状态就一定产生不同的效果。

三、学习石圪节进一步密切了党群、干群关系，使全心全意依靠工人阶级的方针落到了实处

煤炭战线把学习石圪节作为贯彻党的六中全会精神的突破口，要求各级领导班子以整风精神对照石圪节找差距，认真“检修火车头”，使党的优良传统和作风不断得到恢复和发扬。你们强调领导干部的表率作用，把班子建设作为三项建设的龙头，“让龙头先摆起来”。实践证明，这是非常对的。这次会上介绍的经验中，有许多都讲到这一方面的问题，许多矿务局都介绍了这一方面体会的。焦作矿务局朱村矿，不仅有一套“严格检修火车头”的制度、办法，还提出要“检修”好书记、矿长这两个“主件”，并把讲真话、办实事、作表率作为“检修火车头”的标准。这样做的结果就使班子的凝聚力、战斗力大大增强了。郑州矿务局米村矿通过“检修火车头”，领导班子自觉取消了干部小食堂、小澡塘和小汽车，千方百计筹款60多万元，打了两眼机井，解决了长期以来没有解决的职工吃水难的问题。大同矿务局云岗矿的领导班子在为职工办实事上，坚持扎扎实实地为群众办实事，小事具体事，不怕麻烦认真办；为难的事，想方设法积极办；缺钱少力的事，发动群众义务劳动来办。群众很欢迎。领导关心群众，群众就关心企业。去年全矿职工提合理化建议1792条，创经济价值610万元。有了这样的领导就能带领群众无往而不胜。

煤炭行业是个艰苦的行业，由于多方面原因，职工生活上有不少的问题需要解决，越是在这种困难情况下，各级领导不仅要关心生产，而且更要注意关心职工的生活，更要强调干部与工人同甘共苦。工人们讲得好，“我们不是怕艰苦奋斗，而是怕领导不与我们一起艰苦奋斗”。

四、学习石圪节发扬艰苦奋斗，技术进步，勤俭办矿的精神，有力地促进了煤炭生产的发展

大家在学习石圪节活动中，始终把着力点放在发展生产力上，放在提高效率和效益上。这是完全正确的。我们建设社会主义根本任务就是要发展生产力。要有高度发达的生产力，这是我们社会主义制度优越性的一种体现。石圪节由小变大，由土到洋，由穷变富的过程，也就是生产力不断发展的过程。要改变煤矿的落后面貌，就必须走艰苦奋斗、技术进步、勤俭办矿、不断发展生产力的道路。去年，从整个煤炭工业说，克服了许多困难，原煤产量增长了，基本建设完成了任务，安全状况继续好转，效率也有较大的提高，双增双节取得了很好的成绩。许多煤矿通过学习石圪节，建成了现代化矿井。原来已经建成现代化矿井的煤矿，又向高水平的现代化迈进了一步。例如潞安矿务局提出要坚定不移地弘扬石圪节精神，努力追求高效率，创造高效益。他们决心用两年左右时间，在保证总产量不减的前提下，将现有的9个综采队减到6～7个，力争漳村、五阳、石圪节三个矿建成高产高效的矿井。现代化的矿井是我们煤炭战线发展的一个方向。晋城矿务局靠学习石圪节，自学成才建成现代化矿务局。去年以来，他们又瞄准发展生产力这个总目标，向更高水平迈进，效率上升到每工接近5吨，百万吨死亡率为零。晋城矿务局做出了很大成绩，已经晋升为国家一级企业。我们讲发展生产力，一定不能光讲产量的增长，还要看采掘比、采剥比，要讲效率的提高，还要讲安全生产。我们讲发展生产力应该是综合的概念，不能看一时的产量有多大的增长。当然产量增长是一个很重要的目标，但是，假若仅仅是产量这一个目标的增长，还不能说明这个矿或者这个局的生产力发展是很好的了。

以上这四个方面的效果，是一年来学习石圪节的成绩，效果是多方面的。可以说明，煤炭战线通过学习石圪节，已经找到了一条具有中国特色的建设煤炭工业现代化的路子。石圪节的经验不仅对煤炭工业，对能源战线以至全国工交战线都具有普遍的指导意义。石圪节的路子，也反映了我们中国特色的发展经济、发展工业的路子，石圪节精神，不仅是全国煤矿工人的共同精神财富，也是整个中国工人阶级的共同精神财富，是我们党、我们社会主义国家政治优势的重要组成部分。我们要充分发挥这个优势，继续发扬光大石圪节精神。

下面讲几点希望：

（一）进一步学习石圪节，弘扬石圪节精神，当前要认真学习领会和贯彻执行好江泽民同志在庆祝中国共产党成立70周年大会上的讲话精神

江泽民总书记在建党70周年大会上的讲话，精辟地总结了我党70年的奋斗历程，提出了当代中国共产党人的庄严使命，系统地阐述了加强党的建设，是一个马克思主义的纲领性文献。我们要认真学习领会，把讲话精神贯彻好，落实好。要结合煤炭行业的实际，结合学习石圪节的活动努力提高全体党员特别是党员领导干部的马克思主义水平，在党内普遍深入地进行马列主义、毛泽东思想的教育，组织党员认真学习马列著作和毛泽东同志的著作，认真学习邓小平同志和其他老一辈无产阶级革命家的著作，认真学习我们党建设有中国特色社会主义的理论、路线、方针和政策，提高解决建设和改革中种种实际问题的本领。学习马列主义、毛泽东思想和小平同志的著作，这不是可有可无的事，马列主义、毛泽东思想、小平同志著作以及他们一系列的思想是指导我们整个的国家社会主义建设的理论基础。掌握这个理论基础，就能够使得我们在整个社会主义建设过程中不迷失方向。我们要努力提高党员和干部为人民服务的自觉性，切实加强党风建设和廉政建设，坚决清除消极腐败的现象。努力提高基层党组织的战斗力，充分发挥党委的政治核心作用、党支部的战斗堡垒作用和党员的先锋模范作用。努力培养和造就社会主义事业的接班人，按照党的德才兼备的干部标准和干部队伍"四化"方针，在社会主义现代化建设和改革开放的实践中，在反对资产阶级自由化和抵御和平演变斗争的实践中，考察培养干部，保证各级领导权掌握在忠于马克思主义的人手里。刚才胡富国同志讲话中也讲到了。现在的整个形势很严峻，国际共产主义运动处于困难时候，我们是坚定的相信社会主义是必然要胜利的，共产主义是必然会成功的，这是马克思主义的一个基本观点。要实现社会主义胜利、共产主义建设，这是一个相当长的过程。不管是西方的资本主义反对西方封建主义花了几百年时间，中国封建主义最后被推翻了，它还维持了若干年的时间，我们社会主义，从我们国家来讲，就是40年的时间，就是苏联来讲也是70多年的时间，社会主义同资本主义的斗争必然是长期的，但是我们相信一定会胜利。不管是中间发生多大的曲折，只要我们中国11亿人口坚持社会主义，真正按照马列主义、毛泽东思想进行下去，坚持社会主义走下去，我们将对整个国际共产主义运动做出很大的贡献，这条是一定要坚定的，不可有任何动摇的。

（二）进一步学习石圪节，继续发扬艰苦奋斗的精神，要发展生产力，建设现代化的煤矿

石圪节精神之所以可贵，就可贵在艰苦奋斗干社会主义煤矿现代化，不是一年两年艰苦奋斗，而是几十年如一日地艰苦奋斗，不仅在困难的时候艰苦奋斗，而且要在建成现代化矿井以后，在条件好的时候还是继续保持着艰苦奋斗的精神。江泽民、李鹏、宋平等中央领导同志接见石圪节矿风报告团时候对艰苦奋斗的精神给予了高度评价。煤炭行业本来是个艰苦行业，艰苦奋斗、无私奉献是广大煤矿工人的优秀品质，过去，我们靠这种精神战胜了重重困难，使煤炭工业突飞猛进地向前发展，为国民经济的发展做出了巨大贡献。现在和将来我们还要依靠这种精神，埋头苦干，顽强拼搏，促进煤炭工业健康发展，为实现第二步战略目标提供能源和原料保证。不仅在煤炭工业，而且在我们国家整个经济建设中都要坚持艰苦奋斗精神。当前煤炭工业一方面在发展，另一方面也有不少的困难。要解决这些困难，一方面要靠国家帮助，另一方面要靠我们挖掘内部的潜力，要发扬石圪节艰苦奋斗精神，努力去奋斗，去拼搏，去克服。同时我们要深化改革，用改革精神解决面临的困难。要实事求是，解放思想，勇于探索，勇于实践，发挥优势，革除弊端，使改革开放不断深化和扩大，使企业逐步走上自我改造、自我发展的轨道，这也是我们深化学习石圪节的重要内容。

（三）石圪节精神、石圪节的经验来自群众，学习和弘扬石圪节精神也要依靠群众，依靠广大群众的积极性、智慧和创造精神

相信群众、依靠群众、全心全意为人民服务的群众路线是我们党区别于其他政党的重要标志。富国同志在报告中提出要相信群众，依靠群众，支持群众，关心群众，教育群众。这几条讲得很好，把党的全心全意依靠工人阶级的方针和煤炭战线、煤炭企业的具体情况结合起来了。我们要继续贯彻党的十三届六中全会《决定》，进一步密切党群关系、干群关系。要保证职工能够参与企业的重大决策，参政议政，支持和采纳职工的合理化建议，关心群众生活，帮助他们解决实际困难。要加强对职工特别是青年职工、青年学生的教育，努力提高他们的思想道德素质和科学文化技术素质，把他们培养成社会主义的建设者和接班人。

学习石圪节要和增强企业活力的工作结合。增强企业活力，最根本的还是要全心全意依靠工人阶级的主人翁精神，激发出他们建设社会主义的积极性、主动性和创造性。一年多来，中国统配煤矿总公司做了大量的工作，得到了群众的拥护，创造了很好的经验。希望大家进一步具体的总结这方面的经验，继续坚持下去。

（四）要把学习石圪节的活动长期抓下去

现在，学习石圪节的活动在全国煤炭战线已经普遍地开展起来了，形成了星火燎原之势，一个石圪节变成了一批石圪节式的矿，石圪节的经验在煤炭战线开出了花，结出了果。石圪节这个典型就象是一盏明灯，看得见，摸得着，成为煤炭工业健康发展的强大动力。煤炭战线的同志要在这个基础上乘胜前进，把石圪节这面旗帜更高地举起来，把学习石圪节的活动更深入、更持久、更有效地开展下去。统配煤矿要学习石圪节，地方煤矿也要学习石圪节，整个煤炭战线都要学习石圪节。在学习中，已取得成绩、取得了经验的要继续学习石圪节；还没有开展起来的更要学习石圪节；条件好的矿要学习石圪节，条件差的矿也要学习石圪节。总之，希望通过进一步学习石圪节精神、石圪节的经验，能够涌出更多的先进典型。正如江泽民、李鹏、宋平等中央领导同志接见石圪节报告团的讲话中指示的，石圪节精神实际是有普遍指导意义的，不仅煤炭战线、能源系统，而且整个的工业战线都要很好的学习和发扬石圪节精神。要结合自己的实际情况找到自己的典型，大力开展学习石圪节活动，把学习石圪节活动长期、全面地开展起来。

这次大会，提出要进一步加强班子、队伍、矿风三项建设，坚持不懈地把这 三 项建设抓下去，这是煤炭战线精神文明建设的重点，不抓则已，要抓就抓到底，抓出新的成绩来。在把学习石圪节活动引向深入的过程中，煤炭战线的各级党组织担负着十分重要的任务和责任。希望党组织能够团结一切可以团结的力量，把学习石圪节工作全面地抓起来，为建设有中国特色的社会主义现代化煤炭工业做出自己新的贡献！

朱镕基副总理看望参加中国统配煤矿总公司工作会议代表时的讲话(摘要)*

1992年3月6日

第一，当前煤炭工业的形势跟全国的经济形势一样，形势很好，而且继续向着好的方向发展。煤炭工业的职工，特别是统配煤矿360万职工，都做了大量的扎扎实实的工作，取得了比较好的成绩。同志们确实很辛苦，应该肯定这些成绩。我看煤炭工业今天这个形势是历史上最好的。1962年困难时期，以及“文化大革命”时期，每年开计划会议都吵煤炭，是以煤为纲，有多少煤炭，能够拉得出多少煤炭，就安排多大的基本建设规模，安排多大的生产，这些都记忆犹新。象现在煤炭工业基本上适应国民经济发展的需求，做到这一点很不容易。

1991年在国务院的领导下，我们清理了一下三角债，取得了很好的成绩。国家投了300亿元，清理掉1360亿元债务，使很多企业的困难得到缓解，统配煤矿被拖欠的货款也减少了23亿元，成绩也不小。

对去年整个经济工作的成绩，包括煤炭工业的成绩，我们要充分加以肯定。同时坚信中央和国务院决策的正确性，继续沿着这个道路走下去，真抓实干，经济状况就会越来越好。

第二，煤炭工业目前还存在亏损问题，但这个亏损可以说大部分是政策性亏损，是价格不到位，但是，我们不能因此得出一个结论：煤炭工业今后工作的任务就是涨价，就是并轨，搞市场经济，价格符合价值。

你们要注意1991年中央工作会议一个最重要的精神，就是正确分析外因与内因的关系。内因是根据，如果只强调价格不合理这一个方面，只强调外因这一方面，忽视最重要的内因的话，煤炭工业的工作就难有起色！现在煤炭工业还存在很大的潜力。说得不客气一点，是大量的浪费。在企业管理方面还存在很大的问题。吃大锅饭的现象、出工不出力的现象还相当严重。我不是说，我们不去改变煤炭价格体系。相反，我是主张步子迈得大一点，思想解放一点，胆子更大一点，价格改革的步子走快一点。但也得考虑承受能力。要把浪费消灭，把潜力挖出来，把管理加强，把企业经营机制搞好。要动点真的，真抓实干，完全靠价格因素是不行的。希望同志们正确地理解、贯彻1991年中央工作会议精神，眼睛向内，立足于转换自己企业内部的经营机制，真正地、紧紧地依靠工人阶级，把企业办好，这不是说完全靠管理能够把亏都扭过来，因为这有政策性的因素。所以，中国统配煤矿总公司、能源部在这个会上提出的一系列政策、一系列改革文件，如改革人事制度、劳动制度、分配制度以及住房改革、用水、待业改革、目标成本管理等，都是非常必要的、重要的。

你们不要等，因为国务院已经规定，为了保证实施企业法，要制定一个转换企业经营机制的条例，就是贯彻企业法的实施条例。它的基本精神就是保证企业能自主经营，然后使企业能

* 根据录音整理，未经本人审阅。

够做到真正的自负盈亏。要保证它的自主经营,国务院的各个主管部门，必须转变它的职能。没有自主经营,也就没有自负盈亏。在机构没有改革的情况下，转变职能不那么容易。最好是大家现在就开始干，根据中国统配煤矿总公司提出的一系列改革方案，先做出成绩来。

1992年，我准备花两个月的时间，到5个煤矿去蹲点,跟同志们一起来研究怎么扭亏增盈。一年补几十亿是不行了，完全靠涨价也不行，要想个办法来改善自己的机制,动员自己的内力、内功，把企业搞好。1991年我们一起搞了开滦煤矿，给它包了5年，给了一点优惠政策，还是有效的。请同志们早做准备，我大概用两个月，一个矿至多呆两个星期。要搞一套办法出来。

胡富国同志报告里提到几点，我觉得是很重要的。第一点，绝对不能够拿维简费弥补亏损。这不得了，不能干这个事情。过去大跃进、困难时期干过这个事情，吃了多大的亏，三个煤量失调，吃掉老本，那怎么得了，这种后果多少年都难以挽回。现在小平同志号召我们把经济发展搞得更快一些，下一步马上就要对能源工业提出要求，首当其冲的就是煤炭工业。我们现在就要感觉到自己肩上的担子很重，大家想办法，不要看到目前有点暂时的积压，要想办法接受这个任务。如果现在还是在吃老本，把维简费挪用了，将来怎么得了呢？几年能恢复过来？不用说搞上去了。第二点，不能把吨煤工资跟产量挂钩。我还是这个意见，东部煤矿资源越来越匮乏，不能过量采掘。过量的采掘等于慢性自杀。把矿采空了以后，转换别的产业谈何容易！

我主张对东部的煤矿要采取点保护政策，尽管它的运输条件很好，能多拉。多拉就多采，把它挖空了，那人到哪里去？来不及转换。所以还是要把西部的煤拉出来。今年我们把国务院生产办公室掌握的调度费用（拨款加贷款）的一半给铁道部，就一个任务:把西部煤炭拉出来，我们每个月都要检查，究竟拉出了多少。这个问题要注意，要从指标上考虑，从考核方法上考虑。第三点，分配必须跟效益挂钩，要全面考核效益。质量要考虑，老运石头就没有意思了。把这些指标很好地分析、研究一下，然后提出对策。

我认为，最重要的还是要采取硬的措施，就是你们讲的先搬铁交椅，再打铁饭碗。

这方面，说是容易，做起来是相当难的。但必须要下这个决心，不下这个决心不行。我们大体估算了一下，煤矿300万人，至少多100万人。这100万人到别的地方去创造价值，你这个地方就扭亏为盈了，那里还创造了价值，这是一个多么大的经济战略问题！而且什么东西都好管了。但是,解决这个问题必须有一些相应的配套的政策。不研究一些配套政策,不想一些门路，搬铁交椅，打铁饭碗都是空话一句。

我们一直讲企业要关停并转,但必须完善配套的政策,包括社会待业保险、社会劳动保障体系的完成。建立待业保险基金，现在已经在搞了。待业保险基金这几年没有用，因为过去规定的办法不能用于关停并转企业。现在已经修改了这个规定，完全可以用了。而且我们还想规定一条，待业保险基金要是不够的话，再用养老保险基金当待业保险基金用。养老保险基金节余200多亿元，待业保险基金节余20多亿元，没有用，谁也不敢动。但总得开始，总得把这个道理跟工人讲清楚。另外还要进行职业转业的培训，要给他们想门路，我看现在一个最大的门路就是第三产业。因为现在找一个项目很难！要有技术人员，要有生产经验，还得看准市场。搞得不好，一个项目建起来而不能生产，这怎么行。转换一个产业，要下很大的功夫，最便当的出路就是发展第三产业。中国的第三产业太不发达了，世界发达国家的第三产业比重在国民生产总值中占60%以上。我国去年第三产业只占国民生产总值的29%，远远落后于发达国家。去年我国工业发展速度14.2%，第三产业只有5%，发展很慢，不能适应要求。过去上海吃了个亏，只重视工业，不注意第三产业，特别是商业。大量的投入，产出的效益不好，第三产业投入少产出多。最近北京市长陈希同说，北京手表厂手表没有销路，整个手表厂改成商场，下这个决心很不容易，我非常赞成，成功了，可以向全国推广。

你们要动真的，实行厂内待业，轮流上岗，优化组合，精简职工，关停并转，不想这个门路不行。必须完善劳动待业保险制度，加强职工的转业培训，广开生产门路，特别是发展第三产业。集体劳动服务公司必须完全与国营企业脱钩，不能吃国家大锅饭。但可以给政策，如多少年不收税。

我们的厂长、书记要有思想准备，要敢干，还要做好思想工作。要相信工人阶级经过党的多年领导，是识大体顾大局的，只要讲清道理，政策上妥善安排，不会有大事，不要怕。要认识稳定的辩证法。没有稳定，经济搞不上去，这是1989年的教训。但是也只有把经济搞上去，把结构调整好，效益提上去，才能有根本的稳定。从严治厂，是人心所向，少数人可能要捣乱，甚至要动刀子，但大部分人是希望从严管理的。

动真的效果是好的。1991年我去江苏徐州，尽管我发现种种问题，但我完全肯定他们的主流：敢动真的，真正从严要求。确确实实撤掉31个正副厂长，为什么撤他们？就是因为长期的亏损。他们做了，也没有影响稳定，效果还很好，工人很高兴。把领导班子一调整，整个工厂就扭亏为盈了。只要你真抓实干，敢动真的，谁都会干的，就看你下不下这个决心。江苏省、上海等地去徐州考察的都认为经验很好，根本的一条就是真抓实干。

我也不要求你们搞得很快，只要大家动起来，干起来就行，象小平同志讲的那样，试对了马上推广；试错了就改。这样搞好大中型企业的任务就能完成。

最近小平同志发表了重要的谈话，中央指出，这不但对我们当前建设和改革，而且对党的十四大的召开都具有重要的意义，对我们整个社会主义的建设都具有深远的意义。就是要我们坚持基本路线。小平同志的讲话我们要深入学习。小平同志不但指方向，给我们提的方针政策也十分明确，而且有数量概念。一个叫基本路线管100年，谁要是反对基本路线那是不行的，是要打倒的；30年要探索出一条社会主义计划经济与市场调节相结合的具有中国特色的道路，给了我们30年的期限；广东沿海这些地方20年要赶上亚洲“四小龙”，这又是一个数量界限，给我们提出了很明确的重要的历史任务；沿海要帮助内地共同富裕，但10年以内不会向沿海开刀，要大家都搞起来，政策不会变。这些都给我们很大启发。希望大家在党中央、国务院领导下，在小平同志讲话的精神鼓舞下，更好地坚持基本路线，深化改革，扩大开放，胆子更大一点，步伐更快一些，把我们的经济建设搞上去！

袁宝华同志在中国统配煤矿总公司学习石圪节经验交流会议上的讲话(摘要)

1991年7月2日

昨天听了江泽民同志在庆祝建党七十周年大会上的重要讲话。刚才又听了江泽民、李鹏、宋平等中央领导同志在接见石圪节矿风报告团的重要讲话及潞安矿务局石圪节矿、晋城矿务局古书院矿、平顶山矿务局大庄矿同志的经验介绍，很受启发，另外就是胡富国同志的一个讲话稿子，我看了一遍，感觉到很好。

石圪节是煤炭战线的旗帜，实际上也是全国工业战线的旗帜，也是我们全国经济战线的旗帜。

煤炭部门对于国民经济发展、对于我们这个国家贡献是最大的。过去列宁说："煤炭是工业的粮食"，这个一点不假，离开了煤炭一点招都没有。我很长一个期间搞冶金工作，后来搞物资工作，"文化大革命"期间搞生产调度，后来到经委。确实有这个很深刻的体会：煤矿工人的奉献精神是最好的。自己一天不见太阳，把温暖送给别人，所以前几年到肥城矿务局开全国安全生产会议的时候，肥城矿务局的同志请我题词，那时我就题了两句，词我已经忘了，意思是，煤矿工人战斗在九地之下，可是他们把温暖送给千家万户。确实是表达了自己的心情。今天能够有这个机会和这么多同志见面，而且听了几个矿的同志作了精彩发言，感觉到能够参加这个会非常高兴。大家给我这么一个讲话的机会。我讲几点意见。

一、历史赋予我们中国共产党、中国人民一个庄严的使命

江泽民同志的"七一"讲话概括地总结了我们党70年光辉的历程。正是我们有了70年的光辉历程，经历了70年的英勇奋斗，70年的流血牺牲，70年的风风雨雨，所以我们才有资格来肩负起历史赋予我们的庄严使命。虽然我们走的道路是曲折的，可是终于还是前进，取得了全国的胜利。作为一个执政党，中国共产党带领全国人民进行社会主义建设，建立了一个强大的、雄厚的经济基础。特别是党的十一届三中全会以来，在党的新时期的总路线、总政策的指引下，我们一方面坚持四项基本原则，一方面坚持改革开放的方针。我们国家的面貌确实发生了很大变化，取得了举世瞩目的成就。从70年的光辉历程来看，我们党是大大发展的，由几十个党员发展到了5000万党员。不久以前，我回到家乡去看了一看，与过去相比，家乡发生了惊天动地的变化。由小见大，我们的国家、我们的党确实是大发展了，更加成熟了。她已经经过了她的幼年时代，经过了她的青少年时代，现在正是满怀信心，大有作为的时候。两年来，国际风云变幻，特别是苏联、东欧的变化。使社会主义制度面临着严峻的考验。在这样一个情况下，全世界的进步人民，眼睛都望着中国。所以历史赋予我们中国共产党和中国人民的光荣任务、庄严的使命，就需要我们继续高举共产主义的旗帜，高举社会主义旗帜，坚持社会主义道路，坚持社会主义制度，坚持共产党的领导。换句话来说，当前沧海横流的时候，要求我们起中流砥柱的作用。反对和平演变的斗争是长期的斗争，这就需要极大地增强我们全国人民的凝聚力。就我们企业来说，就要极大地增强我们企业全体职工的凝聚力。这就要加强党的建设。我们什么时候都不要忘记毛主席的两句话："领导我们事业的核心力量是中国共产党，指导我们思想的理论基础是马克思列宁主义。"所以从这一点来说，我们这个会议在听了江泽民同志报告以后来开，我看这个意义更重大，这个时机是更及时。

二、国内外反动派，特别是西方帝国主义，反对我们坚持社会主义，坚持共产党的领导。他们反对我们正说明我们做对了

但是，他们为什么敢于对我们施加压力，敢于到处发号施令，横行霸道，无非是欺负我们经济落后。我们国家的实力还不够强大，所以我们要真正肩负起历史赋予我们的光荣任务和历史使命，就必须要不遗余力地、拼命地把我们的经济搞上去。过去取得了成就，可是，我们还有失误。我们的失误就是小平同志所说的"一手硬，一手软"。所以要在下决心把我们的经济搞上去的时候，我们确实要象小平同志所告诫的那样，冷静地思考，吸取经验和教训。我看石圪节经验就给我们一个启发。胡富国同志报告里讲，石圪节是贯彻我们党的总路线的典型，石圪节是一个抓双文明建设的典型，石圪节是把我们的革命传统和时代精神结合起来的典型。讲得很好，给我们很大启发。我们应该吸取哪些经验教训呢？有以下4点：

1．我们在执行党的具体路线、具体政策的时候，无论如何不要忘记在新时期的总路线和总政策

新时期的总路线和总政策就是以经济建设为中心，坚持两个基本点。毛主席早在1948年晋绥干部会议上就说过，我们党制定了总路线和总政策，同时也制定了一些具体的工作路线和具体政策。我们在执行党的具体政策和具体路线的时候，往往忘记了党的总路线和总政策。如果我们忘记了党的总路线和总政策，那就是一个不清醒的、不完全的革命者，就会左右摇摆，就会贻误我们的工作，就会犯错误。我看这一条经验教训我们要吸取。所以，两个基本点都要坚持，坚持改革开放的时候，必须坚持四项基本原则。坚持四项基本原则又不能够和改革开放对立起来，因为改革还是我们社会主义制度的自我完善，不改革不能够完善我们这个社会制度，社会主义的优越性就不能够发挥出来。我们什么时候都不能够忘了新时期党的总路线和总政策、一个中心两个基本点。

2．在我们大力进行物质文明建设的同时，无论如何不能忽视社会主义精神文明建设

"一手硬一手软"正是指我们忽视了社会主义精神文明建设。所以小平同志一开始的时候就提出这个问题来，加强精神文明建设，增强我们队伍抵御资产阶级思想侵蚀的能力。有些同志就不那么很清醒。在改革开放的情况下，在大力去进行物质文明建设的时候，决不能忽略了精神文明建设。

3．我们革命就是为了解放生产力，我们进行改革开放，我们建设社会主义都是为了发展社会生产力

我们着力发展社会生产力，无论如何不能忘记生产力诸因素中决定的因素、重要的因素是人。人的因素还是第一，要把人的因素、人的作用、人的积极性充分地发挥出来。经济体制改革的中心问题是增强企业、特别是大中型国营企业、全民所有制企业的活力。活力的源泉在于体力劳动者和脑力劳动者的积极性、智慧和创造力，即活力的源泉是人，是人的积极性。说到积极性，要振奋全体职工的精神，发挥全体职工的积极性。

4．我们取得了一些成就，有些地方是取得了巨大的成就，但无论如何不能忘记了我们党自力更生、艰苦奋斗的光荣传统

这是我们中国人民的优良传统，什么时候也不能忘掉。我们引进外国的资金，引进外国的技术，引进外国的技术装备和先进的管理方法，以至于引进外国的人才，都是为了增强我们自力更生的能力。我们的国家还很穷，虽说我们有个强大的、雄厚的经济基础，建立了一个比较完整的工业体系和国民经济体系，可是按人口一平均，我们就排100多位。所以什么时候不要忘掉自力更生、艰苦奋斗的光荣传统。我看，吸取了这几条经验教训，才能改变"一手硬、一手软"的状况，我们才能够把经济搞上去。

三、如何把经济搞上去？除了吸取以上几条经验教训之外，我看首先要认真贯彻落实七中全会精神，落实十年规划和"八五"计划纲要

因为今后10年，我们进入了社会主义建设最关键的一个时期，通过这10年的不懈的努力，要实现我们第二步战略目标，同时为实现第三步战略目标打好基础。要把经济搞上去，首先要

把企业的工作搞好，国民经济的细胞还是我们的基层单位，还是我们的企业。最近一个期间，增强企业的活力的呼声很高，而且国务院制定了11条措施。国家是下了决心的，着力于改善企业外部环境，而企业就要下决心着眼于我们企业的内部改革，加强内部管理。

国家着力于改善企业的外部环境，要落实《企业法》所规定的企业的自主权。就我们企业来说，我们真正要增强企业的活力，就得把企业活力的源泉找到，而且把源泉搞活，那就是要发挥全体职工的积极性。我看企业外部环境改善、内部改革的深化，归纳起来无非是这两条。所以从这一方面讲一点意见：

1．要有一个良好的精神状态

就我们煤炭企业来说，就是要大力弘扬石圪节精神。石圪节精神具有鲜明的针对性和重要的指导作用。我们要宣传和学习石圪节经验。目前，我们许多企业面临着困难，还没有摆脱困境，越是在这种情况下，越要不怕困难，克服困难，迎着困难上，振奋全体职工的精神，改变我们企业面貌，必须有这个决心。

2．要有一个坚强的、团结的领导班子

也就是说要有一个能够带领千军万马去冲锋陷阵、克敌制胜的司令部。领导班子的建设，领导班子的奉献精神、苦干精神，领导班子的带头作用、表率作用显得十分重要。晋城矿务局的同志在介绍经验时讲，发展生产力，领导必须站排头。这话讲得很好。

3．要相信群众，依靠群众，关心群众，支持群众，教育群众，把严格管理与民主管理结合起来

把严格管理建立在职工自觉的基础上，自我约束，自我管理。1991年6月12日，胡富国同志在给宋平同志汇报时，讲了这“五个群众”，即相信群众，依靠群众，关心群众，支持群众，教育群众，我觉得讲得很好。这就是我们的群众路线，这就是我们党的三大作风，密切联系群众重要的内容就是这些。我们要相信群众，就要真正树立起群众观点，真正象毛主席所说的，我们要相信群众是真正的英雄。群众站在实践的第一线，他们一天到晚在进行创造性的劳动，所以列宁讲过，我们共产党人要尊重群众的首创精神。因为真知来自实践，这个首创精神也是来自实践。

4．要建设一支有理想、有道德、有文化、有纪律的职工队伍

前几天，我去参加过中国伦理学会和首钢的研究开发公司两家联合召开一个新时期道德规范建设研讨会，让我讲话，我就讲了这个道理。我们要建设一支“四有”职工队伍，道德建设非常重要。毛主席总结了“五四运动”两条成绩，第一条就是改变了旧文学的统治地位，建立了新文学；第二条就是推翻了旧道德的统治地位，建立了新道德。现在看起来，新文学现在建起来了，建立一个新道德可不简单，这是一个思想建设。精神文明建设在党的十二届六中全会的《决议》里边讲得很清楚了，精神文明建设有两个主要内容，一个是思想道德建设，一个是科学文化建设。我看很重要的是思想建设。思想建设首先要使我们职工有远大的理想，有革命的理想，有革命的人生观。我们加强道德建设，就有目的，有基础，有根子。可是，加强道德建设，尤其是道德规范建设，这个不是中央发一个命令，或者政府作一个决定，人大通过一个法令所能做好的。这要建立在每个人思想认识的基础上，所以，真正建设一个“四有”职工队伍不那么简单。我们社会主义强调这个新道德，很重要的一条是全心全意为人民服务，这是个相当高的标准。全心全意是一点不能够偷工减料的，这得有个无私奉献的精神，有个舍己为人的精神。在“四有”职工队伍建设上很重要一条是我们的基层建设，这就是大庆过去所强调的“三基”之

一。基础建设不光是基层党的组织建设，而且更重要的是基层的班组建设。万丈高楼平地起，班组建设最重要，全国总工会这些年来用很大力量来提倡和加强班组建设，我看很有效，这个路子走对了。这是我们的基础，这是我们的根子，只有把这个基础打好，把这个根子扎稳，我们这个事业才能够兴旺发达。

5．要不断强化改革的意识，不遗余力地深化改革

要加强这方面的宣传和教育，使我们的全体职工都能够提高深化改革、不断改革的意识。改革是社会主义制度的自我完善。无论是外部的配套改革，还是内部的深化改革，都是为了完善社会主义制度所进行的改革措施。这就需要从体制上（管理体制、经营机制）、企业管理上、企业内部的劳动制度、分配制度，包括机构精简在内等许多方面需要不断地进行改革，才能够使我们在安全生产上、科技进步上、职工教育上、队伍建设上的工作才能落实。所以说只有改革才有出路，只有深化改革，才能不断地克服困难，不断地前进。

总之，增强企业的凝聚力，努力把经济搞上去。抓住这两方面，我们第二步战略目标就能够达到，建设有中国特色的社会主义就大有希望，中国共产党和中国人民所肩负的庄严使命就能够实现。

黄毅诚同志在全国能源工作会议上的讲话

（煤炭部分摘要）

1991年1月10日

一、关于1990年能源生产建设形势和主要工作

1．能源生产持续稳定增长

1990年能源的生产情况，按我们的初步统计和预测，一次能源总产量可达10.4亿吨，比上年增长2.4%。其中，原煤产量10.9亿吨，比上年增长2.6%。这个数字比统计快报上的10.5亿吨，相差4000万吨。1989年国家最后公布的数字是10.54亿吨，去年是统配煤矿增产近2000万吨，地方煤矿还增加了一点，所以我们预计10.9亿吨还是有可能的。在去年7月以前，全国煤炭增长速度6%，此后逐月下降，从6%的速度降到2.6%，又出现了一个小的马鞍形。煤炭卖不掉，社会库存增加，有的说增加30%，有的说增加40%，总之是增加了。最典型的是上海，朱镕基同志1988年12月份到上海任市长，一上任就管跑煤，一天到晚给我们打电话要煤，有时候不管是谁的煤，到了上海卸了就用，缺煤缺到这样的程度。但现在他们超库存200多万吨。广东省也积压煤炭200多万吨。我想请我们搞宏观经济的同志和专家们研究一下，我们的经济是怎么回事，简直说不清。在10年之内，煤炭供求的马鞍形现象就出现了两次。大家还记得，1982年、1983年，煤炭也是紧张得不得了，江苏为了搞煤，那是“无恶不作、无孔不入”，只要把煤搞到就行了，紧张到那个程度。可是到了1985年底，煤卖不掉了。到1988年底就又不行了，1988年底和1989年煤炭又紧张得不得了，现在又卖不掉。这样反复折腾，经济损失相当大。煤炭生产在“六五”、“七五”期间，平均每年增长速度为4000万吨，有时候多一点，有时候少一点，大体是4000万吨，但用煤为什么变化这么大？我们的国家搞计划经济和市场调节相结合，如何结合？这个问题值得好好研究。

2．能源建设取得较好成绩

煤炭，统配矿新投产能力2076万吨，比计划的2400万吨，差324万吨。原因是有两个大矿，一个是河北的九龙矿，全部建完了，就是电没有解决。电也不是没有，能源部还解决不了电？电是解决了，但现在电有统配电，有议价电，姚振炎同志拿钱建的电是统配电，统配电没有，就得用非统配电，电价高，每度0.26～0.27元，煤矿怎么承担得了？！我们向计委报了，要给九龙矿议价电，煤就要加价，加价后就可以投产，高价电，高价煤，理所应当。但煤矿是国家投资，应该是平价煤，而电是高价，煤价如何加，应该有一个合理的办法。再一

个是古交的东曲矿，400万吨，也建成了，一投产就亏损。我们的制度也有问题，不投产，摆在那里吃基建行，生产亏损没有人补亏，所以没有办投产的手续。实际上，煤炭的建设任务也完成了。

整个“七五”期间，对我们影响最大的是两项建设计划未完成：一个是煤炭，计划开工1.8亿吨，实际开工不到1亿吨，少了8000多万吨；计划投产1.6亿吨，实际投产了1.2亿多吨。煤炭投资原定的数字是315亿元，实际完成325亿元，但物价上涨很多，投资不够。另一个是石油储量计划没有完成。

3．各项技术经济指标有所进步

一年来我们强化管理，挖掘内部潜力，提高“双效”，各项技术经济指标均有进步。

劳动生产率方面

统配矿原煤全员效率预计为每工1.195吨，比1989年提高4.3%；原煤生产人员比1989年减少4.8万人，减幅3%。

安全生产方面

预计统配矿百万吨死亡率比上年下降14.3%；地方国营和乡镇煤矿的百万吨死亡率可比上年降低10%以上。虽然，我们现在安全方面还存在一些很严重的问题，安全情况总的来说有改善。去年不管是统配矿，还是地方矿、乡镇矿，死亡率都有下降，下降都在10%以上。

节约煤炭方面

好几年来，我们的供电煤耗基本上在每千瓦时431、432克标准煤的水平上徘徊，去年下降了3克。从各个电网发言的情况看，有的降得多，有的降得少，但是潜力还是很大的。

在缩短周期方面

（略）

4．围绕加强管理、内部挖潜做了几项主要工作

一是编制了《能源工业“八五”计划和十年规划纲要》。我们在纲要中提出了10条基本思路，10条政策措施。这些思路和政策，我们向计委作了汇报，基本上没有大的分歧，有些是我们和计委商量后提出来的。在指标上有点差别，但差别也不是很大。我们要求后10年煤炭每年增产4000万吨，叶青同志今天讲的也是这个数字。也就是说，不管去年煤是多少，再加4000万吨，10年就是4亿吨。假如去年是10.9亿吨，本世纪末就是14.9亿吨；假如去年是10.6亿吨；本世纪末是14.6亿吨。写在计委本子上的数字，到1995年是12.3亿吨，到本世纪末是14.3亿吨，有点差别，但差别不大。专业部和计委总是有点差别的，我们总想多干点，多要点钱，这也是正常的。

二是能源部和中国统配煤矿总公司一道召开了学习石圪节的现场会议。我们要求，把学习石圪节勤俭办矿的精神和内部挖潜、提高“双效”密切结合起来。并且，我们学习石圪节，不仅要学石圪节的很多精神，还要有一些具体的奋斗目标。在能源部党组的决定中，提出了几条：第一条，要求统配矿煤炭产量后10年平均每年净增2000万吨，10年就是2亿吨。后10年要增加4亿吨煤，统配矿2亿吨，地方矿、乡镇矿2亿吨。决定上没有写，但在会上我讲了，要求把这每年2000万吨落实到人头上，东北内蒙古煤炭工业联合公司500万吨，华能精煤公司200万吨，中国统配煤矿总公司1300万吨。第二，特别要把提高劳动生产率作为一个重点。要求煤炭劳动生产率每年提高5%以上，到本世纪末达到每工2吨。第三，要求到2000年百万吨死亡率降到预定的目标以下。第四，物质消耗年均降低2%～3%。第五，我们还特别要求要改变作风，在井下采掘工作面上每天24小时有干部在现场领导和指挥生产。另外，我们对干部的廉政方面也提了要求，干部的工资、奖金、收入、住房和招工等敏感性的问题，都要向群众公开。我们号召学习石圪节，就是要用石圪节的精神去完成后10年煤炭的战略指标和奋斗目标。

三是在电力企业开展了“安全、文明生产创水平达标”，即“双达标”的活动。煤炭搞了标准化、现代化达标，对煤炭企业起了很大的推动作用。所以能源部决定，从前年7月开始，在电厂开展“双达标”活动，这是一个群众性的活动。

四是去年12月初，在临汾电力技工学校开了一个现场会。部党组作了决定，学习临汾技校从严治校、实行半军事化管理的经验。

五是在峰峰矿务局召开了一次电力企业学习煤矿加强生活管理经验的现场会。煤矿的生活管理，不管是食堂，不管是单身宿舍，在我们能源企业中确实是办得比较好的。我们把电力系统管生活的领导同志请去开了一次现场会，大家受到了很大的教育。我去过的煤矿，食堂都是管得很好的，花样非常多，主食就有10多种。不是听说首长来做个样子，临时做还真做不了。单身宿舍都是旅馆化，宿舍里干干净净、整整齐齐。我希望电力系统要好好向人家学习。

六是在德州华鲁电厂召开了一次现场会议。

二、一九九一年要继续坚持内部挖潜，进一步提高“两效”

1991年是实施“八五”计划的第一年，也是国务院规定的“质量、品种、效益年”。党的七中全会再一次强调，经济工作必须切实转移到以提高经济效益为中心的轨道上来；并且明确提出，“八五”头两年的工作重

点仍然是治理整顿，着力于调整结构、提高效益。因此，能源工业各行业都要继续把挖掘内部潜力，进一步提高劳动生产率和经济效益放在首位，作为1991年乃至“八五”期间的中心工作来抓。

劳动生产率方面

煤矿，“七五”期间统配矿采煤机械化程度提高了近20个百分点，尤其是综采机械化程度提高到34%，但原煤生产人员仅减少4.3%，与机械化程度的提高不成比例。综采队全国平均年产原煤52万吨，最高的180万吨，最低的仅20万吨。另外综采设备在井下的开动时间平均仅为23%左右，而美国为60%，有的高达90%。

物质消耗方面

煤炭，随着机械化水平的提高，吨煤坑木、火药消耗是逐年降低的，但电力、钢材、自用煤消耗上升，差距很大。全国统配矿现有小锅炉1.55万台。大同矿务局有777台小锅炉，污染相当严重。春节我在那里住了4天，晴天到了11点天才亮，煤烟蔽日。资金的问题，我们要求从煤、电的投资中各拿出一部分。因为节约了煤就等于国家增加了煤，如大同就可以多上缴国家煤。

安全文明生产方面

统配煤矿1～11月统计，百万吨死亡率为0的有晋城、龙口等矿务局，有29个矿务局，其中包括12个千万吨局（开滦、大同、平顶山、淮北、峰峰、阳泉、潞安、兖州、义马、抚顺、阜新、双鸭山）百万吨死亡率已经达到了我们本世纪末要求达到的指标以下。当然死亡率高的单位也很多，特别是近两三年发生了一些瓦斯爆炸、失火等恶性事故。

建设工期方面

（略）

降低成本方面

（略）

今年要抓的三个方面的工作：

第一，要下决心精减机构人员。

第二，要切实加强定额管理工作。

第三，要进一步加强基层管理工作。

三、关于“八五”计划和十年规划

（一）煤炭工业

1．关于煤炭产量指标

后10年要增加4亿吨产量，也就是年4000万吨。统配矿的每年2000万吨要落实。我听说东北内蒙古煤炭工业联合公司已将每年增加500万吨产量的任务落实到了所属的矿务局，各局都认了帐。中国统配煤矿总公司也要这样做，把每年1300万吨的增产任务落实下去。比如，准格尔1000万吨要尽快建成投产并达产；大同矿务局二处新井（四台沟、燕子山）900万吨要建成投产，至于运输这是国家的问题。古交1000多万吨的能力要抓紧建成，不仅达产，而且要超产。山东的统配矿产量不但不能往下掉，而且要往上上。我初步考虑，国家能源投资公司可不可以对你们也实行投入产出包干，当然不是对一个矿，今年投入就要明年产出，这是做不到的，而是对各大公司和大的矿务局。国家投入你多少钱，你必须拿出一定的能力，一定的产量。比如，1吨煤400元投入，东北内蒙古煤炭工业联合公司每年增产500万吨，国家就给你20亿元的投入，能出600万吨，给24亿元的资金。总之要有个政策，鼓励大家多出煤。投入产出包干的问题，会后还要研究。

2．关于建立煤炭开发基金

3．关于提高煤矿机械化水平

发展机械化是提高煤矿效率、效益的一条根本的出路。我们要引进高效高产的综采设备。美国，澳大利亚等国推广得较快，一个矿一套综采，一个工作面，日产煤万吨甚至超过万吨，一年300万吨产量，用三四百人。我们效率低一些，给1000人也应该是够的。这样，煤矿的建设投资可以减少，因为生产系统大大简化了，建设工期可以缩短，成本可以降低。煤炭设计、规划部门要研究一下现有的矿，哪些经过改造后可以上。我们已向国务院打了报告，要求引进30套。当然，不是一下子购进30套，同时我们可以引进技术，国内消化后自己生产。原来初步安排3个矿可以用，看还有哪些矿能上。对新建的矿井，设计上可以改一改，有条件的都用高效综采设备。现在一个300万吨的矿井，6个工作面，若使用高效综采，一个面就可以了。我国大露天有限，井工矿多，所以，要提高劳动生产率不采用先进技术是不行的。

此外，还要下决心提高机械化设备每日的采煤时间。要从现有的23%提高到40%，再进一步提高到50%。我国现有综采设备400套，要求每套设备要有一个报表，什么型号，每天开多长时间，出多少煤，设备利用情况，操作设备的是些什么样的人，这些情况公司、局都要掌握。

4．关于安全生产

近两年进步很大，每年的死亡人数都在减少，但是一些恶性事故仍没有避免。对安全问题，光提一些要求不行，要有具体措施。当然，措施也不一定要很多，如煤尘、瓦斯爆炸提出五六条硬措施，提了措施就必须执行，不是一下子提三四十条，谁也记不住。防火方面也要有那么几条。安全问题，家华同志讲今年准备开一次会。对安全，我们应该有一个奖励、惩罚制度。比如，你那个矿务局出了恶性事故，局长、书记、安监局长奖金要取消；矿上出了恶性事故，矿长的工资要降一级，两年后工作上去了再恢复。总之要有一个奖惩办法，定了必须执行。

（二）电力工业

（略）

（三）石油工业

（略）

（四）核工业

（略）

高举改革的旗帜　搞好统配煤炭企业

——胡富国同志在中国统配煤矿总公司工作会议上的讲话（摘要）

1992年3月2日

这次工作会议的主要任务是：贯彻落实中央工作会议、八中全会和前不久国务院召开的4个重要会议精神以及全国能源工作会议精神，检查回顾去年中国统配煤矿总公司工作会议确定的“八五”和后10年的6条基本思路及这两年12项重点工作的进展情况；高举改革的旗帜，研究和落实搞好统配煤炭企业的措施，部署今年的重点工作。

第一部分　1991 年的回顾

1991年是国际风云变幻的一年，也是国内进一步稳定和发展的一年。尽管煤炭企业遇到了市场疲软、运输不畅、三角债困扰、资金紧张、部分煤矿遭受特大洪涝灾害等许多困难，但广大煤炭职工坚持党的基本路线，以十三届七中全会和中央工作会议精神为指针，依照三个主体、三件大事和三项建设的工作路数，广泛深入地开展了“质量、品种、效益年”活动和学习石圪节活动，狠抓去年中国统配煤矿总公司工作会议部署的12项重点工作的落实，取得了生产、建设、安全、经营、科研、教育等各项工作的全面进步。原煤包干产量完成36902万吨，超计划2501万吨；销售煤炭31782万吨，超计划1258万吨；基本建设完成投资78.9亿元，投产矿井16处、2135万吨；开工矿井15处、2035万吨；投产选煤厂5处、能力1440万吨；地质勘探较好地完成了计划；安全生产连续6年创出历史最好水平；原煤全员效率达到1.272吨/工，实现了奋斗目标；集体经济产值和收入达到5亿元，安置了9万人。思想政治工作得到进一步加强。

一、下决心抓了煤炭质量和质级不符问题，实现了提质增收

在“质量、品种、效益年”活动中，去年商品煤灰分含矸率分别比计划降低1.48个和0.14个百分点。内部抽查商品煤质级相符合格率94.8%，比上年上升5.2个百分点，质级不符问题有所改进。

全年洗精煤超计划217万吨，灰分降到10.23%，水分降到10.88%，创近20年以来的最好水平。还下力气解决了出口煤混入雷管和杂物的问题。

产品结构优化的工作得到推进。中国统配煤矿总公司直销原煤比重已降到2.7%，因提高煤炭产品质量、改善品种等取得经济效益约4亿元。

二、坚持不懈抓安全，实现了安全生产的持续稳定好转

我们认真贯彻邹家华、朱镕基副总理对煤矿安全生产的指示，狠抓瓦斯防治，强化以安全为中心的生产管理，特别是突出了重点，严格控制了重大事故的发生。开展了四个安全百日活动和秋季安全大检查，对于重点地区、重大技术问题，组织专家研究，落实防范措施，有效地控制了重大瓦斯、煤尘事故的发生。

三、眼睛向内，挖掘潜力，减少亏损，缓解经济困难

在增支因素多、增收条件少、政策性亏损补贴缺口不落实等困难情况下，各级领导带领广大职工齐心协力在工作上主要抓了以下几点：

一是重点抓亏损大户的减亏工作。

二是抓住时机，积极清理“三角债”。

三是实行以销定产，以运定产，以质量和效益定产。

四是开展了反浪费、堵漏洞，修旧利废、节能降耗等活动，控制成本上升。

五是加强了财务税收和经济效益审计，重点解剖了亏损大户。

四、大力发展机械化，实现了减面减头，提高了单产单进

采煤机械化程度达到66.86%，其中综采39.32%，分别比上年提高3.17和1.65个百分点。掘进装载机械化程度达到66.18%，其中机掘程度9.65%，分别比上年提高6.21和1.19个百分点。回采工作面和掘进工作面平均个数分别比上年减少69个和117个，单产单进分别提高896吨和4.06米。基本建设抓了矿井机械化配套及新的施工工艺。重点装备了12条岩石平巷机械化作业，有6条投入运行。大面积推广反井钻机施工法，已施工万米以上，速度快，安全好。

五、多渠道开拓国际市场，扩大开放

出口煤炭2012万吨，超国家计划11%。煤机产品出口成交额达1260万美元，比上年翻了一番。多种经营产品出口和集体经济边境贸易也有了起步。开设了深圳、海南、满洲里等煤炭工业对外开放的窗口，扩大了内地多种经营集体企业产品的销售渠道，积极发展进出口贸易。在国际技术市场，我们在一些方面已有能力参与竞争，为进一步扩大对外开放打下了基础。

六、深化改革，搞活企业，在点上有所推进

我们认真贯彻落实国务院关于搞好国营大中型企业的各项政策措施，积极探索搞活搞好统配煤炭工业企业的路子。目前落实的政策有：加快折旧，提取技术开发费，对煤炭生产用地按低限征收土地使用税的期限，煤价调整等。对于增加企业技术改造投入，建立衰老报废矿井转产基金，减少指令性计划任务、扩大产品自销比例等问题也向有关方面进行了积极的反映。同时，对部分企业进行了试点，搞活开滦煤矿的方案得到了国务院领导和有关部门的重视，各项具体措施已基本得到落实。平顶山、大同、淮南矿务局也提出了初步方案进行研究。此外，根据党组提出的让一部分非煤企业先活起来的思路，去年对搞活煤机厂和矿区地面厂的问题进行了专题调查研究，拿出了政策措施。

在基本建设方面继续推行了业主项目负责制、招标投标、监理制和项目总承包等一系列改革，对投资、工期、质量起到了很好的控制作用。

七、煤炭科技、教育工作不断取得新进展

科研单位在重点科研项目攻关的同时，积极组织推广已有成果，安排了62个大项目、14个重点推广项目，全年创经济效益4.5亿元。特别是提高炮采工作面单产新工艺、“三下”采煤新工艺、单体液压支柱维修配套技术、菱形网等重点技术推广工作进展较快。一批重大技术成果，如粘土注浆、井筒装备防腐新材料和新工艺开始进入煤矿建设主战场。地质单位因使用新工艺、采用新技术，钻探综合效率突破了300米，结束了长期徘徊不前的局面。

煤炭教育突出抓了各大专院校思想政治工作，坚持社会主义办学方向，把德育教育放在学校工作的首位，加强了学风、校风建设，学校稳定，形势很好。职业技术教育也突出了实践动手能力的培养。

八、精神文明建设抓落实，讲实效，取得了积极效果

通过组织石圪节报告团到煤矿宣讲，请江泽民、李鹏、宋平等中央领导同志接见石圪节矿风报告团成员，有力地推动了学习石圪节活动的深入开展。

通过组织“区、站、网”报告团、优秀青年知识分子报告团，在煤炭企事业单位巡回报告和大力宣传落实全心全意依靠工人阶级的方针，及在广大干部中进行反和平演变的思想教育，进一步提高了广大煤炭职工的政治思想觉悟。中国统配煤矿总公司决定在煤炭博物馆为煤炭战线著名英雄模范人物塑像和建立荣誉金制度，奖励从事煤炭工业工作30年的老同志。

在肯定成绩的同时，也必须清醒地看到工作中还存在一些问题。

一是煤矿效益不佳、经济困难的矛盾没有得到缓解，实际亏损仍在继续上升。

二是我们的思想还不够解放，面对困难，缺少创造性的工作，缺少闯的精神，改革的步子迈得不大。

三是在贯彻两个文明一起抓的方针上，我们一些同志仍然有“一手硬、一手软”的倾向。

四是工作中存在作风不实问题。会议多、文件多，扎向基层、帮助基层解决困难做得不够。

第二部分　统一认识，解放思想，努力搞好搞活统配煤炭企业

搞好国营大中型企业是国家今后一项长期任务，需要在整个“八五”时期加以实施和初步完成。

在去年年初中国统配煤矿总公司工作会议上，党组提出了“八五”和后10年发展总的指导思想和6条基本思路，其中把加快改革步伐，拚搏5年10年，走出经济困境，作为一项重要内容，从总体上勾画了搞好搞活统配煤炭企业，促进煤炭工业健康发展的基本轮廓。1991年9月，中央工作会议专门研究搞好国营大中型企业问题，使煤炭工业改革方向更加明确了。

我们反复研究认为，煤炭工业必须在国家宏观指导下，从传统的产品经济模式向有计划商品经济方向转变。必须调整结构，打破行业界限，由单一产品、单一经营，向综合利用、深度加工、多种经营的方向转变。这是搞好搞活企业的唯一出路，更是煤炭工业长远发展的必由之路。实现这种转变，当前有利条件很多。但是，企业能不能搞好最终还是要看企业自身的工作。要把工作的基点放在抓内部、练内功、切实转变经营机制

上，真正做到竭尽全力抓自身，眼睛向内挖潜力，坚定不移抓改革。

练内功，挖内潜，首先要克服“等、靠、要”观念，树立自立自强、有所作为的思想。

其次，要高举改革旗帜，努力转换经营机制，靠自己的努力开创新局面。打破“三铁”，建立竞争机制，是深化企业内部改革的突破口。改革的风险是存在的，但不改革危险更大。目前这种状况长此以往，效率提不高，亏损增加，职工生活得不到改善，将会出现更多的埋怨情绪，广大职工会更有意见，带来新的不稳定因素，更不利于企业的长远发展。要改革，就不要怕犯错误，出了差错，改了就行。但不改革，就是犯了大错误。

第三，要通过加强管理和依靠科技进步来提高经济效益。要通过改革来加强管理，革除一切陈规陋习，按照商品经济的要求，制度从严，考核从严，向管理要效益，把一切能抓到的效益坚决抓到手。科学技术是第一生产力，是推动经济和社会发展的强大力量。发展煤炭工业必须依靠科技进步。要多渠道筹集技术改造资金；千方百计开发新技术、新产品，推广新成果，应用新材料；下力气提高劳动者素质，充分发挥已有技术装备的优势，把统配煤炭企业技术进步提高到一个新水平，使之在搞好搞活企业，提高经济效益方面发挥更大的作用。

第四，要强化商品意识和市场观念，把企业更大程度地推向市场，把企业的各项工作真正转移到提高经济效益的轨道上来。

第三部分　1992年的各项工作要突出改革，突出以经济效益为中心

根据中央工作会议、八中全会和国务院召开的4个会议以及全国能源工作会议精神，1992年中国统配煤矿总公司工作的指导思想是：坚持贯彻党的一个中心、两个基本点的基本路线；全心全意依靠工人阶级；把工作的重点放在加大改革力度，搞好搞活统配煤炭企业上；着力于深化企业内部改革，转换经营机制，调整结构，推进技术进步，加强企业管理，全面提高劳动生产率和企业经济效益。

1992年中国统配煤矿总公司的主要奋斗目标是：

1．合理组织煤炭生产和销售，实现产销基本平衡

原煤指令性加指导性计划34996万吨，根据运输和市场需求情况，力争完成3.75亿吨。洗精煤计划5110万吨，力争超产210万吨。开拓进尺50万米，力争超掘10%以上。

2．加快基本建设速度，增强发展后劲

保证完成新井和扩建井投产13处，新增生产能力1230万吨，其中新井7处、711万吨，改扩建井6处、519万吨。争取开工矿井21处、能力2255万吨，其中新井18处、2000万吨，改扩建井3处、255万吨。井巷平均月进度达到：立井30米，斜井70米，岩石平巷70米，半煤岩巷80米，煤巷100米。矿、土、安三类工程优良品率分别达到65%、75%、90%。煤田地质完成钻探工程量60万米，提交工业储量18亿吨。

3．实现安全生产的新突破

4．改善煤炭质量

商品煤灰分不超过18.5%，含矸率不超过0.06%，水分不超过7.5%。坚决扭转少数煤矿质级不符现象。

5．扭转亏损上升局面，坚决做到不超亏

原煤成本要按照中国统配煤矿总公司确定的目标成本加以控制，成本上升幅度比上年要有明显下降。

6．稳定提高劳动生产率

原煤全员效率力争达到1.32吨/工，比上年提高0.048吨/工，以保证1995年达到1.5吨/工。全年精简各类人员5～8万人。

7．推进采掘机械化和合理集中生产

采煤机械化程度达到70%，其中综采42%；掘进装载机械化程度达到70%，其中机掘11%。采掘工作面平均个数分别减少80个、100个。单产和综合单进分别提高1300吨、3米。

8．多种经营要有新发展

全民所有制多种经营产值达到30亿元，实现利润3亿元。集体经济产值（收入）达到55亿元，实现利税2.5亿元，安置待业青年9.5万人。

9．煤炭出口2000万吨，煤机产品出口额比上年增长20%，达到1500万美元以上

在工作安排上，要继续按照1991年提出的6条基本思路和12项重点工作抓落实。根据新形势、新情况，1992年要在以下10个方面切实抓出成效：

一、搞好企业首先从把人的因素搞活入手，转变企业内部经营机制，大力推进劳动用工制度、干部人事制度和工资分配制度的三项改革

对这三项改革，基本要求是：

（一）以整顿劳动组织、精简机关、精简人员、提高效率为目标，进行合理劳动组合。

（二）逐步推行全员劳动合同制。进一步打破新招合同制职工与原有固定职工、统配人员与非统配人员的身份界限。

（三）对企业管理人员和专业技术人员逐步实行聘任制，打破干部、工人的身份界限。

（四）试行岗位技能工资制或其它按劳分配制度，按照劳动责任、劳动强度、劳动条件、劳动技能确定不同岗位的岗位等级和工资水平，使收入分配向苦、脏、累、险岗位和高技术、责任重的岗位倾斜，引导职工向井下生产一线和技术要求高的岗位流动。

（五）建立内部劳务市场，实行企业内部待业。

上述一系列改革动作较大、震动较大。必须注意处理好改革、发展和稳定的关系。改革既要稳妥，又要积极推进。实行先立后破，先试点，后推广。试点中胆子要大一点，步子要快一点，推广时要慎重一点。

除了试点单位以外，面上要普遍抓以下三项工作：

一是精简机关，整顿劳动组织，提高效率。要改变过去只抓基层不抓机关，一线精简、二三线膨胀的倾向。中国统配煤矿总公司办公厅、干部局、劳资局要制定精简方案和实施步骤，下达具体目标任务，并负责检查督促。

二是使企业内部分配向井下一线倾斜，使大多数煤矿的井上、井下辅助、采掘一线工人的实际收入比例达到1:1.5:2。同时改进和完善承包经营者的工资收入办法，既要体现按劳分配，拉开差距，又不能差距太大。对企业领导干部要提倡奉献精神，防止脱离群众。

三是做好改革的基础管理工作。机关搞定编、定岗、定员，生产单位搞定岗、定额、定员，并进行各岗位的劳动测评，制定岗位规范，为全面推行劳动、人事、分配制度改革做好前期准备。

二、试行商品煤计量，强化监督检查，从严要求，促进煤炭质量的提高

为了促进煤炭质量的提高，1992年中国统配煤矿总公司要采取一些硬措施，要给点压力，从严要求。

一是今年开始试行商品煤计量，与原煤计量双轨运行。在试行一段时间的基础上，还要把各项主要技术经济指标同商品煤量挂钩，逐步转向以商品煤作为计划、管理考核的基础。质量达不到产品目录最低要求的不计算产量。

二要严格监督检查。1992年中国统配煤矿总公司要组织煤质方面的行家到重点矿区抽查。各省公司、矿务局也要建立定期和不定期的抽查制度。检查和抽查要严密组织，严格按标准办事，对弄虚作假、行贿受贿、包庇纵容的煤质监察人员要给予纪律处分，并降工资。

三要建立严格的煤质奖惩办法。凡经国家煤质检测中心或中国统配煤矿总公司抽查不合格的矿，已升级的企业和质量标准化企业称号要取消；对矿商品煤抽查，一次不合格的，没收该产品当月的违法收入，每超差一级加罚5000元，并扣矿长一个季度的奖金；连续抽查两次不合格，除加重经济制裁外，撤销矿长职务，并不许“易地做官”。对煤质问题严重，屡次发生质量事故的矿务局，除进行经济制裁外，要对局长和主管副局长给予行政处分，直至撤销职务。

四要集中一部分资金加强选煤厂技术改造和改扩建，加强计量和储装运系统的改造。

三、以效益为中心调整煤炭工业结构

主要的结构调整方向是：

1．调整生产结构，按市场需求和提高效益的要求合理组织生产

一方面，对那些存煤很多的煤矿要实行限产压库，使库存煤不再增加，逐步降到合理限度。另一方面，对那些亏损畸高、资源枯竭、条件恶化、煤质低劣以及外运条件差、市场无销路的矿井，要下决心关停或者放开经营一部分，其担负的产量由条件好的矿井来补充。

为了促进结构调整，解决盲目追求产量的问题，中国统配煤矿总公司决定进一步改进工效挂钩办法。从今年起在少数煤炭生产企业实行工资总额同销售收入挂钩，其余煤炭生产企业都要实行工资总额同销售煤量和销售收入双挂钩，其中销售收入挂钩的比例不能低于50%。

2．调整产品结构，大力发展煤炭洗选和筛选加工，增加适销对路、效益显著的煤炭产品

要进一步加强煤炭加工利用项目建设，坚持新建矿井必须同时建设选煤厂。对老的选煤厂要进行改扩建和技术改造。打算“八五”期间增加选煤厂改扩建工程33项，安排技术改造工程35项，简易洗选工程29项，筛选工程15项。以上112项工程总投资约10亿元，新增入选能力5000万吨，新增筛选能力1056万吨。煤机制造要重点放在井下采掘装备、提高质量、增加品种上，满足高产高效和多层次生产的需求。

3．调整产业结构，发展多种经营

发展多种经营不单单是哪一个部门、哪一个环节的事，需要企业内部各个业务部门互相配合，共同努力。要积极筹措发展多种经营的资金。中国统配煤矿总公司今年继续争取建立吨煤1元的衰老报废矿井转产基金，其中要拿出一部分用于发展集体经济，安置待业青年。同时继续保持中国统配煤矿总公司财务每年2000万元的扶植集体经济资金。这些资金一律采取贷款方式，有偿使用，“滚雪球”。要根据企业的经济状况、安置待业青年的难度以及项目经济效益的优劣，确定先后使用顺序和内部利率高低。要优先贷给待业率高、就业难度大、经济底子薄的企业和效益好、资金回收快的项目。

要走资源综合开发、综合利用和深度加工的路子，建立以煤为主，煤、电、化、运以及其它产品多种产业

的综合性企业。大屯煤电公司、太原煤气化公司等单位已提供了有益的经验。正在建设的准格尔矿区也是煤、电、路综合性企业。我们打算再搞一些这样的试点，例如，把晋城矿务局搞成煤化工综合企业。

发展多种经营也要坚持以经济效益为中心，以效益促安置。实践证明，单纯的安置型难以有旺盛的生命力。要因地制宜，注意向集约型经营发展，形成拳头产品和名优特新产品。要充分利用经济特区、边境地区的对外开放窗口，发展对外贸易与合作，开拓国际市场。中国统配煤矿总公司决定今年组织一次全国煤矿多种经营产品展销会，扩大影响，进一步面向国内外市场。

四、实行目标成本考核和建立扭亏增盈目标责任制，坚决扼制亏损的增长

对于原煤生产的亏损，要马上区分开政策性亏损和经营性亏损的界限还比较困难，中国统配煤矿总公司决定先从加强成本管理入手，采取目标成本考核和扭亏增盈目标责任制相结合的措施。即对所属矿务局（矿）按照矿井自然条件进行分类，对每一类确定目标成本，在此基础上，考虑新井和增支因素影响，确定出各企业的考核目标成本，并对盈亏指标作出预测，作为严格考核的依据。在实行目标成本管理取得经验以后，逐步过渡到明确政策性亏损界限，严格考核。考核要做到奖罚分明。

关于把煤机制造行业搞活问题，中国统配煤矿总公司已作出进一步搞好重点煤机厂的若干规定。总的方向是把这部分企业推向市场，逐步成为自主经营、自负盈亏、自我改造、自我发展和自我约束的商品生产经营者。

减少亏损必须加强企业管理，挖掘内部潜力。我们对管理上的漏洞必须采取措施，坚决堵住，不准穷大方，反对"煤大头"。今后煤炭投资建的工程，必须煤矿管，由煤矿组织生产经营。煤矿生产的各种产品除国家定价外，不准低价销售。对外交往要坚决维护企业合法权益，不准送人情。与相关行业的配合要纳入合同管理，平等相待，都实行严格的互保互罚。抵制不合理的摊派。

加强管理要突出把资金管理抓好，首先对维简费要加强计划管理，克服盲目性，增加透明度，纠正企业"跑部钱进"的种种弊端。今后这部分资金要根据规划，安排年度计划，经过综合平衡，统一下达计划，不搞照顾性分配。计划下达时不准向企业强行指定供货单位，更不准转移资金。切实保证重点，注重宏观效益。各单位也要严格抓资金管理。要强化"四位一体"经营管理机制，加强企业内部审计，特别是经济效益审计，形成一整套科学的现代化管理手段。

五、切实为职工办好三件实事

首先要抓住房改革。按中国统配煤矿总公司规划，"八五"前3年重点解决危房户、无房户和特困户的问题，到1995年使人均居住面积起码达到6.5平方米，争取达到7.5平方米。到本世纪末要赶上全国的平均水平。

解决住房问题关键是资金的筹集。出路是坚决地推进住房制度改革，坚持国家、企业、个人三者共同负担的原则，并要在用好建房资金、降低造价上作文章。同时，还要积极争取减免煤矿建房的各种税费，以扶植煤矿改变住房紧张的状况。

第二抓就业。解决就业问题也必须体现改革的精神。国家和企业的责任在于广开生产门路，给待业青年提供就业机会。待业青年本身也要积极努力，顾全大局。要解决煤矿子弟不愿下井、不愿到采掘一线去的问题，改变到集体企业不算就业的观念；大力提倡自谋职业。要多渠道筹集就业资金，除了推广集资进厂的办法外，还可以学习外地经验，建立就业保险金，从儿童时起就开始为就业积累资金。

第三抓吃水。目前70%的矿区供水不足，60%的矿区生活用水水质不符合国家卫生标准。"八五"期间要解决严重缺水矿区的问题，本世纪末全面解决吃水问题。"八五"规划建成34个供水项目。在建的22个要尽快完工，投入使用；今明两年每年再新上6项。这些项目都要在"八五"期间建成。

六、推进煤炭科技进步，提高职工素质

科学技术是生产力，而且是第一生产力。要把煤炭工业的发展转到依靠科技进步和提高劳动者素质上来，确立科技兴煤、教育为本的思想和发展战略。既要抓"硬件"，更要抓"软件"，抓好各级各类教育和培训，努力提高职工队伍素质。

要充分利用已形成的教育基地和办学条件，把基础教育、职业技术教育和在职培训更好地结合起来，提高质量，发挥效益。

从今年开始，企业技术工人一律实行考工定级、晋级制度。同时，抓好大中型煤炭企业在职领导干部的任职资格培训，1995年前要轮训一遍。对后备干部要先培训后任职。

从明年起，主要技术工种新招工人，一律从技工学校毕业生中补充。技工学校招生计划必须与企业劳动计划紧密衔接，确保毕业生充实到井下生产一线。技工学校、培训中心的毕业（结业）生，逐步实行毕业(结业)证书与技术等级或岗位合格证书"双证"制度。企事业单位在招工时，首先从取得"双证"的专业对口人员中录取。

对于青年知识分子，尤其是大中专毕业生，要加强生产实践锻炼，增进与工人的感情，培养他们的群众观点和劳动观念。今后，大中专毕业生不能直接分配到企业机关科室，要先到生产一线劳动锻炼1～2年。期满后，可根据需要再作安排。对于大学毕业生充实一线要实行鼓励政策。

科技兴煤，除了认真解决企业职工素质这个“软件”之外，要继续狠抓“硬件”的建设。要继续发展采掘机械化。一是要在部分有条件的矿发展高产高效综采设备，跟上世界先进技术发展的步伐。二是抓薄煤层机械化，发展薄煤层采煤机、刨煤机和滑移顶梁等技术。三是对目前已实行支护改革、上了单体柱的800多个炮采工作面，根据条件进一步上一批机组，实现机采。

今年还要在去年摸底的基础上，部分局先搞“一矿一井一面”集中生产的试点。

加强科研、设计、制造与生产、建设的合作，大力促进科研成果向现实生产力的转化。在企业中要广泛开展技术革新和合理化建议活动，以更大的热情组织高新技术在煤矿的开发应用。煤炭科研和情报、出版等工作也要为此服务。煤炭科技攻关要在继续加强采煤机械化的同时，针对生产建设其它技术薄弱环节，抓好巷道快速掘进、辅助运输机械化、软岩支护、深井冻结和节能技术攻关。特别要安排好“八五”国家技术引进、消化、改造一条龙项目“新型高效煤炭采掘设备”和重点新技术推广项目的组织实施。如：矿井综合防尘技术、厚煤层一次采全高综合机械化采煤、厚煤层放顶煤综合技术及分层开采使用菱形金属网、中厚煤层QYJ系列经济型综采、坚硬顶板控制及综合机械化采煤、巷旁充填技术等新工艺。通过大力推广新技术、新工艺、新材料，使我们的效率和效益有个较大的提高。

煤矿机械制造要狠抓产品质量和售后服务。要用整风精神改进工作，强化现场管理，全面提高产品质量，使产品可靠性上一个新台阶。要全面推广张家口煤矿机械厂从严治厂的经验，按照国家质量管理和质量保证标准的要求，形成生产经营全过程的质量保证体系。

七、安全生产再上一个新台阶

今年要重点打好“一通三防、顶板、机电和运输”三个会战。会战的目标是控制瓦斯煤尘爆炸和其它各类重大事故的发生，顶板和机电、运输死亡人数都要比上年下降15%。这里要特别强调，防治瓦斯煤尘事故的1元基金，一定要管好用好，绝不允许挪作它用。

要坚持装备与管理并重的原则，加强以安全为中心的生产管理。充分重视科学技术的作用，加速新技术和先进管理手段的推广应用。切实把安全管理的重心放到现场，全员、全过程、全方位地抓质量、保安全。坚持局矿领导干部下井制度。下井既要跑面，又要适当跟班。进一步加强安全技术培训和安全教育，着力提高职工的安全技术素质和自主保安意识。认真加强安全监察工作，把专管专治与群管群治很好地结合起来。

事故多发的“五省一市一局”煤矿，仍然是要抓的重点。中国统配煤矿总公司在安全生产所需资金、监督检查和技术指导上，要继续给予支持。这些地区的煤矿也要自立自强，加强内部措施，进一步改变安全生产上的落后面貌。

八、进一步扩大对外开放

一是进出口贸易和技术经济合作要多样化。要拓宽出口范围，不仅抓煤炭，还要抓焦炭、煤焦油、水煤浆等出口；不仅抓煤炭产品，还要抓煤机产品和多种经营综合利用产品；不仅抓产品出口，还要抓技术和劳务出口。不仅抓出口，还要到海外兴办实业。二是利用外资要多样化，积极利用日本第三批政府能源贷款，利用补偿贸易、易货贸易、合作办矿、合作制造、技贸结合、以进带出等方式，引进资金和技术。三是对外开放的市场要多元化。不仅瞄准发达国家，还要发展同周边国家的贸易往来，开拓东南亚的市场等等。

要积极承揽国外煤矿工程和其它项目的开发，如参加国外工程的投标；海外煤矿和其它工程的开发；国外煤矿的技术改造，以及房地产等多种项目。

九、深入学习石圪节，抓好“六好”区队建设，全心全意依靠工人阶级搞好煤炭企业

实践证明：石圪节经验符合我们的国情、矿情，具有普遍的指导意义；石圪节艰苦奋斗建设现代化的道路，是发展煤炭工业的必由之路。党组提出学习石圪节，不是权宜之计，不是抓一阵子，不是只抓一年二年，而是要长期抓下去。特别是在当前深化改革、搞好煤炭企业中，更需要学习和弘扬石圪节艰苦奋斗、无私奉献的精神，更需要加强领导班子、职工队伍和矿风这三项建设，更需要把革命传统与时代精神紧密地结合起来。

要把学习石圪节的活动扎向基层，抓好区队建设。目前普遍开展的建设六好区队活动，是被实践证明的加强区队建设和把学习石圪节活动引向深入的有效形式。

要把区队党支部的建设作为区队建设的关键来抓。继续推广西山矿务局基层党组织开展“区站网”活动的经验。要抓住实质学，使党员在联系群众、为群众服务中更好地发挥先锋模范作用。对长期后进的区队，领导要分工包队，进行整顿，帮助尽快改变面貌。

全心全意依靠工人阶级，是搞好煤炭企业的一条根本方针。煤炭企业各级领导班子要继续贯彻党的十三届六中全会的《决定》，以整风精神认真“检修火车头”。要运用批评和自我批评的武器，坚决反对个人主义、官僚主义、自由主义、好人主义和形式主义，努力改造世界观。要坚持不懈地抓好廉政建设，严格执行党中央、国务院和中国统配煤矿总公司党组有关防腐保廉的规定。当前要雷厉风行地落实中办17号文件，重点刹住用公款吃喝送礼等歪风。

要加强职工队伍的建设，从根本上提高职工的觉悟。要坚持“团结、稳定、鼓劲”的方针，继续搞好对职工系统的政治培训，深化基本国情和基本路线的教育，把思想统一到建设有中国特色社会主义的理论和路线上来。当前要强化改革的宣传教育，引导职工认清改革是搞好企业的必由之路，是社会主义的自我完善，坚定改革的信心，进一步解放思想，更新观念。除了正面教育之外，还要更加广泛、更加活跃地开展有益于职工身心健康的文娱体育活动，办好各种文化娱乐设施。通过电影、电视、广播、报纸、出版等各种途径加强正面宣传，起到团结、稳定、鼓劲的作用。

十、切实改进领导作风，力戒形式主义，把工作抓紧、抓实、抓细

各级领导机关和领导干部，务必树立“求实、务实、落实”的作风，问实情，讲实话，办实事，求实效，力戒形式主义，反对搞花架子。

抓落实，必须大兴调查研究之风。当前制约我们领导水平的因素很多，没有下功夫调查研究，是一个很重要的原因。现在的问题是，有些领导机关和领导同志，忙于开会、发文件和各种事务性的活动，没有足够的时间和精力下去调查研究，解决实际问题。这是必须克服和纠正的。党组决定，今年中国统配煤矿总公司召开的会议数量要比去年减少五分之一。中国统配煤矿总公司的各级领导干部下基层不要层层陪同；各种礼仪性活动要尽量压缩，企业领导干部更不要都陷进去。对外交往、接待要有个制度或规定，共同遵守。各单位也要按此精神，改进工作。

抓落实，要做艰苦的工作，要有全心全意为人民服务的精神。领导就是服务。机关为基层服务，干部为群众服务，既是领导作风问题，也是立场、方向问题。领导干部要多下基层，下基层决不能摆架子、做样子，应实实在在地与职工打成一片。不要仅仅局限于下几次井，谈几次话，更重要的是了解真情，分类指导，帮助基层解决实际问题。

抓落实，还要树立全局观念。在改革开放进一步推进的形势下，我们想问题、办事情，不能仅仅从本企业本单位出发，而应考虑到国民经济的大局、煤炭工业的全局和全面提高企业经济效益这个中心。每个领导干部都应善于从企业的长远发展和全局出发来看问题、办事情。既认真负责地抓好自己分管的工作，又能围绕本企业的奋斗目标和总体规划，与其他同志和有关部门相互配合，共同把工作做好。

韩英同志在中国统配煤矿总公司基层党建工作经验交流会议上的讲话（摘要）

1991年8月6日

总公司党组召开这次基层党建工作经验交流会议，目的是认真贯彻江泽民总书记的“七一”讲话精神，根据新形势、新任务的要求，推广西山矿务局开展“区、站、网”（党员责任区、思想政治工作服务站、党员分片联络网）活动的经验，采取切实步骤，加强煤炭战线基层党组织的建设，努力提高党组织的战斗力，为完成煤炭工业当前和长远任务提供保证。

一、要提高对加强基层党组织建设重要性和紧迫性的认识

西山矿务局开展的“区、站、网”活动，为我们提供了在实践中加强基层党的建设、发挥党员作用的经验，要把他们的经验推开，我想关键的一条，就是要认清当前加强基层党组织建设的重要性和紧迫性。

（一）加强基层党组织的建设，是由我们党肩负的伟大历史使命所决定的

70年的风风雨雨，反复证明一个道理，就是只要我们的党是坚强的、团结的，就能够经得起任何风浪的考验，不断取得胜利；反之则要遭挫折、走弯路。这两年来，国际形势风云变幻，社会主义制度面临严峻的挑战，俄罗斯共和国总统叶立钦命令取消基层党组织活动就是取消共产党的基层组织作用。前民主德国党员在两德统一后，现在德国失业，连找工作的机会都没有，教训极为深刻。在新的历史条件下，我们党不仅要继续经受执政的考验，而且面临着改革开放和发展商品经济的考验，面临着“和平演变”的考验。纵观世界社会主义事业，可以清楚地看到，执政的共产党一旦经受不住上述的考验，就会陷入非常不利的境地，甚至会丧失政权。这样的教训一定要深深记取。江泽民总书记在接见石圪节矿风报告团时讲过这么一段话，“在社会主义历史长河中，现在出现了一些曲折，我看我们十一亿五千万人中，有五千万的共产党员，只要我们这个共产党坚持社会主义阵地，她就倒不了。”这就给我们提出了一个严肃的重大课题，就是只有把党的基层组织建设成为巩固社会主义阵地的坚强战斗堡垒，才能筑起抵御和平演变的钢铁长城，才能担负起历史赋予我们党的伟大使命。

（二）加强煤矿基层党组织的建设，是由煤炭工业面临的艰巨任务所决定的

今后10年是我国现代化建设的关键时期，要保证实现社会主义现代化建设的第二步战略目标，到1995年和2000年，全国原煤产量要分别达到12.3亿吨和14亿吨左右，任务光荣而又艰巨。这里不单有一个数量问题，还有一个质量问题。也就是说，如何通过深化改革，通过科技进步，来进一步提高煤炭企业的素质，推进煤矿的

现代化建设，使煤炭企业真正走上以提高经济效益为中心的轨道上来，形成健康发展的良性循环机制，从根本上改变煤矿的落后面貌。在这方面我们面临的任务更加艰巨。从当前的情况看，煤炭价格与价值严重背离、资金短缺、企业发展后劲不足，整个煤炭行业严重亏损的局面，不会在短期内有根本性的改变。全行业普遍存在的住房、福利设施等生活欠帐问题在短时期内也难以完全补还。煤炭工业是国民经济的重要支柱，怎样在困难中求发展，归根到底还要靠几百万煤炭职工的艰苦奋斗，靠发挥我们党组织的政治优势，把职工的精神振奋起来，把积极性调动起来。回顾建国40多年来煤炭工业发展的历程，我们就是走的这条路子。今后要使煤炭工业持续、稳定、健康地发展，也要靠发挥基层党组织的战斗堡垒作用和党员的先锋模范作用，凝聚和激励煤炭职工为实现煤炭工业“八五”计划和十年规划而奋斗。

（三）加强煤矿基层组织的建设，是推动班子、队伍、矿风这三项建设的内在要求

煤炭战线提出三项建设之后，煤矿精神文明建设的主攻方向和工作重点更加明确了，也使煤矿各级党组织的职责更加清楚了。三项建设能不能见成效，关键是各级党组织能否自觉到位，认真负起领导的责任。从实践情况看，哪个单位的党组织坚强有力，战斗堡垒作用发挥得好，哪个单位的三项建设就有起色、有成效。反之，哪个单位的党组织软弱涣散，哪个单位的三项建设也就没有进展。所以从加强对三项建设的领导上讲，也需要把党组织建设好。另外，从党的建设在三项建设中的地位和作用看，也应该认识到，党的建设在三项建设中居于核心的地位，起着主导的作用。不论是班子建设、队伍建设，还是矿风建设，哪一项都离不开党的建设。班子建设要靠党纪党规约束和党内监督；队伍建设要靠党员队伍带，党员队伍过硬，职工队伍就不软；矿风建设要靠党风来示范，党风正则矿风兴。从西山矿务局开展“区、站、网”活动的实践经验看，党的建设在三项建设中确实起着主导的作用。因此，要坚持“党要管党”的原则，切实把煤矿基层党的思想建设、组织建设、作风建设搞好，抓出成效，以此来推动三项建设的进展。

二、坚持抓基层、打基础，在加强基层党支部建设上下硬功夫

西山矿务局在开展“区、站、网”活动中有一条体会，就是抓住党支部建设这个关键，通过发挥党支部的战斗堡垒作用来推动“区、站、网”活动的开展。这一点很重要。

基层党支部是党的细胞，处在党的最前沿阵地，只有党支部充满活力，党才有战斗力。重视基层党支部的建设，是我们党的优良传统。早在1927年毛主席领导的秋收起义部队在三湾改编时，就创造性地提出了“支部建在连上”的主张，并使之成为党的建设的一条重要原则。从目前煤矿基层党支部建设的现状看，也是一个需要加强的薄弱环节。

加强基层党支部的建设，从煤矿的实际情况出发，主要应在以下 5 个方面下功夫、用气力：

一是要认真选配好党支部书记。这是很关键的一环。党支部书记是支部的带头人。带头人选得过硬不过硬，直接关系到党支部的建设。一个党支部如果有一个过硬的书记，这个支部的工作一定会活跃，战斗力一定会强。现在看，要真正选一个各方面都过硬的党支部书记确实很难。作为煤矿基层的党支部书记，不仅要有一定的思想理论水平，会做群众工作，还要懂生产、会管理，能吃苦、肯实干，各方面都堪称表率。这几年，随着新老更替，在党支部书记中，新同志越来越多，有相当一部分人不熟悉党的工作，缺少党务工作的知识，个别的连如何开支委会，如何发展党员的程序都不清楚，这怎么能把党支部建设好呢？所以，加强对支部书记业务培训，也是一项很紧迫的任务，局矿党校要把这项工作承担起来，好好抓一抓这件事。各级党组织都要积极地为党支部书记的学习、培训提供方便，创造有利的条件。

二是严格党组织生活制度，努力提高“三会一课”的质量。煤矿基层党支部的活动，由于受煤矿特殊的作业方式的制约，在时间安排上有一定的难度。但是，就现在看，大部分基层党支部还都能坚持正常的组织生活，问题是质量不太高。有些支部的“三会一课”，实际是流于形式，起不到应有的效果。所以，今后要在提高“三会一课”的质量上下功夫。要提倡领导干部亲自给党员上党课，针对党员的思想实际，把党课讲活。生活会要拿起批评和自我批评的武器，敢于展开积极的思想斗争。支委会和党支部大会一定要坚持民主集中制，集中正确的意见，形成的决议要认真执行。

三是要搞好廉政建设，发扬党的优良传统和作风。目前存在的问题主要有三个：第一是缺乏民主作风。有些基层党员干部工作方法简单、粗暴、不善于听取群众的意见，不善于做深入细致的思想工作，有时不是化解矛盾，而是激化矛盾，人为造成干群关系的紧张；第二是在分配上不合理。有些干部仍有多拿多占奖金的问题。有的是分配的透明度不高，引起工人存有不信任感；第三是缺乏与工人同甘共苦的精神。因此，要有针对性地加强党支部的作风建设，加强党风检查和党内监督，密切党与群众的联系，对涉及到职工切身利益的问题，要增加透明度，自觉接受群众的监督。对党员的违法违纪行为和以权谋私等损害群众利益的现象，一经发现就要严肃处理。

四是注意在生产一线发展党员。这是目前煤矿党的建设上的一个薄弱环节。要采取有效的步骤，重视从生产一线的优秀工人中发展党员，重视从农民轮换工的优秀分子中发展党员。要严格按照党员标准和党章规定的程序发展党员，严把质量关。对新党员加强教育和管理，使他们不仅在组织上入党，更要在思想上入党，以保证党的先进性和纯洁性。

五是要强调在创建六好区队中加强党支部的建设，发挥党支部的战斗堡垒作用。

当前，加强基层党支部的建设，重要的在于真抓实干。要象西山矿务局那样，想实招、办实事、求实效，多做扎扎实实的工作。所谓下硬功夫，也就是说要有一些过硬的措施。如果都这样抓、这样干，我们煤矿基层党支部的活力、凝聚力和战斗力就会大大增强。

三、要着力于提高党员的素质，增强党员发挥先锋模范作用的使命感和自觉性

（一）要抓好对党员的教育

针对煤炭企业党员队伍的思想实际，当前要加强对党员的四个方面的教育：一是马克思主义基本理论的教育。“没有革命的理论，就没有革命的运动”。要采取多种形式，发动组织党员学习马列著作和毛主席著作，重温《为人民服务》、《纪念白求恩》、《愚公移山》、《反对自由主义》等光辉论著。在学习中要倡导理论联系实际的好学风，自觉改造世界观，克服各种非无产阶级思想，牢固树立共产主义世界观。二是党的基本路线的教育。党的“一个中心，两个基本点”的基本路线，是党在社会主义初级阶段的根本的政治路线。要组织党员认真学好江泽民总书记的“七一”讲话，把握建设有中国特色社会主义的经济、政治和文化的基本要求，明确当代共产党人肩负的庄严使命，坚定走社会主义道路的信念。三是党的基本知识的教育，包括党的历史知识、党建理论知识以及党规党法方面的知识。要通过必要的学习培训，通过生动活泼的形式，普及到每个党员，使党员进一步明确党的性质，明确党员的权利和义务，认清只有保持党员的先进性，才能使党成为领导社会主义事业的核心力量。四是党的全心全意为人民服务的根本宗旨的教育。要继续贯彻落实党的六中全会的《决定》，加强唯物史观和群众观点、群众路线的教育，使党员认清共产党是人民利益的忠实代表，密切联系群众是党的优良作风，只有全心全意为人民服务，为人民的利益而奋斗，我们党才能赢得人民的拥护，才能立于不败之地。

（二）要对党员大胆管理，严格要求，强化党组织内部的约束、监督机制

作为一名党员，必须履行党员的义务，遵守党的纪律，执行党的决议，服从党组织的管理，接受党组织的监督。现在的问题是，有的党员不做党的工作，不发挥党员的作用，不仅自己心安理得，而且也受不到组织的约束和监督。特别是在改革开放和发展商品经济新的历史条件下，有的基层党组织借口执行党的现行政策，而放松对党员的严格要求，这样下去是很危险的，很容易使商品交换的原则渗透到党的政治生活，从而丧失党员的先进性，不能抵御资产阶级腐朽思想的侵蚀，最终滑入蜕化变质的泥坑。为此，我们要在党的基层组织中，强化对党员的约束监督机制，把组织制度的约束性与党员的自觉性统一起来，要严格党内的责任制，把党员的责任、义务具体化，并建立严格的考核办法，以此来规范党员的行为。西山矿务局的“区、站、网”活动，就具有这样的功能，它不仅规定了党员应该做什么，而且提出了怎么做的途径和方法。因此，这种形式的本身也是对党员很好的党性锻炼。加强对党员的管理，除了严格要求外，还要坚持奖惩严明的制度。对好的党员要大张旗鼓地进行宣传表彰；对差的党员要进行严肃的批评教育，限期改正；对那些无视党纪、政纪和法律，胡作非为的人，绝对不能姑息，必须严肃处理。

（三）就是要注意通过开展具体的活动，在实践中启发教育党员，加强党员自身的党性锻炼，提高党员发挥先锋模范作用的自觉性

西山矿务局开展的“区、站、网”活动，一个显著的特点就是它的实践性。也就是说，是在为职工服务的实践中，在联系群众的实践中，在做好思想政治工作的实践中，来提高党员的素质，来履行党员的义务，使每一个党员都时刻想到自己是一名工人阶级的先锋战士，不忘记履行党员的义务，时时处处发挥党员的作用。

四、党委要用主要精力抓好党的建设，实现对企业的思想政治领导

（一）党委抓党的建设，首先要研究党的建设

要研究目前党的建设面临的新形势、新课题，研究中央对党的建设提出的新要求、新任务，研究本单位党的建设的历史、现状和发展趋势，对煤矿来说，还要研究产业特点对党的建设提出的特殊性要求。

（二）党委的工作重点、工作内容、工作方式和领导作风都要适应加强基层党的建设的要求

要面向基层，为基层服务，不能关起门来搞党的建设，也不能浮在上面搞党的建设，要到基层去呼吸党的建设的新鲜空气。要特别注意调查研究，掌握第一手材料，尊重基层党组织和广大党员的首创精神，善于发现和总结新鲜经验。局、矿党委要对所属工作部门及其干部提出严格的要求，可以采取联点包队的办法，加强与基层党支部的联系，加强与职工群众的联系，在实际工作中提高为基层服务、为群众服务的自觉性，提高做党务工作、做群众工作的能力和水平，这样以上带下，以下促上，实现基层党支部建设和党委领导机关双加强的目的。

（三）从实际出发推广“区、站、网”经验

推广这一经验，有这样几点要把握好：一是要抓住实质学。“区、站、网”经验的实质，就是党委要坚持党要管党的原则，下功夫发挥党支部的战斗堡垒作用和党员的先锋模范作用，密切党同群众的联系，提高党组织的战斗力。这是“区、站、网”活动体现的基本精神。二是要正确处理“区、站、网”与其它党建活动形式的关系。“区、站、网”活动是加强基层党组织建设的一种很有成效的形式，但不是唯一的形式，更不是党的建设工作的全部，不可能代替其它党的建设的形式。因此，要把推广“区、站、网”活动与其它党建活动形式很

好地结合起来，互补互促，共同服务于加强党的建设的目的。三是在推广的具体做法上，不搞“一刀切”，不生搬硬套。要坚持实事求是，具体情况具体分析，一切从实际出发，是整体推广“区、站、网”，还是借鉴其中一部分、两部分，请各单位党委根据自己的实际情况来定。但态度一定要积极，不是想学就学，不想学就不学，而是要见先进就学。四是要搞好试点，总结经验，用示范引导的办法逐步推开。在起步阶段，决心应大些，工作应更实些，争取有一个好的开端。

振奋精神　埋头苦干
扎扎实实开展“质量、品种、效益年”活动

——张宝明同志在中国统配煤矿总公司“质量、品种、效益年”工作会议上的讲话（摘要）

1991年9月25日

“质量、品种、效益年”活动是1991年我国经济工作中的一件大事，这次会议的任务，就是要进一步贯彻国务院《关于开展“质量、品种、效益年”活动的通知》精神和李鹏总理在全国财政工作会议、朱镕基副总理在国务院第二次“质量、品种、效益年”电话会议上的讲话精神，总结中国统配煤矿总公司系统开展这一活动的情况，交流经验，安排部署下一阶段的工作，进一步提高认识，振奋精神，坚定信心，克服困难，扎扎实实地把“质量、品种、效益年”活动开展下去。

一、1991年以来开展“质量、品种、效益年”活动的基本情况

1．煤炭生产建设计划完成得比较好

1～8月份，中国统配煤矿总公司所属局矿生产原煤24468万吨，比计划超产1808万吨；洗精煤产量达到3542万吨，比计划超产147万吨。

2．煤炭品种改善，质量有所提高

1～8月份，商品煤灰分为18.55%，比计划下降了1.45个百分点，含矸率降到0.06%，比计划下降0.14个百分点。洗精煤灰分、水分都完成了计划，并且比去年同期有所下降。基本上消灭了直销原煤的现象。

3．安全生产状况进一步好转

1～8月份，累计煤炭生产百万吨死亡率比去年同期下降28%，达到了奋斗目标的要求，许多单位创出了安全生产的好水平。

亏损增加、成本上升的势头趋缓，盈利局增多。中国统配煤矿总公司系统1～7月份实际亏损比去年同期减少1.71亿元，其中煤炭产品减亏2.18亿元。这是多年首次出现的比上年同期减亏的好势头。

4．原煤全员效率实现了奋斗目标

1～8月份，中国统配煤矿总公司所属企业原煤全员效率比上年同期提高了0.06吨/工，增长5%。精减原煤生产人员22218人，精减基建人员1358人，都超额完成了计划指标。

1991年以来的工作，有以下几个特点：

1．始终把质量问题作为主攻方向

对煤炭产品质量，下决心抓了质级不符和亏吨问题。中国统配煤矿总公司组织了华东、华北、中南三个片的访问组，自4月11日至5月15日，共走访15个省市的73个重点用户，对工业和民用煤的质量情况进行了全面调查，征询了大量的意见和建议，并针对用户提出的问题，真心实意地抓整改。许多局主要领导出面调查煤炭市场，走访用户。1991年以来，各单位共走访用户1405户次，其中85%以上的用户对煤炭质量比较满意。

2．把安全生产放在首位

国务院领导同志对煤矿安全生产十分重视，今年以来多次作出具体指示。国家计委、安全生产委员会、能源部也多次发出抓好安全生产的通知，对我们的工作是很大的鞭策和促进。各级领导干部在连续几年取得安全生产好成绩面前，保持了清醒的头脑，反骄破满，乘胜前进，迈向新的目标。我们连续开展了三个百日安全活动，都取得了较好的效果。特别是在战高温、斗雨季中，各局、矿昼夜警惕，严加防范，做了大量工作。我们还组织了“一通三防”会战和安全检查。特别加强了对“五省一市一局”各企业的安全检查和指导。

3．把抓扭亏增盈、抓亏损大户作为提高经济效益的中心环节

中国统配煤矿总公司上半年组织了6个工作组，前往大同、开滦、淮南、铜川、郑州矿务局和西安煤矿机械厂帮助工作。许多省公司、矿务局成立了抓亏损大户领导小组，选择对本单位完成盈亏任务影响大、困难多

的矿（厂）作为重点，组织“会诊”，制订目标措施。

4．把实行定员定额管理，提高劳动效率作为加强经营管理的重要措施

整组提效是今年中国统配煤矿总公司确定的重点工作之一，方向很明确：井下以整顿综采队、机掘队、高档普采队为突破口，井上以整顿机关为突破口，进一步精简机构，压缩原煤生产人员和非生产人员。许多单位贯彻这个精神，联系实际，重点突破，使效率进一步提高。与去年同期相比，今年1～8月份中国统配煤矿总公司系统原煤全员效率提高了0.06吨/工，其中，因减少用工提高0.025吨/工，因增产提高0.035吨/工。

5．坚持依靠科技进步，促进经济效益的提高

各单位注意将技术进步作为增产、减人、降低成本、增加品种、提高效率、提高效益的关键一环来抓。采用新工艺、新装备、新技术，发展机械化，合理集中生产。1～7月份，中国统配煤矿总公司系统采煤机械化程度达到65.95％，其中综采39.01％，比去年同期提高1.85个百分点；掘进装载机械化程度达到64.67％，比去年同期提高5.52个百分点。1～8月份回采工作面平均个数比去年同期减少63个；掘进工作面平均个数比去年同期减少162个；回采工作面单产比去年同期提高837吨。掘进工作面综合单进比去年同期提高2.82米。在减面、减头，提高单产单进上迈出了新的一步。

我们还把“质量、品种、效益年”活动与学习石圪节活动结合起来，与治理整顿、深化改革结合起来，与抗洪救灾结合起来。据不完全统计，到8月31日，中国统配煤矿总公司系统共向灾区捐赠人民币2217万元，其中个人捐赠1368万元。此外还捐赠粮票5.6万公斤，煤炭2.3万多吨，衣物7000多件以及各种物资。

在充分肯定成绩的同时，我们还要看到存在的问题和所面临的困难。主要有以下几个方面：

1．活动发展不平衡，一些单位、一些工作收效不明显，与活动的要求还有很大差距

1～7月份，商品煤灰分虽然完成了计划，但比去年同期上升0.43个百分点。

2．企业活力不足，缺乏必备的应变能力

近几年，在搞活企业上进行了一些探索，但总的来说，迈的步子不大，进展不明显。

3．产量与效益的增长不协调、不同步

煤炭产量在继续增长，但由于市场疲软，运输制约和一些煤炭不适销对路，使库存积压严重，经济效益并没有实现同步增长。

4．“三角债”严重困扰企业经济发展，危及煤矿安全生产

到7月底，中国统配煤矿总公司所属企业被拖欠的货款已达57.9亿元，扣除欠付供货单位的货款27.3亿元后，净欠我们30.6亿元。加上存煤积压的8亿多元，企业定额流动资金缺口6.57亿元，企业不得不拖欠职工工资，挤占专用资金。

二、下一步“质量、品种、效益年”活动的安排意见

质量、品种、效益是经济工作的一项长期的、战略性的任务，要坚持不懈地抓下去。我们今后4个月要实现以下主要目标：

1．安全

力争完成百万吨死亡率考核指标和奋斗目标，坚决杜绝特别重大事故的发生。

2．质量

商品煤灰分要完成18.8％，含矸率完成0.1％；精煤灰分10.27％，入选原煤产量达到13850万吨，筛选煤块率达到9％，动力煤发热量达到24MJ/kg。年底完成20个矿务局的产品优化方案并逐步组织实施。

3．效率

确保全年原煤全员效率达到1.25吨/工的奋斗目标，争取达到1.26吨/工，比计划提高13％以上，全年精简原煤生产人员2.5万人，比原定目标多减3000人。

4．效益

确保完成全年的亏损指标；亏损大户要努力减亏10％，地面亏损单位要减亏80％。

要实现上述目标，任务是艰巨的，我们要下定决心，采取有力措施，突出抓好以下8项工作：

1．认清形势，振奋精神

（1）当前煤炭企业的经济形势仍然十分严峻，完成今年的任务，关键在于振奋精神，克服畏难情绪，增强信心。既要清醒地看到困难的一面，又要看到有利条件，善于抓住有利时机。

（2）眼睛向内，进一步挖掘内部潜力，勇于克服困难。外部环境的改善很重要、很必要，但外因要通过内因起作用，归根结底是把内部工作做好。

（3）要把工作抓实。一些单位成效不大，与工作抓得不实有很大关系。会议多，文件多，浮在上面多，下去少，落实少。

（4）要相信群众，依靠群众，把群众发动起来。“质量、品种、效益年”活动是群众性的活动，不是少数人的事。后几个月要来一个再发动，再动员，使大家进一步认清活动的意义，增强质量、品种和效益意识，增强紧迫感和责任感。

2．组织煤炭生产要切实体现以经济效益为中心

煤炭产量与经济效益是密切相联系的，在保证质量和销售的条件下，产量高才能效益大。

合理集中生产，是提高效率、提高经济效益的“牛鼻子”，一定要紧紧抓住这一条。“八五”期间要依靠科技进步，大力发展机械化，继续减面、减头、增产、减人。要狠抓高产高效工作面。要加强对煤炭生产的管理，做到产销平衡，生产与效益同步，并保证安全。

要紧紧抓住煤炭销售这个龙头和外运的关键环节。要主动出击，要走出去了解市场信息，调查用户需要，组织适销对路产品，满足用户要求。要千方百计地开拓市场，打开销路。要加强与铁路、交通、物资部门的协调合作，促使合同和运输计划的兑现。同时要组织好地销，动员一切运输工具增加地销量。对山西、陕西、内蒙古等地煤炭积压严重、运输困难的局矿，中国统配煤矿总公司继续协同有关部门利用派遣工作组的方法重点解决。

要大力发展特殊加工煤。扩大特殊加工煤的品种和数量，是对用户、对煤矿双方都有利的好事，各煤矿都要重视这件事，主动与用户联系。从今年起，各级质量年报要增列特殊加工煤数量、品种、质量的内容。中国统配煤矿总公司、各省公司有关部门要帮助企业提供信息，出主意，想办法，协调指导。

继续下决心提高煤炭产品质量。进一步增强质量意识和为用户服务的意识，所有的煤炭产品绝对不允许以次充好。要严格质量管理，强化质量监督检查，实行不定期的突然袭击式的质量抽查，对多次抽查问题严重，改进不大的，要追究领导责任直至调整领导班子。

要试行商品煤计量。中国统配煤矿总公司决定，今年做好准备，明年试行原煤计量和商品煤计量双轨制，摸索经验，为逐步过渡到完全的商品煤计量创造条件。

3．狠抓增收减亏关键措施的落实

完成今年的亏损计划，缓解经济困难局面，主要采取以下措施：

（1）要加强经营管理，挖掘内部潜力。要在控制成本上升方面下功夫。狠抓节支降耗，各种材料的消耗要降下来。对工资基金要加强管理，不得滥发奖金、补贴。

（2）停产或放开少量亏损很大、效益很差的矿井，减少亏损。

（3）抓亏损大户。

（4）积极清理“三角债”。

（5）改进和完善选煤厂的经济承包责任制。在矿务局内部，矿区选煤厂要对矿务局承包，矿井选煤厂对矿承包。选煤厂实行内部独立核算，超额利润实行分成，并按规定比例建立生产发展基金、新产品开发基金、职工福利基金，以促进选煤厂的技术改造，调动选煤厂职工增加入洗、提高效益的积极性。

4．深化改革，积极研究和落实搞活煤炭企业的政策措施

（1）抓国务院关于搞活国营大中型企业的11条措施在煤炭企业的具体落实。

（2）暂停国务院以及各部门对企业的评优升级活动。除安全大检查、财税检查、质量监督抽查之外，其它各类评比检查年内一律停止。

（3）改进、完善工资总额同原煤产量和销售收入复合挂钩的办法，逐步加大销售收入同工资总额挂钩的比例。从今年起，所有煤炭生产企业都要实行“双挂钩”的办法，而且要落实到生产矿。如果落实不到矿，这项政策的作用就发挥不出来。有条件的矿要试行工资总额同销售煤量和销售收入复合指标挂钩。对衰老报废的矿井可试行工资总额完全同销售收入挂钩。

（4）要深化企业内部改革，完善内部经营机制。各单位要在国家政策范围内，针对存在的问题和薄弱环节，实行改革措施，调动干部和工人的积极性。

（5）把煤机产品和火工产品的价格有计划地放开，把它更大程度地推向市场，成为自主经营、自负盈亏、自我改造、自我发展的商品生产者和经营者。

5．进一步加强整组提效工作

整组提效是今明两年的工作重点之一，年初总公司工作会议上就提出了奋斗目标。

整顿综采队、机掘队、高档普采队的工作要在今年内取得突破。大同、潞安、晋城、兖州、邢台等矿务局要尽快提出综采队的定员定额和岗位技能标准以及上岗人员的条件和培训制度等配套的措施方案，并组织落实，年底前要把多数综采队的人数减到120人以下。各省公司要组织每个矿务局搞一二个试点，把人数减到120人以下。取得经验后，明年逐步扩大，全面完成综采队的整顿。

要按照企业编制和生产需要设置机构和配备人员，要按定员定额组织生产。各级机关要精兵简政，按照精简、效能的原则，核定机关编制和干部职数，减少业务科室，减少副职，精简机关人员。

要一鼓作气，力争完成今年效率的奋斗目标。

6．向科技进步要效益、要质量

科学技术是第一生产力。科技进步出产量、出质量、出效益。要继续坚持依靠科学技术进步的指导方针。

发展机械化、改革开拓部署和巷道布置，实行合理集中生产，提高单产单进，走增产减面、减人的路子是

我们的成功经验。

要抓好技术和设备的引进工作。引进的设备，一定要发挥作用，创出效益。同时搞好消化吸收，提高我们的科研和制造水平。

要积极采用新装备、新工艺、新材料。科研、制造单位要积极为生产建设单位提供水平高、效益好、质量好的科研成果和技术装备。同时抓好科研成果的推广，搞好技术咨询服务，尽快使科研成果转化为生产力，使企业见到效益。

范维唐同志在中国统配煤矿总公司职称改革工作会议上的讲话（摘要）

1991年10月25日

一、关于科技兴煤的问题

党的十一届三中全会以来，经过广大职工特别是广大科技人员的辛勤努力，使煤炭这个古老落后行业的技术面貌有了明显改善。1990年同1980年相比，统配煤矿的采煤机械化程度由37%提高到65%，其中综采由13%提高到35%；基本建设施工技术和施工速度明显提高；煤矿安全状况得到不断改善；原煤全员效率由每工0.912吨提高到1.217吨；矸石发电、煤炭加工利用、水煤浆代油等新技术的开发，为提高煤炭产量、改善产品结构开辟了广阔前景。这些成绩，应当充分肯定。但同时必须看到，我们煤炭工业总的技术面貌还很落后，不仅与世界主要产煤国家比较存在很大差距，而且在国内各行业中技术发展速度也是很慢的，技术进步在总产值增长中所占的比重也是比较低的。如何依靠科技进步发展煤炭工业，也就是科技兴煤的问题，是摆在我们面前的一个现实的重大课题。

1988年，邓小平同志第一次提出了“科学技术是第一生产力”的科学论断，这一论断，是对马克思主义生产力学说的继承和发展。江泽民总书记在今年5月23日中国科协第四次全国代表大会的讲话，高度评价了邓小平同志关于科学技术是第一生产力的重要思想。并且指出坚持科学技术是第一生产力，把经济建设真正转移到依靠科技进步和提高劳动者素质的轨道上来，是一场深刻的变革。大家知道，当今国际上的竞争，归根结底是综合国力的竞争，而综合国力的提高，很大程度上取决于科学技术的进步。谁先掌握高科技，谁就能在国际上称雄；谁在高科技领域落后，谁就要被动挨打，任人欺凌。发展高科技，实现产业化，已成为充分发挥科学技术这个第一生产力作用的主要标志。

我们是社会主义国家，社会主义的根本任务是解放和发展生产力。社会主义制度的巩固必须以先进的社会生产力为基础，而社会生产力的进步，是离不开科学技术的。搞社会主义现代化建设不抓经济不行，抓经济不抓科学技术不行。在这方面，我们煤炭行业尤要引起重视。

为了改变煤矿落后面貌，加速科技兴煤步伐，全面完成“八五”计划和十年规划赋予煤炭工业的任务，中国统配煤矿总公司党组最近提出了“八五”和后10年煤炭工业依靠科技进步，改变煤矿落后面貌的目标，主要是积极开展科技攻关，加速科技向生产力的转化和大力提高职工队伍素质，并提出了实现上述目标的10项措施，还决定明年召开企业技术进步会议，评选依靠科技进步的先进企业，进一步推动煤炭企业的技术进步。我们必须充分重视和依靠科学技术，确立科技兴煤思想，使“科学技术是第一生产力”的思想在人们头脑中深深扎根。也在我们搞职改的同志们头脑中深深扎根，通过我们的工作，体现党的政策，调动煤炭专业技术人员的积极性，促进科技兴煤事业的发展。

二、关于继续深入做好职改工作的问题

（一）对首次职改工作的基本估价

我们煤炭系统，自1986年开展职称评定制度改革以来，经过5年多的时间，取得了很大的成绩，应该给予充分的肯定。

（1）领导重视，组织落实，步子稳妥。

（2）建立了专业技术职务聘任制度，加强了对专业技术干部的考核和管理。制定了《煤炭工业部专业技术职务聘任制的实施办法（暂行）》，又制定了一个《补充规定》。这两个文件是指导性的法规文件，除此之外，我们还陆续印发了一系列相配套的文件、规定，对各专业技术系列的岗位设置、定岗原则、评聘条件等作了具体的规定。从这几年的实践来看，我们制定的一些办法、规定是符合中央精神和煤炭工业实际的，中国统配煤矿总公司系统绝大多数该评聘专业技术职务的人员都评聘上了相应的专业技术职务。据统计，中国统配煤矿总公司系统有214886名专业技术人员评聘了专业技术职务，占专业技术人员总数的94%，其中聘任了207565人，占取得任职资格人员总数的96.5%，而且绝大多数受聘人员在各自的岗位上发挥着作用，为煤炭工业现代化建设做出了贡献。这标志着我们专业技术职务聘任制度已初步建立起来。

与此同时，我们还建立了专业技术干部考核制度和考绩档案。对于保证专业技术职务评聘工作的科学性和公正性，调动广大专业技术人员的极积性，认真履行岗位职责，激励先进，以及保证职改工作转入经常化都有着重要的意义。

（3）提高了知识分子的地位，改善了知识分子待遇，稳定了专业技术队伍。这次职称改革，实行了专业技术职务聘任制，并与工资挂钩，受聘人员领取职务工资，基本上实现了职务、职责、贡献和报酬的统一，取消了大锅饭。人们的观念发生了变化，尊重知识，尊重人才的风气开始在全社会逐步形成，广大知识分子的地位得到了提高，待遇得到了普遍改善，政策得到了进一步的落实。总之，通过职称改革，实行专业技术职务聘任制，对于稳定专业技术队伍，促进科技、教育、文化等各项事业的繁荣与发展，尊重知识，尊重人才，发挥科技人员的作用，鼓励各行各业的人才成长和脱颖而出，落实知识分子政策等都起到了积极的作用。

（4）培养锻炼了职改工作队伍，为今后深入开展职改工作奠定了基础。自1983年暂停职称评定工作之后，由于种种原因，积累了许多矛盾和问题，旧帐新帐欠得较多。因此，首次职改工作的开展，既要妥善处理好历史遗留问题，又要把职称评定逐步转入专业技术职务聘任制的轨道，政策性强，涉及面广，难度大，困难多，是一项十分严肃的事情。面对这种形势，我们人事、职改部门的同志知难而上，边学边干，边干边学，认真摸索经验，不断改进工作，政策水平和业务水平都得到了较大的提高，同时也积累了一套较丰富的工作经验，并培养出了一批胜任职改工作的新人。经过首次职改工作的锻炼和考验，可以说，目前我们已拥有了一支素质优秀、业务精通、作风扎实、纪律严明的职改工作队伍，这就为下一步深入开展职改工作，把职改工作逐步转入经常化奠定了组织基础。

但是，我们也应清醒地看到，首次职改中还存在着不少问题。正如人事部给国务院的报告中讲的三句话，即“议论颇多，褒贬不一，反映甚大”。人事部具体讲了四个问题：一是系列太多；二是评聘合一；三是和工资挂得太紧；四是单一的评审办法不够科学。这是普遍存在的。我看我们还应加一条，就是首次评聘没有经验，系列之间、层次之间、地区之间、单位之间评出的水平参差不齐，对此反映也较大。有些该评聘的，没评聘上；不该评聘的，评聘上了。这些问题，都需要我们在今后职称改革工作中不断加以解决。

（二）对下一步职改工作的几点意见

关于下一步中国统配煤矿总公司的职改工作，我想强调几点，中心是：提高认识，加强领导，保证专业技术职务评聘经常化工作沿着正确的方向稳步前进。

（1）提高思想认识，明确目的意义。国务院决定把专业技术职务评聘工作转入经常化、制度化，这是广大科技人员盼望已久的事情，充分体现了党中央、国务院对广大科技人员的爱护和关怀。社会主义的根本任务是解放和发展生产力。而科学技术是第一生产力，是富国之本，兴国之源。大力发展科学技术是实现第二步战略目标、推进我国社会主义现代化建设和改革开放事业的关键。科学技术人员是新的生产力的开拓者。尊重知识，尊重人才，充分调动广大科技人员的积极性、主动性和创造性，是解放科技生产力的前提。发展科学技术，提高科技生产力，就必须有一支素质优秀的科技队伍，有一大批合格的科技人才。深化职称改革，把专业技术职务评聘工作转入经常化的核心问题是，精心选拔人才，合理使用人才。把真正优秀的合格人才选到学术、技术和经济等专业工作的职务岗位上来，使他们放手为社会主义现代化建设发挥聪明才智。因此，我们要把这项工作提到推进科技进步，加快科技兴煤步伐，完成“八五”计划和十年规划赋予煤炭工业的任务的战略高度来认识。各级党政领导一定要当作一件大事来抓，振奋精神，努力工作，保证专业技术职务评聘经常化工作沿着正确的方向稳步前进。

（2）要全面理解、正确贯彻总理办公会议和全国职改工作会议精神，进一步明确职改经常化的指导思想。总理办公会议对职改工作总的精神是考虑到目前国家正处在治理整顿时期，稳定是压倒一切的中心任务。因此，在职称改革工作总体方案未出台前，职改工作要先稳定下来，不搞大的动作，当前主要解决一些急需解决而又有条件解决的问题，做好基础工作，为下一步职改经常化全面到位作准备。下一步深化职称改革的设想是：坚持聘任制原则，健全制度，完善措施，实行“系列分流、评聘分开、单位分类、职务分级”，建立具有中国特色的学术技术职称考评制度和专业技术职务聘任制度。但当前只能做好第一步的工作。我们要很好地学习和领会这些精神，把思想统一到总理办公会议精神上来，按照“肯定成绩，总结经验，分类指导，逐步完善”的工作方针，统一政策，统一步骤，积极稳妥地、有计划、有步骤地把职改工作逐步转入经常化。切忌一哄而起，引起大的波动。

（3）认真研究制定岗位设置方案，进一步明确岗位职责。做好专业技术岗位设置工作是实行专业技术职务聘任制的前提和基础。各单位要认真总结首次评聘工作中设置专业技术岗位的经验，检查、督促、指导所属企事业单位在上级批准的人员编制、首次评聘下达的高、中级职务数额和工资总额内，按照职位分类原理，根据工作需要，设置和调整专业技术岗位，明确岗位职责。在首次聘任工作中，没有设置岗位的要认真设置，尽快拿出方案，岗位设置不合理的要抓紧进行调整。岗位的设置一定要因事设岗，因事设职；不要因人设岗，因人设事。历来的经验告诉我们，凡是因人设岗，因人设事的，无论是职称评定，还是专业技术职务聘任，还是干部管理，都是很被动的，而且注定搞不好。希望同志们高度重视这个问题。

各单位要在抓好设岗的同时，进一步明确和落实专业技术人员的岗位职责，使受聘担任专业技术职务的人员，做到有职、有责、有权，改变目前有些企事业单位因职责不清、责任不明而出现的在岗与不在岗一个样，干多干少一个样，聘前聘后一个样的状况。要通过严格设岗，明确职责，把指标转化为岗位，择优聘任。逐步把评聘工作像对行政干部职数管理那样，使专业技术职务实行经常的、制度化的晋升和补缺评聘，纳入正常的人事管理制度。

（4）严格掌握任职条件，确保评聘质量。首次评聘工作中，有些单位为解决历史遗留问题，不同程度地放宽了某些系列的范围，降低了某些任职资格条件，使一些不该评聘的评聘上了，而一些该评聘的却没有评聘上，这固然有多方面的原因，但条件掌握不严，搞照顾、讲人情的现象是存在的，这些必须在下一步职改工作中予以纠正。经常化评聘工作一定要严格执行中发(1986) 3 号、国发（1986）27号、人职发（1990）4 号文件和各类专业技术职务试行条例以及中国统配煤矿总公司这次拟定的《实施意见》规定的标准条件，必须严格考评程序，不搞照顾，不搞论资排辈，不搞因人聘职。对增补的岗位和空缺的岗位，要重点挑选考核成绩优秀的、工作实绩突出的、政治业务表现出色、确有能力水平的中青年专业技术骨干充任。使努力工作、埋头苦干的专业技术人员有前途、有奔头，促进人才竞争和成长。

在评聘中，各单位、特别是各级干部（人事）和职改部门要认真把关，严格掌握好条件、标准，掌握好该评聘和不该评聘的尺度，千万不能搞滥了。首次职评中人们对这个议论多些，这一点务请同志们引起注意。为了审慎稳妥地开展好经常化工作，这次会议以后，中国统配煤矿总公司准备选几个具备条件的企事业单位，在某些系列的副教授级层次进行评聘分开试点，具体怎样试法还要专门研究，专门部署。我要强调一点，就是不管是试点单位，还是不试点单位，都要在中国统配煤矿总公司统一部署下进行，不准擅自开“口子”，不准擅自扩大范围和降低评聘标准，要确保评聘质量，使取得职称或专业技术职务的人员做到人恰其职，职如其人。

（5）加强思想教育，做好宣传解释工作。继续深入开展职称改革工作，并逐步转入经常化，这是广大专业技术人员的共同心愿。据我了解，当前人们对职称的期望值很高，误认为要开“闸”了，职称热可能又会掀起来。针对这种情况，我们要切实加强思想教育工作，广泛深入地宣传经常化的目的意义、指导思想和有关政策规定，使大家都明白经常化的具体政策，有所遵循。

前面讲过，这次职称评聘总的精神是不搞大的动作，主要解决一些急需解决而又有条件解决的突出矛盾和问题。不是不搞，而是每年都要搞，使之逐步转入经常化。同时，我们要解决对经常化的一些不切实际的想法，要把职称热的温度降下来。要正确引导广大专业技术人员努力做好本职工作，提高专业技术水平和实际工作能力，在各自的岗位上为煤炭工业现代化事业做出积极贡献。

（6）加强职改经常化工作的组织领导。各单位党政领导要高度重视这项工作，要列入重要议事日程。加强领导，首先在组织上要得到落实。根据目前人员变化大的情况，要抓紧重新组建职称改革领导小组，组长要由一位领导同志担任，以统一组织、领导和协调本单位的职改工作。领导小组要吸收有关各方面人员参加，并把职改列入“八五”计划，统筹考虑。在组建领导小组的同时，还要注意充实和加强具体办事机构的力量，选拔一批思想品质好，作风正派，纪律严明，业务精通的骨干人员从事这项工作。领导干部要亲自过问和处理职改中的疑难问题，特别是对一些棘手的问题，要亲自做工作，亲自处理，不要出了矛盾往上推，遇到问题绕道走。要支持干部（人事）部门的工作，鼓励他们严格执法，按章办事。今后职改工作要在职改领导小组的统一领导下进行，由干部（人事）、职改部门具体组织实施。坚决防止政出多门，各行其是。

巩固阵地　稳步前进
继续大力发展煤矿集体经济

——濮洪九同志在统配煤矿集体经济工作会议上的讲话（摘要）

1991年5月7日

这次会议的主要议题是：总结“七五”期间发展煤矿集体经济的经验和体会；按照“三个主体”的战略部署和中国统配煤矿总公司工作会议要求，认真研究和正确认识当前及今后煤矿集体经济的发展方向、所承担的任务、存在的困难和问题以及必须采取的措施与办法；安排"八五"期间煤矿集体经济的发展规划及各项具体任务。会议还将交流先进经验，表彰先进企业和先进工作者。

一、"七五"期间煤矿集体经济发展的基本情况

"七五"期间，我们在改革开放的大好形势下，在煤炭工业"三个主体"的发展战略指引下，艰苦创业，埋头苦干，积极进取，使煤矿集体经济得到了很大发展，开始走上了从小到大、由弱到强的发展之路。到1990年底，全国煤炭集体企业已有从业人员130万人，生产经营网点19497个，固定资产30亿元，流动资金34亿元，提前并超额完成了原煤炭工业部党组确定的"七五"期间集体经济发展的各项主要指标。

（1）产值和经营收入平均每年以25.45%的幅度递增，在煤炭企业经济结构中的地位越来越重要。

"七五"期间，全国煤矿集体企业共完成产值（收入）284.4亿元，比计划206亿元多完成78.4亿元。1990年集体企业产值和经营收入达到87亿元，是1985年28亿元的3.1倍。其中中国统配煤矿总公司所属集体企业5年共完成产值和经营总额137.3亿元，超计划39.2亿元。1990年中国统配煤矿总公司集体企业产值和经营收入为41.7亿元。

（2）围绕"两个安置"做了大量工作，为稳定矿区做出了贡献。

"七五"期间，全国煤炭集体企业共安置73.8万人，比计划50万人多安置23.8万人，完成安置任务的147%。中国统配煤矿总公司所属集体企业5年共安置42.9万人，其中待业青年28.2万人，全民人员6.6万人。

（3）经济效益明显提高，对煤矿企业发展起了促进作用。

"七五"期间，全国煤矿集体经济共实现利税20亿元，平均每年增长4865万元，是"七五"要求每年增长3000万元的1.6倍。1990年人均收入达到1737元，比1985年增长1倍以上。其中中国统配煤矿总公司所属集体企业5年共完成税利9.6亿元。集体经济发展较快，效益比较显著的山东省统配煤矿，"七五"期间总产值达到23.7亿元，上缴税金4595万元，实现利润7800万元，安置10万人就业，提前两年完成"七五"计划指标。

（4）产品开发范围越来越宽，"以煤为主，多种经营"的格局初步形成。

"七五"期间，煤炭集体经济的产业和产品结构已开始从简单化向多样化转变，由发展初期的以生产初级产品和服务行业为主，逐步发展形成了煤炭、建筑建材、机械制造、机电维修、运输、化工、橡塑、轻纺、陶瓷、服装、工艺美术、食品加工、木器、农林牧渔、商业及饮食服务等20多个行业，产品达2000多种。

（5）集体企业逐步壮大，自我积累、自我发展的能力有所增强。

"七五"期间，原煤炭工业部和中国统配煤矿总公司每年拿出几千万元和2万吨钢材，各企业也都拿出了一部分自有资金和材料，扶植集体企业的发展。中国统配煤矿总公司所属集体企业5年共从各方面筹集资金10亿元，开发了4034个项目，拓宽了发展门路。目前全国煤矿集体经济固定资产总值达到30亿元，流动资金34亿元，为集体经济的进一步发展打下了良好的基础。

几年来，煤炭集体经济发展的实践，使我们积累了许多宝贵的经验。主要有以下几点：

第一，领导到位，真抓实干，是集体经济健康发展的关键。

几年来，随着煤炭企业改革的不断深化，大部分领导同志的思想已逐步由单一经营向"三个主体"综合发展的方向转变。越来越多的领导同志已经明确地认识到，大力发展多种经营，形成三个主体的格局，是煤炭工业发展的客观要求，是煤炭企业深化改革，搞活企业，提高经济效益的重要出路；是安置待业青年和富余人员，稳定矿区，促进煤炭工业健康发展的战略决策。1986年抚顺会议结束以后，大多数省局和煤炭企业就着手改革整个多种经营集体经济的体制结构，加强了领导。

第二，因地制宜制定扶植政策，是加快发展集体经济的重要保证。

为了搞好"两个安置"，发展煤炭集体经济，国家有关部委、中国统配煤矿总公司、各省公司、矿务局都研究制定了一系列扶植政策和措施办法。1986年抚顺会议上，原煤炭工业部颁发了《关于煤炭工业发展多种经营集体经济若干政策的暂行规定》，（以下简称《规定》）之后中国统配煤矿总公司又制定了5条补充规定和《关于进一步发展统配煤矿多种经营的意见》。根据煤矿"两个安置"困难太大的实际，劳动部除给我们部分借款支持外，还从政策上给予了必要的扶植；国家税务总局在1987～1989年的3年中，为我们煤炭集体企业单独发了三个减免税文件，这些对煤矿集体企业是极大的支持。很多局矿认真用好、用活、用足国家和地方政府的扶植政策，进一步挖掘企业内部潜力，结合本企业的实际，分别制定了相应的措施和办法。

第三，引进竞争机制，强化企业管理，是促进集体经济发展的重要措施。

实践证明，大胆引进竞争机制打破"大锅饭"和"铁饭碗"，是搞活企业的有效手段，是调动企业干部和职工积极性的重要措施。煤炭集体企业认真学习和借鉴了乡镇企业成功的经验，逐步形成了具有煤炭行业特色的集体企业经营管理模式。在干部使用、企业管理、利益分配等方面全面引进竞争机制，使企业干部和职工同乘一条船，共坐一辆车，形成荣辱与共，利害同担的命运共同体。

在干部的选拔和使用上，打破终身制和任命制，推行招标承包和聘任制，促进了大批优秀人才的发现和成长，从而保证了集体经济的健康发展。

在经营管理方面，推行经营承包责任制，实行风险抵押承包责任制，把经营者的利益与企业、职工的利益捆到一起，使责、权、利统一起来，增强了经营者的责任感，调动了职工的积极性。

坚持改革开放的连续性，不断加强企业管理，促进了集体企业持续发展。"七五"期间，集体企业坚持了改革开放的基本方针，在顺利的情况下不走偏，按照抚顺会议确定的目标向正确的方向发展；在困难的情况下不后退，向改革要办法、找出路。政策的连续性保证了企业生产经营的稳定性和连续性，使集体企业始终保持一定的速度向前发展。

第四，发挥矿区优势，是煤炭集体经济的发展方向。

1986年抚顺会议以来，煤炭集体经济坚持发挥矿区资源、技术和人力优势，坚持为矿区生产和生活服务为主的发展方向，取得了明显的经济效益和社会效益。

第五，自力更生，艰苦创业的精神是集体经济发展的传家宝。

一是因陋就简，艰苦创业。先办一些规模不大，用钱不多的"短、平、快"项目和劳动密集型企业，从不需要多少投资的劳务、商饮服务行业起步，逐步扩大到为矿区生产服务和为职工生活服务的生产经营项目，逐步积累资金，从小到大。

二是认真调研，谨慎决策，优先发展本轻利重效益好的"短、平、快"项目。对项目的选择原则首先是要能充分利用矿区优势，原料有来源、技术有保证、产品有销路；其次是投资要省，上马要快，效益要好，没有效益的项目不能上；确定的项目，必须进行认真地考查和论证，不搞感情项目和攀比项目。

三是把自力更生勤俭办企业的精神贯穿于发展集体经济的始终。

二、煤炭集体经济十年规划目标和"八五"计划指标

十年规划目标：

（一）到2000年基本实现职工子女无待业；

（二）10年安置全民生产富余人员20万人；

（三）2000年产值和营业收入总额比1990年翻一番；

（四）10年共实现利税30亿元；

（五）职工人均收入10年提高1000元以上；集体企业自建职工家属宿舍100万平方米以上。

"八五"计划指标：

（一）5年安置32万人，按安置50万人组织工作；其中安置全民生产人员6万人，力争安置到10万人；

（二）力争产值和营业收入总额"八五"比"七五"增加100亿元；

（三）5年实现利税13亿元；

（四）职工个人收入年均增长80元，5年共增长400元，自建职工家属宿舍35万平方米。

三、实现煤炭集体经济十年规划和"八五"计划的措施

最近，中国统配煤矿总公司又在总结"七五"经验和当前所存在的问题的基础上，制定了《关于加强多种经营集体经济工作的规定》，通过这次会议讨论修改后将正式印发。这是"八五"和今后10年发展多种经营集体经济的根本措施。各单位必须认真地学习研究，贯彻执行。同时，还要根据《规定》精神和本单位实际，制订出自己的措施和决定，以保证今后10年和"八五"目标的完成。

今明两年我们要重点注意解决如下5个问题：

第一，加强领导，健全组织机构。

这几年我们的多数领导已经开始对煤矿发展集体经济有了正确认识，但认识的高度和行动决心却有很大差别。真正从发展煤炭工业的总体战略高度出发，全面理解"三个主体"的正确决策，并做出规划、订出措施，一年一大步，一步一个脚印，脚踏实地、真抓实干、成效显著的还是不多的。我们还有一些领导至今并没有把多种经营看作主体，不重视发展集体经济，还是视为副业；觉得还是额外负担，工作上缺少主动性。为了督促各级领导把扶植、发展集体经济的工作落到实处，在《规定》中增加了行政监督措施。要求行政主要领导亲自抓，亲自规划，亲自安排，亲自检查，像其他两个主体一样承担主要责任。为了便于考查各级领导的工作，中国统配煤矿总公司要求将多种经营集体经济的产值和经营收入、利润、待业青年安置率纳入各级领导任期目标。同时，也要求各业务部门把发展集体经济纳入自己的业务范围，上下一致，共同促进集体经济发展。使多种经营这个主体真正就位，纳入各级领导和各业务部门的正常工作范围，健康发展。

对于组织机构和领导班子问题。"七五"期间中国统配煤矿总公司没有强调机构的一致性，而是采取鼓励各单位因地制宜地发展的方针。经过几年的实践，很多基层单位的机构逐步健全，并出现了一些好的机构设置形式。同时要求各省、（区）公司全部成立多种经营集体经济管理机构，统管多种经营与集体经济。不要求你人员多么多、机构多么大，但必须能够承担起发展多种经营集体经济这个主体的艰巨任务。

第二，要搞好产业结构调整，进一步明确多种经营集体经济的发展方向。

实践证明我们产业的发展，必须首先围绕着内部市场作文章，努力为矿区生产生活服务。产业结构调整的另外一个方向，就是要注意发挥我们的优势。我们的优势是煤，就要在煤上大做文章。

第三，进一步解决集体企业人才不足的问题。

第四，要进一步解决集体企业的发展资金问题。

首先，中国统配煤矿总公司带头，除“七五”扶植集体经济的资金继续滚动使用以外，“八五”期间中国统配煤矿总公司再从自有资金中拿出1亿元支持集体经济。各省、区也要研究个方案，挤出一部分自有资金扶植集体经济，要下这个决心。矿务局继续按每吨煤0.5元提取。过去有的提了，有的没提，有的提了的也没给集体企业使用。今后一律按规定标准提取，并交集体企业使用，只能多，不能少，希望自觉执行。再一条渠道，也是我们寄于很大希望的，就是积极争取把多种经营集体经济项目纳入矿区规划，进入矿区配套工程，按“三同时”的原则安排建设资金。进一步组织职工集资和带资入厂。有条件的单位还应积极引进外部资金、包括国外资金，特别是多搞些来料来样加工。集体企业内部，还要加强资金的管理和加速资金积累，增强企业的自我发展能力。

第五，全面加强企业管理，提高企业素质，增加企业效益。

必须加强对集体经济的计划管理。要在宏观上，对阶段发展的要求有个明确的目标及相应的措施和政策。今后，我们要对各个单位和领导进行考核。要求各级业务部门把发展集体经济纳入各自的工作范围，纳入部门的长远规划和年度计划，一一落实。集体经济管理部门要同时做好基础工作和配合工作。

经营活动是企业运转的中心环节。为搞活企业，要继续推行风险抵押承包经营责任制，并要不断完善，使企业经营者有职、有责、有权、有压力也有动力。承包指标必须有经济效益和安置效益两个效益，集体企业只允许包盈，不允许包亏。要按国务院和中国统配煤矿总公司的要求，积极开展“质量、品种、效益年”活动，设置质量管理机构，加强技术改造，建立质量管理责任制，使产品质量与个人收入挂钩；严格执行全面质量管理，建立产品质量否决制度，不合格产品不允许进入市场，确保产品的竞争能力。要强化质量意识，使人人关心产品质量，千方百计地提高产品质量，向先进的标准看齐。各级供销部门要主动帮助集体企业理顺关系，积极组织好产销协作。煤矿生产需要的二三类物资，只要条件具备就可以让集体企业去生产、去经营。集体企业产的煤，运销部门要积极安排铁路运输计划。今年争取到100多万吨的运输指标，来之不易，有关单位一定要很好地配合，争取多运一些出去。为了加速多种经营集体经济的积累，增强自我发展能力，在财务管理上要分别建账，原煤生产与多种经营集体经济要分开管理。要有长远的战略观点，咬紧牙关发展集体经济，为后人造福。要选派有经验的财会人员到集体企业去工作，当家理财，建立制度，加强审计监督。集体企业的财务制度和有关费用提取，可以参照乡镇企业或当地政府的规定执行。只要有利于搞活经济，增加企业积累，又有政策依据，取得了地方的有关部门认可，我们就应给予支持，不要拿全民企业的框框去硬套，束缚企业的手脚。在集体企业的内部分配形式上，要打破所有制界限，统一实行按劳分配制度，实行企业自定的统一工资和福利标准。鼓励人们去干艰苦的效益大的工作。为了解除集体职工的后顾之忧，要全面实行养老保险制度，并且要积极争取企业内部统筹，解决集体职工的养老问题。

要加强组织领导和思想政治工作。集体企业要建立党、团组织，在集体职工中要注意培养、发展党、团员，建设党、团组织，形成坚强的领导核心，巩固社会主义阵地。要切实加强思想政治工作，加强队伍建设，深入持久地开展学习石圪节的活动。

依靠管理与科技进步　提高经济效益
推动发展繁荣方针的进一步落实

——李云峰同志在东北内蒙古煤炭工业联合公司工作会议上的讲话（摘要）

1991年12月23日

第一部分　1991年工作回顾

1．煤炭生产

全公司原煤国家计划为11225万吨，预计可完成13800万吨，为年计划的122.94%，达到了能源部对东北内蒙古煤炭工业联合公司提出的年增加产量500万吨的要求。开拓进尺全年可完成24万米，完成计划的133.3%；露天剥离可完成7780万立方米，完成计划的115.12%；洗精煤可完成1300万吨，完成计划的112.95%；回采工作面单产可达18600吨，掘进工作面综合单进可达132米，分别比1990年提高9.5%和5.9%；采掘机械化程度可分别达到74.2%和77%，分别比1990年提高4.2个和4.6个百分点；商品煤灰分和含矸率可分别达到21.43%和

0.22%，均低于计划指标；原煤坑木消耗可达到49.56立方米/万吨，比1990年降低36.12%，这是公司原煤坑耗第一次降到50立方米/万吨以下；原煤全员效率可完成1.22吨/工，比1990年提高4.45%；采区资源回收率比国家计划提高2.1个百分点。安全生产开创了新局面。全公司上下认真开展了“安全生产年”活动，贯彻落实党的安全生产方针和黄毅诚部长给矿长一封信中提出的要求，坚持党政工团齐抓共管，继续狠抓了安全管理工作，加强了以控制瓦斯、煤尘事故为重点的安全技术工作，深入开展了质量标准化活动，从而使安全生产再创历史新水平。

2. 基本建设

预计完成基建投资14.36亿元，完成井巷工程量61300米，计划投产矿井10处（新井8处，扩建井2处），新增能力579万吨；地质成果获得大面积丰收，全年可提交地质报告19件，工业储量31.8亿吨。

3. 煤机制造业和多种经营持续发展

设备制造公司及其所属各厂坚持为煤矿生产、建设服务的方向，克服钢材涨价给生产带来的困难，各项指标再创历史新水平。全年工业总产值可完成5.6亿元，比1990年提高10%；劳动生产率可完成3.1万元，比上年提高5.3%；利润可完成2800万元，为年计划的155.6%；出口创汇177万元。全公司多种经营产业总产值可完成38亿元，比上年提高8%；利税可实现1.4亿元；两个安置可完成4万人。外贸经济进一步活跃。全年共与国外签订工程承包和签订劳务协议60份，合同7份，派出劳务人员466人，合同金额达140万美元，出口产品创汇达200万美元。

4. 矿区文教卫生和福利事业出现新局面

教育战线继续推进以提高教学质量为重点的中、小学规范化、标准化建设进程，在1990年64所中、小学达标的基础上，又将有50所中、小学达标。普通大、中专教育，各级各类成人教育以及岗位练兵、岗位培训等职工教育工作有了新的起色。幼托事业有了很大发展。矿区防治病水平不断提高。废气、废水、废渣和噪声进一步得到了治理。

5. 企业管理工作得到进一步加强

一方面，强化资金管理，实行了成本、亏损双控制，使近几年成本上升过猛的趋势在一定程度上得到控制。一方面，开展了群众性的双增双节活动，据初步统计，全公司双增双节可实现4亿多元。销售工作，发挥集团经济优势，积累了联合销售、协调供应的新经验。物资战线在搞好集中统一订货，保证供应，强化物资管理，努力降低物资消耗的同时，重点抓了清仓利库工作。精简机构、整顿劳动组织工作也取得了新的进展。全公司18个矿务局（指挥部）和7个专业公司机关处室总数已由806个减少到627个；18个矿务局（指挥部）的机关干部人数已由11695人减少到8560人。同时，根据定员定额组织生产，全年共动态整顿5.6万人。

6. 加强了各级领导班子和职工队伍建设，政治工作的优势得到了进一步的发挥

我们以“革命化、知识化、专业化”为目标，努力造就一批在政治上日趋成熟、思想作风过硬、能经得起风浪考验的领导班子。我们狠抓了队伍建设，形成了一支政治上坚定不移，作风上能打敢拼、不畏艰难、特别能战斗的职工队伍。加强和改善企业思想政治工作。各级纪检、行政监察以及公安保卫、信访、武装等部门，在以经济建设为中心，发挥政治优势，促进党风、党纪和廉政建设，在加强党与人民群众的密切联系，加强两个文明建设，促进矿风好转等各个方面，也都做了大量和卓有成效的工作。

第二部分　1992年的奋斗目标和工作安排

1992年工作总的要求是：认真贯彻中央工作会议和党的十三届八中全会精神，进一步落实发展繁荣的战略方针，以调整机构和提高经济效益为重点，依靠现代管理和科技进步，转换经营机制，提高企业素质，主要技术经济指标全面赶超全国平均水平，以优异成绩迎接党的第十四次全国代表大会的胜利召开。

1992年公司的主要奋斗目标是：

原煤总产量：要在提高质量、增加品种、扩大销售的基础上，争取比上年实际增长500万吨。

基本建设：完成投资计划，移交矿井能力1000万吨。

多种经营：销售收入比上年实际增长10%，确保完成33亿元。

亏损：完成国家计划。

安全：百万吨死亡率再创历史最好水平。

原煤坑木消耗：45立方米/万吨。

吨煤成本：按可比口径要求，成本高于公司今年平均水平的降低4%，低于公司平均水平的降低3%。

全员效率：1.3吨/工。

1992年重点抓好以下几方面的工作：

1. 进一步深化企业内部改革，转换经营机制

搬掉干部的“铁交椅”，打破用人上的“铁饭碗”，废除分配上的“大锅饭”，形成干部能上能下，工人能进能出，分配能多能少。大刀阔斧地解决“三铁”问题，干部逐步实行聘任制，工人实行合同制，在机关干

部和工人中提倡和实行一职多能。

要认真贯彻《企业法》，健全企业内部领导体制。

积极推行住房制度和劳动保险制度的改革。

进一步做好企业集团的试点工作。继续完善企业集团的管理体制，强化核心层，壮大紧密层，搞好资产联结纽带，充分发挥企业集团的优势，提高整个集团的经济效益。

2．以提高“两效”为中心，争取点上有突破，面上有发展

先选择一些基础工作好，装备比较先进的单位搞高产高效试点，借鉴合资企业的经营机制和管理模式，办好企业内部“特区”，并从点上突破，给面上工作提供经验和创造有利条件。

3．以高产高效矿井为先导，提高整个集团的生产水平

坚决落实科技是第一生产力的方针，把科技进步与煤炭生产建设更紧密地结合起来。公司第二次科技大会提出的47项攻关项目和120项新技术推广项目，要落实人员、资金和时间；重点突破束缚生产发展的关键技术问题。要把采掘机械化程度提高到一个新水平，1992年全公司采掘机械化要分别达到75％（其中综采30％）和78％（其中综掘7％）。同时，加快采煤方法改革、巷道布置改革和支护改革工作，继续搞好矿井运输环节的技术改造 。

加快重点队（组）建设。明年公司规划56个创水平采煤队、40个创水平万米掘进队、12个创水平露天包机组。工作面单产要比1982年（9659吨）翻一番，达到19300吨；工作面单进要比1982年（91.07米）翻半番，达到136米。

加强生产管理，促进矿井达产。

提高设备使用率和开机率，综采设备使用率达到60％以上，高档普采达到70％以上；开机率提高10％以上。

加强生产准备工作，保证采场正常接续。

认真贯彻党的安全生产方针，落实全国统配煤矿防治瓦斯工作会议精神，促进标准化、现代化矿井建设。明年，公司和东煤工会要在全公司范围内组织开展“安全生产最佳年”活动，使安全生产再创历史最好水平。

4．加快基本建设速度，适应煤炭生产发展需要

今后公司煤炭产量每年以500～700万吨的速度递增，必须有基本建设做保证，做到地质、设计、施工协调发展，为煤炭生产提供充裕的战场。

（1）千方百计地把基本建设规模搞上去。明年，矿井建设规模安排39处，设计能力3537万吨；地质勘探开动钻机105台，勘探项目65个，计划工程量32万米，提交地质报告17件，其中精查报告5件，提交工业储量28亿吨；要加强基本建设工程项目的管理。

（2）切实搞好基本建设投资控制。

（3）加强基本建设施工管理。

（4）以建设现代化、标准化矿井为目标，努力提高设计水平和施工质量，提高矿井的技术装备水平，以改变煤矿形象，体现时代风貌，适应社会发展需要。

5．因地制宜，发挥优势，促进多种经营持续稳定发展

今后公司多种经营工作的基本思路是：立足现有条件，发挥集团优势，多方筹集资金，实行外引内联，以适度规模经营，发展支柱产业。“八五”期间，每年销售收入递增10％，利税递增6％，两个安置5万人，到1995年实现销售收入40亿元，利税3亿元。其中，1992年实现销售收入33亿元，利税1.7亿元，原煤产量1300万吨，两个安置5万人。具体项目可从以下几个方面考虑：

（1）发展机加工业。

（2）发展建材生产。

（3）发展建筑业和建筑配套的五金、装修、灯具、上下水设备材料的生产等。

（4）大力发展林业、养殖业、种植业，发展家庭庭院经济，向社会提供服务。

（5）内联外引，发展外向型经济，与经济发达地区的企业联合，利用资源优势合资办厂，合资经营。

（6）组织力量开发煤成（煤层）气。

明年多种经营工作重点是抓好6项工程：①抓好“局创亿元、厂创千万元销售收入”工程。②抓好“引进技术，开发实业”工程。③抓好“产业产品结构调整”工程。④抓好“搞活供销，开拓市场”工程，全公司物资部门以自产物资为纽带联合起来，互相销售自产物资，公司内部自产物资占有率达到70％以上。⑤抓好“聘用人才”工程。⑥抓好“科技兴业”工程。

6．把经营管理工作切实转到提高“两效”的轨道上来

（1）采取灵活的销售策略，以销保产和促产。

（2）搞好物资供应和管理，努力降储降耗。

（3）加强成本控制和资金管理。

（4）下决心精减机构人员，把效率提上来。1992年公司全员效率力争达到1.3吨/工，赶上全国统配煤矿平均水平。原煤人员按定员精减1万人。建立企业内部待岗站，接收、管理、培训、输出企业富余人员，对此类人员不发奖金和生产津贴。

（5）努力发展外向型经济，实现单一内向型向内外结合型的转变。

7. 继续抓好领导班子和职工队伍建设，加强和改善思想政治工作

（1）按照"四化"要求，继续加强各级领导班子的建设。一是认真学习马列主义，提高各级干部的领导水平和政策水平。二是把班子的廉政和勤政作为思想作风建设的重要内容抓好。三是坚持民主集中制，发挥班子的集体智慧。四是在班子内部提倡开展积极的批评与自我批评。五是牢固树立全心全意依靠工人阶级的思想，切实加强党与人民群众的密切联系，完善职工代表大会制度，搞好民主管理工作。

（2）转变机关作风，深入基层，调查研究，为基层服务。大兴调查研究之风；搞好各级机关的业务建设；各级纪检、行政监察、审计部门和机关党委，教育广大机关干部遵纪守法，廉洁奉公，进一步提高办事效率，努力为基层服务。

（3）加强和改善思想政治工作，努力建设一支特别能战斗的职工队伍。一是要开展好反和平演变和"双基"教育；二是弘扬艰苦奋斗精神；三是要把思想政治工作同解决职工生活中的实际问题结合起来。

（4）继续加强基层党组织的建设，提高党组织的战斗力。

在新的一年里，我们要发扬成绩，再接再励，坚定不移地贯彻改革开放的方针，贯彻中央工作会议精神，落实能源部提高"两效"的要求，把我们的煤矿企业搞好，使"发展、繁荣"的方针进一步落实。

韩宗顺同志在全国地方煤矿防治瓦斯工作会议上的讲话（摘要）

1991年10月30日

这次全国地方煤矿防治瓦斯工作会议是能源部党组决定召开的。会议的主要任务是：坚持贯彻"安全第一、预防为主"的方针，认真落实国务院领导同志对地方煤矿发生重大瓦斯、煤尘爆炸事故的重要批示，深刻吸取事故教训，动员地方煤炭系统进一步明确安全工作重点，加强领导，落实责任，切实抓好通风瓦斯管理，深入开展矿井通风质量达标活动，努力预防瓦斯、煤尘重大事故的发生，为实现地方煤矿安全状况的持续好转，完成"八五"安全生产规划目标而努力奋斗。

一、关于"七五"期间地方煤矿安全生产的简要回顾

全国地方煤矿"七五"期间煤炭产量为264390.9万吨，比"六五"产量增长46.5%。其中地方国营煤矿占总增长量的11.6%，乡镇煤矿占总增长量的88.4%。"七五"期间与"六五"期间相比，全国地方国营煤矿产量提高11.1%，死亡人数减少26%，百万吨死亡率降低33.8%。特别值得提到的是，1990年全国地方国营煤矿的百万吨死亡率已比1985年降低46%，部分省（区）提前实现了能源部"八五"和"九五"规划的安全目标。

"七五"期间，从中央到地方，在改善地方煤矿安全生产条件、加强地方煤矿安全生产管理方面，着重抓了以下5项工作：

1. 各级领导干部提高了对改善地方煤矿安全状况必要性和紧迫性的认识，坚持"安全第一、预防为主"的方针，逐步建立起各级领导的安全生产责任制。

2. 对地方国营煤矿的部分矿井进行了以"一通三防"为重点的安全技术措施工程，消除了大量的事故隐患，改善了矿井安全生产条件。

5年来，共安排国补安全技措资金23300万元，地方自筹资金10230万元，进行了812项安全技措工程。

3. "质量达标准、安全创水平"活动逐步展开，并初见成效。

目前，地方国营煤矿已有117对矿井、乡镇煤矿已有42对矿井达到部级质量标准。不少地方煤矿注重了在建设质量标准化矿井中把矿井通风达标作为重点，有效地促进了"一通三防"工作。

4. 开展安全技术培训和岗位练兵活动，努力提高职工队伍的技术素质和安全意识。

中国地方煤矿公司几年来共拿出补助资金近3000万元，用以帮助各省（区）建设职工培训基地。据对13个省（区）的不完全统计，1990年共培训地方煤矿职工25879人，占这些省（区）地方煤矿职工总数的25%。

5. 坚持"放开、搞活、管好"，不断开展安全整顿工作，逐步解决乡镇煤矿的安全问题。

总之，"七五"期间，地方煤矿在安全生产方面下了一定功夫，做了大量工作。但是，地方煤矿安全状况

不好的被动局面，尚没有从根本上得到扭转。事故频繁，伤亡严重，仍是影响地方煤矿健康发展的首要问题。

造成地方煤矿事故频繁、伤亡严重的主要原因：一是“安全第一”的思想还没有在一些地区和煤矿企业的领导和职工中真正树立起来，重产量重效益不顾安全的倾向时有抬头；二是重大事故没有控制住，特别是瓦斯、煤尘爆炸重大事故严重；三是技术装备差、安全欠帐多、抗灾能力弱（据对全国年产3万吨以上的地方国营煤矿1693处矿井的调查，“一通三防”方面有重大隐患的矿井997处，据测算，要基本解决这些矿井的安全欠帐，需要资金12亿元。另据不完全统计，在现有乡镇煤矿6.8万处矿井中，有证矿井3.8万处，占55.8%，装备“五小件”或实现“五消灭”的矿井只有1.4万处，占20.6%，绝大多数乡镇煤矿不具备起码的安全生产条件，急需整顿和扶植）；四是地方煤矿安全管理机构不健全，管理力量薄弱，很不适应任务重、灾害多的地方煤矿安全管理的需要。

二、统一思想，下定决心，把防治瓦斯作为地方煤矿安全生产工作的重点

在当前和相当长的一段时期内，加强防治瓦斯工作，预防和控制瓦散、煤尘爆炸重大恶性事故，是我们地方煤矿安全生产工作的重点。

1. 预防和控制瓦斯、煤尘重大恶性事故是改善地方煤矿安全状况的迫切需要

国务院、能源部和各有关部委都十分关心地方煤矿的安全生产，每次发生特大事故，国务院邹家华副总理和能源部黄毅诚部长、胡富国副部长等有关领导同志都亲自批示并过问事故的抢救、善后工作。特别是邹家华副总理，多次对地方煤矿特大瓦斯爆炸事故作出重要批示。希望各省认真学习、研究国务院及有关部委领导对煤矿发生重大瓦斯煤尘爆炸事故的批示，在实际工作中坚决贯彻、落实。

2. 要看到有利条件，坚定搞好防治瓦斯工作的信心

我们面临的有利条件主要是：一是有国务院和各有关部委、各级地方政府的重视和支持；二是“七五”期间，不少省（区）地方煤矿在加强“一通三防”工作、促进安全生产方面已经有了好的起步，摸索出了不少好的经验和成功的做法。

3. 下功夫、办实事，深入开展通风质量达标活动

开展通风质量达标活动，促进“一通三防”管理，才能有效地提高矿井通风工程质量和管理质量，预防和控制瓦斯、煤尘重大恶性事故的发生。要求各省（区）从今年底开始，首先在地方国营煤矿全面起步。具体方法是：

（1）全面搞好矿井安全普查，摸清情况，分类指导。

（2）制订矿井“八五”通风达标规划。

（3）建立健全机构，加强领导。

（4）安全技措资金要相对集中使用于“一通三防”工程和提高安全装备水平。

三、关于“八五”期间地方煤矿安全奋斗目标设想及对安全工作的意见

总的指导思想是：坚持“安全第一、预防为主”的方针，和“管理与装备并重，当前以加强管理为主”的原则，以预防瓦斯、煤尘重大事故为工作重点，加强“一通三防”工作，深入开展通风质量达标活动，使地方煤矿首先是地方国营煤矿逐步改善安全生产条件，大幅度降低瓦斯、煤尘特大事故，努力实现“八五”地方煤矿安全奋斗目标。

今后一个时期，地方煤矿要切实抓好以下6项工作：

1. 明确各级安全职责，切实加强安全管理。
2. 采取有效措施，切实抓好矿井安全生产条件的改善。
3. 继续深入开展质量标准化矿井建设活动。
4. 为进一步控制瓦斯重大事故，采取加强安全装备的应急措施。
5. 开展技术培训，提高队伍素质。
6. 继续认真抓好乡镇煤矿的安全整顿，引向健康发展。

重要会议

全国能源工作会议

1991年1月5日至10日，能源部在北京召开全国能源工作会议。这次会议是贯彻中央七中全会精神和国务院开展“质量、品种、效益年”活动的动员大会，其中心议题是如何进一步加强管理，挖掘内部潜力，提高“两效”，即提高经济效益和劳动生产率的问题。会议由黄毅诚部长主持。会上宣读了能源部聘请高级咨询专家的决定，并向他们颁发了聘书。国家计委副主任叶青到会讲了话。会议期间，李鹏总理、邹家华副总理同部分能源企业负责同志进行了座谈，并作了重要指示。

在会议闭幕式上，黄毅诚部长作了总结性讲话（讲话详细内容见“领导人讲话”栏目），他指出：能源战线要把内部挖潜、提高“两效”工作向前推进一步，并作为1991年和“八五”期间的工作重点，当前挖潜增效存在两大思想障碍：一是自我感觉良好。二是强调客观条件多、困难多。各级领导要从思想上消除这两大障碍，要有一个好的精神状态，不断地提出新要求、新目标，带领群众共同奋斗。今年挖潜增效工作应从三个方面着手做好：一是下决心精简人员，严密组织；二是切实加强定额管理；三是进一步加强生产第一线工作，提高一线人员素质。凡是技术工种，一律改招工为招生，加强职工培训，以此作为提高企业职工素质的根本出路。

史大桢副部长作了《搞好“八五”和后10年的计划规划，努力提高能源工业经济效益》的发言。胡富国副部长在会上强调要进一步强化提高“双效”的认识，采取扎实措施挖潜力。陆佑楣副部长要求各单位加强廉政建设和纠正行业不正之风，把重视科技进步和教育事业作为提高“两效”的具有战略意义的措施来抓。

能源部有关司局、电力（网）省局、中国统配煤矿总公司、东北内蒙古煤炭工业联合公司、中国地方煤矿公司、华能集团公司等归口管理单位和国家能源投资公司的代表在会上发了言，并提出了今后奋斗的目标和措施。

东北内蒙古煤炭工业联合公司安全工作会议

1991年3月1日至4日，东北内蒙古煤炭工业联合公司在抚顺矿务局老虎台煤矿召开了公司安全工作会议。

会议的中心任务是：深入贯彻能源工作会议和公司工作会议精神，进一步落实“以建设质量标准化矿井为中心、以治理瓦斯煤尘为重点、以落实安全岗位责任制为措施、以抓科学管理和装备水平为内容的安全工作方针”；进一步深入开展学习大雁、学习老虎台的活动；认真总结“七五”期间、特别是总结1990年安全工作的经验教训、切实开展好“安全生产年”活动、表彰1990年度全公司煤矿“质量标准化、安全创水平”的先进单位；交流安全生产经验；部署“八五”期间和今年安全工作的奋斗目标及主要工作任务。号召公司百万职工继续发扬“团结一致、奋发向上、积极进取、勇于改革、开拓前进”的企业精神，统一认识、同下决心、转变作风、真抓实干、为开创安全生产新局面、打好安全生产这一仗而齐心努力。为全面完成和超额完成公司各项经济技术指标，为加快发展煤炭生产、努力繁荣矿区经济而努力奋斗。

李云峰总经理和韩英、崔敬谦副总经理主持了会议，并作了重要讲话；能源部安全环保司李学诚司长和劳动部矿山监察局局长柴兆喜也讲了话；辽宁、吉林、黑龙江三省和内蒙古自治区劳动局有关负责同志出席了会议。

会议提出，质量标准化学大雁，从严治矿学老虎台，现代化意识学铁法，切实加强安全生产管理，按照公司提出的以建设标准化和现代化矿井为中心，以治理通风、瓦斯、煤尘为重点，以建立领导干部岗位责任制为主要措施，以加强管理和提高矿井的装备水平为主要手段，切实做好安全工作。

全国地方煤矿计划会议

1991年3月11日至14日，中国地方煤矿公司在北京通县召开了全国地方煤矿计划会议。各省（区、市）煤炭工业厅（局、公司）分管计划工作的厅长（局长、经理）、计划处处长共90人参加了会议。

会议由中国地方煤矿公司总经理韩宗顺主持。会议回顾并总结了地方煤矿1990年的各项工作，研究落实了1991年度地方煤矿生产、建设计划、布署了1991年度地方煤矿工作要点：一是认真开展“质量、品种、效益年”活动；二是进一步加强地方煤矿行业管理；三是研究制定扶植地方煤矿发展的经济政策；四是下大力气抓好安全生产；五是努力提高资源回收率；六是深入开展学习石圪节、刘庄煤矿活动；七是继续抓好标准化矿井建设。能源部副部长胡富国到会做了重要讲话，强调“八五”期间地方煤矿要认真抓好机械化、安全生产和职工培训“三件大事”。

中国统配煤矿总公司集体经济工作会议

为总结“七五”期间发展煤矿集体经济工作；按照“三个主体”的战略部署和中国统配煤矿总公司工作会议要求，认真研究和正确认识当前及今后煤矿集体经济的发展方向、所承担的任务、存在的困难和问题，以及必须采取的措施与办法；安排“八五”期间煤矿集体经济的发展规划及各项具体任务，中国统配煤矿总公司于1991年5月7日至10日在山东新汶矿务局召开集体经济工作会议。能源部、劳动部有关部门负责同志出席了会议。中国统配煤矿总公司总经理胡富国和副总经理韩英出席了会议并讲了话。中国统配煤矿总公司副总经理濮洪九同志在会上做了题为《巩固阵地，稳步前进，继续大力发展煤矿集体经济》的讲话（讲话详细内容见“领导人重要讲话”栏目）东北内蒙古煤炭工业联合公司为大会发来了贺电。

会议期间，中国统配煤矿总公司山东公司、新汶矿务局等22个单位介绍了经验，与会代表参观了新汶矿务局部分单位集体经济工作情况，并讨论修改了《中国统配煤矿总公司关于加强多种经营经济工作的规定》。

全国地方煤矿学习石圪节、刘庄煤矿经验交流会

1991年7月1日至3日，中国地方煤矿公司在唐山市召开全国地方煤矿学习石圪节、刘庄煤矿经验交流座谈会。各省（区、市）煤炭工业厅（局、公司）厅长（局长、经理）及各级地方煤矿学习石圪节、刘庄煤矿先进单位代表共120人参加了会议。中国地方煤矿公司总经理韩宗顺主持会议并做了专题报告。报告认真回顾了地方煤矿开展学习石圪节、刘庄煤矿活动以来的情况；总结了地方煤矿学习石圪节、刘庄煤矿，促进两个文明建设的基本经验；对在地方煤炭系统继续深入持久地开展学习石圪节、刘庄煤矿活动提出了意见和要求。能源部副部长胡富国到会做了重要讲话，强调学习石圪节、刘庄煤矿一定要领导带头学，要层层树榜样抓典型，要把功夫下在“三项建设”上、落实到提高“两效”上。能源部党组成员、政策法规司司长王裕桂同志也到会做了重要讲话。

中国统配煤矿总公司学习石圪节经验交流会

1991年7月2日至6日，中国统配煤矿总公司学习石圪节经验交流会议在北京召开。国务院副总理邹家华出席会议并发表了重要讲话（详见“领导人重要讲话”栏目）。出席会议的还有能源部部长黄毅诚、国家体改委副主任洪虎、铁道部副部长石希玉、中华全国总工会书记处书记张富有、团中央书记处书记洛桑以及中组部门、能源部、全国妇联、煤矿地质工会有关部门的领导同志和煤炭兄弟单位的负责人。

中国统配煤矿总公司总经理胡富国在会上发表了讲话。他的讲话共分五个部分。一、一年来学习石圪节活动发展形势的基本估计；二、要继续深化对学习石圪节活动的认识；三、各级领导班子要振奋精神，真正把“龙头”摆起来；四、抓基层、打基础，把工作重点放在区队；五、加强对学习石圪节活动的领导。胡富国在讲话中号召大家重新学习毛主席的《实践论》、《矛盾论》，提高观察问题、分析问题的能力；重温毛主席的《为人民服务》、《纪念白求恩》和《愚公移山》，牢记全心全意为人民服务的宗旨，对党负责，对人民负责，对工作负责，用愚公移山的精神，把学习石圪节活动和三项建设推向前进，把煤炭工业的现代化建设推向前进。

会议由中国统配煤矿总公司副总经理张宝明主持。副总经理范维唐、濮洪九出席了会议。

中国统配煤矿总公司基层党建工作经验交流会

1991年8月6日至8日，中国统配煤矿总公司在山西矿务局召开了基层党的建设工作经验交流会。会议主要内容：总结交流西山矿务局等单位加强基层党的建设，发挥党组织的战斗堡垒作用的经验，研究讨

论如何结合煤炭企业实际，进一步加强基层党组织在深入学习石圪节，搞好三项建设，特别是在创建六好区队中的战斗堡垒作用。参加会议的有中国统配煤矿总公司各直属企事业单位的党委副书记、组织部长和宣传部长等近200人。中国统配煤矿总公司副总经理韩英出席会议并讲了话（讲话详细内容见“领导人重要讲话”栏目）。

会议充分肯定了西山矿务局开展“区、站、网”活动的经验，并要求各级党委要提高对加强基层党组织建设重要性和紧迫性的认识；坚持抓基层，打基础，在加强基层支部建设上下功夫；要着力于提高党员素质，增强党员发挥先锋模范作用的使命感和自觉性。

会议还要求各级党委要用主要精力抓好党的建设，实现对企业的思想政治领导。

中国统配煤矿总公司“质量、品种、效益年”活动工作会议

为了进一步贯彻国务院《关于开展“质量、品种、效益年”活动的通知》精神和李鹏总理在全国财政工作会议、朱镕基副总理在国务院第二次“质量、品种、效益年”电话会议上的讲话精神，总结中国统配煤矿总公司系统开展这一活动的情况，交流经验，安排部署下一阶段的工作，进一步提高认识，振奋精神，坚定信心，克服困难，扎扎实实地把“质量、品种、效益年”活动开展下去，中国统配煤矿总公司于1991年9月24日至27日在河南平顶山矿务局召开“质量、品种、效益年”活动工作会议。

会议期间，与会代表参观了平顶山矿务局井下和地面的现场情况。平顶山矿务局、大同矿务局、江西公司、宁夏公司等10个单位在大会上介绍了经验。

国家计委、国务院生产办公室、能源部和河南省政府、平顶山市政府的有关领导同志应邀出席了会议。中国统配煤矿总公司副总经理韩英同志在会议开幕和会议结束时讲了话，中国统配煤矿总公司副总经理张宝明同志作了题为《振奋精神，埋头苦干，扎扎实实开展“质量、品种、效益年”活动》的讲话（详细内容见“领导人重要讲话”栏目）。

中国统配煤矿总公司职称改革工作会议

中国统配煤矿总公司职称改革工作会议于1991年10月22日至26日在贵州盘江矿务局召开。会议主要议题是研究部署专业技术职务评聘工作转入经常化的具体问题和政策。中国统配煤矿总公司副总经理范维唐同志出席会议并讲了话（讲话详细内容见“领导人重要讲话”栏目）。

会议首先对首次职称改革工作进行了回顾，然后传达了国家关于职改工作经常化的主要精神。最后在分析当前职称改革工作面临的困难的基础上，对下一步职称改革经常化工作进行了部署：

第一阶段，准备阶段（从现在到1992年3月底）。主要做好以下几项工作：

1. 建立健全职称改革工作领导小组和办事机构，按系列重新组建各级评审委员会；

2. 传达贯彻职改经常化会议及有关文件精神，开展宣传教育工作；

3. 做好对首次下达指标的清理和有关调查摸底工作；

4. 搞好以定岗、定责为中心的“四定”工作；

5. 认真做好1990年度专业技术人员的考核工作，解决好首次职改复查工作中查出的问题。

第二阶段，补缺评审阶段（从1992年3月底起到6月底）。

这一阶段，主要是根据首次下达的指标限额转换的总岗位数和自然减员、调动、解聘等情况，原则上由单位人事、职改部门，按照岗位空、余的多少，依据考核结果和工作需要，提出人选，经职改领导小组同意后，直接向相应的评审组织推荐，由评委会按照评审程序和条件进行评审。

第三阶段，补缺聘任阶段（从1992年6月底到8月底）。

由单位行政领导按批准的空、余岗位，在通过评委会评议审定取得相应任职资格的专业技术人员中，择优聘任并颁发聘书。

第四阶段，总结验收阶段（从1992年8月底到10月底）。

聘任工作基本完成后，各单位要在广泛听取各类人员意见的基础上，进行自查和总结，上级主管部门要进行全面检查，中国统配煤矿总公司要进行抽查验收。

会议还讨论修改了《中国统配煤矿总公司专业技术职务评聘工作经常化实施意见（暂行）》。

全国地方煤矿防治瓦斯工作会议

1991年10月30日至11月1日，能源部在山东泰安市召开全国地方煤矿防治瓦斯工作会议。各省（区、市）煤炭工业厅（局、公司）厅长（局长、经理）、安监局（处）长及分管地方煤矿通风工作的负责人共180人参加了会议。会议由能源部安环司司长李学诚主持，中国地方煤矿公司总经理韩宗顺做了专题报告。会议回顾并总结了“七五”期间地方煤矿安全生产工作，统一了思想，把防治瓦斯作为当前地方煤矿安全生产工作的重点，明确提出了“八五”期间地方

煤矿安全生产的指导思想和奋斗目标，要求切实抓好六项工作：一是明确各级安全责任，切实加强安全管理；二是采取有效措施，切实抓好矿井安全生产条件的改善；三是继续深入开展质量标准化矿井建设活动；四是采取加强安全装备的应急措施，进一步控制瓦斯重大事故；五是开展技术培训，提高队伍素质；六是继续认真抓好乡镇煤矿的安全整顿。能源部副部长胡富国到会做了重要讲话。会议还宣读了能源部部长黄毅诚给大会全体代表的一封信。

东北内蒙古煤炭工业联合公司工作会议

1991年12月20日至24日，东北内蒙古煤炭工业联合公司工作会议在铁法矿务局召开。参加会议的有各矿务局的党委书记、局长、工会主席、共青团书记和总工程师、总会计师、总经济师以及各矿（厂）领导248人。

会议传达贯彻了全国计划会议和财政会议精神，总结了1991年东北内蒙古煤炭工业联合公司的工作，安排部署了1992年的工作任务，并讨论研究了如何在东煤企业集团内部更好地贯彻落实中央工作会议精神。会议交流的20个典型经验，从不同侧面反映了东煤企业集团内部一年来各条战线具有不同特色的工作风貌，为今后搞好企业，推动发展繁荣方针的进一步落实提供了宝贵的经验。东北内蒙古煤炭工业联合公司总经理李云峰就搞好煤炭企业、提高“两效”以及1991年度的工作情况和1992年公司工作的指导思想、奋斗目标、重点工作及措施为主要内容，作了题为《依靠管理与科技进步，提高经济效益，推动发展繁荣方针的进一步落实》的报告（报告详细内容见“领导人重要讲话”栏目），副总经理崔敬谦作了会议总结。崔副总经理在总结中指出：要适应形势发展的需要，尽快转变经营机制，全心全意依靠工人阶级。他说，在深化改革中，各级领导同志要有战略的眼光，走在改革的前头，勇于挑重担，做先进生产力的代表。他强调指出，改革是一场革命，一场深刻的社会革命；是需要冒一些风险的；外部条件的改善有赖于深化改革，也需要我们的努力和我们卓有成效的工作业绩；不思进取，等、靠、要的思想是要不得的。能源部党组成员、总工程师秦中一和肖汝喜司长在会上分别作了重要讲话。

中国统配煤矿总公司工作会议

中国统配煤矿总公司工作会议于1992年3月2日至6日在北京召开。国务院副总理朱镕基和能源部部长黄毅诚出席会议并讲了话（朱镕基副总理讲话详细内容见“领导人重要讲话”栏目）。国家计委、国务院生产办、能源部等中央和国务院各部门的负责同志应邀到会；国家能源投资公司、东北内蒙古煤炭工业联合公司、中国地方煤矿公司、华能精煤公司、华晋焦煤公司、全国煤矿地质工会和原煤炭工业部的部分领导也应邀出席了会议。中国统配煤矿总公司总经理胡富国和副总经理韩英、张宝明、范维唐、濮洪九分别主持了会议。

会议主要任务是贯彻中央工作会议、八中全会和前不久国务院召开的四个重要会议精神以及全国能源工作会议精神，检查回顾去年中国统配煤矿总公司工作会议确定的“八五”和后10年的6条基本思路及这两年12项重点工作的进展情况，高举改革的旗帜，研究和落实搞好统配煤炭企业的措施，部署今年的重点工作。

会议期间，与会代表听取并讨论了胡富国总经理所作的题为《高举改革的旗帜，搞好统配煤炭企业》的工作报告（详细内容见“领导人重要讲话”栏目）。代表们还讨论了《关于深化煤炭企业干部人事制度改革的若干意见》、《关于深化煤炭企业劳动制度改革的若干政策措施》、《关于深化煤炭企业工资分配制度改革的若干政策措施》、《关于待业青年安置工作的意见》和《中国统配煤矿总公司扭亏增盈奖励办法》等文件。

重要新闻报道和报刊评论

乔石同志视察枣庄矿务局

1991年1月11日上午，中共中央政治局常委乔石同志，在山东省委书记姜春云、省委常委、副省长高昌礼等同志陪同下，到枣庄矿务局八一矿视察，听取了枣庄矿务局及八一矿工作汇报，视察了井口、职工食堂、澡塘和文化楼，到家属宿舍进行了访问，在井口接见了部分先进工作者和劳动模范，并一起合影留念。乔石同志向工人问好，勉励青年工人要向老工人学习。

（引自《山东煤炭信息》）

我原煤生产保持世界第一

去年产煤10.9亿吨　超额完成计划

据新华社北京1月11日电（记者 **张超文**）　我国原煤生产继续保持世界第一。据能源部最新统计，在刚刚过去的1990年，我国共生产原煤10.9亿吨，超额3000万吨完成了国家计划，进一步巩固了我国作为世界第一产煤大国的地位。

"七五"期间，国家对全国统配煤矿实行了总承包，同时对地方煤矿坚持"扶植、整顿、改造、联合"的方针，有力地调动了中央企业和地方企业的积极性，使全国煤炭产量得到持续快速的增长，从1985年到1990年，全国共增产原煤2.18亿吨，平均每年增加4000多万吨，年增长率为4.5%。在1989年，我国原煤生产首次突破10亿吨产量，跃居世界第一位。1990年又在这一高起点上有了新的增长。

"七五"期间，我国煤炭工业的劳动生产率明显提高。五年中，全国统配煤矿原煤产量由40626万吨，增加到46900万吨，而原煤生产人员则减少了7.6万人，全员劳动生产率，由每个工日产煤0.939吨，增长到1.195吨，平均每年增长5.4%，基本上扭转了煤炭行业多年来增产主要靠增人的局面。

我国煤炭工业的机械化采煤程度，在"七五"期间提高近1/5。全国统配煤矿的综采机械化程度由1986年的22.46%，提高到33.31%，综采工作面达244个，比1985年增加了一倍。

"七五"期间，煤炭工业安全状况逐年好转。

（引自1991年1月12日《人民日报》）

十年间新建投产矿井220处

我国原煤产量居世界首位

当前主要任务是提高煤炭质量减少企业亏损

本报北京3月8日讯　经过10年改革，我国已建成世界最大规模的煤炭工业，为国民经济在90年代腾飞打下了坚实基础。"八五"期间和今后10年，煤炭工业要树立全局观念，在保证完成国家生产计划的同时，还要保持煤矿的后劲和健康发展，这是能源部副部长胡富国在日前召开的中国统配煤矿总公司工作会议上提出的。

十年间，全国直属直供项目建成投产矿井220处，新增生产能力17563万吨，经过全国700万矿工的努力，我国原煤产量提前一年达到年产10亿吨的目标，1990年生产原煤10.8亿吨，居世界首位，煤炭出口1990年比1980年增长2.8倍，进入全国十大出口创汇行业的行列，但是，煤炭工业也遇到亏损严重、资金短缺、企业效益差、后劲严重不足及外部环境急待改善等困难和问题。胡富国说，要解决这些问题，实现煤炭工业持续、稳定和健康发展，首先必须发扬"石圪节精神"，千方百计挖掘内部潜力。目前的在建井要加快建设，尽早形成综合能力，在争取国家稳定增加投入的前提下，适时扩大建设规模，同时加快大露天煤矿的开发和建设。

胡富国指出，提高煤炭产品质量，减少企业亏损是当前主要任务。今明两年要解决质级不符和亏吨问题，消灭直销原煤，抓好亏损大户，同时要抓一批生产条件好、地理位置好、煤质好，煤炭畅销、效益显著的典型；对少数条件很差、出煤不多、销售不畅、亏损很大的矿井要实行停产，其担负的产量由效益好的矿超产承担。要以销售为龙头，以质量品种为根本，依靠科技进步，加快改革开放步伐，提高班子和队伍素质，组织好煤炭生产。（燮阳 济生）

（引自1991年3月9日《人民日报》）

邹家华说煤炭生产要防止重采轻掘吃“肥”丢“瘦”

努力提高煤炭工业的整体素质

本报北京3月9日讯 “到1995年和2000年，我国的原煤产量要由1990年的10.8亿吨分别增加到12.3亿吨和14亿吨左右，以保证整个国民经济持续、稳定、协调地发展。为此，要努力提高煤炭工业发展的整体素质。”这是国务委员、国家计委主任邹家华在中国统配煤矿总公司工作会议上提出的。

邹家华说，按照国民经济发展第二步战略目标和煤炭工业现代化标准来衡量，我国煤炭工业当前存在的主要问题是后劲不足。这两年新井建设少，矿井老化和报废增多。要解决这个问题，必须对现有矿井进行分类指导，选择一批条件好的矿井进行改造扩建，增加生产能力；对一部分环节能力不足的矿井，要进行技术改造；对接续紧张或失调矿井，必须在近两三年内调整完毕，同时加快新井建设。

针对煤炭工作中存在的管理水平不高、效率低、成本高、用人多、浪费严重、效益差等问题，邹家华说，要努力提高煤炭工业的整体素质。要采用现代化的生产手段和管理方法，进一步提高装备水平，坚持合理集中生产，要提高职工队伍的技术素质，尤其是一线人员的素质，发挥综采设备的能力，要提高质量和效率。

邹家华强调指出，持续、稳定、协调发展的方针是我国40年来经济建设正反两方面经验的深刻总结，煤炭工业发展要遵循这一方针，防止大起大落、重采轻掘、吃肥丢瘦，要严格保护国家的煤炭资源，不准乱采乱挖。（燮阳 济生）

（引自1991年3月10日《人民日报》）

关键是龙头要摆起来

《人民日报》评论员

本报今天发表的中共中央办公厅调研室关于中国统配煤矿总公司的调查报告，反映了一个部级领导机关贯彻十三届六中全会决定的作法和体会，很值得一读。

一年前公布的十三届六中全会通过的《中共中央关于加强党同人民群众联系的决定》，是关系党的建设和社会主义建设全局的一个非常重要的文件。中国统配煤矿总公司党组贯彻这个决定，不作表面文章，狠抓落实。他们从提高认识入手，首先解决好领导机关特别是主要领导干部的精神状态问题。他们有计划地组织机关干部下高楼、出深院，到基层去办实事，努力为群众排忧解难。同时把基层先进单位的同志请上来谈体会，使领导机关及时呼吸到来自基层的新鲜空气。这样上带下、下促上，推动了六中全会决定在全系统的贯彻，转化成了强大的物质力量，在困境中促进了煤炭工业的发展。他们的经验表明，龙头一摆，整个龙身就会活起来。

为了一步一步地实现八五计划和十年规划，推进伟大的社会主义事业，现在有必要强调指出，各地区、各部门、各级领导干部一定要有务实的作风。再好的文件，再好的计划，再好的主意，不落实等于是空的。抓而不实，等于不抓。要大力表彰作风朴实、工作务实的好干部，推广扎扎实实做工作，创造第一流的好经验。

贯彻六中全会决定，密切党同人民群众的联系，是一项长期的任务，是实现第二步战略目标极其重要的保证，必须常抓不懈。希望各级党委认真回顾一下一年来的执行情况，总结经验，找出不足，采取措施，使六中全会精神在实施“八五”计划中结出更丰硕的果实。

密切联系群众
促进煤炭工业发展

——中国统配煤矿总公司党组贯彻六中全会《决定》情况调查中共中央办公厅调研室

去年3月以来，中国统配煤矿总公司党组联系本部门的实际，认真学习《中共中央关于加强党同人民群众联系的决定》，在提高认识的基础上，把重点放在狠抓落实上。他们从抓领导、抓机关、抓实事入手，以上带下，以下促上，努力把《决定》提出的要求落到实处，有力地增强了企业的凝聚力，调动了职工的积极性，促进了煤炭工业的发展。去年，总公司所属企业在困难的条件下，干群一心，同舟共济，经过艰苦努力，使煤炭生产、安全、效率都创出了历史最高水平。原煤包干产量完成3.72亿吨，超过计划8.8%；百万吨死亡率比上年下降18.1%；原煤全员效率达到1.233吨/工，比上年提高6.57%；政策性亏损，在消化大量增支因素并用企业自有资金弥补之后，控制在国家指标以内。煤矿基本建设的工作量、井巷工程量、投产矿井能力也都完成了国家计划。他们贯彻六中全会决定的体会主要是：

一、到群众中去，在实践中解决好精神状态问题

六中全会《决定》传达后，总公司党组深受教育和鼓舞，一致认为这是个深得党心民心的好文件，但又感到落实的难度较大。当时，煤炭工业面临的形势十分严峻：煤炭销售不畅，货款大量拖欠，企业亏损加大，资金周转紧张。有的煤矿工资不能按时发放，有的只发70%；基建企业任务不足，3万多人没活干；矿办集体企业生产滑坡，有的甚至停产、倒闭，停工人员超过10万人。面对这种形势，总公司党组认为，落实六中全会《决定》，必须首先解决好各级领导干部的精神状态问题，特别是党组成员的精神状态问题。他们召开了党组扩大会，党组成员和机关司局级干部集中4天，坐下来原原本本地学习六中全会文件，联系自己的思想实际把文件精神吃透。通过学习讨论，大家认识到，从自身做起，振奋精神，以强烈的责任感和使命感，搞好干群关系，把煤炭职工的积极性进一步调动出来，这是攻克难关、振兴煤炭工业的根本途径。

在提高认识的基础上，总公司党组书记、总经理胡富国，党组副书记、副总经理陈钝等总公司领导分别带队到潞安、晋城、开滦、邯郸、铜川、淮南矿务局蹲点，宣讲六中全会精神，引导企业以整风精神贯彻落实《决定》。同时，深入矿井第一线，与基层干部、技术人员、劳动模范、老红军、老干部座谈，走访老工人、因工伤亡家属和困难户，倾听职工群众的呼声，帮助他们排忧解难。他们还把潞安、晋城矿务局和石圪节煤矿的主要领导同志请到总公司机关，在党组扩大会议上讲述学习、贯彻《决定》的体会，使总公司机关的干部呼吸到来自基层的"新鲜空气"。这样上带下，下促上，推动各级领导干部对《决定》认识的深化。

总公司领导在深入基层、深入群众中发现，在同样面临外部环境不利的条件下，人的精神面貌却大不一样。早在1963年就被树为全国工交战线勤俭办企业的五面红旗之一的石圪节煤矿，20多年来始终保持和发扬密切联系群众、艰苦奋斗、勤俭办矿等老传统，把一个解放初年产万吨的煤窑建成了年产150万吨的大型现代化煤矿。现在，这个矿的领导和群众在困难面前依然精神饱满，斗志旺盛，全矿呈现一片热气腾腾的气象。党组的同志感到，在当前形势下，弘扬石圪节精神，是推动煤炭工业发展的强大动力，也是贯彻六中全会《决定》的突破口，于是两次深入石圪节煤矿调查，总结他们的经验。能源部党组及时作出学习推广石圪节经验的决定。能源部和总公司于去年7月在山西潞安矿务局召开全国煤炭战线现场会议，推广石圪节经验。江泽民、李鹏等中央领导同志先后为石圪节题词，给煤炭职工以很大鼓舞。会后，总公司组织石圪节矿风报告团，先后到6个重点产煤省巡回报告67场次，听众达75000多人。报告团走到哪里，哪里就引起强烈反响：老工人听了感到亲切，青年工人听了觉得新鲜，企业领导干部听了受到启迪。弘扬石圪节精神的活动，有力地推动了六中全会《决定》在煤炭战线的贯彻落实。总公司所属煤矿政策性亏损5000万元以上的大户有25家，这些单位通过学习石圪节，振奋精神，立足于内部挖潜，保证了生产计划的完成。

二、心中装着群众，为生产一线职工排忧解难办实事

在学习六中全会《决定》时，总公司党组同志深切感到，煤炭行业条件比较艰苦，职工物质文化生活方面存在问题较多，当煤炭行业的领导，更加需要有和群众"同呼吸、共命运"的那么一种情感。因此，近年来，总公司领导带领机关干部下高楼、出深院、入基层，通过派工作组、建立联系点、蹲点调查、现场办公等多种形式，到群众中去办实事，努力为生产一线职工排忧解难。

安全生产关系到矿工和矿工家属最切身的利益，他们首先把这项工作当作头等大事来抓。六中全会以后，总公司领导深入湖南、江西等五省二市的事故多发矿区，和矿区干部一起分析研究事故多发的主客观原因，提出综合治理的13条措施和6条要求。不久，又由4名副总经理和20名局级干部带队，组成12个检查团，到这些矿区进行安全大检查，查出3370处安全隐患。两个月后又组织16个组到那里复查整改情况。经过上下努力，这些地区大多数煤矿的安全生产状况有了明显好转。

矿区职工家属住房和子女就业问题，在国家对煤矿井下职工家属实行农转非的政策之后，显得十分突出，总公司就把这两件事列入重要议事日程，狠抓集体经济的发展和矿区住宅建设。去年全公司系统集体经济产值达到43亿元。安置待业青年13万多人，新盖了一批职工住宅。

在办实事中，他们坚持依靠群众，少花钱，多办事。大同矿务局云岗矿贯彻江泽民总书记视察该矿的指示精神，一年为职工办了15件实事，其中有些就是通过组织党员和团干部义务劳动办的，没有花钱。肥城矿务局陶阳矿为解决麦收大忙季节农民轮换工家里缺劳力的困难，组织了由矿长、书记、基层干部、党员带头参加的帮工队，帮助轮换工家里收麦，既保证了农忙季节职工的出勤，又解决了职工的实际困难。

在办实事中，他们特别强调要关心老实人、困难户。总公司党组要求各级领导下基层时，必须去看望劳动模范、先进工作者、老工人、因工伤亡职工家属，切实帮助他们解决实际困难，做到解决一户影响一片。焦作矿务局是个老矿，离退休职工、伤残职工和工亡家属达1.3万人。今年元旦和春节期间，这个局的党政领导带队，携带慰问信、慰问品，跋涉74个县、461个乡镇，慰问了4525户家住外地的离退休职工、伤残职工和工亡家属。

三、着眼于未来，重视对青年一代的培养教育

总公司党组认识到，青年是煤炭职工队伍中的生力军，是煤矿的未来和希望。基于这个认识，总公司党组特别重视对青年一代的培养教育。对青年工人，他们坚持开展"爱矿山、做主人、献身煤炭事业"的活动，进行基本国情、基本路线的教育和技术练兵活动，丰富职工业余文化生活。同时，着重抓比较薄弱的环节，加强对煤炭高等院校3万多名青年大学生的工作。

针对1989年政治风波中反映出来的问题，总公司的5名党组成员分头带队下到了14所煤炭高等院校，与青年学生沟通思想，做好教育引导工作。他们走访学生宿舍，到学生食堂吃饭，到课堂听课，与学生拉家常，开座谈会，回答学生提出的敏感问题。胡富国同志在中国矿业大学以“老采”和兄长的身份，向应届毕业生讲自己的成长经历和体会，讲对党内存在消极现象的看法，语言朴实，说服力强。当学生了解到胡富国同志的爱人至今还是个锅炉工、孩子原来被录取到矿大自动化专业、他却动员孩子转到苦累险的采煤专业的情况后，产生了强烈的反响。

对在动乱中说过错话、做过错事的学生，总公司党组强调要认真按照党的政策和江泽民同志1990年5月4日讲话精神，多做“拉”的工作，尽可能让这些同学卸掉思想包袱，走向未来。一次胡富国同志在一所煤炭高等学校与学生座谈，会后学生们纷纷围上来要求签名留念，有位女同学因动乱时犯过错误，感到惭愧，不敢上前。胡富国同志发现后，主动为她题词赠言。这个同学热泪盈眶，表示要“从零做起，走好人生之路”。此后，她精神振作，积极上进，参加学校马列著作学习小组，去年在一次大火中，带头翻墙冲在前面灭火。

总公司党组还在调查研究的基础上，采取切实措施，加强煤炭高校教学中两个突出的薄弱环节，一个是学生的思想政治教育问题，一个是理论与实际相结合的问题。总公司党组提出《关于加强学生思想政治工作的意见》，并召开煤炭高校学生工作会议，总结交流经验，表彰一批优秀学生工作干部。强调把德育放在学校各项工作的首位，认真抓好坚持四项基本原则、反对资产阶级自由化的教育。总公司多次要求企业从培养煤炭事业接班人的战略高度来认识和安排好学生实习工作。并专门发出通知，要求接受学生实习的矿、厂，对学生一律免收实习管理费、讲课费、劳保用品租赁费等费用，规定下井跟班劳动和生产实习的学生和老师享受井下津贴和班中餐。许多矿务局党政主要领导同志亲自接待实习的学生，亲自过问食宿安排，选派有经验的同志担任实习指导。实习的学生在完成实习任务的同时，积极开展技术服务、社会调查、走访老矿工等活动，培养了对煤矿和矿工的感情。

通过艰苦细致、卓有成效的工作，煤炭各高校局势稳定，教学秩序正常，学生精神面貌发生了可喜变化。据统计，各校学马列小组有423个、4426人；递交入党申请书的同学达4585人，比动乱前增加1倍多。中国矿业大学6000名在校生中有1000多人参加党章学习小组；参加义务劳动和学雷锋做好事的达2.4万人次。毕业分配进展顺利，要求到基层、到煤炭生产建设第一线的学生多了。

四、加强制度建设，强化监督机制

六中全会后，总公司对以往建立的各项制度进行全面的检查修订，并根据新的形势和需要制定了相应的规章。比较突出的是公开办事制度和干部参加生产劳动及联系群众的制度。公开办事制度主要是在直接同群众利益相关的问题上，如工资奖金、分配住房、农转非、招工、升学、提干聘用、评定职称等方面，都实行条件公开，指标公开，办事程序和办事结果公开的“三公开”制度，便于群众监督。去年第四季度，总公司机关在分配一批新房时，确定由分房委员会负责，采取向全体职工公布、两榜定案的方法，使整个分房过程置于群众的监督之下，因而工作进展顺利，群众比较满意。他们明确规定：党组成员每年要有3个月以上的时间深入基层蹲点或调查研究，对总经理、副总经理、局级干部、直属公司正副经理、矿务局局长、书记都规定了下井劳动的次数，定期考核、公布。总公司所属各级机关的职能机构和各级领导干部普遍实行工作联系点、分片包点或代职蹲点的制度。总公司还通过定期的领导班子民主生活会、民主评议党员和干部、建立群众性的党风监督网络等措施，推动廉政建设和纠正行业不正之风的深入。

党的十三届七中全会以后，总公司开了6天党组扩大会，认真学习全会文件。他们提出，要把六中全会和七中全会的精神结合起来贯彻落实。他们决心在90年代继续坚定不移地加强同群众的联系，调动一切积极因素，发扬艰苦奋斗、勤俭办矿的优良传统，奋力拚搏，为实现煤炭工业发展的第二步宏伟目标而奋斗。

（引自1991年4月15日《人民日报》）

江泽民等会见石圪节矿风报告团时说

希望工人齐心协力把经济搞上去

中央领导同志会见优秀党员先进基层党组织代表

新华社北京6月28日电（中央人民广播电台记者**田山川**，新华社记者**孙本尧**） 中共中央总书记江泽民、国务院总理李鹏、中共中央政治局常委宋平今天在人民大会堂亲切会见了石圪节矿风报告团的成员，高度赞扬了石圪节煤矿工人勤俭办矿、艰苦创业和特别能战斗的工作作风。山西潞安矿务局石圪节煤矿，是60年代周总理亲自树立的全国工交战线勤俭办矿、勤俭办企业的五面红旗之一。几十年来，石圪节人牢记周总理的教导，在新的历史时期继续发扬艰苦奋斗精神，不断推动科技进步，把一个解放初期年产1万吨的小煤窑，建成了150万吨的大型现代化矿井。最近，他们由一行8人组成的报告团，在全国一些地方巡回报告后，引起强烈反响。

江泽民同报告团成员一一握手后说，在党的70周年生日快要到来的时候，你们巡回报告来到北京，我向你们表示欢迎。中国共产党是中国工人阶级的先锋队，我们有一支强大的工人阶级队伍，有5000多万共产党员，只要坚持走有中国特色的社会主义道路，我们的现代化建设事业就一定会不断发展。

江泽民说，每一个企业的工人同志都要发扬主人翁精神，努力把生产搞好，把企业办好。作为国家，要千方百计提高职工的生活水平，但生产上不去，职工的生活水平是难以提高的。希望广大工人同志要带头处理好国家与集体、集体与个人、长远利益与当前利益的关系，齐心协力把经济搞上去，使我们的国家兴旺发达。

他说，你们矿山是周总理生前树立的典型，你们依靠艰苦奋斗使企业得到了很大发展，老工人要搞好传帮带，把艰苦奋斗的优良传统传下去。青年人是我们的未来和希望，我们要满腔热情地去教育和培养他们。总之一句话，希望你们再接再厉，齐心协力，把企业办得更好。

宋平在讲话中说，石圪节矿从一个小矿发展到一个现代化的大煤矿，靠的是自力更生，艰苦奋斗，自己积累搞技术改造，你们走出了一条中国工业现代化的道路。石圪节矿为什么能做到这一点，就是因为有一支特别能战斗的工人阶级队伍，你们不怕苦，不怕累，忘我工作，无私奉献，体现了中国工人阶级的高贵品质。

宋平说，石圪节矿是煤炭工业和整个工业战线的一面红旗，我们为有这样一个先进典型感到骄傲。你们的先进事迹，不仅值得煤炭战线的同志学习，而且值得整个工业战线和全国人民学习。

新华社北京6月28日（中央人民广播电台记者**田山川**、新华社记者**孙本尧**） 江泽民、李鹏、乔石、宋平、李瑞环、丁关根、薄一波、杨白冰、温家宝、罗干等领导同志今天在人民大会堂亲切会见了中共中央直属机关和中央国家机关优秀共产党员、优秀党务工作者、先进单位党组织代表以及出席全国老干部先进个人、先进集体表彰会和优秀领导干部座谈会代表。

（引自1991年6月29日《人民日报》）

中国煤炭开发重点西移

山西、陕西、内蒙古西部初步探明储量5600多亿吨

“八五”期间新增加煤炭开工能力可达9500万吨

据新华社北京八月二十九日电（记者**杜文峰**、**凌广志**） 国家能源部一位官员日前接受记者采访时说，在未来的几十年里，中国煤炭开发重点加速西移，山西、陕西、内蒙古西部（简称“三西”）是国家开发建设的主要煤炭基地。

“三西”煤炭资源蕴藏量十分丰富。现在已初步探明这个地区的煤炭储量在5695亿吨以上，占全国煤炭保有储量的62%。而且煤炭品质优良，具有低灰、低硫、高发热量的特点。同时，它埋藏浅、水文地质构造简单、容易开采。另外，它的品种齐全，主要是动力煤、炼焦煤、无烟煤。

能源部的官员说，“三西”地区在今后10年内，几乎是煤炭供应的唯一调出区。据了解，去年“三西”的煤炭总产量已达3.1亿吨，占全国煤炭总产量的近三分之一。煤炭调出量达1.89亿吨，占全国煤炭调出量的95%左右。

目前，“三西”地区的煤炭逐渐进入全面开发阶段，一批大型煤炭企业正处于声势浩大的建设中，能源基地的实力日益增强。

内蒙古准格尔、东胜、万利川、乌达、海勃湾等矿区的建设，为“三西”煤炭基地增添了后劲。准格尔矿区，堪称中国目前建设中的最大煤炭企业，规划到2020年，原煤生产能力将达到年产6500万吨。

陕西省除目前正在建设的特大型煤炭企业神府矿区外，还重点开发建设彬长、大保当等矿区。预计到2000年，全省原煤产量可达8000万吨。

山西省是国内外著名的煤炭大省。去年全省煤炭总产2.85亿吨，占全国原煤总产的四分之一多。“八五”期间，这个省计划每年增产原煤1000万吨，目前，一批新的矿井正在建设中。同时，山西省正大规模地对全省近6000个大小煤矿进行技术改造。

据了解，“八五”期间，“三西”新增煤炭开工能力可达9500万吨，约占全国同期开工能力的45%以上。

（引自1991年8月30日《人民日报》海外版）

如何全心全意依靠工人阶级

胡富国

本刊编者按：此文原载于新华通讯社《国内动态清样》第2165期。国务院副总理邹家华同志曾在今年8月31日批示：“请李鹏、泽民同志参阅。我觉得富国同志讲得很好”。江泽民总书记和李鹏总理已阅。10月3日中共中央组织部《组工通讯》第79期又将此文予以转载，并加了“编者按”。现将本文与“编者按”一并刊登，请煤炭企事业单位的各级领导同志参阅。

中共中央组织部《组工通讯》编者按：国家能源部副部长、中国统配煤矿总公司总经理胡富国，结合自己的亲身体会，从理论和实践的结合上，同新华社记者畅谈了如何全心全意地依靠工人阶级的问题，谈得生动感人，很有

教益，建议同志们特别是各级领导干部认真读一读。

全心全意地依靠工人阶级，是我们党和国家的一项根本方针，对于治理整顿、深化改革、稳定局势、发展经济，具有决定性的意义，特别是在当前国际风云变幻的情况下，更是一个值得高度重视的问题。希望各级党组织和各级领导同志，提高自觉性，增强紧迫感，在实际工作中切切实实地依靠工人阶级，充分发挥工人阶级的主人翁作用，依靠工人阶级保持社会的稳定和经济的发展。

要把依靠工人阶级的意义想得深刻一些、现实一些、长远一些。不能把依靠工人阶级看作是一个方法问题、联系群众的桥梁问题。共产党和工人阶级是同生死、共命运的。共产党是工人阶级的先锋队，是从工人阶级中诞生、为工人阶级利益而奋斗的。一个企业党组织，代表了工人阶级的利益，就能得到工人的拥护，得到群众的拥护；否则，迟早会被群众抛弃。我们煤炭系统弘扬石圪节精神，开展学习石圪节煤矿的活动，用意就在这里。这个矿的领导班子是群众拥护的好班子，他们有许多好的经验，其中重要的一条是，把党的全心全意依靠工人阶级的方针真正在企业落实了。

要把依靠工人阶级的问题想得现实一些。现在一些厂长和工人的关系紧张，有的死搬硬套资本家和工人的关系。没有学到多少西方现代化的管理方法，但管卡压的办法学到不少，一切我说了算，用干部我叫谁干就叫谁干，在工资分配上我想给谁就给谁，闹得工人没情绪了。给我钱少我不干活，同领导关系紧张的不干活。这就从政治上破坏了干群关系，把主人与公仆的关系颠倒了，把党和工人阶级的关系给扭曲了。

从长远一些考虑，能否全心全意依靠工人阶级，关系到社会主义道路还走不走，共产主义最终还能不能实现的问题。在依靠工人阶级问题上一动摇，你就搞不成社会主义，要搞也是个假社会主义。波兰的情况就是如此，工人起来搞罢工，共产党就完了。7月22日我到德国访问，到了原东德的莱比锡露天煤矿去参观。从干部到工人，精神不振，都是灰溜溜的。我几个晚上没有睡好觉。在那里，共产党员，过去搞政治工作的人，都找不到工作。一个原东德部长一级的干部，通过他原先的部下，想到一家工厂去当清洁工，结果人家不要。如果连清洁工都不让我干，我会起来拼命！与其落得这么个结果，我们为什么不从现在开始严格要求自己，振奋精神，依靠工人阶级把革命大业继续下去。

不要光从理论上来谈，好象共产党就代表工人阶级，是工人阶级的先锋队。要从活生生的现实出发，真正依靠工人阶级就能克服困难。1989年春夏之交政治风波中工人没有乱，说明工人阶级拥护中国共产党，相信邓小平同志。如果工人闹起来，事情就更麻烦了。

中国工人阶级是有高度政治觉悟，有强烈爱国心，有艰苦奋斗精神的。对这一点，要有总体的把握和估计。目前全国国营煤矿职工已达500多万人。解放初期一年全国才产几千万吨煤，而现在一年出10.8亿吨煤。生产这10多亿吨煤很不容易。现在统配煤矿机械化水平才达65%，统配矿机械化采煤的年产量3亿吨。地方煤矿没有多少机械化。也就是说，全国年产10.8亿吨煤中有70%是靠体力劳动，靠出大力、流大汗挖出来的。统配矿现在安全情况已大为好转，每百万吨死亡率已下降到一人多点，但地方煤矿伤亡很大。所以说煤矿工人不但流了汗、出了力，还流了血。我们领导干部要时时牢记这一点。

1989年秋天，我到苏联访问。当时苏联西伯利亚煤矿工人在闹罢工。我问苏联煤炭部长夏多夫是什么原因，他说工人罢工的一个主要原因是住房条件差。我问人均住房面积多少，他说12平方米。我感慨不已。我国统配煤矿工人的人均住宅只有4.65平方米。我前些日子去老矿铜川，那里工人的人均住房只有3.5平方米。就在这样的条件下，工人还在埋头苦干，还要发扬石圪节矿艰苦奋斗的精神，还要为四个现代化做出自已的贡献。我感动得掉了泪。有的煤矿当月发不出工资，工人们还在井下坚持工作。这说明煤矿工人是多么听党的话。有这么一支工人阶级队伍，这是中国的骄傲！这是中国要实现自己奋斗目标最值得依靠的力量。

现在有些领导怕工人、怕群众。其实工人是最通情达理的。我们不应该把自己和工人隔开。1983年1月鸡西穆棱矿发生瓦斯爆炸，死了20多人。我到鸡西后提出要去看死难职工的家属。当地一些领导不同意，说你去他们家里，会被他们围住，有的可能会趁机提出无理要求，很难办。我坚持要一家一户地去看。死难职工的家属，他们的母亲、妻子、儿女，见我来了，没有责备我，有的还安慰我，情景非常感人！其中一家母亲刚病逝不久，留下4个孤儿，最大的女儿才十六岁。他们只提出了两条要求，让大女儿顶替工作，老二解决念书问题。大女儿还不到招工的年龄，我当场答应给他们解决。就满足了这么两个小小的要求，孩子们都跪在我的面前。我落泪了。我去看死难职工的家属，抱着孤儿照相，回来后把照片给他们寄去。对这个死难职工的家庭来说，当副部长的去看望他们，也是一种温暖和安慰。

今年4月，山西三交河矿发生瓦斯爆炸，死了148名工人。三交河矿是县属煤矿，我立即赶往矿区。当时我的膝关节扭伤了，行动困难。县里提出我住在县政府招待所，我不同意。住到矿上，厕所很简陋，而我因腿伤又蹲不下，两次大便都弄脏了裤子。当时还有80多具尸体在井下没运上来。井下瓦斯超限，吕梁地区来的救护队也死了一个人，救护队的同志情绪受到很大影响。我提出要去井下，当时一些当地领导都不同意。我说，在战场上，前方战士牺牲了，指挥官还拿着个望远镜，手里拿着话筒喊话指挥行吗？为什么救护队能下我不能下！我柱着拐棍同大家一起下井，冒着危险，三个爆炸点看了两个。救护队一看我们来了，稳住了阵脚。在矿上的几天，我每天晚上都到井口去转，抬上来的棺材排成一溜，我真想再跟那些长眠了的工人聊一聊。由于我们工作没做好，给他们生前死后留下了无数的缺憾，这是我们当领导的永远无法弥补的。

如何依靠工人阶级，矛盾的主要方面是领导而不是群众。是你真心依靠还是假依靠。闹得不好，就说现在的工人不听话。作为领导，应当这样看问题，先想一想你说的话工人为什么不爱听，应该不应该听。你说的是真话、实话、正确的话，工人当然爱听。你不能哄老百姓。在现在的情况下，当领导的要"屁股上没有疤疤"，讲真话，办实事，作表率。

讲真话本身就是实事实是，这是党的一贯传统。现在工作透明度太大了。老百姓的文化程度高，关心国家大事，了解的政策也比过去多，马列水平也比过去提高了。解放初期的工人有个新旧对比，"翻身不忘共产党，翻身不忘毛主席"，现在有这种朴素阶级感情的老工人都六七十岁了，到了他们孙子辈，再用过去的老一套办法做思想政治工作，就不大有效果。现在群众最反对说大话、官话、空话、漂亮话的干部。光说不做，说一套，做一套，不行。为群众办他们所关心的事情，能办就办，办不了的说清楚，老百姓能够谅解。下去一次，办上几件实事，人家记住了你，你在群众中就有威信。

今年我们统配煤矿总公司除生产、建设外，还提出在"八五"期间为群众办三件实事：一是解决职工住房问题。现在统配矿有39万户、140万人无房，还有70万人符合农转非条件，因住房解决不了而不能落户。二是解决矿区生活用水严重不足和水质不良问题。三是发展多种经营，5年中争取解决50万待业职工子女的问题，力争本世纪末基本实现职工子女无待业。现在，各矿处长以上干部、劳资科干部子女几乎没有待业的。我不只一次说过，干部不能只想到自己的子女，而想不到老百姓的子女，不能你连孙子都有工作了，而一般工人3个子女全在家里待业。有时闹事就从这里开始。干部心里要想着工人，这里有责任，也有感情和立场问题。且不说公而忘私，但起码得做到先公后私。

江泽民、李鹏同志接见石圪节矿风报告团时，我掀起老矿工屈天富的衣襟，让中央领导看看屈天富身上一尺多长的伤疤。这镜头在电视上播出后反响很大。当炮采队长的屈天富在井下作业受伤时，一米多长的肠子流了出来，工人们用饭盒捂着送到医院。手术后他又连续在井下干了15年，当综采队队长。由于肠子粘有煤屑，手术时没处理好，年年发炎。去年11月份我"走后门"给这位老工人联系了中日友好医院，这次手术做得比较彻底。他住院时我到医院去看了他3次。我觉得在第一线流血流汗的工人是最可爱的人。

作表率，说穿了就是个廉政问题。如果认为我这个副部长觉悟高得不得了，这不现实。我也知道钱多比钱少好，吃肉比吃土豆好，也要养家。但说没有一点儿觉悟也不对，我不能忘记自己是个共产党员；是党的高级干部。如果一般同志的孩子犯错误了，人家就骂做父母的没教育好他们。我这个副部长是共产党给的，我出了问题，人家就骂共产党，骂党中央。我说做到这一点，主要靠三条保证措施：第一是自己学马列、学理论，改造世界观；第二条靠组织；第三也是最重要的一条是靠群众，靠群众监督。

只有真正依靠工人阶级，代表工人阶级的利益，人民民主专政才会有强大的基础。"国家兴亡，匹夫有责"。我这个副部长何止是匹夫！我曾在司局长会议上讲过，司局长级干部也何止是匹夫。我们这一级干部的责任太大了。我们得时时刻刻想到如何为党中央分忧。我们一个行业就有几百万工人。如果一个行业弄得不好，就会发展成为全国性问题，对全国造成很大的影响。煤矿工人能不能做到不罢工？把几百万人的队伍稳定住，就是我们对稳定局势的最大贡献。

目前，如何正确地处理突发事件，是摆在我们面前的一个课题。从去年下半年开始，有个矿务局一批老工人对没有发放防暑降温费、交通费等很有意见，已经上访了几次，今年又准备组织几百人到北京上访。为了尽快处理好这个问题，这个矿务局的局长、书记，所在市的市长都到北京来了。我提出，第一，不要把群众放在对立面。第二，看群众说得有没有道理。第三，即使没有道理，如何做好工作。大家认为退休了还发交通费、降温补助这没有道理。但他们为什么要闹，这有一定的原因。我说，没有道理我们就应当坚持，但他们有意见也是正常的。有些单位就有嘛。为什么老工人这么看重这几十元钱呢？从深一层分析，应当承认退休工人是有困难的。这个局有个矿报废后1000多人待业，没事情干。再加上有的老工人家里又有大龄子女找不到工作。最后我们决定拨款200万元让他们给工人修缮危房，又拨款500万元、贷款500万元，让他们自筹400万元，用于发展多种经营，解决待业青年问题。领导干部要一家一户地走访离退休老工人和死难职工家属，家庭有困难的立即给以适当补助。这样缓解了矛盾，得到了大多数群众的拥护。工人们感谢党、感谢组织的关心。如果一开始把群众放到对立面，事态就会扩大。

（引自1991年10月16日《中国统配煤矿总公司通讯》）

全国统配煤矿提前完成全年生产任务

据新华社北京12月12日电（记者**张超文**） 煤炭工业战线今天传出喜报，全国统配煤矿提前19天完成4.75亿吨的全年生产计划。

据统计，今年全国统配煤矿原煤全员效率比去年提高5%；吨煤能耗下降了3%。在提前完成生产任务的同时创造了良好的经济效益。

（引自1991年12月13日《人民日报》）

现代化矿务局、矿井和选煤厂

中国统配煤矿总公司系统1991年度
现 代 化 矿 务 局

平顶山矿务局

新汶矿务局

中国统配煤矿总公司系统1991年度
现 代 化 矿 井

大同矿务局　燕子山煤矿

平顶山矿务局　高庄煤矿　大庄煤矿　平二矿　平五矿　平六矿　平十一矿

淮南矿务局　潘集一矿

淮北矿务局　杨庄煤矿　朔里煤矿

大屯煤电公司　孔庄煤矿

峰峰矿务局　黄沙煤矿　薛村煤矿

邢台矿务局　显德旺煤矿

西山矿务局　杜儿坪煤矿　镇城底煤矿

郑州矿务局　王庄煤矿

新汶矿务局　良庄煤矿　潘西煤矿

枣庄矿务局　蒋庄煤矿

徐州矿务局　夹河煤矿　三河尖煤矿

窑街矿务局　一矿

中国统配煤矿总公司系统1991年度
现 代 化 选 煤 厂

峰峰矿务局　五矿选煤厂

西山矿务局　镇城底煤矿选煤厂

潞安矿务局　五阳煤矿选煤厂

晋城矿务局　凤凰山煤矿选煤厂

新汶矿务局　孙村煤矿选煤厂

兖州矿务局　南屯煤矿选煤厂

徐州矿务局　东城煤矿选煤厂

达竹矿务局　渡市选煤厂

湖南省　株洲选煤厂

东北内蒙古煤炭工业联合公司系统1991年度
现 代 化 矿 务 局

双鸭山矿务局

东北内蒙古煤炭工业联合公司系统1991年度

现 代 化 矿 井

鸡西矿务局　张新煤矿　东海煤矿　　双鸭山矿务局　宝山煤矿　集贤煤矿
鹤岗矿务局　新一煤矿　岭北露天煤矿　　七台河矿务局　新立煤矿

先进单位和个人

先　进　单　位

“七五”期间批准晋升的国家级企业名单（72个）

国家一级企业（3个）

1989年度（1个）
晋城矿务局
1990年度（2个）
潞安矿务局
张家口煤矿机械厂

国家二级企业（72个）

1987年度（7个）
晋城矿务局
潞安矿务局
兖州矿务局
南票矿务局
河南省辉县市吴村煤矿
山西省晋城市北岩煤矿
株洲洗煤厂
1988年度（22个）
大同矿务局
西山矿务局
阳泉矿务局
汾西矿务局
邢台矿务局
肥城矿务局
铁法矿务局
七台河矿务局
河南省平顶山市梨园矿务局
黑龙江省立新煤矿
山西省怀仁县峙峰山煤矿
山西省怀仁县芦子沟煤矿
山西省大同市青磁窑煤矿
建筑安装工程公司
张家口煤矿机械厂
郑州煤矿机械厂
无锡煤矿机械厂
衢州煤矿机械厂
峰峰金属支架厂
西北煤矿机械总厂
抚顺煤矿电机厂
抚顺矿灯厂
1989年度（27个）
抚顺矿务局
鹤岗矿务局
双鸭山矿务局
大雁矿务局
峰峰矿务局
井陉矿务局
平顶山矿务局
郑州矿务局
徐州矿务局
枣庄矿务局
龙口矿务局
窑街矿务局
哈密矿务局
平朔煤炭工业公司
霍州矿务局
黑龙江省黑河市宋集屯煤矿
安徽省皖北矿务局百善煤矿
江苏省扬州市王庄煤矿
福建省永安矿务局
湖南煤矿安全仪器厂
天津煤矿专用设备厂

鸡西煤矿机械厂
北京煤矿机械厂
昆明煤矿机械总厂
石家庄煤矿机械厂
淮南煤矿机械厂
佳木斯煤矿机械厂

1990年度（16个）

开滦矿务局
淮北矿务局
阜新矿务局
鹤壁矿务局
淄博矿务局
平庄矿务局
石炭井矿务局
山东省平阴县煤矿
河南省禹州市吕沟煤矿
甘肃省华亭县华亭煤矿
淮北煤矿建设公司
济源矿灯厂
哈尔滨煤矿机械厂
营城煤矿机械厂
江苏省苏南煤矿机械厂
兰州矿灯厂

"七五"期末保持称号的国家级企业名单（截止1991年底）（70 个）

一、国家一级企业（3个）

晋城矿务局
潞安矿务局
张家口煤矿机械厂

二、国家二级企业（67个）

统配矿务局（30个）

兖州矿务局
大同矿务局
汾西矿务局
西山矿务局
阳泉矿务局
邢台矿务局
肥城矿务局
铁法矿务局
抚顺矿务局
鹤岗矿务局
双鸭山矿务局
大雁矿务局
峰峰矿务局
井陉矿务局
平顶山矿务局
郑州矿务局
徐州矿务局
枣庄矿务局
龙口矿务局
窑街矿务局
哈密矿务局
平朔煤炭工业公司
霍州矿务局
开滦矿务局
淮北矿务局
阜新矿务局
鹤壁矿务局
淄博矿务局
平庄矿务局
石炭井矿务局

地方煤矿（14个）

河南省辉县市吴村煤矿
山西省晋城市北岩煤矿
河南省平顶山市梨园矿务局
黑龙江省立新煤矿
山西省怀仁县峙峰山煤矿
山西省怀仁县芦子沟煤矿
山西省大同市青磁窑煤矿
黑龙江省黑河市宋集屯煤矿
安徽省皖北矿务局百善煤矿
江苏省扬州市王庄煤矿
福建省永安矿务局
山东省平阴县煤矿
河南省禹州市吕沟煤矿
甘肃省华亭县华亭煤矿

煤炭基建公司（2个）

建筑安装工程公司
淮北煤矿建设公司

选煤厂（1个）

株洲洗煤厂

煤矿机械厂（20个）

郑州煤矿机械厂
无锡煤矿机械厂
衢州煤矿机械厂
峰峰金属支架厂
西北煤矿机械总厂
抚顺煤矿电机厂
抚顺矿灯厂
湖南煤矿安全仪器厂
天津煤矿专用设备厂
鸡西煤矿机械厂
北京煤矿机械厂
昆明煤矿机械总厂
石家庄煤矿机械厂

淮南煤矿机械厂
佳木斯煤矿机械厂
哈尔滨煤矿机械厂
营城煤矿机械厂
江苏省苏南煤矿机械厂
兰州矿灯厂
济源矿灯厂

“七五”期间批准晋升的煤炭工业级企业名单

一、煤炭工业一级企业（31个）

1990年度（31个）
大同矿务局煤峪口煤矿
大同矿务局云岗煤矿
平顶山矿务局一矿
平顶山矿务局四矿
邢台矿务局邢台煤矿
邢台矿务局东庞煤矿
潞安矿务局石圪节煤矿
潞安矿务局五阳煤矿
潞安矿务局漳村煤矿
潞安矿务局王庄煤矿
晋城矿务局古书院煤矿
晋城矿务局凤凰山煤矿
晋城矿务局王台铺煤矿
西山矿务局西铭煤矿
阳泉矿务局四矿
徐州矿务局庞庄煤矿
兖州矿务局南屯煤矿
肥城矿务局国家庄煤矿
抚顺矿务局老虎台煤矿
抚顺矿务局西露天煤矿
铁法矿务局晓南煤矿
阜新矿务局海州露天煤矿
铁法矿务局第三工程处
晋城矿务局土建工程处
大屯煤电公司选煤厂
徐州矿务局第一机械厂
新汶矿务局机电修配厂
抚顺矿务局电力机车工厂
平顶山矿务局铁路运输处
抚顺矿务局运输部
阜新矿务局运输部

二、煤炭工业二级企业（329个）

1988年度（73个）
直管矿务局（9个）
其中：
大同矿务局（3个）
大同矿务局煤峪口煤矿
大同矿务局同家梁煤矿
大同矿务局雁崖煤矿
淮北矿务局（1个）
淮北矿务局淮北选煤厂
平顶山矿务局（4个）
平顶山矿务局一矿
平顶山矿务局四矿
平顶山矿务局土木建筑工程公司
平顶山矿务局铁路运输处
大屯煤电公司（1个）
大屯煤电公司选煤厂
河北省（7个）
邢台矿务局邢台煤矿
邢台矿务局东庞煤矿
峰峰矿务局孙庄煤矿
峰峰矿务局机械总厂
建安公司第六十七处
第一建设公司建材厂
河北省邢台地区磨窝煤矿
山西公司（14个）
晋城矿务局古书院煤矿
晋城矿务局凤凰山煤矿
晋城矿务局王台铺煤矿
晋城矿务局土建工程处
潞安矿务局王庄煤矿
潞安矿务局石圪节煤矿
潞安矿务局漳村煤矿
潞安矿务局五阳煤矿
阳泉矿务局四矿
阳泉矿务局机电修配厂
西山矿务局官地煤矿
西山矿务局西铭煤矿
汾西矿务局水峪煤矿
汾西矿务局柳湾煤矿
山西省煤炭工业厅（4个）
霍州矿务局曹村煤矿
霍州矿务局辛置煤矿
山西省大同市姜家湾煤矿
山西省左云县鹊儿山煤矿
江苏省（2个）
徐州矿务局庞庄煤矿
徐州矿务局第一机械厂
江西省（1个）
萍乡矿务局高坑发电厂
山东省（15个）
淄博矿务局五二五厂
新汶矿务局良庄煤矿
新汶矿务局机电修配厂

枣庄矿务局八一煤矿
肥城矿务局国家庄煤矿
肥城矿务局杨庄煤矿
肥城矿务局陶阳煤矿
兖州矿务局兴隆庄煤矿
兖州矿务局南屯煤矿
兖州矿务局北宿煤矿
兖州矿务局唐村煤矿
兖州矿务局第七十工程处
龙口矿务局北皂煤矿
山东省章丘县东风煤矿
山东省新泰市汶河煤矿
河南省（1个）
河南省禹州市吕沟煤矿
重庆煤炭工业公司（2个）
松藻矿务局打通一矿
永荣矿务局发电厂
宁夏回族自治区（1个）
石嘴山矿务局二矿
东北内蒙古煤炭工业联合公司（17个）
抚顺矿务局运输部
抚顺矿务局电力机车工厂
阜新矿务局海州露天煤矿
阜新矿务局运输部
铁法矿务局晓南煤矿
铁法矿务局大明二矿
铁法矿务局第一工程处（1990年合并）
铁法矿务局第三工程处
沈阳矿务局安装工程处
沈阳矿务局第五工程处
鹤岗矿务局富力煤矿
双鸭山矿务局七星煤矿
双鸭山矿务局选煤厂
七台河矿务局新建煤矿
七台河矿务局新兴煤矿
平庄矿务局古山煤矿
伊敏河矿区建设工程处
1989年度（138个）
直管矿务局（33个）
其中：
开滦矿务局（2个）
开滦矿务局唐山煤矿
开滦矿务局唐家庄煤矿
大同矿务局（7个）
大同矿务局云岗煤矿
大同矿务局忻州窑煤矿
大同矿务局晋华宫煤矿
大同矿务局大斗沟煤矿
大同矿务局王村煤矿
大同矿务局燕子山工程处
大同矿务局化工厂
淮北矿务局（3个）
淮北矿务局朱庄煤矿
淮北矿务局岱河煤矿
淮北矿务局九一〇厂
平顶山矿务局（7个）
平顶山矿务局二矿
平顶山矿务局五矿
平顶山矿务局七矿
平顶山矿务局十矿
平顶山矿务局大庄煤矿
平顶山矿务局基建修配厂
平顶山矿务局机电总厂
大屯煤电公司（4个）
大屯煤电公司龙东煤矿
大屯煤电公司机电修配总厂
大屯煤电公司发电厂
大屯煤电公司铁路运输处
河北省（14个）
峰峰矿务局万年煤矿
峰峰矿务局羊渠河煤矿
峰峰矿务局牛儿庄煤矿
峰峰矿务局五矿
峰峰矿务局马头洗选厂
峰峰矿务局六〇七厂
峰峰矿务局建材厂
井陉矿务局三矿
第一建设公司第三十一处
建安公司第六十八处
建安公司第七十三处
建安公司第七十二处
建安公司机械厂
邯郸矿务局钢铁厂
山西公司（9个）
阳泉矿务局一矿
阳泉矿务局二矿
阳泉矿务局工程处
西山矿务局西曲煤矿
西山矿务局古交工程处
西山矿务局机电修配厂
汾西矿务局高阳煤矿
汾西矿务局介休选煤厂
晋城矿务局机电修配厂
山西省煤炭工业厅（3个）
山西省吕梁地区兑镇煤矿
山西省古交市矾石沟煤矿
山西省大同市高峰煤矿
内蒙古自治区（1个）
包头矿务局长汉沟煤矿
江苏省（9个）
徐州矿务局韩桥煤矿
徐州矿务局夹河煤矿
徐州矿务局第二机械厂
徐州矿务局地质勘探队

徐州矿务局焦化厂
徐州煤矿机械厂
江苏省苏南煤矿机械厂
江苏省南通市柳新煤矿
江苏省煤炭基建公司汽车修配厂
山东省（18个）
淄博矿务局双沟煤矿
淄博矿务局龙泉煤矿
新汶矿务局协庄煤矿
新汶矿务局华丰煤矿
新汶矿务局孙村煤矿
新汶矿务局南冶煤矿
新汶矿务局汶南煤矿
新汶矿务局翟镇建井处
枣庄矿务局柴里煤矿
枣庄矿务局山家林煤矿
肥城矿务局曹庄煤矿
肥城矿务局查庄煤矿
肥城矿务局白庄煤矿
兖州矿务局第六工程处
兖州矿务局机电修配厂
龙口矿务局洼里煤矿
山东省平阴县煤矿
山东省潍坊市朱刘店煤矿
河南省（11个）
郑州矿务局王庄煤矿
郑州矿务局芦沟煤矿
鹤壁矿务局三矿
鹤壁矿务局六矿
鹤壁矿务局总机厂
义马矿务局杨村煤矿
义马矿务局常村煤矿
义马矿务局耿村煤矿
义马矿务局北露天煤矿
焦作矿务局朱村煤矿
济源矿灯厂
湖北省（1个）
湖北煤矿机械厂
广东省（2个）
广东省东莞煤矿机械厂
广东省石龙煤矿机械厂
重庆煤炭工业公司（2个）
松藻矿务局石壕煤矿
永荣矿务局荣昌洗选厂
四川省（4个）
广旺矿务局白水煤矿
广旺矿务局赵家坝煤矿
攀枝花矿务局小宝鼎煤矿
攀枝花矿务局建安工程处
陕西省（2个）
陕西省煤炭基建公司管件设备厂
铜川矿务局地质勘探公司
甘肃省（5个）
窑街矿务局一矿
窑街矿务局三矿
甘肃省华亭县华亭煤矿
甘肃省崇信县新窑煤矿
兰州矿灯厂
宁夏回族自治区（3个）
石炭井矿务局白芨沟矿
石炭井矿务局总机厂
宁夏回族自治区灵武矿务局磁窑堡煤矿
新疆维吾尔自治区（1个）
哈密矿务局露天煤矿
东北内蒙古煤炭工业联合公司（29个）
抚顺矿务局老虎台煤矿
抚顺矿务局西露天煤矿
抚顺矿务局机械厂
抚顺矿务局供电部
阜新矿务局十二厂
铁法矿务局大隆煤矿
铁法矿务局第二工程处（1990年合并）
铁法矿务局第四工程处
铁法矿务局机电总厂
铁法矿务局铁运处
辽源矿务局铁道器材厂
舒兰矿务局丰广煤矿
鸡西矿务局二道河子煤矿
鹤岗矿务局兴山煤矿
鹤岗矿务局兴安煤矿
鹤岗矿务局选煤厂
双鸭山矿务局宝山煤矿
双鸭山矿务局双阳煤矿
双鸭山矿务局运输部
七台河矿务局富强煤矿
平庄矿务局运输部
平庄矿务局六五〇厂
大雁矿务局第一煤矿
大雁矿务局第二煤矿
大雁矿务局矿建处
霍林河矿区指挥部南露天煤矿
鸡西煤矿专用设备厂
哈尔滨煤矿机械厂
营城煤矿机械厂
黑龙江省（1个）
黑龙江省煤田地质勘探公司
1990年度（118个）
直管矿务局（24个）
其中：
开滦矿务局（6个）
开滦矿务局赵各庄煤矿
开滦矿务局范各庄煤矿
开滦矿务局基本建设公司
开滦矿务局机电厂

开滦矿务局发电厂
开滦矿务局矾土矿
大同矿务局（3个）
大同矿务局四老沟煤矿
大同矿务局四台沟工程处
大同矿务局中央机厂
淮南矿务局（5个）
淮南矿务局谢家集一矿
淮南矿务局潘集一矿
淮南矿务局三十九工程处
淮南矿务局洞山机械厂
淮南矿务局化工厂
淮北矿务局（6个）
淮北矿务局芦岭煤矿
淮北矿务局沈庄煤矿
淮北矿务局工程处
淮北矿务局第一机电修配厂
淮北矿务局水泥厂
淮北矿务局地质勘探队
平顶山矿务局（2个）
平顶山矿务局十二矿
平顶山矿务局电务厂
大屯煤电公司（2个）
大屯煤电公司孔庄煤矿
大屯煤电公司建筑安装工程公司
河北省（9个）
峰峰矿务局薛村煤矿
峰峰矿务局三矿
峰峰矿务局邯郸洗选厂
邯郸矿务局陶二矿
邯郸矿务局阳邑煤矿
井陉矿务局机械总厂
建安公司第九十二处
第一建设公司第十处
河北省永年县焦窑煤矿
山西公司（6个）
阳泉矿务局三矿
西山矿务局太原选煤厂
西山矿务局古交第三工程处
西山矿务局建筑工程处
汾西矿务局两渡煤矿
汾西矿务局机电修配厂
山西省煤炭工业厅（4个）
霍州矿务局南下庄煤矿
霍州矿务局团柏煤矿
山西省雁北地区小峪煤矿
山西省雁北地区矿业公司
内蒙古自治区（2个）
海勃湾矿务局老石旦煤矿
乌达矿务局五虎山煤矿
江苏省（4个）
徐州矿务局张集煤矿
徐州矿务局坨城煤矿
徐州矿务局液压支架厂
江苏省煤炭基建公司机电制修厂
安徽省（3个）
淮北煤矿建设公司第三十工程处
皖北矿务局前岭煤矿
安徽煤田地质公司物探队
江西省（1个）
英岗岭矿务局东村煤矿
山东省（10个）
淄博矿务局岭子煤矿
淄博矿务局地质勘探公司
新汶矿务局张庄煤矿
新汶矿务局泉沟煤矿
兖州矿务局鲍店煤矿
兖州矿务局铁路运输处
枣庄矿务局第三工程处
枣庄矿务局地质勘探工程处
山东省烟台市洼东煤矿
山东省曲阜市单家村煤矿
河南省（8个）
郑州矿务局米村煤矿
义马矿务局跃进煤矿
焦作矿务局冯营煤矿
焦作矿务局机电总厂
鹤壁矿务局五矿
鹤壁矿务局供电处
鹤壁矿务局运输带厂
河南省矿业建设第三工程公司
湖南省（1个）
资兴矿务局宝源煤矿
重庆煤炭工业公司（2个）
南桐矿务局南桐煤矿
永荣矿务局机修厂
四川省（6个）
广旺矿务局唐家河煤矿
广旺矿务局代池坝煤矿
广旺矿务局发电厂
芙蓉矿务局巡场煤矿
攀枝花矿务局太平煤矿
攀枝花矿务局巴关河洗煤厂
贵州省（1个）
水城矿务局大河边煤矿
陕西省（5个）
韩城矿务局下峪口煤矿
韩城矿务局燎原煤矿
韩城矿务局象山煤矿
蒲白矿务局运输销售部
煤田航测遥感公司
甘肃省（2个）
窑街矿务局铁路运输处
甘肃省华亭矿务局东峡煤矿

宁夏回族自治区（2个）
石炭井矿务局三矿
石嘴山矿务局化工厂
东北内蒙古煤炭工业联合公司（27个）
抚顺矿务局胜利煤矿
抚顺矿务局十一厂
阜新矿务局高德煤矿
阜新矿务局五龙煤矿
阜新矿务局机电总厂
阜新矿务局建材厂
北票矿务局机电总厂
北票矿务局运输部
铁法矿务局晓明煤矿
通化矿务局铁厂选煤厂
舒兰矿务局建安公司
鸡西矿务局滴道煤矿
鸡西矿务局小恒山煤矿
鸡西矿务局机电总厂
鸡西矿务局运输部
鸡西矿务局煤气厂
鹤岗矿务局大陆煤矿
鹤岗矿务局南山煤矿
鹤岗矿务局运输部
鹤岗矿务局水泥厂
双鸭山矿务局新安煤矿
七台河矿务局土建处
平庄矿务局五家煤矿
大雁矿务局电务厂
大雁矿务局汽车运输处
伊敏河煤电公司发电厂
伊敏河煤电公司一露天矿
吉林省（1个）
吉林省四平市刘房子煤矿

“七五”期末保持称号的煤炭工业一、二级企业的名单（截止1991年底）

一、煤炭工业一级企业（31个）

统配煤矿（22个）
大同矿务局煤峪口煤矿
大同矿务局云岗煤矿
平顶山矿务局一矿
平顶山矿务局四矿
邢台矿务局邢台煤矿
邢台矿务局东庞煤矿
潞安矿务局石圪节煤矿
潞安矿务局五阳煤矿
潞安矿务局漳村煤矿
潞安矿务局王庄煤矿
晋城矿务局古书院煤矿
晋城矿务局凤凰山煤矿
晋城矿务局王台铺煤矿
西山矿务局西铭煤矿
阳泉矿务局四矿
徐州矿务局庞庄煤矿
兖州矿务局南屯煤矿
肥城矿务局国家庄煤矿
抚顺矿务局老虎台煤矿
抚顺矿务局西露天煤矿
铁法矿务局晓南煤矿
阜新矿务局海州露天煤矿
基建工程处（2个）
晋城矿务局土建工程处
铁法矿务局第三工程处
选煤厂（1个）
大屯煤电公司选煤厂
煤矿机修厂（3个）
徐州矿务局第一机械厂
新汶矿务局机电修配厂
抚顺矿务局电力机车工厂
运输部（处）（3个）
平顶山矿务局铁路运输处
抚顺矿务局运输部
阜新矿务局运输部

二、煤炭工业二级企业（285个）

统配煤矿（141个）
开滦矿务局唐家庄煤矿
开滦矿务局赵各庄煤矿
开滦矿务局范各庄煤矿
大同矿务局同家梁煤矿
大同矿务局雁崖煤矿
大同矿务局忻州窑煤矿
大同矿务局晋华宫煤矿
大同矿务局大斗沟煤矿
大同矿务局王村煤矿
大同矿务局四老沟煤矿
淮南矿务局谢家集一矿
淮南矿务局潘集一矿
淮北矿务局朱庄煤矿
淮北矿务局岱河煤矿
淮北矿务局芦岭煤矿
淮北矿务局沈庄煤矿
平顶山矿务局二矿
平顶山矿务局五矿
平顶山矿务局七矿
平顶山矿务局十矿

平顶山矿务局大庄煤矿
平顶山矿务局十二矿
大屯煤电公司龙东煤矿
大屯煤电公司孔庄煤矿
峰峰矿务局孙庄煤矿
峰峰矿务局万年煤矿
峰峰矿务局羊渠河煤矿
峰峰矿务局牛儿庄煤矿
峰峰矿务局五矿
峰峰矿务局薛村煤矿
峰峰矿务局三矿
井陉矿务局三矿
邯郸矿务局陶二矿
邯郸矿务局阳邑煤矿
汾西矿务局水峪煤矿
汾西矿务局柳湾煤矿
汾西矿务局高阳煤矿
汾西矿务局两渡煤矿
西山矿务局官地煤矿
西山矿务局西曲煤矿
阳泉矿务局一矿
阳泉矿务局二矿
阳泉矿务局三矿
霍州矿务局辛置煤矿
霍州矿务局曹村煤矿
霍州矿务局南下庄煤矿
霍州矿务局团柏煤矿
山西省雁北地区小峪煤矿
海渤湾矿务局老石旦煤矿
乌达矿务局五虎山煤矿
徐州矿务局韩桥煤矿
徐州矿务局夹河煤矿
徐州矿务局张集煤矿
徐州矿务局垞城煤矿
英岗岭矿务局东村煤矿
淄博矿务局双沟煤矿
淄博矿务局龙泉煤矿
淄博矿务局岭子煤矿
兖州矿务局兴隆庄煤矿
兖州矿务局北宿煤矿
兖州矿务局唐村煤矿
兖州矿务局鲍店煤矿
肥城矿务局杨庄煤矿
肥城矿务局陶阳煤矿
肥城矿务局查庄煤矿
肥城矿务局曹庄煤矿
肥城矿务局白庄煤矿
枣庄矿务局八一煤矿
枣庄矿务局山家林煤矿
枣庄矿务局柴里煤矿
新汶矿务局良庄煤矿
新汶矿务局汶南煤矿
新汶矿务局华丰煤矿
新汶矿务局孙村煤矿
新汶矿务局协庄煤矿
新汶矿务局南冶煤矿
新汶矿务局泉沟煤矿
新汶矿务局张庄煤矿
龙口矿务局北皂煤矿
龙口矿务局洼里煤矿
鹤壁矿务局三矿
鹤壁矿务局六矿
鹤壁矿务局五矿
义马矿务局杨村煤矿
义马矿务局常村煤矿
义马矿务局耿村煤矿
义马矿务局北露天煤矿
义马矿务局跃进煤矿
郑州矿务局王庄煤矿
郑州矿务局芦沟煤矿
郑州矿务局米村煤矿
焦作矿务局朱村煤矿
焦作矿务局冯营煤矿
资兴矿务局宝源煤矿
松藻矿务局打通一矿
松藻矿务局石壕煤矿
南桐矿务局南桐煤矿
广旺矿务局白水煤矿
广旺矿务局赵家坝煤矿
广旺矿务局唐家河煤矿
广旺矿务局代池坝煤矿
攀枝花矿务局小宝鼎煤矿
攀枝花矿务局太平煤矿
芙蓉矿务局巡场煤矿
水城矿务局大河边煤矿
韩城矿务局下峪口煤矿
韩城矿务局燎原煤矿
韩城矿务局象山煤矿
窑街矿务局一矿
窑街矿务局三矿
石嘴山矿务局二矿
石炭井矿务局白芨沟煤矿
石炭井矿务局三矿
哈密矿务局露天煤矿
阜新矿务局高德煤矿
阜新矿务局五龙煤矿
鹤岗矿务局富力煤矿
鹤岗矿务局兴山煤矿
鹤岗矿务局兴安煤矿
鹤岗矿务局大陆煤矿
鹤岗矿务局南山煤矿
七台河矿务局新兴煤矿
七台河矿务局新建煤矿
七台河矿务局富强煤矿

双鸭山矿务局七星煤矿
双鸭山矿务局双阳煤矿
双鸭山矿务局宝山煤矿
双鸭山矿务局新安煤矿
铁法矿务局大明二矿
铁法矿务局大隆煤矿
铁法矿务局晓明煤矿
鸡西矿务局二道河子煤矿
鸡西矿务局小恒山煤矿
鸡西矿务局滴道煤矿
平庄矿务局古山煤矿
平庄矿务局五家煤矿
舒兰矿务局丰广煤矿
大雁矿务局第一煤矿
大雁矿务局第二煤矿
霍林河矿区指挥部南露天煤矿
伊敏河煤电公司一露天矿

地方煤矿（17个）

河北省邢台地区磨窝煤矿
河北省永年县焦窑煤矿
山西省左云县鹊儿山煤矿
山西省吕梁地区兑镇煤矿
山西省古交市矾石沟煤矿
山西省大同市高峰煤矿
江苏省南通市柳新煤矿
皖北矿务局前岭煤矿
山东省新泰市汶河煤矿
山东省章丘县东风煤矿
山东省潍坊市朱刘店煤矿
山东省烟台市洼东煤矿
山东省曲阜市单家村煤矿
甘肃省崇信县新窑煤矿
甘肃省华亭矿务局东峡煤矿
宁夏回族自治区灵武矿务局磁窑堡煤矿
吉林省四平市刘房子煤矿

基建工程处（38个）

开滦矿务局基建公司
大同矿务局燕子山工程处
大同矿务局四台沟工程处
淮南矿务局三十九工程处
淮南矿务局洞山机械厂
淮北矿务局工程处
平顶山矿务局土木建筑工程公司
平顶山矿务局基建修配厂
大屯煤电公司建筑安装工程公司
建安公司第六十七处
建安公司第六十八处
建安公司第七十三处
建安公司第七十二处
建安公司机械厂
建安公司第九十二处
第一建设公司第三十一处
第一建设公司第十处
阳泉矿务局工程处
西山矿务局古交第三工程处
西山矿务局建筑工程处
江苏省煤炭基建公司机电制修厂
江苏省煤炭基建公司汽车修配厂
淮北煤矿建设公司三十工程处
枣庄矿务局第三工程处
兖州矿务局第七十工程处
兖州矿务局第六工程处
新汶矿务局翟镇建井处
河南省矿业建设第三工程公司
攀枝花矿务局建安工程处
陕西省煤炭基建公司管件设备厂
大雁矿务局矿建处
沈阳矿务局第五工程处
沈阳矿务局安装工程处
七台河矿务局土建处
铁法矿务局建筑工程处
铁法矿务局第四工程处
舒兰矿务局建安公司
伊敏河矿区建设工程处

选煤厂（10个）

淮北矿务局淮北选煤厂
峰峰矿务局马头洗选厂
峰峰矿务局邯郸洗选厂
汾西矿务局介休选煤厂
西山矿务局太原选煤厂
永荣矿务局荣昌洗选厂
攀枝花矿务局巴关河洗煤厂
双鸭山矿务局选煤厂
鹤岗矿务局选煤厂
通化矿务局铁厂选煤厂

煤矿机械厂（5个）

徐州煤矿机械厂
湖北煤矿机械厂
广东省东莞煤矿机械厂
广东省石龙煤矿机械厂
鸡西煤矿专用设备厂

煤矿机修厂（24个）

开滦矿务局机电厂
大同矿务局中央机厂
淮北矿务局第一机电修配厂
平顶山矿务局机电总厂
大屯煤电公司机电修配总厂
峰峰矿务局机械总厂
井陉矿务局机械总厂
阳泉矿务局机电修配厂
西山矿务局机电修配厂
晋城矿务局机电修配厂
汾西矿务局机电修配厂
徐州矿务局第二机械厂

徐州矿务局液压支架厂
兖州矿务局机修厂
鹤壁矿务局总机厂
焦作矿务局机电总厂
永荣矿务局机修厂
石炭井矿务局总机厂
抚顺矿务局机械厂
铁法矿务局机电总厂
辽源矿务局铁道器材厂
鸡西矿务局机电总厂
阜新矿务局机电总厂
北票矿务局机电总厂
火工厂（9个）
大同矿务局化工厂
淮南矿务局化工厂
淮北矿务局九一〇厂
峰峰矿务局六〇七厂
淄博矿务局五二五厂
石嘴山矿务局化工厂
阜新矿务局十二厂
平庄矿务局六五〇厂
抚顺矿务局十一厂
建材厂（5个）
淮北矿务局水泥厂
煤炭第一建设公司建材厂
峰峰矿务局建材厂
阜新矿务局建材厂
鹤岗矿务局水泥厂
发电厂（6个）
开滦矿务局发电厂
大屯煤电公司发电厂
萍乡矿务局高坑发电厂
永荣矿务局发电厂
广旺矿务局发电厂
伊敏河煤电公司发电厂
供电部（处）（4个）
平顶山矿务局电务厂
鹤壁矿务局供电处
抚顺矿务局供电部
大雁矿务局电务厂
运输处（部）（12个）
大屯煤电公司铁路运输处
山西省雁北地区矿业公司
兖州矿务局铁路运输处
窑街矿务局铁路运输处
蒲白矿务局运输销售部
双鸭山矿务局运输部
平庄矿务局运输部
铁法矿务局铁运处
北票矿务局运输部
大雁矿务局汽运处
鹤岗矿务局运输部
鸡西矿务局运输部
焦化厂（1个）
徐州矿务局焦化厂
生产地勘探队（公司）（5个）
淮北矿务局地质勘探队
徐州矿务局地质勘探队
淄博矿务局地质勘探公司
枣庄矿务局地质勘探工程处
铜川矿务局地质勘探公司
煤田地质勘探队（公司）（3个）
黑龙江省煤田地质勘探公司
安徽煤田地质公司物探队
煤田航测遥感公司
矾土矿（1个）
开滦矿务局矾土矿
钢铁厂（1个）
邯郸矿务局钢铁厂
运输带厂（1个）
鹤壁矿务局运输带厂
集体企业（1个）
抚顺矿务局胜利煤矿
煤气厂（1个）
鸡西矿务局煤气厂

1991年中国500家最大工业企业名单（煤炭部分）

〔按销售额（万元）排序〕

40*	大同矿务局	205247**
68	鹤岗矿务局	136871
72	平顶山矿务局	131141
81	淮北矿务局	119983
84	开滦矿务局	118785
85	鸡西矿务局	118543
93	抚顺矿务局	113045
102	阜新矿务局	106284
117	西山矿务局	95651
120	徐州矿务局	94857
121	兖州矿务局	94663
123	淮南矿务局	93446
139	新汶矿务局	86272
144	双鸭山矿务局	84180
153	七台河矿务局	82055
157	阳泉矿务局	81041
169	峰峰矿务局	75173
191	平朔煤炭工业公司	70176

* 为500家中的位次。
** 为销售额，单位为万元。

215	铁法矿务局	61831
221	枣庄矿务局	60684
227	晋城矿务局	59514
234	潞安矿务局	57446
254	肥城矿务局	54200
285	义马矿务局	50552
316	汾西矿务局	45086
337	大屯煤电公司	42492
338	北京矿务局	41687
364	石炭井矿务局	38981
393	平庄矿务局	36965
394	淄博矿务局	36815
395	鹤壁矿务局	36812
440	沈阳矿务局	33035
474	焦作矿务局	30817
493	通化矿务局	30253
496	张家口煤矿机械厂	30165

1990年度煤炭工业国家一级企业名单（2个）

潞安矿务局
张家口煤矿机械厂

1990年度煤炭工业国家二级企业名单（16个）

开滦矿务局
淮北矿务局
阜新矿务局
鹤壁矿务局
淄博矿务局
平庄矿务局
石炭井矿务局
山东省平阴县煤矿
河南省禹州市吕沟煤矿
甘肃省华亭县华亭煤矿
淮北煤矿建设公司
济源矿灯厂
哈尔滨煤矿机械厂
营城煤矿机械厂
江苏省苏南煤矿机械厂
兰州矿灯厂

1990年度煤炭工业一级企业名单（31个）

大同矿务局煤峪口煤矿
大同矿务局云岗煤矿
平顶山矿务局一矿
平顶山矿务局四矿
邢台矿务局邢台煤矿
邢台矿务局东庞煤矿
潞安矿务局石圪节煤矿
潞安矿务局五阳煤矿
潞安矿务局漳村煤矿
潞安矿务局王庄煤矿
晋城矿务局古书院煤矿
晋城矿务局凤凰山煤矿
晋城矿务局王台铺煤矿
西山矿务局西铭煤矿
阳泉矿务局四矿
徐州矿务局庞庄煤矿
兖州矿务局南屯煤矿
肥城矿务局国家庄煤矿
抚顺矿务局老虎台煤矿
抚顺矿务局西露天煤矿
铁法矿务局晓南煤矿
阜新矿务局海州露天煤矿
铁法矿务局第三工程处
晋城矿务局土建工程处
大屯煤电公司选煤厂
徐州矿务局第一机械厂
新汶矿务局机电修配厂
抚顺矿务局电力机车工厂
平顶山矿务局铁路运输处
抚顺矿务局运输部
阜新矿务局运输部

1990年度煤炭工业二级企业名单（118个）

开滦矿务局赵各庄煤矿
开滦矿务局范各庄煤矿
开滦矿务局基建公司
开滦矿务局机电厂
开滦矿务局发电厂
开滦矿务局矾土矿
大同矿务局四老沟煤矿
大同矿务局四台沟工程处
大同矿务局中央机厂

淮南矿务局谢家集一矿
淮南矿务局潘集一矿
淮南矿务局三十九工程处
淮南矿务局洞山机械厂
淮南矿务局化工厂
淮北矿务局芦岭煤矿
淮北矿务局沈庄煤矿
淮北矿务局工程处
淮北矿务局第一机械修配厂
淮北矿务局水泥厂
淮北矿务局地质勘探队
平顶山矿务局十二矿
平顶山矿务局电务厂
大屯煤电公司孔庄煤矿
大屯煤电公司建筑安装工程公司
峰峰矿务局薛村煤矿
峰峰矿务局三矿
峰峰矿务局邯郸洗选厂
邯郸矿务局陶二矿
邯郸矿务局阳邑煤矿
井陉矿务局机械总厂
煤炭建安公司九十二处
煤炭第一建设公司十处
河北省永年县焦窑煤矿
阳泉矿务局三矿
西山矿务局太原选煤厂
西山矿务局古交第三工程处
西山矿务局建筑工程处
汾西矿务局两渡煤矿
汾西矿务局机电修配厂
霍州矿务局南下庄煤矿
霍州矿务局团柏煤矿
山西省雁北地区矿业公司
山西省雁北地区小峪煤矿
海渤湾矿务局老石旦煤矿
乌达矿务局五虎山煤矿
徐州矿务局张集煤矿
徐州矿务局坨城煤矿
徐州矿务局液压支架厂
江苏省煤炭建设公司机电修配厂
淮北煤矿建设公司三十工程处
皖北矿务局前岭煤矿
安徽煤田地质公司物探队
英岗岭矿务局东村煤矿
淄博矿务局岭子煤矿
淄博矿务局地质勘探公司
新汶矿务局张庄煤矿
新汶矿务局泉沟煤矿
兖州矿务局鲍店煤矿
兖州矿务局铁路运输处
枣庄矿务局第三工程处
枣庄矿务局地质勘探工程处
山东省烟台市洼东煤矿
山东省曲阜市单家村煤矿
郑州矿务局米村煤矿
义马矿务局跃进煤矿
焦作矿务局冯营煤矿
焦作矿务局机电总厂
鹤壁矿务局五矿
鹤壁矿务局供电处
鹤壁矿务局运输带厂
河南省矿业建设第三工程公司
资兴矿务局宝源煤矿
南桐矿务局南桐煤矿
永荣矿务局机修厂
广旺矿务局唐家河煤矿
广旺矿务局代池坝煤矿
广旺矿务局发电厂
芙蓉矿务局巡场煤矿
攀枝花矿务局太平煤矿
攀枝花矿务局巴关河洗煤厂
水城矿务局大河边煤矿
韩城矿务局下峪口煤矿
韩城矿务局燎原煤矿
韩城矿务局象山煤矿
蒲白矿务局运输销售部
煤田航测遥感公司
窑街矿务局铁路运输处
甘肃省华亭矿务局东峡煤矿
石炭井矿务局三矿
石嘴山矿务局化工厂
抚顺矿务局胜利煤矿
抚顺矿务局十一厂
阜新矿务局高德煤矿
阜新矿务局五龙煤矿
阜新矿务局机电总厂
阜新矿务局建材厂
北票矿务局机电总厂
北票矿务局运输部
铁法矿务局晓明煤矿
通化矿务局铁厂选煤厂
舒兰矿务局建安公司
鸡西矿务局滴道煤矿
鸡西矿务局小恒山煤矿
鸡西矿务局机电总厂
鸡西矿务局运输部
鸡西矿务局煤气厂
鹤岗矿务局大陆煤矿
鹤岗矿务局南山煤矿
鹤岗矿务局运输部
鹤岗矿务局水泥厂
双鸭山矿务局新安煤矿
七台河矿务局土建处
平庄矿务局五家煤矿

大雁矿务局电务厂
大雁矿务局汽车运输处
伊敏河煤电公司发电厂
伊敏河煤电公司一露天矿
吉林省四平市刘房子煤矿

第三届（1990年度）中国煤炭工业优秀企业（金石奖）名单（21 个）

晋城矿务局
潞安矿务局
抚顺矿务局
平顶山矿务局
大同矿务局
邢台矿务局
肥城矿务局
兖州矿务局
阳泉矿务局
双鸭山矿务局
大雁矿务局
铁法矿务局
峰峰矿务局
霍州矿务局
安徽省皖北矿务局百善煤矿
山西省晋城市北岩煤矿
河南省辉县市吴村煤矿
张家口煤矿机械厂
峰峰金属支架厂
佳木斯煤矿机械厂
株洲选煤厂

中国统配煤矿总公司系统1991年度质量标准化矿（井）名单

一、特级质量标准化矿井（18个）

大同矿务局　云岗煤矿
大屯煤电公司　龙东煤矿
乌达矿务局　五虎山煤矿
海渤湾矿务局　公乌素露天煤矿
徐州矿务局　庞庄煤矿　夹河煤矿　三河尖煤矿
新汶矿务局　协庄煤矿
肥城矿务局　杨庄煤矿　陶阳煤矿　国庄煤矿
兖州矿务局　南屯煤矿
龙口矿务局　洼里煤矿
焦作矿务局　焦西煤矿
鹤壁矿务局　鹤壁三矿
义马矿务局　新安煤矿　北露天矿
郑州矿务局　米村煤矿

二、一级质量标准化矿井（52个）

开滦矿务局　范各庄煤矿　荆各庄煤矿　钱家营煤矿
大同矿务局　马脊梁煤矿　同家梁煤矿　煤峪口煤矿　燕子山煤矿　四老沟煤矿　晋华宫煤矿　忻州窑煤矿　大斗沟煤矿
平顶山矿务局　四矿　高庄煤矿　大庄煤矿
峰峰矿务局　羊渠河煤矿　万年煤矿
邯郸矿务局　王凤煤矿　陶二煤矿
汾西矿务局　水峪煤矿
潞安矿务局　石圪节煤矿　五阳煤矿　漳村煤矿　王庄煤矿
晋城矿务局　古书院煤矿　王台铺煤矿　凤凰山煤矿
海渤湾矿务局　老石旦煤矿
徐州矿务局　大黄山煤矿　董庄煤矿　义安煤矿　权台煤矿
淄博矿务局　岭子煤矿　南定煤矿
新汶矿务局　汶南煤矿
枣庄矿务局　八一煤矿　蒋庄煤矿
肥城矿务局　查庄煤矿　曹庄煤矿
兖州矿务局　鲍店煤矿　兴隆庄煤矿
龙口矿务局　北皂煤矿
焦作矿务局　朱村煤矿
郑州矿务局　王庄煤矿
广旺矿务局　赵家坝煤矿
芙蓉矿务局　巡场煤矿
永荣矿务局　曾家山煤矿
水城矿务局　大河煤矿
窑街矿务局　窑街一矿
石炭井矿务局　一矿　三矿　乌兰煤矿　白芨沟煤矿

三、二级质量标准化矿井（42个）

开滦矿务局　唐家庄煤矿
大同矿务局　白洞煤矿　挖金湾煤矿　雁崖煤矿　王村煤矿
平顶山矿务局　一矿　二矿　六矿　十矿　十二矿
淮南矿务局　潘一煤矿
淮北矿务局　杨庄煤矿
大屯煤电公司　孔庄煤矿

峰峰矿务局　牛儿庄煤矿　薛村煤矿　孙庄煤矿
邢台矿务局　邢台煤矿　东庞煤矿　显德汪煤矿
邯郸矿务局　陶一矿
阳泉矿务局　一矿　二矿　四矿　五矿
西山矿务局　杜儿坪煤矿　镇城底煤矿
汾西矿务局　高阳煤矿
霍州矿务局　曹村煤矿
海渤湾矿务局　公乌素煤矿
徐州矿务局　旗山煤矿
丰城矿务局　建新煤矿
淄博矿务局　西河煤矿
新汶矿务局　孙村煤矿　张庄煤矿　华丰煤矿
　　　　　　潘西煤矿　良庄煤矿
兖州矿务局　东滩煤矿
鹤壁矿务局　五矿
广旺矿务局　南江煤矿
芙蓉矿务局　杉木树煤矿
韩城矿务局　象山煤矿

四、省级质量标准化矿井（14个）

北京矿务局　王平村煤矿
轩岗矿务局　刘家梁煤矿
包头矿务局　阿刀亥煤矿
萍乡矿务局　安源煤矿
英岗岭矿务局　东村煤矿
坊子煤矿
南桐矿务局　南桐煤矿
松藻矿务局　打通二矿
铜川矿务局　徐家沟煤矿
蒲白矿务局　南井头煤矿
澄合矿务局　董家河煤矿
靖远矿务局　王家山四号井
石嘴山矿务局　一矿
盘江矿务局　月亮田煤矿

中国统配煤矿总公司系统 1991年度安全生产先进单位和先进安监局、处名单

一、安全生产先进单位

开滦矿务局
大同矿务局
平顶山矿务局
淮北矿务局
平朔煤炭工业公司
大屯煤电公司
峰峰矿务局
井陉矿务局
邢台矿务局
阳泉矿务局
西山矿务局
潞安矿务局
轩岗矿务局
晋城矿务局
汾西矿务局
霍州矿务局
乌达矿务局
徐州矿务局
丰城矿务局
洛市矿务局
淄博矿务局
枣庄矿务局
兖州矿务局
新汶矿务局
肥城矿务局
龙口矿务局
鹤壁矿务局
义马矿务局
郑州矿务局
石嘴山矿务局
灵武矿务局
石炭井矿务局
哈密矿务局
乌鲁木齐矿务局
八宝山煤矿
小峪煤矿
宝日希勒煤矿
淮北煤矿建设公司
云南省煤矿基本建设公司
两淮煤矿建设特殊凿井公司
山西省煤炭管理局基本建设局
郑州煤矿机械厂
淮南煤矿机械厂
湖北煤矿机械厂

二、先进安全监察局

省（区）公司（厅）安全监察局

河北公司安全监察局
河南公司安全监察局
山西公司安全监察局
山东公司安全监察局
江西公司安全监察局
江苏公司安全监察局
内蒙古公司安全监察局
贵州公司安全监察局
新疆公司安全监察局
宁夏公司安全监察局

矿务局安全监察局
开滦矿务局安全监察局
大同矿务局安全监察局
平顶山矿务局安全监察局
淮南矿务局安全监察局
淮北矿务局安全监察局
大屯煤电公司安全监察局
峰峰矿务局安全监察局
邢台矿务局安全监察局
邯郸矿务局安全监察局
阳泉矿务局安全监察局
潞安矿务局安全监察局
轩岗矿务局安全监察局
晋城矿务局安全监察局
霍州矿务局安全监察局
包头矿务局安全监察局
乌达矿务局安全监察局
海渤湾矿务局安全监察局
徐州矿务局安全监察局
淄博矿务局安全监察局
新汶矿务局安全监察局
肥城矿务局安全监察局
兖州矿务局安全监察局
龙口矿务局安全监察局
焦作矿务局安全监察局
郑州矿务局安全监察局
义马矿务局安全监察局
鹤壁矿务局安全监察局
广旺矿务局安全监察局
南桐矿务局安全监察局
永荣矿务局安全监察局
盘江矿务局安全监察局
水城矿务局安全监察局
铜川矿务局安全监察局
韩城矿务局安全监察局
石嘴山矿务局安全监察局
石炭井矿务局安全监察局
乌鲁木齐矿务局安全监察局
靖远矿务局安全监察局
萍乡矿务局安全监察局
丰城矿务局安全监察局
基建系统安全监察局
江苏煤炭基建公司安全监察局
江西煤矿建设公司安全监察局
陕西煤矿基建公司安全监察局
淮北煤矿基建公司安全监察局
两淮煤矿建设特殊凿井公司安全监察局。

三、先进安监处(站)

开滦矿务局　荆各庄煤矿　唐家庄煤矿　吕家坨煤矿　钱家营煤矿　范各庄煤矿　矾土矿
大同矿务局　马脊梁煤矿　燕子山煤矿　煤峪口煤矿　忻州窑煤矿
平顶山矿务局　二矿　四矿　六矿　大庄矿
淮南矿务局　新庄孜煤矿　潘一煤矿　李一煤矿
淮北矿务局　朱庄煤矿　童亭煤矿　岱河煤矿　张庄煤矿
平朔安太堡露天煤矿
大屯煤电公司　孔庄煤矿　龙东煤矿
北京矿务局　王平村煤矿
峰峰矿务局　羊渠河煤矿　通二煤矿　万年煤矿　薛村煤矿　孙庄煤矿
井陉矿务局　一矿　临城煤矿
邢台矿务局　邢台煤矿　东庞煤矿
邯郸矿务局　王凤煤矿　康城煤矿
下花园煤矿
八宝山煤矿
阳泉矿务局　一矿　二矿　四矿
西山矿务局　镇城底煤矿　杜儿坪煤矿　白家庄煤矿　西曲煤矿　官地煤矿
汾西矿务局　水峪煤矿　高阳煤矿
潞安矿务局　王庄煤矿　五阳煤矿　漳村煤矿　石圪节煤矿
轩岗矿务局　焦家寨煤矿　六亩地煤矿
晋城矿务局　凤凰山煤矿　五台铺煤矿　古书院煤矿
霍县矿务局　南下庄煤矿　辛置煤矿　曹村煤矿　小峪煤矿
包头矿务局　白狐沟煤矿　阿刀亥煤矿
乌达矿务局　五虎山煤矿　宝日希勒煤矿
徐州矿务局　大黄山煤矿　张双楼煤矿
萍乡矿务局　黄冲煤矿　高坑煤矿　杨桥煤矿　安源煤矿
丰城矿务局　坪湖煤矿　建新煤矿　八一煤矿　尚二煤矿
英岗岭矿务局　伍家煤矿　东村煤矿
洛市矿务局　龙溪煤矿　山西煤矿
淄博矿务局　岭子煤矿　石谷煤矿　南定煤矿
新汶矿务局　良庄煤矿　潘西煤矿
枣庄矿务局　柴里煤矿　蒋庄煤矿
肥城矿务局　陶阳煤矿
兖州矿务局　南屯煤矿　兴隆煤矿　东滩煤矿
龙口矿务局　北皂煤矿
焦作矿务局　韩王煤矿　中马村煤矿　焦西煤矿
鹤壁矿务局　三矿　五矿
义马矿务局　千秋煤矿　常村煤矿　新安煤矿　跃进煤矿
郑州矿务局　米村煤矿　裴沟煤矿　芦沟煤矿
涟邵矿务局　牛马司煤矿　洪山殿煤矿
资兴矿务局　唐洞煤矿　宇字煤矿
白沙矿务局　南阳煤矿
广旺矿务局　南江煤矿　宝轮院煤矿　赵家坝煤矿

攀枝花矿务局　大宝鼎煤矿　沿江煤矿
芙蓉矿务局　巡场煤矿　杉木树煤矿
南桐矿务局　南桐煤矿
天府矿务局　刘家沟煤矿
永荣矿务局　曾家山煤矿
松藻矿务局　石壕煤矿　逢春煤矿　来宾煤矿
六枝矿务局　四角田煤矿　化处煤矿
盘江矿务局　土城煤矿　老屋基煤矿　月亮田煤矿
水城矿务局　老鹰山煤矿　红旗煤矿　大河边煤矿
铜川矿务局　焦坪煤矿　桃园煤矿　徐家沟煤矿
蒲白矿务局　白水煤矿　南井头煤矿
韩城矿务局　象山煤矿　燎原煤矿　马沟渠煤矿
窑街矿务局　一矿　二矿
石炭井矿务局　一矿　三矿　马兰煤矿　白芨沟煤矿
石嘴山矿务局　一矿　二矿
靖远矿务局　红会煤矿　三矿
灵武矿务局　灵新矿
哈密矿务局　一矿
乌鲁木齐矿务局　六道湾矿

化工厂

淄博矿务局五二五厂
盘江矿务局化工厂
淮南矿务局化工厂
淮北矿务局九一〇厂
英岗岭矿务局七〇九厂
石嘴山矿务局化工厂
峰峰矿务局六〇七厂
铜川矿务局一五三厂
徐州矿务局化工厂
鹤壁矿务局五一一厂

基建

淮北煤矿建设公司第三十工程处
淮北矿务局工程处
第一建设公司第四十九工程处
建安公司第七十二工程处
两淮煤矿建设特殊凿井公司第五工程队
开滦矿务局基本建设公司
开滦矿务局建井工程处
大同矿务局四台沟工程处
晋城矿务局土建工程处
西山矿务局古交第三工程处
山西煤炭基本建设局
乌达矿务局建井工程处
江苏省煤炭基建公司第二工程处
枣庄矿务局第四工程处
兖州矿务局第三十七工程处
江西省煤矿基建公司第一工程处
平顶山矿务局机电安装工程处
河南矿业建筑安装工程公司
涟邵矿务局第二工程处
淮南矿务局凿井工程处
淮南矿务局建井工程处
四川煤矿建设第五工程处
云南省矿建工程处
贵州省第六十五工程处
陕西省第二工程处
靖远矿务局第一工程处
宁夏煤炭基建公司第一工程处
第一建设公司邯郸煤机厂
峰峰矿务局工程处
四川省煤矿基建工程公司第三建安公司
徐州矿务局建井工程处

中国统配煤矿总公司系统 1991年度综合防尘达标局矿名单

一、矿务局

平顶山矿务局
大屯煤电公司
徐州矿务局
潞安矿务局
西山矿务局
汾西矿务局
邢台矿务局
兖州矿务局
龙口矿务局

二、矿　井

平顶山矿务局　一矿　二矿　四矿　五矿　六矿　七矿　十矿　十一矿　十二矿　高庄煤矿
大屯煤电公司　姚桥煤矿　孔庄煤矿　徐庄煤矿　龙东矿
徐州矿务局　大黄山矿　权台煤矿　旗山煤矿　董庄煤矿　庞庄煤矿　夹河煤矿　张小楼煤矿　垞城煤矿　张集煤矿　三河尖煤矿
潞安矿务局　石圪节煤矿　五阳煤矿　王庄煤矿　漳村煤矿
西山矿务局　杜儿坪煤矿　西铭煤矿　官地煤矿　镇城底煤矿
汾西矿务局　高阳矿　水峪煤矿　柳湾矿
邢台矿务局　东庞煤矿　邢台煤矿

兖州矿务局　南屯煤矿　北宿煤矿　兴隆煤矿
鲍店煤矿　杨村煤矿　东滩煤矿
龙口矿务局　北皂煤矿　洼里煤矿

中国统配煤矿总公司系统 1991年度等级通风矿井、通风处名单

一、特级通风矿井

大同矿务局　云岗矿　燕子山矿　马脊梁矿
大屯煤电公司　龙东矿
肥城矿务局　大封矿　杨庄矿　曹庄矿　陶阳矿　国家庄矿
兖州矿务局　鲍店矿
徐州矿务局　大黄山矿　夹河矿　三河尖矿　庞庄矿　张集矿　董庄矿
焦作矿务局　朱村矿
义马矿务局　杨村矿　新安矿　跃进矿
盘江矿务局　月亮田矿
石炭井矿务局　一矿　二矿
永荣矿务局　曾家山矿
乌达矿务局　五虎山矿
海勃湾矿务局　公乌素矿　老石旦矿

二、一级通风矿井

大同矿务局　煤峪口矿　同家梁矿　忻州窑矿　白洞矿　晋华宫矿　大斗沟矿
开滦矿务局　唐家庄矿　范各庄矿　林南仓矿
淮南矿务局　谢一矿　李一矿
淮北矿务局　童亭矿　杨庄矿
大屯煤电公司　姚桥矿　徐庄矿　孔庄矿
邯郸矿务局　王凤矿　陶二矿
邢台矿务局　东庞矿
潞安矿务局　漳村矿
汾西矿务局　水峪矿　柳湾矿2号井
晋城矿务局　王台铺矿
霍州矿务局　曹村矿
小峪煤矿
淄博矿务局　岭子矿一井
新汶矿务局　良庄矿　协庄矿　潘西矿
兖州矿务局　南屯矿　兴隆庄矿
徐州矿务局　权台矿　旗山矿　垞城矿
丰城矿务局　坪湖矿
焦作矿务局　焦西矿
鹤壁矿务局　三矿　五矿
义马矿务局　常村矿　耿村矿
郑州矿务局　米村矿
水城矿务局　顶拉矿
盘江矿务局　火铺矿　土城矿
石炭井矿务局　三矿　乌兰矿　白芨沟矿
广旺矿务局　赵家坝矿　唐家河矿　南江矿
芙蓉矿务局　巡场矿
天府矿务局　三汇三矿
平顶山矿务局　一矿　四矿　十矿　十二矿　高庄矿
乌达矿务局　黄白茨矿
包头矿务局　河滩沟矿
窑街矿务局　一矿
靖远矿务局　红会三矿　王家山矿三号井

三、二级通风矿井

大同矿务局　王村矿　四老沟矿　挖金湾矿　四台沟矿　雁崖矿　永定庄矿
开滦矿务局　吕家坨矿
淮南矿务局　新庄孜矿　李二矿　孔集矿　潘二矿　谢二矿
淮北矿务局　张庄矿　袁庄矿　石台矿　沈庄矿　岱河矿　朱庄矿　相城矿　临涣矿　朔里矿　海孜矿
北京矿务局　王平村矿
峰峰矿务局　牛儿庄矿　孙庄矿
邯郸矿务局　陶一矿
潞安矿务局　五阳矿　石圪节矿　王庄矿
汾西矿务局　高阳矿　柳湾矿1号井　西渡矿崔家沟井　两渡矿河溪沟井
晋城矿务局　古书院矿　凤凰山矿
西山矿务局　西铭矿　杜儿坪矿
轩岗矿务局　刘家梁矿
霍州矿务局　辛置矿　团柏矿　南下庄矿
王坪煤矿
淄博矿务局　双沟矿　南定矿　夏庄矿二井
新汶矿务局　张庄矿　西港矿
龙口矿务局　北皂矿
徐州矿务局　韩桥矿韩桥井　韩桥矿夏桥井　义安矿
萍乡矿务局　高坑矿　安源矿　青山矿
丰城矿务局　建新矿　尚一矿　八一矿
英岗岭矿务局　桥头矿
焦作矿务局　韩王矿　演马庄矿
鹤壁矿务局　四矿
义马矿务局　千秋矿
郑州矿务局　王庄矿
盘江矿务局　老屋基矿　山脚树矿
水城矿务局　汪家寨矿平硐　大河边矿　老鹰山矿　木冲沟矿　那罗寨矿　红旗矿
六枝矿务局　化处矿　地宗矿　凉水井矿　四角田矿

天府矿务局　杨柳坝矿　三汇二矿
松藻矿务局　石壕矿　打通二矿
永荣矿务局　双河矿八井
广旺矿务局　代祠坝矿
芙蓉矿务局　杉木树矿
攀枝花矿务局　沿江矿
铜川矿务局　鸭口矿
韩城矿务局　燎源矿
蒲白矿务局　南井头矿
平顶山矿务局　二矿　三矿　五矿　六矿　七矿　十一矿　大庄矿
窑街矿务局　二矿二号井　二矿四号井　三矿
靖远矿务局　红会四矿　魏家地矿　王家山矿四号井

四、矿务局特级通风处

大同矿务局
开滦矿务局
平顶山矿务局
淮南矿务局
淮北矿务局
大屯煤电公司
峰峰矿务局
兴隆矿务局
邢台矿务局
阳泉矿务局
西山矿务局
潞安矿务局
晋城矿务局
轩岗矿务局
淄博矿务局
新汶矿务局
枣庄矿务局
肥城矿务局
兖州矿务局
坊子矿务局
徐州矿务局
焦作矿务局
鹤壁矿务局
义马矿务局
郑州矿务局
石嘴山矿务局
石炭井矿务局
广旺矿务局
攀枝花矿务局
永荣矿务局
南桐矿务局
天府矿务局
包头矿务局
乌达矿务局
海勃湾矿务局
汾西矿务局

五、矿务局一级通风处

井陉矿务局　下花园煤矿　八宝山煤矿　龙口矿务局

六、矿务局二级通风处

萍乡矿务局
丰城矿务局
水城矿务局
盘江矿务局
松藻矿务局
窑街矿务局
靖远矿务局
阿干镇煤矿

中国统配煤矿总公司系统 1991年度标准化矿山 救护队名单

一、标准化矿山救护大队

平顶山矿务局
大同矿务局
淮南矿务局
淮北矿务局
大屯煤电公司
峰峰矿务局
邢台矿务局
阳泉矿务局
西山矿务局
新汶矿务局
肥城矿务局
枣庄矿务局
徐州矿务局
长广矿务局
南桐矿务局
松藻矿务局
窑街矿务局
靖远矿务局
石炭井矿务局
焦作矿务局
鹤壁矿务局
义马矿务局
郑州矿务局

二、特级标准化矿山救护中队

开滦矿务局　直属中队
平顶山矿务局　直属中队　十矿中队　五矿中队
大同矿务局　平旺中队　雁崖中队
淮南矿务局　一中队　二中队　三中队　四中队
淮北矿务局　相山中队　张庄中队　杨庄中队　石台中队　临焕中队
大屯煤电公司　直属中队
峰峰矿务局　一中队　二中队　三中队
兴隆矿务局　救护消防队
邢台矿务局　邢台中队
邯郸矿务局　救护队
阳泉矿务局　一中队　二中队　三中队
西山矿务局　一中队　二中队
晋城矿务局　救护队
汾西矿务局　救护队
潞安矿务局　直属中队
乌达矿务局　直属中队
淄博矿务局　直属中队
新汶矿务局　直属中队　南冶矿中队　华丰矿中队　禹村矿中队　泉沟矿中队
肥城矿务局　一中队
枣庄矿务局　直属中队　陶庄矿中队　柴里矿中队　蒋庄矿中队
兖州矿务局　南屯矿中队
龙口矿务局　洼里矿中队
徐州矿务局　大黄山矿中队　新河矿中队　庞庄矿中队
萍乡矿务局　直属中队
南桐矿务局　鱼田堡矿中队
松藻矿务局　打通一矿中队
铜川矿务局　市区中队
窑街矿务局　直属中队
靖远矿务局　直属中队　红会中队
阿干镇煤矿救护队
石炭井矿务局　直属中队
新疆维吾尔自治区矿山救护基地
焦作矿务局　焦作中队　李庄中队　鹤壁一中队　二中队
义马矿务局　直属中队　三中队　四中队
郑州矿务局　直属中队　裴沟矿中队
白沙矿务局　马田矿中队
澄合矿务局　西区中队

三、一级标准化矿山救护中队

平顶山矿务局　大庄矿中队　八矿中队　一矿中队
大同矿务局　云岗矿中队
淮北矿务局　朱仙矿中队　芦岭矿中队　袁庄矿中队
北京矿务局　救护队
井陉矿务局　救护队
邢台矿务局　东庞矿中队
下花园煤矿救护队
轩岗矿务局　救护队
包头矿务局　救护队
霍州矿务局　救护队
肥城矿务局　二中队
枣庄矿务局　八一矿中队
兖州矿务局　兴隆庄矿中队
临沂矿务局　救护队
龙口矿务局　北皂矿中队
坊子煤矿救护队
丰城矿务局　直属中队
洛市矿务局　救护队
长广煤矿公司　直属中队
田坝煤矿救护队
六枝救护队
南桐矿务局　直属中队　南桐矿中队　砚石台矿中队　东林矿中队　红岩矿中队
天府矿务局　磨心坡矿中队　三汇一矿中队
松藻矿务局　打通二矿中队　松藻矿中队　石壕矿中队　逢春矿中队
中梁山煤矿　南矿中队
蒲白矿务局　救护队
韩城矿务局　南区中队
崔家沟煤矿救护队
靖远矿务局　王家山矿中队
石炭井矿务局　白芨沟矿中队
石嘴山矿务局　救护队
义马矿务局　二中队
郑州矿务局　大平矿中队　芦沟矿中队　米村矿中队　王庄矿中队
涟邵矿务局　利民矿中队　牛马司矿中队　洪山殿矿中队　斗笠山矿中队　冷水江矿中队
白沙矿务局　红卫矿中队
资兴矿务局　直属中队

四、二级标准化矿山救护队

西山矿务局　古交矿中队
荫营煤矿救护队
英岗岭矿务局　救护队
羊场煤矿救护队
一平浪煤矿救护队
盘江矿务局　直属中队　火铺煤矿中队
水城矿务局　老鹰山中队　汪家寨中队
攀枝花矿务局　直属中队　太平矿中队　大宝鼎矿中队
芙蓉矿务局　直属中队

天府矿务局　刘家沟矿中队　三汇三矿中队
永荣矿务局　救护队
中梁山煤矿北矿中队
铜川矿务局　陈家山矿中队
石炭井矿务局　乌兰矿中队
汝箕沟煤矿救护队
义马矿务局　一中队
涟邵矿务局　桥头河矿中队　芦矛江矿中队　金竹山矿中队
白沙矿务局　红卫矿中队　湘永矿中队
资兴矿务局　杨梅山矿中队

东北内蒙古煤炭工业联合公司系统1990年度先进企业名单

一、生产矿井（10个）

阜新矿务局清河门矿
阜新矿务局东梁矿
阜新矿务局新邱露天矿
铁法矿务局晓青矿
南票矿务局三家子矿
北票矿务局三宝矿
双鸭山矿务局集贤矿
平庄矿务局西露天矿
平庄矿务局元宝山矿
扎赉诺尔矿务局灵北矿

二、基建工程处（3个）

鹤岗矿务局煤建处
霍林河矿区指挥部建工处
北票矿务局建工处

三、机电厂（4个）

阜新矿务局机电二厂
鹤岗矿务局机修厂
辽源矿务局机械厂
辽源矿务局平岗截齿厂

四、铁路运输部（2个）

七台河矿务局运输部
辽源矿务局运输部

五、供、发电厂（4个）

鹤岗矿务局热电厂
七台河矿务局水电厂
双鸭山矿务局电务厂
鸡西矿务局水电厂

六、选煤厂（1个）

鸡西矿务局滴道选煤厂

七、水泥厂（2个）

鸡西矿务局水泥厂
北票矿务局水泥厂

八、林业处（2个）

阜新矿务局林业处
铁法矿务局林业处

九、其它（3个）

铁法矿务局水暖厂
铁法矿务局铁路工程公司
建筑基础公司

十、多种经营（23个）

抚顺矿务局金属支架厂
抚顺矿务局二公司
抚顺矿务局工业公司
抚顺矿务局西露天建筑工程公司
阜新矿务局机电修配厂集体企业公司
阜新矿务局运输部集体企业公司
阜新矿务局海州矿多种经营公司
阜新矿务局五龙矿集体企业公司
阜新矿务局耐火材料厂
鸡西矿务局城子河矿多种经营公司
鸡西矿务局多种经营总公司建筑公司
鸡西矿务局滴道选煤厂多种经营公司
鹤岗矿务局南山矿多种经营公司
鹤岗矿务局竣德矿多种经营公司
鹤岗矿务局供应处多种经营公司
鹤岗矿务局运输部多种经营公司
鹤岗矿务局机电总厂多种经营公司
双鸭山矿务局七星矿多种经营公司
双鸭山矿务局总务处
平庄矿务局多种经营总公司
大雁矿务局第二土建工程处
东煤公司煤矿设备制造公司

鸡西煤矿机械厂分厂
南票矿务局化工厂

东北内蒙古煤炭工业联合公司系统1991年度质量标准化、安全创水平先进矿务局、矿（井）名单

一、特级质量标准化矿务局（6个）

大雁矿务局
抚顺矿务局
南票矿务局
双鸭山矿务局
七台河矿务局
扎赉诺尔矿务局

二、质量标准化矿务局、指挥部（7个）

北票矿务局
铁法矿务局
沈阳矿务局
舒兰矿务局
平庄矿务局
霍林河矿区指挥部
伊敏河矿区指挥部

三、质量标准化矿井（露天）（95个）

1．特优级质量标准化先进矿（26个）

抚顺矿务局西露天矿
抚顺矿务局老虎台矿
阜新矿务局海州露天矿
阜新矿务局新邱露天矿
铁法矿务局大明二矿
铁法矿务局晓明矿
铁法矿务局小南矿
南票矿务局邱皮沟矿
沈阳矿务局红菱矿
鸡西矿务局滴道矿
鸡西矿务局二道河子矿
鸡西矿务局张新矿
鹤岗矿务局兴山矿
鹤岗矿务局岭北露天矿
鹤岗矿务局新一矿
鹤岗矿务局富力矿
双鸭山矿务局宝山矿
双鸭山矿务局七星矿
双鸭山矿务局新安矿
七台河矿务局新建矿
七台河矿务局富强矿
平庄矿务局西露天矿
扎赉诺尔矿务局西山矿
大雁矿务局一矿
霍林河矿区建设指挥部南露天矿
伊敏河矿区建设指挥部一露天矿

2．特级质量标准化先进矿（41个）

抚顺矿务局龙凤矿
阜新矿务局清河门矿
北票矿务局冠山矿
铁法矿务局大隆矿
南票矿务局三家子矿
南票矿务局大窑沟矿
南票矿务局苇子沟矿
沈阳矿务局林盛矿
沈阳矿务局西马矿
沈阳矿务局大桥矿
通化矿务局大湖矿
舒兰矿务局吉舒矿
舒兰矿务局东富矿
舒兰矿务局舒兰街矿
鸡西矿务局恒山矿
鸡西矿务局麻山矿
鸡西矿务局城子河矿
鸡西矿务局小恒山矿
鸡西矿务局正阳矿
鸡西矿务局大通沟矿
鸡西矿务局东海矿
鸡西矿务局平岗矿
鹤岗矿务局兴安矿
鹤岗矿务局大陆矿
鹤岗矿务局振兴矿
双鸭山矿务局四方台矿
双鸭山矿务局集贤矿
双鸭山矿务局双阳矿
七台河矿务局新兴矿
七台河矿务局桃山矿
七台河矿务局东风矿
七台河矿务局新立矿
平庄矿务局王家矿
平庄矿务局古山矿
平庄矿务局红庙矿
平庄矿务局风水沟矿
扎赉诺尔矿务局灵泉矿
扎赉诺尔矿务局灵北矿
扎赉诺尔矿务局灵泉露天矿
大雁矿务局二矿
大雁矿务局三矿

3．一级质量标准化先进矿（10个）

阜新矿务局五龙矿
阜新矿务局王营矿
铁法矿务局大明一矿
铁法矿务局大兴矿
铁法矿务局小康矿
沈阳矿务局彩屯矿
辽源矿务局梅河矿
通化矿务局湾沟矿
鹤岗矿务局南山矿
双鸭山矿务局东保卫矿

4．二级质量标准化先进矿（5个）

北票矿务局台吉矿
南票矿务局小凌河矿
辽源矿务局西安矿
舒兰矿务局丰广矿
珲春矿区建设指挥部蛟河矿

5．三级质量标准化先进矿（13个）

阜新矿务局平安矿
阜新矿务局艾友矿
铁法矿务局小青矿
沈阳矿务局前屯矿
沈阳矿务局清水矿
沈阳矿务局蒲河矿
通化矿务局道清矿
通化矿务局王道江矿
通化矿务局苇塘矿
舒兰矿务局营城矿
珲春矿区建设指挥部英安矿
珲春矿区建设指挥部城西矿
平庄矿务局元宝山矿

四、质量标准化安监局（13个）

1．特级质量标准化安监局（10个）

抚顺矿务局安监局
北票矿务局安监局
沈阳矿务局安监局
舒兰矿务局安监局
双鸭山矿务局安监局
七台河矿务局安监局
平庄矿务局安监局
大雁矿务局安监局
霍林河矿区建设指挥部安监局
伊敏河矿区建设指挥部安监局

2．一级质量标准化安监局（2个）

辽源矿务局安监局
珲春矿区建设指挥部安监局

3．二级质量标准化安监局（1个）

南票矿务局安监局

五、质量标准化安监处（94个）

1．特级质量标准安监处（76个）

抚顺矿务局　西露天矿安监处　老虎台矿安监处　龙凤矿安监处
阜新矿务局　艾友矿安监处　清河门矿安监处　王营矿安监处　新邱矿安监处　海州矿安监处
北票矿务局　台吉矿安监处　三宝矿安监处
铁法矿务局　一矿安监处　二矿安监处　晓明矿安监处　大隆矿安监处　小南矿安监处　大兴矿安监处　小康矿安监处
南票矿务局　三家子矿安监处　邱皮沟矿安监处　大窑沟矿安监处　小凌河矿安监处
沈阳矿务局　红菱矿安监处　林盛矿安监处　清水矿安监处　蒲河矿安监处　西马矿安监处　大桥矿安监处
辽源矿务局　西安矿安监处
通化矿务局　大湖矿安监处　五道江矿安监处
舒兰矿务局　吉舒矿安监处　东富矿安监处　舒兰街矿安监处　营城矿安监处
珲春矿区建设指挥部　蛟河矿安监处
鸡西矿务局　滴道矿安监处　麻山矿安监处　城子河矿安监处　小恒山矿安监处　二道河子矿安监处　正阳矿安监处　大通沟矿安监处　张新矿安监处　东海矿安监处
鹤岗矿务局　兴山矿安监处　岭北矿安监处　新一矿安监处　富力矿安监处　大陆矿安监处　振兴矿安监处
双鸭山矿务局　四方台矿安监处　宝山矿安监处　七星矿安监处　集贤矿安监处　双阳矿安监处　新安矿安监处　东保卫矿安监处
七台河矿务局　新建矿安监处　新兴矿安监处　桃山矿安监处　东风矿安监处　富强矿安监处
平庄矿务局　王家矿安监处　古山矿安监处　红庙矿安监处　风水沟矿安监处　露天矿安监处
扎赉诺尔矿务局　西山矿安监处　灵泉矿安监处　灵北矿安监处
大雁矿务局　一矿安监处　二矿安监处
霍林河矿区建设指挥部　南露天矿安监处
伊敏河矿区建设指挥部　一露天矿安监处

2．一级质量标准化安监处（15个）

阜新矿务局五龙矿安监处
南票矿务局苇子沟矿安监处
沈阳矿务局彩屯矿安监处
沈阳矿务局前屯矿安监处
辽源矿务局梅河矿安监处

通化矿务局八道江矿安监处
通化矿务局湾沟矿安监处
通化矿务局道清矿安监处
珲春矿区建设指挥部英安矿安监处
鸡西矿务局恒山矿安监处
鸡西矿务局平岗矿安监处
鹤岗矿务局兴安矿安监处
鹤岗矿务局南山矿安监处
七台河矿务局新立矿安监处
平庄矿务局元宝山矿安监处

3．二级质量标准化安监处（1个）

阜新矿务局东梁矿安监处

中国统配煤矿总公司系统 1991年度各类上等级采煤队前三名名单

综采队

第一名　晋城矿务局古书院矿综一队
第二名　兖州矿务局南屯矿综二队
第三名　阳泉矿务局四矿综二队

高档普采队

第一名　汾西矿务局水峪矿采一队
第二名　汾西矿务局水峪矿采四队
第三名　峰峰矿务局羊渠河矿601队

普采队

第一名　大同矿务局晋华宫矿采四队
第二名　焦作矿务局王封矿采三队
第三名　大同矿务局四老沟矿采五队

水采队

第一名　枣庄矿务局八一矿水采队

炮采队

第一名　开滦矿务局荆各庄矿811队
第二名　淮北矿务局岱河矿采六队
第三名　郑州矿务局王庄矿采一队

中国统配煤矿总公司系统 1991年度综采创水平队名单（38个）

大同云岗矿综采一队
大同云岗矿综采二队
大同云岗矿综采三队
大同同家梁矿综一队
大同晋华宫矿综三队
大同忻州窑矿综二队
平顶山一矿综采五队
平顶山十矿综采二队
邢台邢台矿综二队
邢台东庞矿矿综二队
阳泉一矿北丈八七四队
阳泉二矿西丈八井综四队
阳泉三矿竖井综五队
阳泉四矿生产区综二队
西山杜儿坪矿综二队
西山西铭矿综一队
潞安石圪节矿综采队
潞安五阳矿综一队
潞安王庄矿综三队
潞安漳村矿综一队
潞安王庄矿综采二队
潞安王庄矿综采四队
潞安王庄矿综一队
晋城古书院矿综一队
晋城古书院矿综二队
晋城王台铺矿综一队
晋城王台铺矿综二队
晋城凤凰山矿综一队
晋城凤凰山矿综二队
晋城凤凰山矿综三队
乌达五虎山矿综采二队
兖州南屯矿综一队
兖州南屯矿综二队
兖州兴隆庄矿综三队
兖州鲍店矿综一队
义马常村矿综一队
义马杨村矿综二队
义马耿村矿五四队

中国统配煤矿总公司系统 1991年度高档普采创水平队名单（21个）

开滦范各庄矿611队
峰峰牛儿庄矿802甲队
峰峰羊渠河矿601队
峰峰万年矿1303队
峰峰孙庄矿1201队
峰峰五矿505队
峰峰黄沙矿1103队
峰峰薛村矿901队
邢台邢台矿采三队
邢台显德旺矿采二区
阳泉三矿一号井高二队
阳泉三矿一号井高四队

阳泉四矿生产区高一队
汾西水峪矿采一队
汾西水峪矿采三队
汾西水峪矿采四队
汾西高阳矿采六队
轩岗刘家梁矿采三队
轩岗焦家寨矿采三队
山西太原煤气化公司嘉乐泉矿采一队
新汶协庄矿采五队

中国统配煤矿总公司系统 1991年度炮采创水平队 名单（3个）

开滦荆各庄矿811队
淮北岱河矿采六队
郑州王庄矿采一队

中国统配煤矿总公司系统 1991年度综采甲级队 名单（90个）

开滦唐山矿综二队
开滦唐山矿综三队
开滦范各庄矿综一队
开滦荆各庄矿综一队
开滦荆各庄矿综二队
开滦钱家营矿综一队
开滦钱家营矿综二队
大同煤峪口矿综二队
大同煤峪口矿综三队
大同永定庄矿综四队
大同同家梁矿综一队
大同忻州窑矿综二队
大同忻州窑矿综一队
大同晋华宫矿综二队
大同晋华宫矿综三队
大同大斗沟矿综二队
大同云岗矿综一队
大同云岗矿综二队
大同燕子山矿综二队
大同燕子山矿综三队
大同燕子山矿综四队
平顶山一矿综二队
平顶山一矿综五队
平顶山四矿综二队
平顶山七矿综一队
平顶山十矿综二队
淮南潘一矿综二队
淮北朔里矿综一队
大屯煤电公司龙东矿综采队
峰峰万年矿1304队
邢台东庞矿综二队
邢台邢台矿综二队
阳泉一矿七四队
阳泉北头嘴一队
阳泉北四尺一队
阳泉二矿综四队
阳泉二矿综三队
阳泉四矿综二队
阳泉三矿综一队
西山官地矿综一队
西山官地矿综二队
西山官地矿综三队
西山西铭矿综一队
西山西铭矿综二队
西山杜儿坪矿综采二队
西山杜儿坪矿综采三队
西山西曲矿综一队
西山西曲矿综三队
汾西柳湾矿综采队
潞安石圪节矿综采队
潞安五阳矿综一队
潞安王庄矿综一队
潞安王庄矿综二队
潞安五阳矿综二队
潞安漳村矿综二队
晋城古书院矿综一队
晋城古书院矿综二队
晋城古书院矿综三队
晋城王台铺矿综一队
晋城王台铺矿综二队
晋城王台铺矿综三队
晋城凤凰山矿综一队
晋城凤凰山矿综二队
晋城凤凰山矿综三队
乌达五虎山矿综二队
徐州旗山矿综一队
徐州庞庄矿综二队
徐州三河尖矿综一队
新汶良庄矿综一队
枣庄柴里矿综二队
枣庄蒋庄矿综一队
兖州南屯矿综一队
兖州南屯矿综二队
兖州兴隆庄矿综一队
兖州兴隆庄矿综三队
兖州兴隆庄矿综四队

兖州鲍店矿综一队
兖州鲍店矿综三队
兖州东滩矿综一队
兖州东滩矿综三队
龙口北皂矿综采队
义马常村矿综一队
义马杨村矿综二队
义马耿村矿五四队
义马跃进矿综采队
义马千秋矿八一队
义马耿村矿综一队
韩城桑树坪矿综一队
窑街一矿综采一队
石炭井白芨沟矿综采队

中国统配煤矿总公司系统
1991年度高档普采甲级队
名 单 （52 个）

开滦范各庄矿611队
开滦范各庄矿621队
平顶山局四矿采一队
淮南谢二矿采一队
峰峰羊渠河矿601队
峰峰牛儿庄矿802甲
峰峰薛村矿901队
峰峰五矿505队
峰峰孙庄矿1201队
峰峰黄沙矿1103队
峰峰万年矿1303队
峰峰二矿205队
峰峰四矿401队
峰峰五矿504队
峰峰薛村矿904队
峰峰孙庄矿1202队
峰峰孙庄矿1204队
峰峰万年矿1301队
峰峰羊渠河矿603队
峰峰羊渠河矿604队
峰峰羊渠河矿606队
峰峰小屯矿1401队
邢台邢台矿采三队
邢台显德旺矿采二区
阳泉四矿高一队
阳泉三矿一号井二队
阳泉三矿裕公二队
西山镇矿采二队
汾西柳湾矿采三队
汾西水峪矿采一队
汾西水峪矿采二队
汾西水峪矿采三队
汾西水峪矿采四队
汾西高阳矿采四队
汾西高阳矿采六队
汾西两渡矿采四队
轩岗刘矿采三队
轩岗焦矿采三队
山西太原煤气化公司嘉乐泉矿
霍州南下庄矿采二队
海勃湾老石旦矿采二队
徐州韩桥矿采六队
徐州权台矿采五队
淄博岭子一井采一队
淄博岭子一井采三队
淄博岭子一井五四队
新汶协庄矿采四队
新汶协庄矿采五队
枣庄柴里矿采六队
焦作朱村矿老采队
鹤壁三矿高一队
盘江土城矿532队

中国统配煤矿总公司系统
1991年度普采甲级队
名 单 （5 个）

峰峰三矿302队
峰峰黄沙矿1102队
峰峰黄沙矿1203队
新汶张庄矿采三队
焦作王封矿采三队

中国统配煤矿总公司系统
1991年度水采甲级队
名 单 （5 个）

开滦吕家坨矿721队
开滦吕家坨矿731队
开滦吕家坨矿741队
枣庄八一矿水采队
肥城杨庄矿采二队

中国统配煤矿总公司系统
1991年度炮采甲级队
名 单 （58 个）

开滦赵各庄矿181队
开滦荆各庄矿811队
平顶山二矿采二队
平顶山二矿采三队
平顶山五矿采四队
平顶山六矿采一队
淮北岱河矿采二队
淮北岱河矿采六队
淮北石台矿采四队
淮北石台矿采七队
北京木城涧矿42队
北京木城涧矿20队
北京门头沟矿九队
峰峰通二矿701队
邯郸陶二矿采一队
邯郸王凤矿采二队
汾西两渡矿采一队
包头阿刀亥矿采煤队
徐州大黄山矿采一队
徐州大黄山矿采三队
徐州带庄矿采二队
淄博南定矿采三队
新汶张庄矿采二队
新汶华丰矿采五队
枣庄枣庄矿采五队
枣庄枣庄矿跃三队
肥城大封矿采二队
肥城曹庄矿采二队
兖州北宿矿采一队
兖州杨村矿采一队
兖州杨村矿采二队
郑州王庄矿采一队
郑州大平矿采二队
芙蓉杉木树矿采煤4队
芙蓉杉木树矿采煤9队
攀枝花太平矿二区二队
攀枝花花山矿一区一队
攀枝花大宝鼎矿三区三队
南桐砚石台矿124队
天府磨心坡矿203队
天府刘家沟矿211队
永荣永川六井一队
云南省来宾矿东采煤队
盘江老屋基矿1队
盘江火铺矿1队
盘江火铺矿8队
韩城下峪口矿采二队
韩城象山矿采二队
石嘴山二矿采一队
石嘴山二矿采二队
石嘴山一矿采一队
石嘴山一矿采二队
石嘴山一矿采四队
石嘴山二矿采三队
乌鲁木齐六道湾矿一采区
乌鲁木齐碱沟矿一区
乌鲁木齐碱沟矿二区
乌鲁木齐小红沟矿二区

中国统配煤矿总公司系统
1991年度上纲要钻车队
名 单 （13 个）

阳泉三矿工程区29队
徐州建井处101工区(2)队
阳泉一矿工程区二队
开滦钱家营矿开一队
邢台东庞矿202队
邢台东庞矿102队
西山西铭矿工程六队
郑州米村矿岩三队
郑州大平矿岩三队
开滦赵各庄矿快一队
晋城王台铺矿开拓队一组
淮北工程处矿建二工区钻车队
开滦范各庄矿快一队

中国统配煤矿总公司系统
1991年度上纲要机掘队
名 单 （82 个）

开滦钱家营矿002队
大同云岗矿机掘二队
潞安王庄矿综掘三队
大同王村矿机掘队
大同云岗矿机掘一队
平顶山一矿0124队
潞安王庄矿综掘一队
峰峰薛村矿综掘队
潞安漳村矿掘进一队

晋城古书院矿综掘一队
晋城古书院矿综掘二队
峰峰牛儿庄矿03队
西山西铭矿掘三队
开滦钱家营矿001队
平顶山一矿0123队
峰峰羊渠河矿综掘队
大同燕子山矿机掘一队
开滦荆各庄矿802队
平顶山十矿1021队
兖州兴隆庄矿综掘二队
大同同家梁矿机掘一队
阳泉二矿西四尺掘一队
大同忻州窑矿机一队
开滦荆各庄矿801队
大同燕子山矿机二队
晋城凤凰山矿机掘一队
开滦唐山矿401队
晋城王台铺矿综掘一队
兖州兴隆庄矿综掘一队
平顶山一矿0122队
大同挖金湾矿机一队
大同煤峪口矿机二队
兖州东滩矿综掘队
汾西柳湾矿综掘二队
邢台东庞矿301队
阳泉三矿2号井综掘一队
阳泉二矿西四尺综掘二队
义马耿村矿综掘二队
枣庄蒋庄矿综掘队
汾西水峪矿综掘一队
晋城王台铺矿综掘三队
西山杜儿坪矿掘一队
大同永定庄矿机一队
潞安石圪节矿综掘队
平顶山八矿0823队
阳泉二矿西丈八综掘队
平顶山一矿0121队
开滦唐山矿402队
淮北朱庄矿综掘10队
淮北张庄矿掘进11队
平顶山四矿0421队
兖州鲍店矿551队
大同雁崖矿机掘队
晋城王台铺矿综掘二队
晋城凤凰山矿机掘三队
西山杜儿坪矿掘进三队
淮北杨庄矿综掘队
晋城凤凰山矿机掘二队
霍州曹村矿综掘队
西山杜儿坪矿掘进七队
兖州南屯矿121队
大同永定庄矿机二队
开滦范各庄矿603甲队
西山杜儿坪矿掘进四队
潞安五阳矿综掘二队
鹤壁三矿掘二队
大同晋华宫矿机掘队
大同白洞矿机掘队
兖州鲍店矿552队
大屯煤电公司龙东矿掘进五队
枣庄柴里矿综掘一队
郑州米村矿煤一队
峰峰万年矿综掘队
开滦范各庄矿601甲队
邢台显德旺矿综掘队
兖州南屯矿122队
淮北朔里矿综掘一队
大同大斗沟矿机掘队
枣庄柴里矿综掘二队
义马常村矿202队
义马常村矿综掘队
潞安五阳矿综掘二队

中国统配煤矿总公司系统 1991年度上纲要炮掘队 前100名名单

义马杨村矿掘二队
新汶协庄矿快掘队
新汶协庄矿新一队
郑州米村矿煤五队
平顶山十矿1012队
新汶协庄矿掘五区
焦作位村矿豫焦13队
南桐砚石台矿123队
义马杨村矿开二队
南桐红岩矿131队
攀枝花大宝鼎矿9451队
天府磨心坡矿202-1队
松藻打通二矿612队乙组
郑州米村矿煤四队
平顶山三矿0301队
枣庄山家林矿掘一区三队
郑州芦沟矿岩二队
潞安王庄矿掘二队
攀枝花太平矿913队
平顶山一矿0111队
开滦矾土矿七队
松藻打通一矿604甲组
大同四老沟矿掘三队

松藻打通一矿604队乙组
淄博岭子矿一井掘二101队
一平浪矿十一分队
涟邵斗笠山矿香花台井湘掘24队
峰峰黄沙矿1101队
峰峰三矿304队
蒲白马村矿掘三队
义马杨村矿掘三队
平顶山一矿0125队
攀枝花大宝鼎矿942队
开滦林西矿203队
峰峰羊渠河矿羊05队
邢台显德旺矿掘二队
兖州唐村矿311队
郑州裴沟矿煤六队
枣庄枣庄矿先锋队一队
天府杨柳坝矿222-1
邢台显德旺矿掘三队
汾西水峪矿掘三队
羊场矿掘进八队
平顶山六矿0611队
大同忻州窑矿工程一队
大同王村矿掘进二队
汾西水峪矿掘一队
平顶山二矿0201队
焦作中马矿豫焦八队
大屯煤电公司孔庄矿掘进一队
义马杨村矿开三队
淮北岱河矿淮北六队
平顶山二矿0212队
平顶山十二矿1211队
北京门头沟矿18队
平顶山高庄矿1301队
一平浪矿开四队
徐州韩桥矿掘三(3)队
徐州韩桥矿掘一(2)队
南桐南桐矿171队
大同云岗矿普四队
轩岗黄家堡矿开拓三队
平顶山十矿1015队
平顶山十矿1014队
西山西铭矿掘七队
大同云岗矿普二队
汾西高阳矿掘七队
南桐南桐矿141队
西山杜儿坪矿开拓四队
开滦矾土矿八队
北京王平村矿一队
南桐鱼田堡矿105队
大同晋华宫矿掘二队
松藻逢春矿631队
一平浪矿开七队
淮北海孜矿淮北十四队
淮北朱仙庄矿淮北十二队
白沙马田矿新星井湘掘四队
平顶山大庄矿1413队
峰峰小屯矿03队
平顶山大庄矿1401队
永荣曾家山矿432-1队
兖州兴隆庄矿472队
西山镇城底矿掘进四队
大屯煤电公司龙东矿掘二队
枣庄甘霖矿掘进一区一队
新汶协庄矿快六队
邢台龙庞矿403队
南桐东林矿111队乙组
广旺旺苍矿743队
开滦唐山矿405队
涟邵斗笠山矿香花台井湘掘25队
开滦唐家庄矿开一队
开滦林西矿201队
焦作冯营矿豫焦11队
淮北张庄矿掘进十五队
铜川徐家沟矿掘三队
窑街三矿掘进一队
芙蓉巡场矿831队
枣庄甘霖矿快速三队一队

中国统配煤矿总公司系统 1991年度统配露天煤矿包机组 上纲要等级组名单（93个）

一、甲级（21个）

石炭井矿务局大峰矿（13个）
哈密矿务局露天矿（4个）
铜川矿务局焦坪矿（4个）

二、乙级（22个）

石炭井矿务局大峰矿（4个）
铜川矿务局焦坪矿（9个）
义马矿务局北露天矿（4个）
哈密矿务局露天矿（5个）

三、丙级（50个）

石炭井矿务局大峰矿（9个）
铜川矿务局焦坪矿（12个）
义马矿务局北露天矿（6个）

哈密矿务局露天矿（14个）
海渤湾矿务局露天矿（9个）

中国统配煤矿总公司系统 1991年度等级处、队名单

一、矿建甲级处（2个）

大同矿务局燕子山工程处
新汶矿务局翟镇建井处

二、土建甲级处（4个）

兖州矿务局第三十七处
建安公司第七十二处
建安公司第六十八处
建安公司筑路处

三、甲级队名单

1. 矿建甲级队（29个）
大同矿务局燕子山工程处掘进二队
平顶山矿务局建井一处105队
江苏省煤炭基建公司一处102队
淮北煤矿建设公司三十处猛虎队
淮南矿务局九十六处雄狮队
淮南矿务局三十九处3981队
龙口矿务局工程处121队
大同矿务局燕子山工程处掘进一队
淮北煤矿建设公司二十九处青年队
新汶矿务局翟镇建井处快一队
第一建设公司第十工程处矿建四队
淮南矿务局九十六处9615队
平顶山矿务局建井一处第三综合处
枣庄矿务局第三工程处矿六队
四川煤矿建设第五工程处209队
淮南矿务局三十九处3911队
湖南省煤矿基本建设第二工程处203队
龙口矿务局工程处快掘队
大同矿务局四台沟工程处十三队
新汶矿务局翟镇矿四队
阳泉矿务局第一工程处五五队
阳泉矿务局第一工程处五七队
枣庄矿务局第一工程处矿建一队
甘肃省煤炭基建公司第一工程处107队
徐州矿务局建井处一〇四工区一队
四川煤矿基建工程公司第二建安公司102队
甘肃省煤炭基建公司第一工程处104队（半年队）
淮南矿务局凿井处101队（半年队）
灵武矿务局建井处二队（半年队）

2. 土建甲级队（26个）
建安公司第七十二处二队
阳泉矿务局工程处土建三队
晋城矿务局工程处土建三工区
建安公司第七十三处三队
兖州矿务局第三十七处二工区
龙口矿务局工程处第一施工队
开滦矿务局工程处三工区
建安公司第六十八处四队
平顶山矿务局第六工程处土建一队
建安公司筑路处一队
阳泉矿务局工程处土建一队
阳泉矿务局工程处土建二队
兖州矿务局第三十七处三工区
兖州矿务局第三十七处四工区
建安公司第六十九处二队
龙口矿务局工程处第二施工队
新汶矿务局土建三区
建安公司第六十七处二队
枣庄矿务局四处三工区
建安公司第七十三处一队
建安公司第七十二处一队
建安公司第六十八处二队
四川煤矿建设第十二工程处古书院矿工区
淮北煤矿建设公司三十三处铁路工区
兖州矿务局第二处一队
建安公司筑路处二队

3. 安装甲级队（18个）
淮北煤矿建设公司机电安装处龙口安装队
平顶山矿务局第六工程处安装队
新汶矿务局工程处安装工区
兖州矿务局第六处安装一队
兖州矿务局第三十七处输变电工区
淮北煤矿建设公司七十一处安装工区
淮北煤矿建设公司机电安装处三队
淮北煤矿建设公司总机厂机电安装队
峰峰矿务局工程处机电安装队
晋城矿务局工程处安装工区
开滦矿务局基建公司机电安装处二队
兖州矿务局第三十七处六工区
兖州矿务局第七十处安装队
兖州矿务局第六处安装三队
平顶山矿务局安装处一工区
第一建设公司第十工程处安装队
淮南矿务局安装处一工区
大屯煤电公司建筑工程公司安装工程处（队）

东北内蒙古煤炭工业联合公司系统1991年度(安全生产年)获奖单位名单

一、荣获特号安康杯先进矿务局

大雁矿务局
抚顺矿务局
南票矿务局
七台河矿务局

二、荣获大号安康杯先进矿务局

北票矿务局
伊敏煤电公司
沈阳矿务局
舒兰矿务局
霍林河矿区建设指挥部

三、荣获中号安康杯先进矿务局

双鸭山矿务局
扎赉诺尔矿务局
平庄矿务局
辽源矿务局

四、荣获小号安康杯先进矿

抚顺矿务局　西露天矿
阜新矿务局　王营矿　海州露天矿　新邱露天矿
北票矿务局　冠山矿　三宝矿
铁法矿务局　大明二矿　晓明矿　大兴矿　小康矿
南票矿务局　三家子矿　邱皮沟矿　大窑沟矿　苇子沟矿
沈阳矿务局　林盛矿　红菱矿　蒲河矿　清水矿　大桥矿　西马矿
通化矿务局　王道江矿　大湖矿　苇塘矿
舒兰矿务局　吉舒矿　东富矿　舒兰街矿　营城矿
珲春矿区建设指挥部　蛟河矿
鸡西矿务局　大通沟矿　张新矿　东海矿
鹤岗矿务局　兴山矿　岭北露天矿　振兴矿
双鸭山矿务局　岭东矿　岭西矿　宝山矿　七星矿　东保卫矿　新安矿
七台河矿务局　东风矿　富强矿
平庄矿务局　西露天矿
扎赉诺尔矿务局　西山矿　灵泉露天矿
大雁矿务局　一矿　三矿
霍林河矿区建设指挥部　南露天矿
伊敏煤电公司　一露天矿

五、获"创安全生产年最佳工程处"称号的单位名单

沈阳矿务局矿建工程处
沈阳矿务局安装工程处
阜新矿务局建设工程处
铁法矿务局矿建工程处
铁法矿务局第三工程处
铁法矿务局第四工程处
舒兰矿务局建安公司
鸡西矿务局建筑工程处
鹤岗矿务局煤建工程处
鹤岗矿务局建筑安装工程处
双鸭山矿务局第二工程处
大雁矿务局矿建工程处
大雁矿务局建安公司
霍林河指挥部建筑工程处
珲春指挥部建井工程处
七台河矿务局土建工程处
伊敏煤电公司建设工程处

东北内蒙古煤炭工业联合公司系统1991年度先进安监局名单(11个)

抚顺矿务局安全监察局
北票矿务局安全监察局
南票矿务局安全监察局
沈阳矿务局安全监察局
舒兰矿务局安全监察局
双鸭山矿务局安全监察局
七台河矿务局安全监察局
平庄矿务局安全监察局
大雁矿务局安全监察局
霍林河矿区建设指挥部安全监察局
伊敏河煤电公司安全监察局

1991年度东北内蒙古煤炭工业联合公司安监局驻下列各矿（处）先进安监处

抚顺矿务局　老虎台矿　西露天矿
阜新矿务局　海州露天矿　新邱露天矿　五龙矿
北票矿务局　三宝矿
铁法矿务局　晓南矿　晓明矿　大明二矿
南票矿务局　邱皮沟矿　三家子矿
沈阳矿务局　红菱矿　林盛矿　大桥矿
辽源矿务局　梅河矿
通化矿务局　湾沟矿　大湖矿　五道江矿
舒兰矿务局　东高矿　吉舒矿
珲春矿区建设指挥部　蛟河矿
鸡西矿务局　恒山矿　二道河子矿　麻山矿　张新矿　滴道矿
鹤岗矿务局　兴山矿　岭北矿　大陆矿　富力矿　新一矿
双鸭山矿务局　宝山矿　七星矿　新安矿
七台河矿务局　新建矿　新兴矿　富强矿　东风矿
平庄矿务局　古山矿　西露天矿　风水沟矿
扎赉诺尔矿务局　西山矿　灵泉矿
大雁矿务局　一矿
霍林河矿区建设指挥部　南露天矿
伊敏河煤电公司　一露天矿
东煤公司基建局
东煤公司地质局
东煤公司多种经营公司

东北内蒙古煤炭工业联合公司系统1991年度创水平采煤队名单（41个）

铁法矿务局晓南矿综一队
铁法矿务局晓青矿综一队
铁法矿务局晓明矿综二队
鸡西矿务局城子河矿145队
鸡西矿务局小恒山矿161队
鸡西矿务局正阳矿185队
鹤岗矿务局兴安矿综一队
双鸭山矿务局新安矿综二队
七台河矿务局富强矿综一队
大雁矿务局一矿613队
大雁矿务局二矿625队
阜新矿务局清河门矿281队
鸡西矿务局麻山矿133队
鸡西矿务局麻山矿135队
鸡西矿务局穆棱矿147队
鹤岗矿务局南山矿232队
鹤岗矿务局兴安矿255队
鹤岗矿务局新一矿244队
双鸭山矿务局宝山矿3415队
扎赉诺尔矿务局灵泉矿522队
大雁矿务局一矿617队
辽源矿务局梅河矿431队
鸡西矿务局滴道矿128队
鸡西矿务局滴道矿126队
鸡西矿务局穆棱矿158队
鸡西矿务局小恒山矿160队
鸡西矿务局东海矿195队
七台河矿务局新立矿441队
七台河矿务局桃山矿427队
七台河矿务局新建矿403队
双鸭山矿务局四方台矿3361队
七台河矿务局新建矿408队
北票矿务局冠山矿412队
南票矿务局小凌河矿762队
南票矿务局邱皮沟矿732队
通化矿务局湾沟矿252队
抚顺矿务局老虎台矿121队
沈阳矿务局红阳一矿351队
沈阳矿务局红阳二矿361队
鹤岗矿务局兴安矿252队
扎赉诺尔矿务局西山矿514队

东北内蒙古煤炭工业联合公司系统1991年度创水平露天包机组名单（13个）

抚顺西露天矿303号电铲
抚顺西露天矿1537号、1513号电机车
抚顺西露天矿人工排土线152号、195号电铲
阜新海州露天矿 8 号钻机
阜新海州露天矿81号、08号、02号电机车
阜新海州露天矿电铲排土线73号电铲
鹤岗岭北露天矿46号电铲
鹤岗岭北露天矿1420号电机车
鹤岗岭北露天矿人工排土线 9 道
平庄西露天矿22号电铲
平庄西露天矿370号、343 号、364 号、785 号电机车
霍林河南露天矿378号汽车
霍林河南露天矿19号钻机

东北内蒙古煤炭工业联合公司系统1991年度等级掘进队名单

甲级队（16个）

沈阳矿务局矿建工程处安庆队
阜新矿务局建设工程处101队
鸡西矿务局建井工程处红一队
鸡西矿务局建井工程处六队
鸡西矿务局建井工程处八队
鸡西矿务局建井工程处十一队
鸡西矿务局建井工程处十三队
鸡西矿务局建井工程处十五队
鸡西矿务局建井工程处十六队
鹤岗矿务局煤矿建设工程处02队
七台河矿务局工程处101队
七台河矿务局工程处103队
七台河矿务局工程处109队
七台河矿务局工程处110队
铁法矿务局矿建工程处矿建一队（半年队）
大雁矿务局矿建工程处203队（半年队）

乙级队（7个）

珲春矿区建设指挥部建井工程处201队
珲春矿区建设指挥部建井工程处202队
沈阳矿务局矿建工程处洼里队
北票矿务局建设工程处冠山02队
七台河矿务局工程处111队
七台河矿务局工程处112队
铁法矿务局矿建工程处矿建二队（半年队）

先进个人

全国十大杰出青年名单（煤炭部分）

张喜武　大雁矿务局一矿矿长

第三届（1990年度）中国煤炭工业优秀企业家（金钟奖）名单（20名）

王纪仁　大同矿务局云岗煤矿矿长
王　旭　霍林河矿区指挥部指挥
元武昌　潞安矿务局石圪节煤矿矿长
马德久　安徽省皖北矿务局局长
尹光远　邢台矿务局东庞煤矿矿长
孙忠礼　峰峰矿务局万年煤矿矿长
巩安库　晋城矿务局凤凰山煤矿矿长
杨发德　鹤岗矿务局兴山煤矿矿长
张文庭　肥城矿务局曹庄煤矿矿长
张俊才　鸡西煤矿机械厂厂长
张履贵　衢州煤矿机械厂厂长
荣庆龙　平顶山矿务局一矿矿长
郎庆田　新汶矿务局协庄煤矿矿长
夏福祥　阜新矿务局局长
徐凤兴　福建省永安矿务局局长
高凤德　义马矿务局常村煤矿矿长
高国骧　抚顺矿务局西露天矿矿长
崔行祥　山东省平阴县煤矿矿长
曹传江　淮南煤矿机械厂厂长
潘子芬　淮北煤矿建设公司经理

第三届（1990年度）中国煤炭工业优秀局（矿、厂、处）长、经理名单

一、统配矿务局局长、矿长（52名）

刘文轩　哈密矿务局局长
王福林　石炭井矿务局局长
贾俊卿　焦作矿务局局长
赵瑞庭　开滦矿务局范各庄煤矿矿长
董德璞　开滦矿务局荆各庄煤矿矿长
孙世星　峰峰矿务局牛儿庄煤矿矿长
金廷耀　峰峰矿务局羊渠河煤矿矿长
孙树军　峰峰矿务局五矿矿长
孙保玉　峰峰矿务局薛村煤矿矿长
梁凤鸣　邯郸矿务局阳邑煤矿矿长
柴兴发　大同矿务局永定庄煤矿矿长
孟修儒　大同矿务局四老沟煤矿矿长
苑洪臣　阳泉矿务局三矿矿长
王安民　潞安矿务局王庄煤矿矿长
张百战　霍州矿务局曹村煤矿矿长
任福跃　霍州矿务局辛置煤矿矿长

曹继良　小峪煤矿矿长
孟来发　乌达矿务局五虎山煤矿矿长
李怀国　包头矿务局长汉沟煤矿矿长
杨增夫　徐州矿务局夹河煤矿矿长
许台澎　徐州矿务局韩桥煤矿矿长
骆　新　徐州矿务局权台煤矿矿长
宋振德　大屯煤电公司龙东煤矿矿长
曾继宽　淮北矿务局张庄煤矿矿长
邵来昌　淄博矿务局龙泉煤矿矿长
江　卫　淄博矿务局岭子煤矿矿长
杜恒德　新汶矿务局张庄煤矿矿长
徐传玺　新汶矿务局鄂庄煤矿矿长
李法曾　新汶矿务局西港煤矿矿长
曹民清　新汶矿务局良庄煤矿矿长
高安顺　新汶矿务局孙村煤矿矿长
种道友　枣庄矿务局山家林煤矿矿长
梁兴泰　肥城矿务局陶阳煤矿矿长
林修勤　肥城矿务局白庄煤矿矿长
桂春浩　龙口矿务局北皂煤矿矿长
袁清伟　郑州矿务局米村煤矿矿长
朱建林　平顶山矿务局二矿矿长
方天申　平顶山矿务局七矿矿长
吴忠熙　平顶山矿务局十二矿矿长
惠建基　韩城矿务局下峪口煤矿矿长
徐振林　鸡西矿务局滴道煤矿矿长
王瑞增　鸡西矿务局城子河煤矿矿长
刘悦明　鸡西矿务局平岗煤矿矿长
崔克瑞　鸡西矿务局正阳煤矿矿长
梁　权　大雁矿务局二矿矿长
张寿海　鹤岗矿务局大陆煤矿矿长
王永和　双鸭山矿务局新安煤矿矿长
范　贵　伊敏河矿区指挥部露天煤矿矿长
侯振业　抚顺矿务局胜利煤矿矿长
李　栋　平庄矿务局五家煤矿矿长
袁守时　阜新矿务局东梁煤矿矿长
常天明　霍林河矿区指挥部南露天煤矿矿长

二、地方煤矿矿务局局长、矿长(15名)

吴花龙　广西壮族自治区右江矿务局局长
魏宝华　河北省张家口地区蔚县煤矿矿长
王聿国　山东省惠民地区崇山煤矿矿长
丁慎玉　山东省新泰市高佐煤矿矿长
韩兴彪　宁夏回族自治区灵武矿务局磁窑堡煤矿矿长
李金旺　山西省吕梁地区兑镇煤矿矿长
张家桢　山西省临汾市豁口煤矿矿长
贾传海　安徽省皖北矿务局前岭煤矿矿长
刘史明　山西省晋城市泊村煤矿矿长
田守智　山西省晋城市莒山煤矿矿长
王海山　甘肃省华亭矿务局东峡煤矿矿长
纪增贵　山西省古交市矾石沟煤矿矿长
王　洪　山西省阳泉市平定县同意煤矿矿长
王彦伦　山东省济宁市落陵煤矿矿长
赵安邦　山西省雁北地区矿业公司经理

三、煤炭基本建设工程处处长(7名)

王振舫　建安公司第六十八工程处处长
黄永清　建安公司第七十二工程处处长
郑国虎　建安公司机械厂厂长
韩安东　新汶矿务局翟镇建井处处长
关铁军　沈阳矿务局安装工程处处长
刘衍德　大雁矿务局矿建处处长
赵大成　铁法矿务局第四工程处处长

四、煤矿机械制造厂厂长(9名)

熊德昌　北京煤矿机械厂厂长
杨安国　河南省济源矿灯厂厂长
罗锦曾　广东省煤矿液压机械厂厂长
戚　泉　广东省东莞煤矿机械厂厂长
陈云火　江苏省苏南煤矿机械厂厂长
刘祖向　湖南省邵阳煤矿机械厂厂长
王发清　西北煤矿机械总厂一厂厂长
王泽普　西北煤矿机械总厂电机厂厂长
张克嶷　西北煤矿机械总厂二厂厂长

五、煤田地质勘探队队长(经理)(4名)

石玉臣　煤田航测遥感公司经理
费德升　福建省煤田地质勘探公司经理
马大超　宁夏煤炭工业地质勘探队队长
李恭诒　煤田地质第一勘探公司一二九队队长

六、生产地质勘探队队长(经理)(2名)

杨庆文　淄博矿务局地质勘探公司经理
匡智远　枣庄矿务局地质勘探工程处处长

七、选煤厂厂长(1名)

韩　恕　鹤岗矿务局南山选煤厂厂长

八、煤矿机修厂厂长(7名)

李恩贤　开滦矿务局机电厂厂长
刘振声　井陉矿务局机械总厂厂长
朱明星　徐州矿务局第二机械厂厂长
唐宝祯　大屯煤电公司机修总厂厂长

徐兆田　兖州矿务局机械制修厂厂长
郝川声　平顶山矿务局煤矿机械厂厂长
孙东林　铁法矿务局总机厂厂长

九、矿区铁路运输部主任(处长)(4名)

赵义志　大屯煤电公司徐沛铁路管理处处长
张润祥　铁法矿务局铁路运输处处长
李志武　平庄矿务局运输部主任
张金来　北票矿务局运输部主任

十、火工厂厂长(3名)

王德才　淄博矿务局五二五厂厂长
韩文钧　平庄矿务局六五〇厂厂长
陈　陶　抚顺矿务局十一厂厂长

十一、建材厂厂长(2名)

梁文金　峰峰矿务局建材厂厂长
赵云彪　阜新矿务局建材厂厂长

十二、发供电厂厂长(3名)

平惠琛　大屯煤电公司发电厂厂长
张启军　伊敏河矿区指挥部电厂厂长
贾　江　大雁矿务局电务厂厂长

十三、集体经济企业厂长(经理)(4名)

李守书　西山矿务局福利厂厂长
王希云　大同矿务局四台工程处劳动服务公司经理
胡康年　阜新矿务局海州露天矿多种经营公司经理
田风坤　鸡西矿务局煤气厂厂长

中国统配煤矿总公司系统1991年度先进安全监察员名单

开滦矿务局

李国连　马金星　刘岛泉　翟建设　朱志宏
范益民　蔡　清　洪善章　邵文亮　刘守成
孙东仓　王玉先　冯德启　李　耀

大同矿务局

贾海棠　减　景　李成元　段新华　许进文
肖万钧　刘天才　郝宝贵　陈生源　戎铁爱
孙长海　单增敏　白士俊　秦　义

平顶山矿务局

侯贤文　尚广余　王德明　蒋同文　江朝平
阎有志　张仁尚　朱银德　张付田　窦根寨
李福朝　张天才　李庚寅　李恒久

淮南矿务局

王文轩　高文忠　刘贯改　夏登先　郭风安
沈颂昌　苏岱年　陆成良　邓宏业　时启祥

淮北矿务局

蔡兆瑞　李献金　黄宗宝　刘志德　刘允礼
张廷华　张文汉　杜长明　汪　洋　桂德通
陈克明

平朔煤炭工业公司

路振基　韩风安　李世英　李学海　于占初

大屯煤电公司

孙九皋　李德林　顾培中　马伟忠　周守梅
季兴龙　周维岭　王兆贤　戴国兴　李读胜

北京矿务局

郝宏柱　孙有旺　安　普　王纪录　李德强
杨景春　刘国瑞　王福亮　李志亮　江玉鹤

河北省

韩淑贞　张伦堂　赵付雨　杨计堂　高升吉
暴万林　崔　垠　苗永光　齐祥峰　张汉兴
李秀云　王忠礼　韩四保　邸连英　黄金锁
张靖山　韩增月　张启朝　彭彦荪　李荣贵
李建刚　杜　荣

山西公司

刘兴旺　卫国忠　崔爱生　吕海恩　李富毛
赵定君　朱永宁　景地成　田青云　王二则
陈生贵　张效忠　赵振届　田隆贵　高荣奎
朱德良　李建明　赵友三　耿守智　孟士通
李瑞山　陈　璧　潘伯兴　岳天成　程纪元
贾云海　王观昌　黄云飞　王炳伦　张王路
梁　印　荆树润　张忠发　阎培孝　黄芝栋
王建功　牛建忠　高林森　冯贵成

山西省煤炭工业厅

赵正吉　万国光　王负平　李章存　安建中
陈吉文　杨培天　郭守礼　刘贵有　吴兴本
魏登成　霍寿基　赵　智　翟兴家　刘致元
任　勇　张林森　刘栓学

内蒙古自治区

王占义　周宝昌　曲来运　桂善忠　张风岐
田开义　惠　涛　刘景波　曲鸿玺　张爱萍
张三达　张贵谦　李　祯

徐州矿务局

刘继才　王有德　庞秉礼　窦生元　王怀芝

江西公司

郑江萍　李冬华　何连如　文明立　彭新南
吴杰民　黄文祯　李水保　钟才桂　邓文富
罗安仁　熊以龙　王荣发　祁智保　曾从思
龙启良　熊南甫　刘立潭

山东公司

耿加怀　马隆基　李凡华　马永松　包丕才
赵广海　王泽海　黄振孝　胡克禄　赵学岐
马　杰　宋克华　李其昌　姜广安　修兆霖
张富亮　李世珍　刘银升　谢嘉海　聂家科
李学智　战圣川　阎作福

河南公司

张金轩　许照升　任承隽　云林朝　苗运通
常好义　娄元振　郭克礼　方像生　赵一岭
鲁书荧　袁长山　张秀峰　孙广富　魏广苗
李有来　于怀义　黄玉法　裴更初　王永远
李世友　郭永泉　胡星科　李彰群　史文亮
孙国相　赵清国　景文治

湖南公司

杨玉臻　唐光明　卢康生　金友才　肖一峰
谢少先　黄兰田　李彬雄　陈兰田　陈福生
易进招　周光钿　孙家谋　周有成　桂绍宾

四川公司

张兴义　周红兵　邓元金　龙太华　唐晓春
向德科　王孟模　刘朝万　耿高仞　刁维炳
陈忠明　代占雪　刘希顺　屈化东　曹风华
马清麟　王昌宪

重庆公司

陈宝昌　陶　运　蒋志学　李祥国　李大发
万世超　余成汉　周祖明　杨炳和　吴登明
穆　永　唐　云

云南公司

梁　瑛　李立宣　赵德松　韩俊荣　张长亮
孟宪权

贵州公司

余永华　罗标志　刘振宇　姜玉斌　姚先礼
刘田尧　敖成伍　陈开文　徐成帮　杨贵全
卿宪岐　史金章　高守明　石　岩　张纯久
刘寒柏　谢永德　帅恒月　彭成国　张志远

陕西公司

李晓恒　亓宗华　李景武　崇荣昌　孙宏达
秦福恩　李玉印　曹立同　郭爱春　陈运西
祝运江　雷建龙　徐培黎　时喜才　田俊友
唐怀晋　王致斌　易大林　朱宪章　赵广法
张风岐　苗有仁

甘肃公司

陈　璋　温长清　王延福　徐天虎　史铎天
王更雨　张万喜　李学君　朱宝年　张学宽
袁秉兰　马启义　冯步云　党秀山

宁夏公司

兰九如　向新成　李庆和　郭维民　高平科
肖桂树　贾梦琳　温天恩　杨　银　李富贵
段宝玉　王民惠　李承廷　庄志海　刘锡万
马风武

新疆公司

杨国民　克里木　王应柱　汪志汉　张振阳
李建国

化工厂

李学武　李守明　李锡成　曾锡凡　杨春元
尹逊峰　任长江　梁福祥　杜玉广　张　纯
马文强　代国西　杨占喜　许忠田　张大成
周顺海　杨友诚　杜彦荣

机械制造

周彦池　代玉春　孙宗佳　常国良　车成忠
朱长华　康德善　苗素梅　孙志伟　王明亮
王克宾　侯立才　陈士林　陶文明　张生湖
华秀民

基建

王守良　贾福轩　魏心明　刘希英　杨怀勤
张德义　杨玉华　杨春田　孙学礼　安崇富
秦明文　曹维钧　李贺龙　刘殿福　王永富
苏金岭　张孟义　王正忠　赵成群　刘喜贵
刘金保　张宏志　于宝兰　张永聚　席双成
郑宗成　李富林　杜荣亮　郭玉如　刘福柱
王建勋　褚庆棣　赵四海　李兴华　李准胜
曹黑生　王兴隆　王笃如　江传任　刘维才
张福顺　郭广杰　周国庆　张玉民　殷大方
梁兆尉　谢高团　李成涛　马春林　郭宽荣
钟国院　倪世况　韦安平　白文智　马庆福
柳俊西　穆迎信　蔡德义　邓国金　马学贵

东北内蒙古煤炭工业联合公司系统1991年度模范安全监察员名单

抚顺矿务局

杨连增　李桂新　程　晓　李宝贵　刘怀志
回文雅　孙宝江　杨有喜

阜新矿务局

孙连科　李德山　王树林　白忠信　许贵林
杨子玉　马兆力　敖一明　薛玉荣　李国仁
杜祝全　毕于远　尹志伊

北票矿务局

徐海珊　路广大　刘印琢　胡宝祥

铁法矿务局

单汝华　牟　春　郭以枢　张宝财　崔书祥
高自阳　祁佩先　王春福　傅荣泽　杨振清

南票矿务局

沈朝中　陈友光　高新中　苏国英

沈阳矿务局

段林山　王裕庆　孙月华　李志山　曹先智
刘俊德　鲍俊德　张文堂

辽源矿务局

邸清文　张家林　索福祯　江志新　刘建才

通化矿务局

王树立　崔兆玉　王永顺　冯宝新　李绍荣

邹本仕　于学平

舒兰矿务局

裴　哲　李守一　梁福金　陈　荣　刘　杰
岳　健

珲春矿区建设指挥部

贾清民　代作义　隋士祥　王　喜　黄云桂

鸡西矿务局

李栋林　常明海　刘德润　李　宇　郭万君
屈胜金　李栋春　厉建策　王长海　杨守琢
刘永明　李方来　郭志军　赵洪亮　史　云
张洪君　贾宪宝　唐民义　王秉臣　梁　蕴

鹤岗矿务局

唐立君　马　福　高瑞埔　王兴龙　李占清
刘学勤　黄忠祥　曹亚堂　邵福林　任吉桂
石万军　于国胜　孟宪坤　布如光　朱　成
刘学义　周英华　林洪来　王永孝　王淑兰

双鸭山矿务局

王国林　乔维先　岳凤森　张　贵　冷继宝
夏德良　胡树森　雷永生　富恩贵　谭志仁
刘万祥

七台河矿务局

郑丰余　姚法学　季永华　张治水　王恒武
刘德勤　李玉峰　徐福润　于宪恩

平庄矿务局

吴　斌　田春铭　韩　宇　高瑞东　李喜贤
杨　发

扎赉诺尔矿务局

曹志余　单学斯　包云海　孟宪荣　王　琨
史文宝　刘炳虎

大雁矿务局

刘吉坤　冯再利　王延权

霍林河矿区建设指挥部

张殿科　佟景祥　吴善海　刘　炬

伊敏煤电公司

王喜清　李洪峰　邢中范

东煤公司基建局

行铭辰

东煤公司地质局

裴春显　宋桂芝

东煤公司设备制造公司

李宝义

东煤公司多种经营公司

纪向明

人事、机构、体制

中国统配煤矿总公司批复《中国煤炭物资公司章程》

全国清理整顿公司领导小组以清整领审字(1990)025号文《关于对能源部管理的公司撤并留方案的批复》，同意中国煤炭物资公司保留，并将名称由原来的煤炭物资经营公司更名为中国煤炭物资公司。

1991年9月10日，中国统配煤矿总公司以中煤总厅字(1991)第167号文批复《中国煤炭物资公司章程》。

中国煤炭物资公司章程

第一章 总 则

第一条 中国煤炭物资公司（以下简称公司），隶属于中国统配煤矿总公司（以下简称总公司），是从事煤炭物资供销、经营、开发和服务，并依法独立享有民事权力，承担民事义务和责任的全民所有制企业。

公司的英文名称为：China Coal Industry Material & Equipment Corp.（简称CMEC)。

第二条 公司坚持社会主义经营方向，遵守国家的各项法律法规，以为煤炭生产建设服务为宗旨，以提高经济效益为中心。公司的主要任务是：为煤炭工业企业事业单位组织供应各类物资，提供各种有效的服务，保证煤炭工业的顺利发展。

第三条 公司注册资金为人民币2500万元（其中固定资金200万元、流动资金2300万元），来源于上级拨款和自有资金。

第四条 公司设在北京。地址为北京市东城区和平里北街21号。电传：210275 CMETC CN；电挂：3561供；邮政编码：100713。

第二章 经营范围与方式

第五条 经营煤炭生产建设所需要的：

1．金属材料

炉料，钢材，其它黑色金属及其压延产品，金属丝及其制品，金属结构及其构件，有色金属，有色金属加工压延产品，黑色金属矿，有色金属矿。

2．木材

原木、锯材、木材制品。

3．建筑材料

水泥及水泥制品，石油沥青、石油焦、工业陶瓷、平板玻璃、浮法玻璃、茶色玻璃、工业技术玻璃，防水、腐卷材，墙体装饰材料，金刚石。

4．化工原料

无机化学品，有机化学品及涂染颜料，催化剂、助剂、添加剂和粘合剂，高分子聚合物，天然胶，合成橡胶，橡胶制品，塑料及塑料制品，印刷及技术配套用纸，石油制品，林产化工产品，放射源，标准源。

5．民用爆炸药品，电子专用线。

6．普通机械产品，锅炉及原动机，金属加工机械，通用设备，工业专用设备，建筑工程机械和钻采机械，矿山开采、安全监控设备，消防器材，农林牧渔机械，复印机械及复印器材，拖拉机及配件，营林机械，铁路运输机械及配件，公路运输设备，各种汽车（包括小汽车）及工矿车辆、配件，电器机械，电机，输变电设备，电工器材，通讯设备，电子计算机及配件，广播电视设备，仪器仪表。

7．支护设备、制品、配件与维修检测设备、仪器、仪表等。

8．铸锻件及适用零件：铸件、锻件、轴承、液压件、标准件、气动原件、密封件、链条、齿轮。

9．兼营：煤矿系统多种经营的产品和日用商品、生活用品。

第六条 公司采用投资、联营、补偿贸易等方式与国内外兴办合资企业。

第七条 组织煤炭生产建设所需新产品的开发利用和合资企业产品的生产与销售。

第八条 公司经营方式为：物资供应、计划调拨、代购代销、代储代运、代加工。协作串换、组织召开订货会、交易会、展销会、调剂会、代办进出口、补偿、易货贸易，开展物资信息交流和咨询服务业务。

第三章　组织机构

第九条　公司设总经理1人，副总经理3人，由总经理、副总经理组成办公会。总经理办公会为公司的决策机构。其职责范围是：

1．修订公司章程；

2．制定公司经营方针和计划，对公司重大经营活动作出决策；

3．审定公司的业务计划、财务报告和工作报告；

4．根据上级主管部门的规定和权限划分，决定公司人员的选聘、任免、奖惩等。

第十条　根据精简、统一、效能的原则，公司机关设置综合处、人事处、设备处、金属材料处、支护装备处、林业处（与支护装备处合署办公）、爆破器材处、外贸处、化工建筑材料处、成套处、配件处、经营管理处、财务处等12个业务处室。

各业务处室按照公司的经营范围分别承担行政事务、人事、设备、材料、支护、火工、配件、企业管理等项业务。

第十一条　公司根据经营需要，经上级主管部门批准，在天津、上海、郑州、西安、成都、唐山、邯郸、徐州、海南、南京、大连、广州等地设立分支或办事机构。

第四章　法定代表人

第十二条　公司实行总经理负责制，总经理为公司法定代表人。总经理、副总经理均由上级主管部门任命。

总经理的职权范围是：

1．负责主持召开总经理办公会；

2．负责公司全面经营管理工作，代表公司或授权他人签署各项经济合同或协议；

3．总经理在对外经营活动，对内企业管理工作中对上级主管单位负责。

第十三条　副总经理对总经理负责，协助总经理工作，按分工对公司实施业务管理。总经理不能行使法定代表人职责期间，由总公司指定副总经理代公司法定代表人行使职权。

第十四条　公司是国家预算内企业，执行国营企业财务会计制度，实行独立核算。

第十五条　公司盈亏指标纳入中国统配煤矿总公司对国家承包范围。

第十六条　根据国家有关政策和上级主管部门的规定，公司人员实行定员定编管理，按劳动计划用人，新增职工报主管部门审批。公司所属企业用工实行劳动合同制。公司分配方案与形式在报经主管部门审批后，由公司确定职工的工资、奖励等，并有权奖惩职工。

第十七条　公司按上级主管部门的规定建立健全各种规章制度，严格遵守国家财务、税收制度，经营活动接受工商管理部门、银行和审计部门的监督。

第十八条　公司经费来源于各种经营与服务收入。

第五章　终止程序

第十九条　公司因各种原因需要撤销时，由上级主管部门负责组成清理小组，对公司资产资金、债权债务等进行清理，对人员安置提出意见，待上级主管部门批准后，公司依据有关法律规定，办理公司注销手续等善后工作。

第六章　附　则

第二十条　本章程经上级主管部门批准，国家工商局登记注册后生效，修改和终止程序相同。

第二十一条　本章程的未尽事宜，将遵照国家有关法律、法规办理。

第二十二条　本章程解释权属公司。

中国统配煤矿总公司批复《中国煤炭销售运输公司章程》

全国清理公司领导小组以清整领审字（1990）025号文《关于对能源部管理的公司撤并留方案的批复》，同意中国煤炭销售运输公司保留，并将名称由原来的煤炭销售运输公司更名为中国煤炭销售运输公司。1991年5月28日，中国统配煤矿总公司以中煤总厅字(1991)第105号文批复《中国煤炭销售运输公司章程》。

中国煤炭销售运输公司章程

第一章　总　则

第一条　为搞好全国煤矿的销售运输工作，成立中国煤炭销售运输公司（以下简称公司）。

公司的英文名称为China National Coal Marketing & Transporting Corporation（简称CNCMTC）。

第二条　公司为中国统配煤矿总公司（以下简称总公司）直属的全民所有制企业。公司是国务院批准的煤炭投入产出总承包单位，是独立核算、自主经营、自负盈亏的经济实体。

第三条　公司依法登记注册，取得企业法人资格，独立享有民事权利、承担民事义务与责任。

第四条　公司的宗旨是完成国家煤炭调运任务，开展计划外煤炭产、运、需之间的协调、平衡、调剂等项综合业务。同时，按照国家的方针政策，开展横向联合的多种经营业务，开发市场，搞活流通，为煤矿和广大用户服务。

第五条　公司注册资金为人民币1350万元（其中固定资金170万元，流动资金1180万元）。公司经费来源于上级拨款和自有资金。

第六条　公司设在北京。地址：北京市和平里北街21号；电传：210277 CN；邮政编码：100713

第二章　业务范围与方式

第七条　主营业务：煤炭的储存，公路、铁路运输，调拨供应、批发、零售。火车皮、汽车配件调拨及汽车维修。

第八条　兼营业务：与主营项目有关的科技开发、技术咨询、技术服务、信息服务。

第九条　公司经营方式为储存、运输、销售、修理、咨询服务。

第三章　组织机构

第十条　公司设总经理1人，副总经理若干人。由总经理、副总经理组成总经理会，总经理会为公司的决策机构。其职责范围是：

1．修改公司章程；

2．制定公司经营方针和计划，对公司重大经营活动作出决策；

3．审定公司的业务计划、财务报告和工作报告；

4．监督、检查各项具体经营方案的执行情况；

5．根据国家的有关法律和上级主管部门的权限划分，决定公司人员的选聘、任免、奖惩等。

第十一条　公司按照精简、统一、效能的原则和经营管理的需要设置办公室、计划处、调运处、经营处、财务处、管理处。各业务处室的职责范围是：

1．办公室：负责公司的文秘、综合、机要、档案、人事、行政事务以及公司和上级交办的其它事宜。

2．计划处：会同有关部门共同编制全年煤炭年度生产、运输、分配计划：编制总公司所属煤矿的煤炭调拨方案，按时提出煤炭销售统计和分析资料，及时掌握煤炭产、运、需动态，提出指导煤炭调运的建议、措施，搞好煤炭产、运、销调查研究工作，掌握煤炭市场动态。

3．调运处：根据订货合同，组织编制月度铁路、水陆联运以及通过主要限制口煤炭运输计划；按当月煤炭运输计划开展日常煤炭运销调度；办理年度订货合同执行中的调整、变更和当月计划的调整、变更以及计划外运输；与有关单位协调解决调运中出现的问题，按时提出旬、月调度报表。

4．经营处：负责经营国家计划外煤炭；开展经销、代销、代储、代运、加工等业务，推进煤炭产、运、需间的横向经济联合；开展其它综合经营及服务；管理公司经营性的固定资产；负责煤炭出口偿还贷款和补偿贸易的有关业务；办理偿还集资煤等经营业务；负责管理所属分公司或办事处的经营业务工作。

5．财务处：负责公司及所属企业经营活动的财务管理工作。

6．管理处：研究制定、修改煤炭运销的规章制度；负责煤炭储、装、运的技术管理和商品煤的计量工作；调解煤炭订货合同实施中发生的商务纠纷；负责运销职工的业务培训工作；开展煤炭运销的技术咨询等业务。

第十二条　公司根据业务发展和经营管理的需要，经总公司和国家工商行政管理局批准，在有关省、市、地区设立分支机构或办事处。

第四章　法定代表人

第十三条　公司实行总经理负责制。总经理为公司法定代表人。总经理、副总经理均由总公司任免。

总经理的职权范围是：

1．负责召集和主持总经理办公会议；

2．负责公司全面经营管理工作，代表或授权他人签署各项经济合同或协议；

3．总经理在对外经营活动，对内企业管理工作中对总公司负责。

第五章　经营管理

第十四条　公司是国家预算内工业公司，执行国营工业企业财务会计制度，实行独立核算，自负盈亏。

第十五条　公司盈亏指标纳入国家对中国统配煤矿总公司承包范围，盈亏指标由总公司下达。实现利润前，上缴营业税10％和城市维护建设税、教育附加费（分别为营业税的7％、2％）。完成利润指标后，实行留利分成，定额上缴。留利部分扣除上缴能源交通建设基金及预算调节基金后，按比例分5项基金（生产发展基金35％、后备基金10％、科技发展基金10％、福利基金25％、奖励基金20％）。公司对煤炭企业和用煤单位实行有偿服务，公司内部实行承包经营责任制。

第十六条　公司根据国家有关政策和上级主管部门的规定，对公司人员实行定员、定编管理，按劳动计划使用，新增职工实行劳动合同制。在报经主管部门审批后，公司有权确定职工的工资、奖励等分配形式，有权奖惩职工。

第十七条　公司严格遵守国家财务、税收制度，公司的经营活动接受工商、物价、银行、税收和审计部门的监督检查。

第十八条　公司因各种原因需要撤销时，由总公司负责组成清理小组，对公司债权债务、资产资金等进行清理，对人员安置提出意见，待上级主管部门批准后，依据有关法律规定办理公司注销手续等善后工作。

第六章　附　　则

第十九条　本章程经总公司批准、国家工商行政管理局核准登记注册之日起生效，修改和中止相同。

第二十条　本章程的未尽事宜，将遵照国家有关法律、法规办理。

第二十一条　本章程解释权属公司。

中国统配煤矿总公司批复《中国煤矿机械装备公司章程》

全国清理整顿公司领导小组以清整领审字(1990)025号文《关于对能源部管理的公司撤并留方案的批复》，同意中国煤矿机械装备公司保留。1991年9月4日，中国统配煤矿总公司以中煤总厅字(1991)第155号文批复《中国煤矿机械装备公司章程》。

中国煤矿机械装备公司章程

第一章 总 则

第一条 中国煤矿机械装备公司（以下简称公司），是从事煤矿机电产品科研、生产、销售、服务的全民所有制企业。公司的上级主管单位是中国统配煤矿总公司（以下简称总公司）。公司依法独立享有民事权力，承担民事义务和责任。

公司的英文名称为：China National Coal Mining Equipment corporation，简写为CME。

第二条 公司坚持社会主义经营方向，遵守国家的各项法律、法规，其宗旨是发展规模经济，推行集约化经营，实行专业化改造，搞活企业，提高经济效益，促进煤炭机械制造业的发展，满足全国煤矿对各种先进技术装备的需求，为煤炭工业现代化建设服务。

第三条 公司注册资金为人民币500万元（其中固定资金100万元，流动资金400万元），来源于上级拨款。

第四条 公司设在北京。地址：北京市和平里北街21号；电传：210443 CN MCICN；传真：4214010；电挂：3561；邮政编码：100713。

第二章 经营范围和方式

第五条 承接煤炭和其它行业机电产品、安全技术装备和备品配件的科研、生产、销售、技术服务业务。负责生产所需要的各种专用物资的供应工作。

第六条 承接煤矿综合机械化采煤、掘进和一般机械化采煤、掘进及煤矿安全仪器等设备的成套设计、成套生产和成套供应业务。经营矿用、控制、通讯电缆，以及各种设备单机、零配件的生产、销售业务。

第七条 承接煤矿专用机电产品和其它机电产品的新产品、新技术、新工艺开发业务。

第八条 承接矿井技术装备改造项目及煤炭洗选设备的设计、制造、经营业务。

第九条 为统配煤矿、地方煤矿及煤矿机械制造企业提供咨询服务。

第十条 承办国内外有关的学术、技术交流和产品展销。

第十一条 公司的经营方式：科研、生产、销售、技术咨询与服务。

第三章 组织机构

第十二条 公司设总经理1人，副总经理若干人。由总经理、副总经理、总会计师组成总经理办公会。总经理办公会为公司的决策机构。其职责范围是：

1. 修订公司章程；
2. 制定公司经营方针和计划，并对公司的各大经营活动作出决策；
3. 审定公司业务计划、财务报告和工作报告；
4. 根据上级主管部门的规定和权限划分，决定公司及所属企业人员的选聘、任免、奖惩等。

第十三条 公司机关根据精简、统一、效能的原则设置办公室（人事处）、企业管理计划处、采掘装备处、物管经营处、配件服务处、技术质量处、财务劳资处。

各业务处室按公司的经营范围分别承担行政人事、企业管理、采掘设备定货、材料供应、财务、技术与配件服务等项业务。

第十四条 公司根据生产经营需要，在北京、天津、郑州、西安、重庆、淮南等地设立分支或办事机构。

第四章 法定代表人

第十五条 公司实行总经理负责制。总经理为公司法定代表人，总经理、副总经理和总会计师均由上级主管部门任命。

总经理的职权范围是：

1. 负责主持召开总经理办公会；
2. 负责公司全面经营管理工作，代表公司或授权他人签署各项经济合同或协议；
3. 总经理在对外经营活动，对内企业管理工作中对上级主管单位负责。

第十六条 副总经理、总会计师对总经理负责，协助总经理工作，按分工对公司实施业务管理，总经理不能行使法定代表人职责期间，由总公司指定的副总经理代公司法定代表人行施职权。

第五章 经营管理

第十七条 公司是国家预算内工业公司，执行国营工业企业财务会计制度，实行独立核算。

第十八条 公司财务纳入国家对中国统配煤矿总公司承包范围，盈亏指标由中国统配煤矿总公司下达，完成利润指标后，实行留利分成。

第十九条 根据国家有关政策和上级主管部门的规定，公司人员实行定员、定编管理，并按劳动计划录用新职工。公司所属企业用工实行劳动合同制。由公司确定职工工资、奖励等分配方案与形式，经主管部门审批后执行，并有权奖惩职工。

第二十条 公司按上级主管部门的规定建立各种

规章制度，严格遵守国家财务、税收制度，经营活动接受工商、银行和审计部门的监督。

第二十一条 公司经费来源于各种经营、管理与服务收入。

第六章 终止程序

第二十二条 公司因各种原因需要撤销时，由上级主管部门和公司负责人组成清理小组，负责对公司的资产资金，债权债务等进行清理，并对人员安置等一并提出报告，待上级主管部门批准后执行。公司依据有关法律规定，负责办理公司注销手续等善后工作。

第七章 附 则

第二十三条 本章程经上级主管部门批准，国家工商管理局登记注册后生效，修改和终止时同。

第二十四条 本章程未尽事宜，将遵照国家有关法律、法规办理。

第二十五条 本章程解释权属公司。

中国统配煤矿总公司批复《中国煤炭综合利用开发公司章程》

全国清理整顿公司领导小组以清整领审字(1990)025号文《关于对能源部管理的公司撤并留方案的批复》，同意中国煤炭综合利用开发公司保留。1991年5月28日，中国统配煤矿总公司以（1991）中煤总厅字第88号文批复《中国煤炭综合利用开发公司章程》。

中国煤炭综合利用开发公司章程

第一章 总 则

第一条 中国煤炭综合利用开发公司（以下简称公司），隶属于中国统配煤矿总公司，是从事煤炭资源综合开发、利用和多种经营，并依法独立享有民事权力、承担民事义务和责任的全民所有制企业。

公司的英文名称为：China Coal Comprehensive Utilization & Development Corporation（简称CCCUDC）

第二条 公司坚持社会主义经营方向，遵守国家的各项法律、法规。以充分利用资源、提高经济与社会效益、竭诚为煤矿服务为宗旨。

第三条 公司注册资金为人民币500万元（其中固定资金100万元，流动资金400万元），来源于上级拨款和自有资金。

第四条 公司设在北京。地址：北京市和平里北街21号；电传：210277 CNMCICN；电挂：3561；邮政编码：100713。

第二章 经营范围与方式

第五条 公司经营：

1. 煤炭炼焦、煤制气、煤制品和煤化工产品等的开发利用业务；

2. 煤泥、煤矸石、石煤等低热值燃料坑口电站的开发利用业务；

3. 煤矸石、石煤建筑材料以及与煤共伴生矿产品等的开发利用业务。

第六条 公司采用投资、联营等方式与国内外兴办合资企业。

第七条 组织煤炭资源综合开发利用和合资企业产品的生产与销售。

第八条 承办国内、国外技术交流和经济合作项目。

第九条 承担煤炭资源综合开发利用技术咨询，推广国内外煤炭资源综合开发利用的先进技术。

第十条 公司经营方式为：研制、生产、加工、销售、技术咨询。

第三章 组织机构

第十一条 公司设总经理1人，副总经理若干人。由总经理、副总经理、总会计师组成总经理办公会。总经理办公会为公司的决策机构。其职责范围是：

1. 修订公司章程；

2. 制定公司经营方针和计划，并对公司重大经营活动作出决策；

3. 审定公司的业务报告、财务报告和工作报告；

4. 根据上级主管部门的规定和权限划分，决定公司人员的选聘、任免、奖惩等。

第十二条 根据精简、统一、效能的原则，公司机关设置办公室、计划财务部、资源开发部、综合利用部、节能工程部、销售经营部等6个部室。

各业务部室的职责范围是：

1. 办公室：管理公司的人事和劳动工资工作；做好思想政治工作和保卫工作；会同各业务部门做好内外宾接待工作；负责公司的文秘工作和文件收发、处理及档案管理工作；负责公司的后勤、服务工作。

2. 计划财务部：负责筹集资金，搞好财务管理；编制公司经营项目计划（包括节能基建计划），抓好工程项目管理；负责计划平衡和材料分配工作；负责经济合同文本审查及有关条法工作。

3. 资源开发部：经营煤炭与煤伴生共生矿产资源的开发利用；负责一矾、二硅、三石、四土等矿产资源项目的选择审查；负责国内联营和与国外合营等投资的开发经营。

4. 综合利用部：经营、管理低热值燃料的综合利用；负责煤矸石、油页岩坑口电站和煤矸石、石煤水泥、建材等项目的选择、审查和咨询服务；负责工程项目管理和硫化床燃烧新技术的应用工作。

5．节能工程部：经营煤的加工和综合利用。从事各种型煤（包括民用、工业、航空型煤等）和特种煤加工；负责瓦斯利用、焦炭及焦化用煤的洗选加工等项目的选择和经营管理；负责节能技术的开发应用、咨询服务和管理工作。

6．销售经营部：负责组织销售煤矿综合利用、多种经营产品。在外贸部门统一领导下，负责煤炭加工利用产品、与煤伴生共生的产品以及多种经营产品出口业务，并为全行业综合利用产品出口创汇服务（包括信息服务）。

第十三条 公司根据经营需要，经上级主管部门批准，在各地设立分支或办事机构。

第四章 法定代表人

第十四条 公司实行总经理负责制，总经理为公司法定代表人。总经理、副总经理及总经济师均由上级主管部门任命。

总经理的职权范围是：

1．负责主持召开总经理办公会；

2．负责公司全面经营管理工作，代表或授权他人签署各项经济合同或协议；

3．总经理在对外经营活动、对内企业管理工作中对上级主管单位负责。副总经理、总经济师协助总经理工作。

第五章 经营管理

第十五条 公司是国家预算内工业公司，执行国营工业企业财务会计制度，实行独立核算。

第十六条 公司利润指标纳入国家对中国统配煤矿总公司承包范围。盈亏指标由中国统配煤矿总公司下达，完成利润指标后，实行留利分成。

第十七条 根据国家有关政策和上级主管部门的规定，公司人员实行定员、定编管理，按劳动计划使用，新增职工实行劳动合同制。在报经主管部门审批后，公司有权确定职工的工资、奖励等分配形式，有权奖惩职工。

第十八条 公司按上级主管部门的规定建立各种规章制度，严格遵守国家财务、税收制度，经营活动接受工商管理部门、银行和审计部门的监督。

第十九条 公司经费来源于各种经营与服务收入。

第二十条 公司因各种原因需要撤销时，由上级主管部门负责组成清理小组，对公司资产资金、债权债务等进行清理，对人员安置提出意见，待上级主管部门批准后，依据有关法律规定，办理公司注销手续等善后工作。

第六章 附则

第二十一条 本章程经上级主管部门批准，国家工商局登记注册后生效，修改和终止时同。

第二十二条 本章程的未尽事宜，将遵照国家有关法律、法规办理。

第二十三条 本章程解释权属公司。

中国统配煤矿总公司批复《中国煤炭工业国际技术咨询开发公司章程》

全国清理整顿公司领导小组以清整领审字（1990）025号文《关于对能源部管理的公司撤并留方案的批复》，同意中国煤炭工业国际技术咨询开发公司保留。1991年6月18日，中国统配煤矿总公司以中煤总厅字（1991）第104号文批复《中国煤炭工业国际技术咨询开发公司章程》。

中国煤炭工业国际技术咨询开发公司章程

第一章 总则

第一条 中国煤炭工业国际技术咨询开发公司（以下简称公司），是从事中国煤炭工业对外技术交流、科技合作、技术咨询和技术开发的全民所有制企业。公司依法独立享有民事权力，承担民事义务和责任。公司的上级主管单位是中国统配煤矿总公司（以下简称总公司）。

公司的英文名称为China Coal Consultant International（缩写CCCI）。

第二条 公司坚持社会主义经营方向，遵守国家法律、法规和政策，其宗旨是在煤炭工业领域里发展国际间的技术交流及技术咨询服务，促进中国煤炭工业发展。

第三条 公司注册资金为人民币500万元（其中固定资金100万元，流动资金400万元），来源为上级拨款和自有资金。

第四条 公司设在北京。地址：北京市和平里北街21号；电传：22660 CNMCI CN；传真：（01）4215610；邮政编码：100713。

第二章 经营范围与方式

第五条 公司承办煤炭工业国际间技术交流、科技合作、技术咨询和技术开发业务。

第六条 承办国际性煤炭专业会议、展览会。

第七条 为国内煤炭企事业单位的技术、设备引进提供咨询服务。

第八条 为国内煤炭机械设备、产品出口提供咨询服务。

第九条 为外国在华与煤炭有关系的企业提供专业人才、技术、劳务服务。

第十条 为开办和经营外向型合资企业和外销型企业提供技术经济咨询服务。

第十一条 公司经营方式：技术咨询、开发、服务。

第三章 组织机构

第十二条 公司设总经理1人、副总经理若干人。总经理、副总经理均由总公司任命。

第十三条 公司根据经营需要，经上级经营主管部门批准后设立分支或办事机构。

第十四条 公司由总经理、副总经理组成总经理会，总经理会为公司的决策机构。其职责范围是：

1．修订公司章程；

2．审批公司长远发展规划和重大经营决策；

3．根据上级主管部门的规定，研究公司部门经理、副经理的聘任或报批，决定公司人员的选聘、奖惩等。

4．审核公司的年度财务、工作报告。

第十五条 根据精简、统一、效能的原则，公司机关分设综合、技术交流、科技合作、技术咨询、技术开发5个业务处。各业务处的职责范围是：

1．综合处：负责公司的计划、财务、文档、人事和后勤工作；

2．技术交流处：负责对资本主义国家的科技交流与合作；

3．科技合作处：负责对前苏联、东欧国家、联合国有关组织、第三世界国家间的科技合作，组织国际会议；

4．技术咨询处：负责对外、对内的科技交流、经济技术合作项目的咨询；

5．技术开发处：负责开发与执行对外科技、经济技术合作项目，负责组织科技交流展览会。

第四章 法定代表人

第十六条 公司实行总经理负责制，总经理为公司法定代表人，其职权范围是：

1．主持总经理办公会议；

2．负责公司的全面经营工作，代表或授权他人签署各项经济合同或协议；

3．总经理在对外经营活动、对内企业管理工作中对上级主管单位负责。

第十七条 副总经理对总经理负责，协助总经理工作，按分工对公司实施业务管理，总经理不能行使法定代表人职责期间，由总公司指定的副总经理代公司法定代表人行使职权。

第五章 经营管理

第十八条 公司执行国营工业企业财务会计制度，实行独立核算。

第十九条 公司内部实行分类、分项核算的承包经营制。

第二十条 公司根据国家有关政策和上级主管部门的规定，实行定员定编管理，按劳动计划使用职工，新增职工实行劳动合同制。在报经主管部门审批后，由公司确定职工的工资、奖励等分配形式，有权奖惩职工。

第二十一条 公司按上级主管部门的规定建立各种规章制度，严格遵守国家财务、税收制度，经营活动接受工商管理部门、银行和审计部门的监督。

第二十二条 公司经费来源于各种经营与服务收入。

第二十三条 公司因各种原因需要撤销时，由上级主管部门负责组成清理小组，对公司资产资金、债权债务等进行清理，对人员安置提出意见，待上级主管部门批准后，依据有关法律规定，办理公司注销手续等善后工作。

第六章 附则

第二十四条 本章程经上级主管部门批准、国家工商行政管理局登记注册后生效，修改时亦同。

第二十五条 本章程未尽事宜，将遵照国家有关法律、法规办理。

第二十六条 本章程解释权属公司。公司登记注册事项以国家工商局核定为准。

中国统配煤矿总公司批复《中国统配煤矿总公司劳动服务公司章程》

全国清理整顿公司领导小组以清整领审字(1990)025号文《关于对能源部管理的公司撤并留方案的批复》，同意中国统配煤矿总公司劳动服务公司保留。1991年5月11日，中国统配煤矿总公司以（1991）中煤总厅字第84号批复《中国统配煤矿总公司劳动服务公司章程》。

中国统配煤矿总公司劳动服务公司章程

第一章 宗旨

第一条 根据国务院关于《劳动服务企业管理规定》的要求，为了巩固和发展集体经济，更好地安置职工子女和富余职工，经中国统配煤矿总公司（以下简称总公司）审查同意，报经国务院清整公司领导小组批准，保留中国统配煤矿总公司劳动服务公司（以下简称公司）。

第二章 名称和住所

第二条 公司名称：中国统配煤矿总公司劳动服务公司。住所：北京市东城区和平里九区甲4号。邮政编码：100013。

第三章　经济性质

第三条　公司经济性质为集体所有制，依法登记注册，取得企业法人资格。

第四章　注册资金及其来源

第四条　公司注册资金100万元，其中固定资产20万元，流动资金80万元。公司以其注册资金独立承担民事责任。

第五条　资金来源为公司自有资金。已经财务主管部门审核，资金真实可靠。

第五章　经营范围及经营方式

第六条　公司将在核准的经营范围内和经营方式从事经营活动和管理职能，并自觉接受工商、税务、物价等部门的监督、检查和管理。

第七条　经营范围：

主营：日用百货、床上用品、魔针系列产品、自动化办公设备、电讯设备。

兼营：服装鞋帽、布匹、针纺织品、文具纸张、自行车、干鲜果品、冷饮、水产品、酒。

第八条　经营方式、服务、零售、批发、代销。

第六章　经营管理

第九条　公司实行经理负责制。经理依法行使职权，受法律保护。经理在公司中处于中心地位，对公司的物质文明建设和精神文明建设负有全面责任。副经理协助经理分管业务工作，并对经理负责。

第十条　公司经理为公司法定代表人，依法享有民事权力并承担民事义务和责任。公司设经理1人、副经理2人，报上级主管部门任命。

第十一条　按照精简、统一、效能的原则，公司根据业务需要，按上级的规定设立必要的职能机构。所设机构、部门负责人受公司经理的领导。

第十二条　公司下属单位华阳摄影服务部、长城摄影器材商店、人防招待所、滨河餐厅、煤矿声像技术服务部和公司兴化路经销部，均为独立核算、自负盈亏的集体所有制企业，受公司的管理和领导。

第十三条　公司严格遵守国家的各种法令、法律、法规，执行上级的各种管理规定，并有以下职权：

1．依照法律和上级的规定，决定或报请审查批准公司的各项业务计划；

2．对公司的经营管理有决策权和经营管理权；

3．按上级的有关规定，决定或报请批准公司的行政机构设置和人员安排；

4．报请上级主管部门任免或聘任公司中层以上行政领导干部；

5．任命或聘任、解聘公司下属企业的领导干部；

6．依照有关法律和上级规定，奖惩所属单位的职工和干部；

7．有权对职工进行培训。

第七章　财务管理制度和利润分配形式

第十四条　认真搞好财务管理工作，遵守制度，加强财务纪律。

1．有计划地筹集和使用资金，提高资金使用效果；

2．严格执行财务部门有关规定，正确确定固定资产需要量，提高固定资产利用率；正确计算提取固定资产折旧金，保证设备更新改造；

3．严格执行国家统一制定的成本开支范围，制定生产经营业务额和经费开支标准，尽力节约开支。与经营活动无关的费用，不得列入生产成本和销售成本；

4．正确处理好企业盈利分配，完成上缴任务，正确处理国家、企业、个人三者利益关系；

5．按照国家财务制度的规定，按时制作资金平衡表和资金负债表，提供给主管上级和其它有关部门进行监督检查，组织好专项基金管理。

第十五条　按照规定，进行税务登记，照章缴纳各种税款。

第十六条　税后和利润分配方式，按照集体企业财务制度和上级劳动服务公司的有关规定执行。

第八章　劳动用工制度

第十七条　认真贯彻国家的法律、法规，坚持社会主义方向，坚持以安置待业人员为主，安置和经济效益相结合的原则。

1．用工制度：采取全民职工扶植，合同管理，骨干稳定，合理流动的原则；凡在公司做出重大贡献的职工给以奖励；凡违反公司规章制度、劳动纪律的，视情况给予应有的处分。

2．工资制度：全民所有制扶植职工，按上级的规定执行，集体与临时合同制职工，按当地有关部门规定执行。

3．劳动保险制度：按总公司和北京市劳动保险公司有关规定执行。

第九章　章程修改程序

第十八条　本章程今后如与国家颁发的法律法规和政策规定相违背，不适合本公司发展时，可以进行修改。章程的修改由经理提出修改意见，经公司上级主管部门批准后，报工商行政管理部门备案。

第十章　终止程序

第十九条　公司由于各种原因，终止经营时，由经理向公司上级主管部门提出书面申请，经主管部门批准，由主管部门与公司共同组成清算组织，制定清算方案，负责对公司财产、债权、债务进行全面清算，编制资产负债表和财产目录。清算结束后，负责清算的组织出具清理债权债务的文件，向原登记机关办理企业法人营业执照注销登记手续。

第十一章　其它事项

第二十条　本章程条款与国家法律、法规和政策相抵触时，以国家法律、法规和政策为准。

第二十一条　本章程经上级主管部门批准，工商行政管理机关核准登记注册之日起生效。

湖南省煤矿管理体制改变

按照国家体改委体改经（1990）56号文件《关于同意湖南省涟邵、白沙、资兴矿务局等企业划归中国统配煤矿总公司管理的批复》，本着有利于煤炭工业发展的原则，湖南省人民政府和中国统配煤矿总公司对改变湖南省煤矿管理体制的有关交接事宜，进行了充分协商，取得一致意见，并于1991年5月11日以湘政发（1991）21号、（91）中煤总办字第180号联合印发了《中国统配煤矿总公司湖南省人民政府关于改变湖南省涟邵矿务局等单位管理体制商谈纪要》。《商谈纪要》的主要内容是：

一、为促进湖南煤炭工业的持续稳定发展，从1991年1月1日起，涟邵、白沙、资兴3个矿务局和株洲选煤厂、邵阳矿灯厂、一六九厂、湘潭煤矿机械厂、湖南煤田地质勘探公司、湖南省煤炭工业建筑安装公司划归中国统配煤矿总公司管理（以下简称总公司），成为中国统配煤矿总公司直属单位，人财物、产供销由总公司统一管理。

株洲选煤厂、邵阳矿灯厂、一六九厂、湘潭煤矿机械厂、湖南煤田地质勘探公司、湖南省煤炭工业建筑安装公司等单位体制上划后，在为湖南境内统配煤矿服务的同时，继续为地方煤矿服务。

为了继续搞好煤炭产运销一条龙管理，避免矛盾，减少机构重叠，加强协调和调度，煤炭工业厅（公司）统一设置一套运销机构，湖南省煤炭工业公司与湖南公司运销公司，为一套机构，两块牌子，受总公司和省政府双重领导，由湖南公司（省煤炭工业厅）统一管理。在负责做好统配煤分配、调运和销售工作的同时，按照省政府规定和部署，做好全省地方煤炭的调运、供应、节约和市场管理等工作。并按省里政策、要求，继续承担省下达的煤炭经营和财政任务。

双方同意，煤炭工业厅直属的主要为统配煤矿服务的湖南煤矿设计院、长沙煤矿安全培训中心、湖南煤炭科学研究所、湖南煤炭工业学校、湖南煤炭干部中等专业学校等5个事业单位一并上划中国统配煤矿总公司统一管理，并相应办理有关划转手续，这些单位上划后仍继续为湖南地方煤矿服务。

二、中国统配煤矿总公司湖南公司与湖南省煤炭工业厅为一套机构、两块牌子、一套班子、两种职能，实行中国统配煤矿总公司和湖南省人民政府双重领导，以总公司为主的管理体制。煤炭工业厅（公司）代表省政府对全省煤炭工业实行行业统一管理，并代表总公司统一领导和管理其在湘的直属企事业单位。在加强对地方和乡镇煤矿综合管理的同时，煤炭工业厅分设地方国营煤矿管理处和乡镇煤矿管理处。今后，煤炭工业厅（公司）机关人员的工资、奖金及福利待遇，一律按总公司的有关规定执行。

三、干部管理。煤炭工业厅（公司）的领导干部，实行总公司和湖南省双重领导以总公司为主的管理体制。煤炭工业厅（公司）的正副厅长（正副经理）、党组书记、副书记、党组成员和其它正副厅（局）级干部，以总公司党组为主管理。在任免这些干部时，由总公司提出意见，同湖南省进行协商，双方取得一致意见后，由总公司（党组）任免经理，副经理（公司党组书记、副书记、成员）；湖南省按照有关规定和程序任免厅长、副厅长（煤炭工业厅党组书记、副书记、成员）。湖南省煤炭公司（湖南公司运销公司）公司一级领导干部任免，参照上述原则，按总公司和湖南省现行干部管理权限规定，由湖南公司（煤炭工业厅）任免。其它企事业单位的领导干部按照总公司的有关规定，在总公司系统内实行分级管理。

四、党的工作。煤炭工业厅（公司）党组受总公司党组和湖南省委双重领导，以总公司党组为主。煤炭工业厅（公司）机关党的关系仍归省直机关工委领导。各直属企事业单位党的关系仍按原隶属关系不变。地市党委协同煤炭工业厅（公司）党组监督检查各单位贯彻落实党的方针、政策和国家法令，搞好思想政治工作和群众团体等工作。

五、财务划转。涟邵、白沙、资兴矿务局和株洲选煤厂、邵阳矿灯厂、一六九厂已于1985年纳入全国统配煤矿投入产出总承包时办理了财务划转手续。湘潭煤矿机械厂、湖南省煤炭工业建筑安装公司、湖南省煤田地质勘探公司的财务关系已在总公司，资金、经费渠道仍然不变。湖南煤矿设计院、长沙煤矿安全培训中心、湖南煤炭科学研究所、湖南煤炭工业学校、湖南煤炭工业干部中等专业学校等5个事业单位的事业费按省财政的1990年实际拨款为基数划转。湖南公司运销公司按正负零为基数进行划转，具体事宜由湖南省煤炭工业厅同湖南省财政厅具体商定。

管理体制改变后，总公司通过湖南公司继续对上划企业实行投入产出包干，具体办法由总公司确定。新划转的涟邵、白沙、资兴矿务局和株洲选煤厂的商品煤统一执行省属地方煤矿的现行价格。这些上划的煤炭企业继续执行省政府现行扶植煤矿发展的优惠政策，其中包括指导性计划和增超产煤的加价、煤炭开发基金的收取标准、对多种经营减免税收及井下工人家属就地农转非的政策等。

上划企事业应相应做好国有资产划转工作。

六、劳动工资划转。双方商定，劳动工资划转（包括煤炭工业厅及附属单位和运销公司）按照1990年12月31日在册全民所有制职工人数和1990年实际工资总额基数（包括1990年应招未招和自然减员应补未补数）、由省劳动厅划转总公司劳动工资局。

劳动人事关系改变后，省政府同意今后各煤炭企事业单位的干部工人跨省、自治区、直辖市和省内跨地、市调动时，企事业单位所在地的劳动、人事、公安、粮食等部门，按总公司、煤炭工业厅（公司）的调转证件，给予办理调入调出手续及随迁家属落户等事宜。对调入长沙市的人员按省政府的有关规定办理。

为减少煤矿企业就业压力，省政府有关部门及当地政府对上划的煤炭企事业单位职工子女就业升学、"五大生"招干录干、待业青年和富余人员安置等方面与地方煤炭企业同等对待。

七、物资供应指标划转。湖南省煤田地质勘探公司、株洲选煤厂等一直是国家物资直供企业，其物资供应渠道不变。3个矿务局新划转地方钢材指标，按1990年的每万吨煤实际供应量、工厂按1990年实供数为基数，共划转钢材指标8404吨。供应的办法，湖南省意见，不扣减国家分配湖南指标，由湖南省省产钢材以国家计划内价格上交物资部，物资部增拨同样数量指标给中国统配煤矿总公司。总公司提出，将上述意见报请物资部审定，按审定意见办理。

水泥、有色金属、玻璃、油脂等物资指标不划转，仍由湖南省负责安排。一六九厂划转以后，原供应地方煤矿炸药、雷管的渠道不变。

物资供应体制改变后，对总公司在湘直属企事业单位生产建设的用电、运输、地方物资及指令性计划外的部分短缺物资品种供应等，湖南省政府将继续给予安排。

八、煤炭生产和煤炭分配基数。鉴于这次上划的统配矿务局中地方井已列入1991年地方煤炭生产计划中，当年计划及相关的劳动效率、百万吨死亡率等指标仍按地方矿考核，从1992年起纳入统配煤矿统一管理与考核。

考虑湖南省用煤资源紧张、品种不全，双方同意按1990年这些矿井上交给省分配的计划数385.5万吨（其中指令性305.8万吨）为基数，请国家计委、物资部审定，从1992年起相应调整湖南省统配煤计划分配指标。

九、双方共同认为，湖南煤炭工业已具备一定的基础和规模，今后要互相配合，积极协作，促进湖南煤炭生产持续、稳定发展。总公司将继续支持湖南省发展地方煤矿。双方商定，以后新建煤矿谁投资谁管理。对上划的煤矿和今后总公司根据生产建设需要，建立新的煤矿以及生产、生活基地，湖南省政府及企业所在地地方政府负责搞好生产建设中土地征用、生活物资供应等与地方有关的服务工作。

江西省煤矿管理体制改变

按照国家体改委体改生（1991）56号文《关于江西省萍乡、丰城、英岗岭、洛市、乐平矿务局及分宜煤矿电机厂隶属关系划转的批复》，本着有利于加快江西煤炭工业发展的原则，江西省人民政府和中国统配煤矿总公司对有关交接事宜，进行了充分协商，取得一致意见。并于1991年8月16日以赣府发（1991）73号、中煤总办字（1991）380号联合印发了《中国统配煤矿总公司、江西省人民政府关于改变江西省萍乡矿务局等单位管理体制商谈纪要》。《商谈纪要》的主要内容是：

一、为促进江西煤炭工业的持续稳定发展，从1991年1月1日起，萍乡、丰城、英岗岭、洛市、乐平等5个矿务局和分宜煤矿电机厂划归中国统配煤矿总公司管理，成为中国统配煤矿总公司（以下简称总公司）直属单位，人财物、产供销由总公司统一管理。

双方同意，江西省煤炭工业厅直属的江西煤矿机械厂、江西煤田地质勘探公司、江西煤矿建设公司、江西煤炭进出口公司、江西煤炭工业供销公司、中国煤矿工人庐山休养所、江西煤矿设计院和江西煤炭科学研究所等有关企事业单位也一并上划中国统配煤矿总公司统一管理，并相应办理有关划转手续。

上述单位体制上划后，在为江西省境内统配煤矿服务的同时，继续为地方煤矿服务。

双方商定：江西煤炭的分配和运销现行管理体制不变、煤炭运销工作仍然由煤炭工业厅（公司）归口管理。

二、双方商定，中国统配煤矿总公司江西公司与江西省煤炭工业厅为一套机构、一套班子、两块牌子、两种职能，实行中国统配煤矿总公司和江西省人民政府双重领导，以总公司为主的管理体制。煤炭工业厅（公司）代表省政府对全省煤炭工业实行行业管理，并代表总公司统一领导和管理其在江西的直属企事业单位。煤炭工业厅（公司）机关人员的工资奖金及福利待遇一律按总公司的有关规定执行。

为了便于加强对地方煤矿的行业统一管理、煤炭工业厅所属地方煤炭工业公司（地方煤矿管理处），仍然由省煤炭厅（公司）领导和管理。

三、干部管理。煤炭工业厅（公司）的领导干部实行总公司和江西省双重领导，以总公司为主的管理体制。煤炭工业厅（公司）的正、副厅长（正、副经理），党组书记、副书记、党组成员以总公司党组为主管理。在任免这些干部时，由总公司提出意见，同江西省进行协商，双方取得一致意见后，由总公司（党组）任免经理、副经理（公司党组书记、副书记、成员）；江西省按照有关规定和程序任免厅长、副厅长（煤炭工业厅党组书记、副书记、成员）。其它企事业单位的领导干部按照总公司的有关规定，在总公司系统内实行分级管理。其中，副地级以上领导干部的任免应征求江西省意见。

四、党的工作。煤炭工业厅(公司)党组受总公司党组和江西省委双重领导，以总公司党组为主。煤炭工业厅（公司）机关党的关系仍在省直机关工委。各直属企事业单位党的关系，仍在所在地地方党委不变。地、市委监督检查各单位贯彻落实党的方针、政策和国家法令，搞好思想政治工作和群众团体等工作。

五、财务划转。萍乡、丰城、英岗岭、洛市矿务局和分宜煤矿电机厂已于1988年纳入全国统配煤矿投入产出总承包时办理了财务划转手续。江西省煤田地质勘探公司、江西省煤矿建设公司的财务关系已在总公司，资金、经费渠道仍然不变。乐平矿务局按年亏损1400万元的基数办理财务划转。按照双方协商一致意见，乐平矿务局1990年财务决算超亏挂帐1025.6万元由江西省政府负责拨补；免去统配煤矿每度电加价电费4分9厘，以后对统配煤矿企业加价电费与省属企业同等待遇。江西煤矿设计院和江西煤炭工业科学研究所的事业费按省财政1990年实际拨款为基数划转。江西煤矿机械厂、江西煤炭进出口公司、江西煤炭工业供销公司按正负零为基数划转。

管理体制改变后，总公司通过江西公司（厅）继续对上划企业实行投入产出总承包，具体办法由总公司确定。乐平矿务局、洛市矿务局、萍乡矿务局安源煤矿、巨源煤矿，仍继续执行地方煤炭价格。所有上划的煤炭企业继续执行省政府现行扶植煤矿发展的优惠政策及管理办法，包括指令性计划和增超产加价、煤炭开发基金、计划外的煤炭调运服务费、煤矿发展多种经营的扶植政策等。

上划企事业单位相应做好国有资产划转工作。

六、劳动工资划转。双方商定，职工人数和工资总额按照江西1990年末上报国家的统计数为基数，由省劳动厅划转总公司劳动工资局；对1990年已下达的招工计划而未招收的，可结转到1991年继续招收；1991年分配给上划单位的大中专、技工学校应届毕业生和转业退伍军人计划照转给总公司。

劳动人事关系改变后，省政府同意今后各煤炭企业的干部、工人跨省、自治区、直辖市和省内跨地、市调动时，企事业单位所在地的劳动、人事、公安、粮食等部门按总公司、煤炭工业厅（公司）的调转证件给予办理调入调出手续及随迁家属落户事宜。对调入南昌市（含南昌、新建两县）的人员按省政府的有关规定办理。

为减少煤矿企业就业压力，省政府有关部门及当地政府对上划的煤炭企事业单位职工"五大生"招干录干、职工子女升学、待业青年的管理和就业等方面与地方企事业同等对待。

七、物资供应指标划转。萍乡、丰城、英岗岭、洛市矿务局、分宜煤矿电机厂、江西煤田地质勘探公司、江西省煤矿建设公司等一直是国家物资直供单位，其物资供应渠道不变。原由省供物资的乐平矿务局、江西煤矿机械厂分别按1990年计划分配数和实供数划转钢材指标（共2728吨），有色金属、水泥、木材、玻璃、油脂等物资指标不划转，仍由江西省负责安排。

物资供应体制改变后，对总公司在江西直属企事业单位生产建设的用电、运输、地方物资及指令性计划外的部分短缺物资品种供应等，江西省政府继续给予安排。

鼓励煤矿利用矸石发电，省政府安排解决矸石电厂并网和合理定价等事宜。

八、煤炭生产和煤炭分配基数。乐平矿务局由地方煤矿划为统配煤矿，双方同意扣除煤矿洗耗和自用煤以外，分配基数按113万吨（含中国地方煤矿公司买能力5万吨和江西地方上划电煤42万吨）划转，其中洗精煤3万吨。乐平矿务局已列入1991年地方煤炭生产计划，当年计划及相关的劳动效率、百万吨死亡率仍按地方矿考核，从1992年起纳入统配煤矿统一管理和考核。

九、双方共同认为，江西煤炭工业已具备一定的基础和规模，今后要互相配合，积极协作，促进江西煤炭生产持续稳定发展。总公司将继续支持江西省发展地方煤矿。双方商定，今后新建煤矿谁投资谁管理。对上划的煤矿和今后总公司根据生产建设需要，建立新的煤炭以及生产、生活基地，江西省政府及企业所在地地方政府负责搞好生产建设中土地征用、生活物资供应和协调工农关系等有关工作。

长沙煤矿安全仪器厂等三个企业划归中国统配煤矿总公司管理

经国家体改委体改生（1991）90号文批准，长沙煤矿安全仪器厂、湖南煤矿机械厂、株洲煤矿专用机械厂于1991年10月23日起划归中国统配煤矿总公司管理。

山东矿业学院实行党委领导下的院长负责制

根据中共中央《关于加强高等学校党的建设的通知》和总公司党组（90）中煤总党字第51号文《关于加强煤炭院校领导班子建设的意见》的要求，1991年1月30日，中共中国统配煤矿总公司党组决定，山东矿业学院实行党委领导下的院长负责制。

株洲选煤厂、郑州矿务局、大同矿务局分别兼并株洲市珍珠岩厂、河南省中州煤矿机械厂、大同市机床厂

为了适应煤炭生产建设发展的需要，按照国家体

改委、国家计委、财政部、国家国有资产管理局体改经（1989）38号文《关于企业兼并的暂行办法》的规定，经中国统配煤矿总公司研究决定，同意株洲选煤厂兼并株洲市珍珠岩厂、郑州矿务局兼并河南省中州煤矿机械厂、大同矿务局兼并大同市机床厂。

浙江长广煤矿公司改为统配煤矿企业

1991年1月10日，国家计划委员会以计工(1991)26号文批准将长广煤矿公司由国家直供重点煤矿企业改为国家统配煤矿企业。该公司管理体制改变后，其煤炭产量纳入国家统配煤矿生产计划，仍由浙江省平衡分配；财政、人事、劳资及物资供应渠道等不变，亏损仍由浙江省补贴。

冀蔚矿区项目建设临时管理委员会成立

根据国务院国发（1988）45号文的规定，为适应冀蔚矿区建设开发的需要，1991年8月12日，中国统配煤矿总公司以中煤总办字（1991）第382号文批准成立冀蔚矿区项目建设临时管理委员会（以下简称管委会）。管委会的职责是：组织矿区前期准备工作；负责矿区总体设计和拟建矿井初步设计的编制和报批工作；协助抓好铁路专用线的投资落实和施工管理，做好矿区建设期间的外部协调等工作。

管委会隶属于中国统配煤矿总公司河北公司。

陕西煤炭建设监理咨询公司成立

为落实永城煤炭基本建设管理改革会议精神，加快西部矿区的开发，按照国家颁发的《建设监理试行规定》，1991年1月19日，中国统配煤矿总公司批准成立陕西煤炭建设监理咨询公司。该监理咨询公司是独立核算、自主经营、自负盈亏的全民所有制企业，具有法人资格。其经营范围是：煤炭建设项目的矿建、土建、安装和矿区配套设施的建设及同类建设工程的监理和咨询业务。

陕西煤炭建设监理咨询公司隶属于中国统配煤矿总公司陕西公司。

山西煤炭建设监理咨询公司成立

按照国家颁发的《建设监理试行规定》，1991年4月12日，中国统配煤矿总公司批准成立山西煤炭建设监理咨询公司。该监理咨询公司是独立核算、自负盈亏的全民所有制企业，具有法人资格，隶属于山西公司。其经营范围是：山西及华北地区的煤炭建设项目的矿建、土建、安装和矿区配套设施的建设及同类建设工程的监理和咨询业务。

中煤深圳公司成立

为加强中国统配煤矿总公司对所属驻圳单位的管理，更好地发挥深圳对外窗口的作用。1991年5月29日，国务院生产委员会以生企（1991）31号文批准成立中煤深圳公司。

中煤深圳公司是中国统配煤矿总公司的全资子公司，是实行自主经营、独立核算、自负盈亏、具有法人资格的全民所有制企业。其经营范围是：经营中国统配煤矿总公司系统企业的自产产品，购销所需原辅材料，开展技术开发和咨询服务，有关进出口业务由中国煤炭进出口深圳公司按经贸部批准的业务范围开展工作。经营方式为生产、加工、批发、零售、咨询服务、工程承包。

公司地址：深圳市春风路联城大厦十二层

公司总经理：汪积握

《中华人民共和国煤炭法》起草工作办公室成立

为加强《中华人民共和国煤炭法》起草工作的组织领导，根据能源部授权和委托，《中华人民共和国煤炭法》起草工作办公室于1991年9月30日正式成立。该办公室主要负责调研、协调和起草等项工作。具体工作由中国统配煤矿总公司办公厅法律事务处承担。

中国统配煤矿总公司防震救灾办公室成立

为加强中国统配煤矿总公司系统防震救灾工作的领导，1991年3月29日，中国统配煤矿总公司成立防震救灾办公室，主要负责中国统配煤矿总公司系统各单位的防震救灾工作。

办公室设在中国统配煤矿总公司基建局。

中国统配煤矿总公司防治瓦斯专家组成立

为提高煤矿防治瓦斯技术，充分发挥专家和工程技术人员的作用，中国统配煤矿总公司于1991年4月10日成立了防治瓦斯专家组。

专家组在中国统配煤矿总公司安全管理局的领导下，在中国统配煤矿总公司所属煤矿企业内开展工作。专家组每年召开1～2次全体成员会议，商讨防治瓦斯的年度计划和重点矿务局防治瓦斯的重大技术问题。

专家组的日常业务与联络工作由中国统配煤矿安全管理局通风处承担。

中国统配煤矿总公司企业管理局成立

根据煤炭建设发展的需要，经中国统配煤矿总公司（以下简称总公司）党组会议研究决定，中国统配煤矿总公司企业管理局（以下简称企业管理局）于1991年3月25日正式成立。企业管理局是总公司负责煤炭企业管理的职能部门，其主要职责是：

1．根据国家有关企业管理的方针、政策、法规，负责总公司所属单位的企业管理工作。

2．负责总公司机关和所属企业承包经营、经济责任制、直管企业局（矿）长负责制、任期目标责任制等管理工作。负责煤炭投入产出总承包的综合管理、检查、监督等项工作。

3．负责总公司系统内所属企业的升级工作，包括制定标准、考核验收、综合评价及评选优秀企业家等项工作。在国务院企业管理指导委员会和能源部的指导下，对总公司系统每年申报晋升国家级企业的单位进行考核评价，并由中国煤炭工业企业管理协会归口报国务院和能源部审批命名。同时负责做好矿、厂、处升级工作。

4．与总公司有关业务局共同负责质量标准化矿井、现代化矿井的建设工作，参加制订标准、考核、验收、命名等项工作。

5．负责总公司所属企业学习、推广现代化管理方法的具体实施工作，组织煤炭系统现代化管理成果的鉴定、发布、推广工作。

6．负责总公司所属企业的领导干部和管理人员的临时专项短期培训。配合有关部（局）做好企业管理知识的教育、普及、培训工作。

7．积极完成总公司和上级领导交办的其它有关企业管理工作。

中国统配煤矿总公司国有资产管理局成立

根据国务院1990年关于加强国有资产管理工作的要求，1991年6月4日中国统配煤矿总公司（以下简称总公司）总经理办公会议研究决定，成立中国统配煤矿总公司国有资产管理局。总公司国有资产管理局与总公司财务局一套机构，两种职能，不增加新的办事机构，业务上接受国家国有资产管理局的指导。

国有资产管理局是管理总公司国有资产的职能机构。依据国家有关国有资产管理的方针、政策和法律、法规，管理总公司所属企事业单位的全部国有资产。其具体职责是：

1．依据国家有关法律、法规和国家关于国有资产管理局的要求，制定总公司国有资产（包括合资、合作、联营、集体单位中的国有资产。以下各条管理范围均同此条）的管理实施办法。

2．负责总公司所属企事业单位国有资产产权的界定和登记管理工作。

3．审批所属企事业单位国有资产的调拨、报废、产权变更、评估和资产划转等具体工作。

4．对所属单位的国有资产运用情况实施检查、监督和考核，促进国有资产经营单位提高经营效益，保证资产保值、增值。

中国共产党中国统配煤矿总公司河北等公司党组成立

根据工作需要，经中国统配煤矿总公司党组研究，1991年8月13日，中国统配煤矿总公司下发文件，成立中国共产党中国统配煤矿总公司河北公司党组、中国共产党中国统配煤矿总公司山西公司党组、中国共产党中国统配煤矿总公司山东公司党组、中国共产党中国统配煤矿总公司河南公司党组、中国共产党中国统配煤矿总公司四川公司党组、中国共产党中国统配煤矿总公司陕西公司党组、中国共产党中国统配煤矿总公司贵州公司党组、中国共产党中国统配煤矿总公司云南公司党组、中国共产党中国统配煤矿总公司湖南公司党组、中国共产党中国统配煤矿总公司江西公司党组。

中国共产党中国煤矿机械装备公司党组成立

经中国统配煤矿总公司党组研究，1991年9月20

日，中国统配煤矿总公司下发文件，成立中国共产党中国煤矿机械装备公司党组。中国煤矿机械装备公司党组在中国统配煤矿总公司党组领导下开展工作。

中国统配煤矿总公司明确驻海南办事处职责范围

根据海南省改革开放的发展要求和中国统配煤矿总公司（以下简称总公司）在海南开办企业的需要，1991年12月19日，总公司以中煤总厅字（1991）第243号文明确中国统配煤矿总公司驻海南办事处职责范围为：

1. 负责传达贯彻国家的方针政策，执行和落实中国统配煤矿总公司与海南省人民政府的有关政策、规定和要求。

2. 负责归口管理（即检查、监督、协调、服务，下同）总公司系统各单位在海南设立的各类企业事业单位（含各办事处等，下同）。

3. 经总公司批准，承担煤炭系统有关单位委托归口管理的驻海南企事业单位。

4. 代表总公司系统在海南的企事业单位和受委托的煤炭系统其它单位同海南省各级政府发生联系，相互转达有关要求和意见。

5. 承担总公司及驻琼企事业单位的登记备案，情况综合、统计、工商年检，出国人员审查、签证等项工作。

6. 收集国际经济、科技和市场信息，推动煤炭多种经营产品进入国际市场；建立部门、地区之间的联系，促进横向经济联合与经济技术协作。

7. 负责煤炭系统各单位来琼人员的接待、咨询和服务工作。

8. 协助驻琼企事业单位解决工作及生活上存在的各类问题。

9. 完成中国统配煤矿总公司和海南省政府交办的其它工作。

10. 经海南省政府批准，代表总公司及在海南的所属企事业单位办理生产建设所需的原材料和生产产品的进出口业务工作。利用海南特区各项优惠政策，发挥煤炭系统的窗口作用。

山东煤矿机械装备公司增挂中国煤矿机械装备公司山东公司牌子

为了便于山东煤机制造企业进行行业管理和服务，促进煤机企业的发展，1991年3月27日，经中国统配煤矿总公司批准，山东煤矿机械装备公司增挂中国煤矿机械装备公司山东公司牌子。山东煤矿机械装备公司与中国煤矿机械装备公司山东公司为一套机构、两块牌子。挂牌后，其隶属关系、经费渠道不变。业务由中国煤矿机械装备公司归口管理。

浙江省煤炭工业总公司增挂中国统配煤矿总公司浙江公司牌子

1991年3月13日，经中国统配煤矿总公司同意，浙江省煤炭工业总公司增挂中国统配煤矿总公司浙江公司的牌子，实行一套机构、两块牌子、两种职能，受浙江省人民政府和中国统配煤矿总公司双重领导，以浙江省人民政府为主的领导体制。浙江省煤炭工业总公司（中国统配煤矿总公司浙江公司）代表省政府对全省煤炭行业进行行业管理，并受中国统配煤矿总公司委托，统一管理中国统配煤矿总公司在浙江省内的所属企事业单位。具体委托管理事项，由中国统配煤矿总公司另行通知浙江公司。挂牌子后，浙江公司及所属单位继续执行浙江省扶植发展煤矿的政策，并统一执行国家对统配煤矿的技术经济政策。浙江公司机关的机构编制仍由省政府审定，其经费渠道仍维持现状不变。

中梁山煤矿恢复中梁山矿务局名称

1991年11月6日，经中国统配煤矿总公司批准，中梁山煤矿名称恢复为中梁山矿务局。

永城矿区项目建设临时管理委员会更名

根据永城矿区建设发展的需要及适应基建体制改革的需要，也为了强化投资自我约束机制，改善宏观调控体系，1991年3月10日，经中国统配煤矿总公司批准，永城矿区项目建设临时管理委员会更名为永夏矿区建设管理委员会，隶属于河北公司。其职责是：承担投资风险，负责项目前期工作和建设期间的管理及投产后的生产经营工作。包投资，包建设工期，包新增生产能力，包产量，包效益。

中国煤矿工人庐山休养所更名

为了便于统一管理，经中国统配煤矿总公司于1991年12月11日批准，中国煤矿工人庐山休养所更名为中国煤矿工人庐山疗养院。更名后，其隶属关系、级别、性质、编制、经费渠道等均不变。

地质单位更名

根据国家关于事业单位不叫公司的规定，1991年8月27日，经中国统配煤矿总公司批准，有如下地质事业单位更名：

原　　名	更名为
中国煤田地质局	中国煤田地质总局
煤田地质第一勘探公司	中国煤田地质总局第一勘探局
煤田水文地质工程地质勘探公司	中国煤田地质总局水文地质局
煤田航测遥感公司	中国煤田地质总局航测遥感局
煤田地球物理勘探公司	中国煤田地质总局地球物理勘探研究所
煤田勘探设备研制厂	中国煤田地质总局勘探设备研制厂
煤田地质制图印刷厂	中国煤田地质总局地质制图印刷厂
煤田地质干部学校	中国煤田地质总局干部学校
安徽煤田地质勘探公司	安徽煤田地质局
广东煤田地质勘探公司	广东煤田地质局
河南煤田地质勘探公司	河南煤田地质局
河北煤田地质勘探公司	河北煤田地质局
山东煤田地质勘探公司	山东煤田地质局
四川煤田地质勘探公司	四川煤田地质局
贵州煤田地质勘探公司	贵州煤田地质局
陕西煤田地质勘探公司	陕西煤田地质局
山西煤田地质勘探公司	山西煤田地质局
云南煤田地质勘探公司	云南煤田地质局
湖南煤田地质勘探公司	湖南煤田地质局
江西煤田地质勘探公司	江西煤田地质局

上述单位更名后，原隶属关系、资金渠道、级别待遇等不变。

国家经委批准鹤岗、鸡西矿务局进入国家特大型企业行列

按照国家经委经企（1988）240号文中关于煤炭企业类型划分标准，鹤岗矿务局、鸡西矿务局进入特大型企业行列，东北内蒙古煤炭工业联合公司对鹤岗、鸡西矿务局按特大型企业进行管理。

国务院批准东北内蒙古煤炭工业联合公司为全国首批大型企业集团试点单位

1991年12月14日，国务院以国发1991第71号文批准东北内蒙古煤炭工业联合公司为全国首批大型企业集团试点单位。企业集团简称为“东北内蒙古煤炭集团”（暂用名），其核心企业名称为“东北内蒙古煤炭工业联合公司”。核心企业将对紧密层企业实行“六统一”的管理，即：发展规划、年度计划由集团的核心企业统一对计划主管部门；实行承包经营的，由集团的核心企业统一承包，紧密层企业再对核心企业统一承包；重大基建、技改项目的贷款，由集团的核心企业对银行统贷统还，目前实行有困难的要创造条件逐步实行；进出口贸易和相关商务活动，由集团的核心企业统一对外；紧密层企业中国有资产的保值、增值和资产交易，由集团的核心企业统一向国有资产管理部门负责；紧密层企业的主要领导干部，由集团的核心企业统一任命。这对于促进企业组织结构的调整，充分发挥国营大中型企业的主导作用，形成群体优势和综合能力，进一步增强国家宏观调控的有效性具有重要作用。

关于东北内蒙古煤炭工业联合公司王殿林等五位同志任免的通知

1991年4月10日，能源部以能源任(1991)11号文发出《关于东北内蒙古煤炭工业联合公司王殿林等五位同志职务任免的通知》。

任命王殿林、李树文同志为东北内蒙古煤炭工业联合公司副总经理，免去卓利格图、马凤森、孙秉政同志东北内蒙古煤炭工业联合公司副总经理职务。

关于韩英、陈钝职务任免的通知

1991年4月16日国务院以国任字(1991)32号文发出《关于韩英、陈钝职务任免的通知》。

任命韩英为中国统配煤矿总公司副总经理；免去陈钝的中国统配煤矿总公司副总经理职务。

中国地方煤矿联合经营开发公司更名

1991年7月2日，能源部以能源人（1991)571号文件批复，将“中国地方煤矿联合经营开发公司”名称变更为“中国地方煤矿公司”，并批准了修改后的《中国地方煤矿公司章程》。

煤炭工业部地方煤炭工业经济技术研究会更名

1991年9月20日，能源部以能源人（1991）828号文件，将原“煤炭工业部地方煤炭工业经济技术研究会”改为“中国地方煤炭工业经济技术研究会”，并明确“该研究会依托在中国地方煤矿公司，由中国地方煤矿公司归口负责日常管理工作。

深化改革

依靠科学技术进步　提高企业经济效益

潞安矿务局漳村煤矿

我们潞安矿务局漳村煤矿始建于1958年，1963年被煤炭工业部定为正式矿井，核定生产能力10万吨/年。建矿以来，我们始终坚持走科学技术进步道路，矢志不移地追求高效目标，先后两次对矿井进行了大规模技术改造，设计能力由10万吨提高到60万吨，又由60万吨提高到150万吨。生产手段逐步由炮采过渡到普采，又由普采过渡到综采，同时实现了掘进综掘化、支护钢铁化、运输胶带化。科学技术上的不断进步，给减人提效创造了条件。就拿采煤队来说，1983年上综采以前，全矿有5个采煤队738名采煤工人，占全矿原煤总人数的32%。1985年综采一队首创百万吨后，我们将采煤队缩编为4个，采煤工人下降到632人，占原煤总人数的26%。1987年，两个综采队双创百万吨，全矿撤消了普采队建制，仅保留3个综采队，采煤工人减少为516人，仅占原煤人员总数的23.3%。当年原煤总产量达到213万吨，相当于建矿初期的20多倍，比1982年的总产量提高1.66倍；全员效率达到4.395吨/工，首次夺得全国同行业冠军，与炮采时期相比，效率提高3倍多，与普采时期相比效率提高了1.5倍，人均实现利税达到6573元，创造了统配煤矿比较好的经济效益。同年，我矿被原煤炭工业部首批命名为现代化矿井和特级质量标准化矿井。

我们在建成现代化矿井之后，仍然依靠科学技术进步，不断探索建设能够与世界先进采煤国家高效矿井相比的高标准现代化矿井的路子。1989年正式作出规划，其模式为“一少、两高、四好、十化”。“一少”即用人少，全矿实现一个综采队、一个掘进队、一个开拓队、一个机运队高度集中生产，原煤人员由2000人左右降到1000人左右。“两高”即单产高、效率高。单机单面月产达到18万吨以上，逐步向日产万吨工作面奋斗，全矿年产量稳定在240万吨左右，全员效率达到8吨/工以上。“四好”即安全好、经济效益好、职工生活好、精神文明好，百万吨死亡率向零奋斗；经济效益保持全国同行业先进水平；职工生活逐步达到舒适型生活目标；建设一支与高标准现代化矿井相适应的作风硬、思想好、素质高的职工队伍。“十化”即生产高度集中化、采掘高度机械化、运输提升胶带化、辅助运输单轨吊化、监测监控自动化、管理手段电脑化、全面质量标准化、生产经营多种化、职工生活优裕化、队伍素质现代化。规划实施步骤为：一年起步，两年初见成效，三年大部达标，四年全面达标。

3年多来，我们在上级领导的亲切关怀和大力支持下，以创新意识为先导，加快科技发展，以提高“双效”为中心，不断深化内部改革，努力探索适合高产高效矿井特点的新管理模式。生产部署由四个采区逐步集中到一个采区；主导生产技术由综采分层开采发展成为开天窗放顶煤一次采全高新工艺，在试验过程中，我们克服了种种困难，对国产化开天窗放顶煤设备进行了支架安装高度、支护方式及运输机落地等36项大的革新改造，使之逐步适应了我矿的生产条件，单产水平由试验初期的5万吨，逐步提高到15万吨以上，回收率平均达到85%以上。1991年，担负开天窗放顶煤试验的综采一队，单机单面单套人马年产原煤达到182万吨，创造了全国综采队年产最高记录。在主导技术突破的同时，我们狠抓了相关技术群的配套优化，综采机械化程度达到了100%，综掘机械化程度达到了90.14%，辅助运输系统实现了单轨吊化，目前又正在进行胶轮车试验，年内可望实现单轨吊与胶轮运输车一体化运行，监测监控实现了自动化，管理手段逐步向电脑化发展。

技术进步为提高企业经济效益和社会效益创造了条件，1991年，我矿原煤总产量达到241万吨，按年末全矿在册职工人数计算，人均向国家产出优质煤炭720吨/年，相当于全国煤炭行业职工人均年产煤量的

5倍。全员效率达到6.005吨/工，实现了连续5年保持全国同行业领先，相当于全国统配煤矿平均效率的5倍多。企业经济效益，在煤炭价格与价值背离，政策性增支因素较大的情况下，始终保持了盈利，从1991年的经济效益看，我矿原煤成本为41.50元/吨，基本售价为41.3元，虽然原煤成本与基本售价基本持平，甚至略高于基本售价，但我们通过深入开展"质量、品种、效益年"活动，狠抓了增加块煤销售，提高煤质增收，加上矿务局统一核算的议价煤、加价煤收入等，使原煤平均售价达到56.94元/吨，较好地完成了局对矿内部利润承包指标。今年以来，我们认真贯彻落实能源部、中国统配煤矿总公司关于"深化改革、整组提效"的指示精神，在生产部署高度集中、主导技术有较大突破的前提下，按照《关于统配煤矿新井实行新管理办法试点的意见》，大胆进行了劳动组织整顿、减面减人、提高职工队伍素质等方面的探索，使企业的经济效益有了进一步提高。

一、认真整顿劳动组织，下决心精简原煤人员

依靠科学技术进步，大力发展机械化的目的是为减人提效创造条件，没有生产上的合理集中、科学技术上的创新进步，人员就不可能真正减下来，效率效益也不可能真正提上来。相反，如果具备了这样的条件，而忽视优化组织结构，不能真正把原煤人员减下来，不但不会产生高效率、高效益，而且还会造成巨大的浪费。基于这样的认识，多年来，我们一直矢志追求发展科技、逐步减人提效的目标。特别是1992年以来，由于矿井具备了实行一矿一面合理集中生产的条件，我们按照本矿建设高标准现代化矿井的规划方案和能源部、中国统配煤矿总公司推出的新井实行新管理办法的要求，大刀阔斧地进行了劳动组织整顿，使组织机构进一步精简，原煤人员进一步减少。在劳动组织整顿方面，我们重点抓了五个环节：

一是主要生产队组实现"四一型"结构，全矿形成一矿、一面、一条主运输线高度集中生产的格局。1992年一开始，我们就将两个综采队、两个掘进队、两个机运队精简为一个综采队、一个掘进队、一个机运队、一个开拓队，由一个综采队担负起了全矿年产200多万吨的生产任务。

二是全面实行定员定编，下决心把原煤人员减下来。我们在搭起"四一型"框架之后，按照高产高效矿井的要求，严格进行了定员定编，其中综采队定员105人，定员工74个，具体定员情况是：生产班24个（两个生产班48个）、检修准备工段20个、队部管理6个，另外，轮休人员12个，替缺勤人员19个。采煤工人总数较上年的386人减少281人。在整顿劳动组织中，我们坚持一、二、三线同步精简，努力将原煤人员减下来。在对采掘一线队实行定员定编的同时，对辅助生产队和地面机关科室也相应进行了精简组织结构，实行定员定编，全矿原煤人员由1991年底的1875人，减少为1992年的1373人，基本实现了我们原规划的1000左右原煤人员的目标。

三是科学合理地组织生产，努力减少原煤用工。我们在采、掘、开、机运等生产队推行了"六九"交叉作业制，即生产两个9小时，检修6小时。生产工人实行"15、7、8"工作制，即每月生产15天，学习7天，休息8天；地面单位实行"20、5、5"工作制，即每月工作20天，学习5天，休息5天。1992年1～6月份，原煤总用工为169083个，比上年同期的195492个减少26409个，减少13.51%。为了进一步减少原煤用工，目前，我们已推出了周五工作制试行方案，不久将正式实行。

四是妥善安置富余人员。在今年的劳动组织调整、整顿中，全矿共减少人员700人，其中原煤人员502人，其它人员198人。对减下来的人员，我们本着"内部消化，让他们有正当的出路和保障，自己创造价值，自己养活自己，自己发展自己，真正摆脱对局、矿的依赖"的原则，进行了妥善安排。其中局抽出360人为明年准备投产的常村矿进行代培训，安排到本矿多种经营劳动服务公司255人，有85人参加矿培训队轮流培训，作为我矿实行动态合理劳动组合的后备力量，安排到矿劳动服务公司的职工都有正常的职业和收入保障，目前，矿劳动服务公司拥有加工、制造、生产、修理、装璜、服务等厂点32个，经营项目和产品近千种，不但直接为本矿生产和生活服务，还面向社会，打向社会市场，实行开放型效益型经营，1991年完成总产值650万元，实现利税65万元；今年上半年完成产值400万元，实现利税42万元。公司现有职工1364人，其中安置全民职工373人，真正使减下来的人员从工资、福利等各方面摆脱了对局矿的依赖，促进了全矿活劳动消耗的降低和经济效益的提高。

五是积极探索三条线管理模式，进一步精简管理机构。我矿从建矿以来一直实行的是矿、队两级管理，矿对基层生产单位实行面对面的领导和24小时对生产过程连续指挥。虽然管理层次比较简化，但由于过去上下对口设置要求比较严，机构还是显得庞大，特别是主要生产队组实行"四一型"结构后，更显得一线精干，机关臃肿。为了从根本上改变这种"头重脚轻"的不合理现象，1992年以来我们在整顿劳动组织、严格实行定员定编的同时，结合本矿实际，初步制定了全矿实行生产、生产服务和生活服务三条线管理方案，计划1992年底或1993年初正式实行。将来三条线实行独立核算，自负盈亏。矿通过内部银行对各条线实行经济管理。管理机构将进一步简化，原煤人员将进一步减少，劳动效率和经济效益必将有一个新的更大的提高。

二、狠抓职工教育培训，下功夫提高职工队伍素质

实现高产高效必须有高素质的职工队伍加以保证，只有技术装备的现代化，没有人员素质的现代化，先进的装备是不会产生高效益的。为此，多年来，我们在大力推进科学技术进步的同时，十分注重加强职工教育培训，舍得下本钱、花气力，发展职工教育事业，促进了职工队伍素质的不断提高。

1．技术上马，教育先行

我们坚持在每发展一项新技术之前，首先组织一批骨干力量进行多种形式的专业技术培训。例如，1983年上综采前夕，我们首先在全矿采掘一线工人中，通过考试，公开招聘了54名具有高中以上文化程度和两年以上井下实践工作经验的职工组成综采骨干分子，对他们进行了为期一年的超前培训，然后又将他们送到当时上综采比较早的局矿进行跟班生产，直到能够独立担负小班生产任务。由于我们狠抓了超前培训和现场练兵，迅速提高了综采队伍的素质，为首次采用国产综采机组一次性试验成功和以后多次刷新全国综采单产最高纪录打下了坚实基础。在实现综掘机械化、辅助运输上单轨吊和进行开天窗放顶煤新工艺试验等多项重大技术革新中，我们都采用了同样方法对职工进行培训，较好地解决了职工队伍素质与新技术、新装备不适应的矛盾，保证了先进的技术装备使用之后能够正常发挥应有效益。

2．外培内教，形成制度

发展职工教育事业，我们以提高职工队伍的总体素质为目标，既考虑培养高文化结构的特殊工种专业技术人才和高素质的管理人才队伍，又考虑从客观实际出发，全面提高职工队伍素质。因此，我们坚持送出去培训和本矿办学相结合。从1983年以来，我矿送出各类外培人员324人，占全矿职工总人数的9.54％，其中有108人取得了大专学历，有216人取得了中专学历。与此同时，我们把职工教育的重心放在立足本矿办学，普及职工的文化、技术、业务、政治、安全和现代化管理知识教育上，我矿专门成立了职工教育科和培训队。近年来，投资300多万元，新建了4000多m^2的职工培训楼，配备了较强的师资力量和各种教学用具，开设了10多种专业培训班，我们从生产和工作实际需要出发，有计划、有步骤地逐年对全矿各工种人员进行不同形式的轮训，有效提高了职工队伍的总体素质。目前，全矿93.2％的职工达到了初中以上文化程度，高中以上文化的职工占到全矿职工总数的48.3％，生产一线职工的知识结构基本达到高中以上文化程度。工长、采煤、掘进司机和电修、机修工以及综采各类司机都经过了专业技术培训，并取得了资格证书。

3．鼓励职工自学成才

职工自学考试是一种不脱离生产和工作实际、立足岗位成才的好方法，它较之送出去脱产培训具有投资少、不影响正常生产和工作等特点。因此，我们采取多种措施鼓励职工自学高考，矿教育科为职工免费提供报考各类刊授、函授、电大、自学高考和专业证书教育的各种服务，矿上给予报销自学所需的各种教材和资料费，并根据学习期满所获得的不同学历、不同专业技术证书，给予不同的奖学金。目前，我矿通过自学考试获得大专毕业证书的职工达到358人，占全矿职工总人数的10.5％，获得采煤、机电、物资供应、劳经等专业证书的205人，占全矿职工总人数的6.03％。

4．建立“学习——生产——学习”的良性循环机制

我矿生产工人实行“15、7、8”工作制，地面单位实行“20、5、5”工作制，其中生产工人每月有7天的学习时间，地面职工每月有5天的学习时间，学习方式根据工作和生产实际需要，可以参加矿教育科组织的统一培训，也可由本单位自行组织学习，无论采取哪种形式，本单位都要对职工的学习成绩进行严格考核，根据成绩好坏计发工资和奖学金。从我们的基本工作制度来讲，形成了“学习——生产——学习”的良性循环机制，这不但有利于职工养精蓄锐，有充沛的精力投入生产和工作，也有效地促进了职工素质的不断提高。

5．学习培训与改革劳动用工制度相结合，建立学习激励机制

我们从1988年开始，实行合理劳动组织。我们认为，合理劳动组合的目的，一是严格按定工定员组织生产，实现满负荷工作，提高工作效率；二是增强职工的敬业意识，促进职工素质的不断提高。所以，我们坚持不搞一次组合定终身，而是建立起动态组合机制。具体方法是：通过岗位定责，确定人员编制，通过公平竞争，民主组合，将超编人员挤下来进行培训。我们规定，每期培训为两个月，首次参加培训的，根据学习成绩和思想表现好坏，发给工资和奖学金，通过学习，确有提高的，两个月期满后可重新参加组合，仍未被组合上的职工，允许继续参加培训，但只发基本工资，不计奖学金，直到组合上为止。由于我们坚持了“组合——培训——组合”的循环竞争，在岗的职工随时有被淘汰的风险感，组合下来的职工，有提高素质重新上岗的希望，保证了职工队伍经常处于高素质、战斗力旺盛状态，促进了各项工作和任务的顺利完成。

6．改革分配制度，促进职工向高素质方向努力

职工素质的高低，直接决定着工作效率的高低和完成任务的好坏，经济分配则是职工完成任务好坏的一种相应报酬，分配制度的本身就是对职工素质高低的一种检验尺度，分配制度合理，可以有效地激励职工自觉朝着高素质的方向努力，分配制度不合理，则适得其反，即使有了高文化、高技术也不会很好的发挥出来。因此，我们理解黄毅诚部长再三强调的“分配制度一定要向一线倾斜，向苦、累、脏的岗位倾斜，向高技术岗位倾斜”，其深刻意义也就在这里。从1985年煤炭行业实行投入产出总承包以来，我们漳村煤矿内部执行的工资承包方案，基本是四种形式，一、二、三线的工资承包单价比例大致为2:1.5:1，并以此作为不同工种的系数，辅以《双文明经济责任制》百分制考核，基本体现了干什么活挣什么钱，干多少收入多少，有多高技术获得多高报酬，促进了职工自觉学技术、钻业务、努力提高自身素质的热情，原来一线要求到二线、二线要求到三线的倒流现象，近年来基本消除了，取而代之的是一、二线有些老工人，矿上要求他们到三线工作，他们反而不愿退出来，大多数有专业技术的人才和正规院校分配来的大中专学校

毕业生主动要求到一、二线工作。目前，我矿采掘一线队的领导班子知识结构，基本实现了大专化，综采队6名队级干部，除一名为全国煤炭战线劳模不达大专文化程度外，其余5名全部有大中专学历；掘进队6名队级干部全部为大中专毕业生。

我们通过多年来的努力，采取多种形式狠抓职工队伍培训，在以下四个方面取得了明显效果。

一是职工队伍的知识结构发生了明显变化。1983年以前全矿职工总人数和现在基本相等，过去是小学以下文化程度占50%以上，而大中专毕业生仅占5%左右，现在是高中以上文化程度占50%，而小学以下文化程度只占6%。过去全矿具有初级以上技术职称的人员不达1%，现在具有中级以上技术职称的人员达到3.5%，初级以上技术职称人员达到14.3%。矿级领导全部有中级以上技术职称，科队级干部80%以上具有初级以上技术职称。1985年和1986年，我矿综采工人和机电工人在全国综采和机电统考中分别获得山西省第二名。1992年4月，综掘工人参加全国综掘统考，获得中国统配煤矿总公司系统第一名。

二是较高素质的职工队伍保证了现代化技术装备的正常使用。特别是1992年以来，我矿只保留了一个综采队生产，而且综采队定员较上年减少二分之一、综机开机率平均保持在60%以上，6月份有三分之一日期达到日产万吨水平，最高日产达到11757吨。

三是促进了安全生产持续稳定发展。近年来，我矿机电三率平均保持在“95、3、1”水平，被中国统配煤矿总公司命名为特级质量标准化矿井，曾创造了连续1898天、产煤1057万吨无死亡事故的较好成绩。

四是促进了企业总体素质的全面提高。1989年以来，我矿先后晋升为行业一级企业、荣获全国“五一”劳动奖状和全面质量管理奖、省级奖、山西省最佳企业等86项市级以上荣誉称号。

三、挖掘内部潜力，努力提高双效

科学技术进步，促进了企业生产和经营管理方式的根本变革，通过整组减人和优化职工队伍素质，使企业的全员劳动效率和经济效益有了进一步提高。1992年上半年，特别是1～4月，我矿在山西限产压库，生产任务不足，外运受到限制，原煤总产量比上年同期减少13万吨的情况下，认真贯彻黄毅诚部长致我矿的一封信指示精神，一方面千方百计搞好路矿协作，争取多销多产；另一方面狠抓减人减少原煤用工，5、6月份逐步扭转了被动局面，1～6月原煤总产量完成1101320吨，全员效率累计达到6.513吨/工，其中2月、5月分别登上7吨台阶，实际达到7.334吨/工和7.489吨/工，6月一举突破8吨大关，当月完成原煤产量27万吨，原煤用工30800个，全员工效达到8.766吨/工。回采工效累计达到60.145吨/工，比上年同期提高1倍多，其中2、3、4、6四个月分别突破70吨/工，实际达到74.377吨/工、78.122吨/工、72.434吨/工和76.220吨/工。

1992年上半年由于我矿原煤总产量较上年同期下降，建设“四一型”矿井，一季度投入又比较大，加之材料涨价，政策性增支因素较多，折旧增加等，总成本比上年同期增加12.93元/吨。在外部环境不利的情况下，我们立足深化内部改革，转换经营机制，挖掘内部潜力，狠抓了增销块煤、提质增收和加价煤、计划外煤销售等，使煤炭的平均售价高于总成本8.17元/吨，实现利税剔除了政策性增支因素和客观因素影响成本外，与上年同期同口径比较，实际提高22.31%。

最近我们在学习贯彻朱镕基副总理在山西煤矿调研的指示精神和黄毅诚部长致我矿的一封信以及胡富国副部长要求我们学大雁、赶大雁的指示精神中，对照他们的先进事迹和经验找差距，清醒地看到了我们的转变经营观念、三项制度改革，特别是降低成本、提高经济效益和发展第三产业等方面存在的问题和不足。我们对自己的具体情况作了认真的研究和分析，并相应采取了一定措施。我们决心以大雁一矿等单位为榜样，学先进，赶先进，博采众长，开拓创新，为加速我国煤炭工业的现代化建设做出新的贡献。

大搞三产是煤炭企业提高效益的根本出路

大同矿务局云岗煤矿

我们大同矿务局云岗煤矿是1973年投产的大型矿井，设计能力为年产270万吨，实际生产能力已达到421万吨。全矿现有3个综采队、2个机掘队和3个普掘队，职工总数5401人。另外从事多种经营和第三产业的还有1个建井安装公司1005人，1个云新实业公司1557人，1个生活公司844人，1个劳动服务公司3088人。近年来，我们在能源部和中国统配煤矿总公司、矿务局的帮助指导下，坚持改革，强化管理，大搞集约化生产，不断完善内部承包责任制，使企业的生产经营状况有了较为明显的改观。产量连续3年突破400万吨，并且建成了质量标准化矿井、现代化矿井和晋升为煤炭一级企业，1991年上缴国家利润1719万元，实现了扭亏为盈。特别是1992年以来，我们认真贯彻1992年中央2号文件和朱镕基副总理视察我矿时的指示精神，精简机构，深化改革，大力发展第三产业，又取得了可喜的进展：1992年上半年，原煤总产量实际完成206万吨，超计划21万吨；上缴利润1620万元，超计划404万元，比1991年同期超交932万元。全员效率完成4.5吨/工，比计划提高1.4吨/工，比1991年同期提高0.7吨/工；吨煤成本42.55元，比计划降低0.02元。其它各项指标也都完成了计划。

一、依靠科技，坚持集约化生产

由于受传统观念的影响，煤炭企业多年来一直走的是一条粗放经营的道路，把增人、增面、增加设备作为提高产量的主要手段。1988年以前，我们矿就有16个采煤队、27个掘进头，用6个采区生产，仅下井人员就达6000多人，而平均单产只有1.9万吨，综采单产只有3.6万吨，全矿总产不过350万吨。由于点多面广，下井人员多、管理跨度大、设备占用多、资金投入多，因而效率低、效益差、安全状况差。正反两方面的经验教训使我们认识到：要想改变现状，提高效率、效益，保证安全生产，就必须对传统生产方式进行大胆改革，就必须广泛应用先进技术，走集约化生产道路。

1989年起，我们开始对生产组织进行改革，减队、减人、减面、减设备。采煤队由原来的16个减少到现在的3个正式综采队，1个预备队。人员由2500人减少到现在的480人。采煤机械化程度由66.1%提高到了100%；综采机械化程度由65%提高到86.84%。队组少了，人员少了，产量反而由1988年的350万吨猛增到1990年的421万吨；综采单产由3.6万吨提高到9.7万吨。工作面效率由原来的18.24吨/工提高到49.7吨/工。1989年有1个综采队突破百万吨，1991年，3个综采队和2个机掘队全部成为百万吨队或万米队。一线人员减少后，安全系数增大了，1989年以来，安全状况持续、稳定好转，充分发挥了集约化生产的优势。

二、广开门路、放开手脚、发展第三产业

对于减下的人，过去分三个渠道进行了安置：第一，一部分人组成标准化专业队，从事标准化建设；第二，部分有技术但身体不适宜井下工作的人充实到劳动服务公司；第三，剩余的大部分搞集中培训，成为井下人员的“蓄水池”。当时这样做，主要有两个原因：一是从稳定生产和标准化考虑，富余人员暂时还不宜离开井下。二是思想不够解放，胆子还不够大，不敢把人减到地面去搞其它产业。结果是机械化水平提高了，单产单进提高了，但是机械化优势并没有得到充分发挥，效率、效益还不够理想，其根本原因是“吃”吨煤的人并没有减少。因此要想进一步提高效率、效益，只有真正把人减下来才行。多种经营，过去虽然搞了一些，但只是属于小打小闹，放不开手脚。今年中央2号文件、能源部和中国统配煤矿总公司工作会议为我们大搞三产增加了动力，指明了方向。特别是朱镕基副总理来我矿视察，对我们的工作给予了肯定，并明确指出：煤矿解决亏损，降低成本的办法就是要把人减下来搞多种经营，发展第三产业。如果说过去由于胆子小，想干而不敢干的话，那么这一次则是极好的机遇。

把减下的人搞多种经营，发展第三产业，我们首先搞好分流转岗。云岗矿井上下总共富余将近3000人左右，如何安置？我们主要有4条渠道。第一条渠道是组建建井安装公司，从事国家投资的改扩建工程建设，替代农村包工队，由我们自己的队伍来承担国家改扩建工程项目的施工任务。第二条渠道，组建云新实业开发公司，从事多种经营和第三产业。第三条渠道是组建生活服务公司，主要搞生活服务和第三产业。第四条渠道是充实劳动服务公司。此外，有些人可以脱离企业，停薪留职，自谋职业。

我们发展三产的主要做法是：

1. 解放思想

要发展第三产业，首先必须解放思想，敢于冲破一切旧传统、旧观念的束缚。主要是靠宣传教育，一方面大张旗鼓地学习、宣传邓小平同志的讲话和1992年中央5号文件精神；另一方面，通过回顾我矿近几年改革的路程，用改革的实践反复向大家说明这样一个道理：煤矿要发展，必须搞三产；思想不转变，大家没饭吃。特别是借助朱镕基副总理视察的东风，使不少人认识到了发展第三产业的重要性。因此，在实际操作过程中，比较顺手。

2. 组织保证

在以往搞多种经营的过程中，由于位置没有摆对，造成一些工作上的被动。比如配备的人员往往素质较差，配备干部也是马马虎虎。现在，我们着重从组织措施上加以保证，必须选派精兵强将，选那些既年富力强、具有强烈的事业心，又有技术专长，懂技术善管理的干部工人去搞第三产业。就拿云新实业公司来说，我们把全矿最善于管理的材料科科长派去当经理，让既有专业技术，又有管理经验的基建科科长去当第二经理兼书记。同时，将一批优秀的工程技术人员充实到第三产业部门。而且在为各大公司配备干部时，首先要考虑是否能够胜任，要尽可能地做到人尽其材，物尽其用。例如有社交活动能力的就去搞公关，懂化工知识的去搞阻燃胶带，有经营头脑的就去做买卖。总之就是要最大限度地发挥他们的才能，让他们在第三产业的广阔天地里发挥特长，自由驰骋。另外，在人员配备上，我们尽量是成建制地进行转岗，以便于组织领导；个别转岗人员完全由公司领导挑选，不愿要的留在矿上，决不甩包袱。这样，就保证了第三产业单位一上马就能正常运转。

为了保证第三产业协调、顺利地发展，我们专门成立了由经营副矿长挂帅，由工资、财务、机电、材料以及各大公司经理组成的三产协调组，每月召开一次协调会，具体平衡、解决发展第三产业中遇到的问题。目的是为了宏观上协调各公司开发的项目，避免所上项目出现撞车现象，同时，解决好资金和其它问题。这些措施为第三产业的发展起到了积极作用。

3. 典型开路

好的典型具有很大的推动作用，发展第三产业对我们来说还是新事业。究竟有没有前途？回答是肯定的。当矿上宣布机关科室富余人员可以搞第三产业的第三天，房产科科长就带着全科人筹集的18000元到了河北省白沟市场。18000元的货物仅用3天就销售殆尽，纯收入5400元！按矿上的规定，收入全部归自己。他们怀着极大的兴奋，再次出征，又是满载而归，这次收获更大，纯获利7000元。他们的行动引起了不小的轰动，人们纷纷议论着，思索着，盘算着。在活生生的事实面前信服了：发展“三产”不仅能搞，而且确实大有搞头。于是，许多单位和个人纷纷效仿，有的办起了卡拉OK厅，有的办起了委托商行，有的开办家电维修点、干洗店、百货批发部等等，八仙过海各显其能。我们感到，云岗矿之所以能很快地发展起来，是与我们的骨干带头，特别是领导带头分不开的。我们年过花甲的老工会主席多次要求到良乡开办养殖厂，养鸡、养猪；党委书记带人远上二连、满洲里、黑河等地洽谈联营项目；许多干部脱离了自己熟悉的业务，到商品经济的大海洋中去“游泳”：搞审计的去搞了速冻饺子，搞信访的去搞了综合服务。青年干部小赵是个专职监察员，宁愿脱掉监察服去白沟闯一闯。许多无岗或等待转岗的人员再也坐不住了，他们说，领导都这么干了，我们还有什么放心不下的？迟干不如早干，早干不如快干，再也不吃企业大锅饭了。

4．政策引导

制定切实可行的政策是第三产业健康发展的保证。我们认为，上级已有的政策，要用好、用活、用足；上级没有明确规定的，我们制定自己的政策，并在实践过程中不断完善。这方面，主要有三种情况：

一种是鼓励政策。我们规定：凡本矿职工为第三产业引进外资并创造价值盈利的，可提取纯利的10%做为奖励，10年不变；自谋职业的职工可以享受按比例的升级指标，分房时可以按原岗位分房条件打分，做出显著成绩的可以评为劳模。凡在第三产业管理岗位工作的职工，可享受与大矿同级干部相等的奖金和其它待遇。这些政策给那些犹疑不定的职工吃了颗定心丸。

第二种是激励政策。我们规定：凡是集体转入第三产业多种经营的职工，从1992年7月1日到年底，矿只支付100%的基本工资，奖金自行解决；1993年1月1日到6月30日，只支付50%的基本工资，其余50%的基本工资和奖金自行解决；1993年7月1日起，工资奖金全部自己解决。这条政策主要是为了减少依赖性，增强主动性，逐步做到断奶绝粮，实现自己养活自己的目的。

第三种是优惠政策。我们规定：凡第三产业厂点，能够合法经营、照章纳税的，3年内免缴设备租赁费和管理费，自谋职业经济上有困难的职工，依法履行手续后、可给予1万元以下的贷款。我们这些政策的出台，进一步促进了第三产业的蓬勃发展。

5．因地制宜，全面发展

发展第三产业，既要大胆，又要切合实际，因地制宜。为此我们坚持两条腿走路的方针。一条是要占领本矿市场，我们认为，市场就在眼前，市场就在脚下。云岗矿是个拥有5万人的消费市场，只要认真开发，引导消费，平均每个居民每日消费15元是可以做到的，那么全矿每月就是75万元，这是比较客观的数字。另外一条就是打向外部市场，只有打向外部，才有潜力可挖，才有可能得到更大发展。因此我们按照“投资少、见效快、安置多”的三条原则和“服务生产、方便生活、满足社会”的三条途径，全方位开放。我们明确告诉职工，不论规模大小，小到三五人，大到几百人都可以；也不论项目类别，凡是生产需要的，凡是能够创造价值、繁荣市场、方便群众、改善职工生活的都可开发。目前，我们的多种经营已经发展到相当的规模，建立了煤炭、机修、商饮、运输、土建五大类、60多个网点，年经营总额可达2000万元左右。目前我们转岗搞第三产业的人员已达2401人，其中2092人已经上岗。

1992年新上项目共7大类34小项，产值可达2000多万元。这些项目是：①煤炭类，主要是开采边角煤，年产12万吨，可收入500多万元；②建材类，包括各种水泥制品、联营沙厂，年获利42万元；③农副类，开办养鸡场、养猪场、种蔬菜，年产值可达60多万元；④建筑安装类，包括筑路和建筑装璜，年产值可达620万元；⑤生活服务类，包括食品加工、毛巾生产、家电维修、废品收购等，年产值15万元；⑥商业服务类，包括开办小百货批发市场、贸易货栈、委托商行等，年产值8万元左右；⑦生产服务类，包括扩建半吨锅炉和机电修造的来料加工等，年产值可达80万元。

1992年10月，我们准备再上一批项目，生活服务公司开办营业食堂、奶牛场、增设水果批发业务；成立干洗店，云新实业公司生产拒水粉、阻燃胶带等；劳动服务公司承揽粉刷业务，上木器加工流水线等。力争年底再上一批。目前这些新上项目正在运转，发展趋势良好。

三、深化改革，建立新的经营机制

我们认为，在分流转岗大搞第三产业的过程中，必须建立和运用新的经营机制。我们主要是采取“两放”，即放权和放手经营。放什么权？第一是人权。对于干部，矿上只下管一级，除各大公司的主要领导由矿任命外，其他干部的任免一律由各公司自己掌握，这包括干部的使用、工人的调动等全部由各公司自己决定；第二是分配权，由各大公司自己定方案，决定内部分配；第三是自主经营权，搞什么项目，打向什么地方，如何发展由各公司自己决定；第四是产品定价权，各公司有权根据产品、成本、质量、销路情况制定产品价格。所谓放手经营，就是让第三产业在商品经济的大海洋中自由“游泳”，矿上只管创造条件，为第三产业服务，主要是在政策上放宽、经济上扶植、方法上指导。比如我们规定凡是合法经营第三产业的，3年之内可免缴设备租赁费和管理费；设备租赁费由各大公司自提自用，自我发展。为了解决发展第三产业资金不足的问题，我们分三条渠道解决：一是由矿垫付一部分；二是试行工资信用卡，这条渠道正在筹备；三是群众集资，我们目前已筹集了100多万。我们还准备发行内部债券，发动群众集资入股。

在转换机制的过程中，我们注意发挥两个积极性，各大公司都按照矿上的统一部署，进行了三项制度的改革。干部、职工全部实行合同化管理，在管理岗位上的，就是干部，不在管理岗位的，就是工人。工人可以当干部，干部也可以当工人。不论资排辈，不论级别，谁有本事谁上。例如五金厂铆焊车间的主任就是一个大集体的女职工，我们有许多不适应商品经济管理的干部已经自动退位，到目前，已有213名工人走上了管理干部岗位，112名干部转岗当了工人，有89名科级干部转岗干起了第三产业。

转换机制很重要的一条就是打破大锅饭。第三产业一上马，就不存在“三铁”的问题。比如建井安装公司，他们承揽国家改扩建工程项目，吃国家投资，脱离“母体”，自负盈亏。云新实业公司和生活服务公司1992年上半年只发基本工资，奖金自己解决，下半年只发50%的基本工资，1993年工资奖金全部自己解决。各大公司的工资分配数额完全由自己确定，职工收入随经济效益的好坏上下浮动，上不封顶，下不保底。凡是从事三产的职工干部、完全随经济效益的好坏上下浮动，效益好的，收入可高于大矿职工，他们在实际发展过程中，各自根据不同性质和不同情况，采取了不同的分配办法。例如云新实业公司的运输大队实行单车承包，除上交一部分管理费外，汽油、配件消耗全部自己承担，多跑多挣，自负盈亏。装璜公司是大家集资买设备，靠自己揽业务挣钱，每月交矿20%的管理费，剩余部分按各自的贡献进行内部分配。五金厂则是把职工的原工资级别封存入档，实行小计件，干多少挣多少。例如规定车工每工要完成20个305轴承杯的定额，单价0.30元，完成定额得6元，超1个另奖0.5元，完不成定额则减发50%，即只得3元。而且不分集体、国营还是固定、临时工，统统一视同仁。新的运行机制调动了职工积极性，有效地促进了第三产业的健康发展。云新实业公司成立短短的两个月以来，就发展成为拥有1500多名职工、17个生产服务单位、500万元固定资产、开发项目达20多个的大公司；劳动公司五金厂1991年亏损60多万元，到1992年上半年实现利润28.7万元。

今后，我们一定要以1992年中央2号文件为指针，以这次大会为动力，加快改革的步伐，搞好煤炭生产、特别是要在发展第三产业方面再向前推进一步。1992年年底实现转岗的3000人要全部有岗、有效益。我们在1995年以前产量保持在400万吨，1997年要上到600万吨，利润以1992年为基数，每年增长8%；全员效率1993年达到5吨/工，1997年达到8吨/工。争取本世纪末赶上世界发达采煤国家水平，为振兴煤炭事业做出更大贡献。

大雁矿务局建起高产高效矿井模式雏型

大 雁 矿 务 局

座落在内蒙古自治区鄂温克旗境内的大雁矿务局第一煤矿，自1991年下半年开始，在局党委、矿务局的领导下，按照能源部、东北内蒙古煤炭工业联合公司的指示精神，深化改革，转换机制，冲破束缚生产力的条条框框，建起了我国第一个高产高效矿井模式。

这个矿是1983年投产的年设计能力为90万吨的矿井。在建设高产高效矿井之前，矿机关24个科室，13个基层单位和63个段队，全矿职工5005人。长期形成的这种“大而全、小而全”的旧模式，束缚了煤矿生产力的发展。为建设高产高效矿井，他们首先向机构臃肿、人浮于事的顽症开刀，矿机关取消了24个科室，成立了4个办公室，即安全生产办公室、经营办公室、综合办公室、政工办公室。全矿变三级管理为两级管理，取消了13个科区级单位和63个段队，只成立了采、掘、机运、保安、通风5个专业队。随着机构的变革，全矿由5005人精简到现上岗的1135人。其中：归口划出1607人，纯精简1958人，另组织起306人脱产轮流培训。这种新型模式适应了生产力的发展，今年1～5月，全矿生产原煤80.8万吨，已超过矿井设计能力的1倍多，比年产最高水平的1991年同期提高43%；单产由1991年同期的45100吨增加到55300吨；全员工效由1991年同期的1.46吨/工猛增到5.35吨/工，增长2.66倍；掘进工效也提高34.6%。吨煤成本虽然有材料涨价因素，仍实现32.19元，按可比口径比上年同期实际降低7.42元。投产前9年，这个矿一直靠吃政策性亏损过日子，1992年，甩掉了政策性亏损的帽子，1～5月创利润271.5万元。1991年1～5月全矿职工人均政策性亏损1113元，而1992年前5个月人均盈利2053元。他们的主要做法：

——从企业内部挖潜、变革束缚生产力的旧体制入手。按照“矿务局是企业，矿是生产车间”的指导思想，从本矿生产经营的实际出发，机构设置不再与矿务局对口，机关实行同类工作性质的科室合并，基层变三级管理为两级管理，形成了“机关四办、基层五队”的新型模式。在此基础上，大量精简人员。矿级领导从13人减到6人，科级干部由93人减到26人，管理干部由306人精简到79人，原矿机关326人，归口划出138人后，剩余的188人精简到36人。在对工人精简上，采煤工从1112人减到226人；掘进工从672人减到248人；机电运输工从795人减到381人。同时，被减职工由矿务局成立开发创业公司，除部分顶替计划外用工和充实新投产矿井外，其余开发第三产业，现全部得到安置。人员大量精简后，他们按照一人多职、多职多能和满负荷工作制的要求，明确分工，各负其责，相互配合，保证了各项工作的正常开展。

——**转换经营机制，完善配套措施**。新的机构模式形成之后，要保证各个系统协调运转起来，需要转换经营机制。为此，他们建立了安全生产、经营管理、职工培训、机关工作等十大管理运行机制。在安全管理机制上，改变了过去“人盯人”为主的管理方法，实行“谁抓生产，谁负责安全”的办法，以自主保安为主。全矿由过去的91名安监员、保安员和质量验收员，精减到10人。虽然专职抓安全的人少了，但由于人人重视安全，仍保证了安全生产。在生产管理机制上，实行合理集中生产，全矿由过去的两个生产采区和5个采煤队，合并为1个采煤队、1个预备队，生产装备以综采取代高档普采，并严格按正规循环作业和有计划地组织均衡生产。全矿掘进由过去的分散生产集中为一个掘进队管理，开拓巷道推行了锚喷支护技术，掘进巷道实行钢带锚杆支护，在加大掘进速度的同时，努力降低掘进率，保证了采掘关系的正常接续。在机电运输上，他们把机和电的管理融为一体，把设备的维修、保养、使用能一人承担的，尽量固定一人管理，明确责任，严格考核，1992年以来的机电事故率比上年下降了28.36%。同时，取消了原基层单位的调度，全矿的安全生产统一由矿调度指挥协调，既避免了政出多门的现象，又保证了安全生产的正常运行。在经营管理机制上，实行了目标成本管理，采取层层承包的方法，天天控制，月月考核，经营好坏直接与职工收入挂钩，促进了经济效益的提高。在职工培训机制上，把提高职工素质作为企业发展的战略来抓，采掘工实行四班编制，三班生产，一班脱产轮流培训，并严格考试、考核，取得合格证后才允许上岗；他们还组织机关36人都分别根据自己的岗位自编自讲教材，授课时并摄制成电教片，利用职工休息日和班前会等形式，实行电教系列化教育培训，从而促进了职工素质的不断提高。在机关工作运行上，简化了一些不必要的繁琐工作程序；机构、人员减少之后，如果工作制度仍按过去的执行，新的机构必然会运转失灵，影响生产和经营。为此，他们对过去的一些不合理的工作制度和办法进行了改革。如在作业规程审批上，过去8道关口审批，一般审批完一个规程少则三五天，多则十天半月。现在简单规程，改为只让分管副总工程师审批，一般一个小时左右时间就批完了；重要的规程采取“会审制”，也是一道审批手续。在划出单位为矿服务运行机制上，分别建立了企业化、商品化关系，并用签订包保合同的方法来加以约束，保证了全矿生产和职工生活的需要。他们还建立了科技进步、思想政治工作等运行机制。从而，保证了改革的顺利进行。

——**引入竞争机制，活跃生产力决定因素**。在改革过程中，对人员的去留，他们采取考试、考核的方法，实行合理优化组合，择优上岗，公开平等竞争，形成了“上岗靠竞争，竞争靠素质”的机制，使16名工人走上管理干部岗位、23名干部转岗当了工人、9名原科级干部安置到一般干部岗位。进行劳动制度改革，全矿职工包括6名矿级干部在内一律实行了全员劳动合同制，按责、权、利的关系，与企业签订劳动合同，凡违犯合同者，不论哪类人员，均予以辞退。进行分配制度改革，建立了工资分配能多能少的机制。他们发动职工群众和专业人员，对全矿的88个岗位，按照劳动强度、岗位责任、岗位技术要求和劳动环境条件，分解成21个因素，分别进行岗位评估。在此基础上，确定了新的工资标准，体现了一岗一薪、易岗易薪、分配向苦脏累险岗位倾斜，并且职工的工资收入随矿里的经济效益的好坏和个人的劳动成果多少及工作岗位的变动而变动，真正落实了“多劳多得”的社会主义分配原则，极大地调动了职工的积极性，促进了全矿劳动效率和经济效益的提高。

转换经营机制　努力提高“双效”

福建省永安矿务局

永安矿务局地处闽中永安市境内，共有5对矿井、2个筛选厂等12个基层单位。1991年产煤100.2万吨，职工人数7215人。

我局地质构造复杂，采的主要是0.5～0.8米的极薄煤层。矿区的基本情况是井型小、点多面广、开采难度大、万吨掘进率高。从1985年起，该局全面推行了承包制，到1991年底，7年来，全局累计产煤660万吨，消化增支金额2840万元，实现利润1232万元，累计精简1997人，年均精简300人，企业万吨用人从1985年的108人降到1991年的72人。这期间，该局晋升为国家二级企业和荣获全国煤炭系统思想政治工作优秀企业称号。1992年荣获全国“五一”劳动奖状。

1992年，我局根据能源部关于深化企业改革的部署，进一步解放思想、转变观念，以真抓实干、大胆开拓的精神，深入进行企业劳动、人事、工资分配三项制度改革。截止1992年6月底，全局精简1200人，其中纯精简532人，归口划出668人，万吨用人降到60人。企业形成了原煤（产值4600万元）、多种经营（产值2000万元）、生活服务（产值1000万元）三个经济实体，初步改变了单一产品结构、单一销售市场、单一经营实体的状况，为企业的长远发展奠定了新的基础。

一、统一思想，转变观念

改革涉及到各方面的利益关系。改革越深入，难度就越大。我局通过反复学习邓小平同志南巡重要谈话精神，深刻认识到，当前是深化企业改革的大好时机，只有在总承包以来所取得成绩的基础上，不断设计新的改革目标，才能一步步把企业向前推进。

在深化改革中，我局加强宣传和思想教育工作，反复地向职工讲清讲明改革的目的意义，并结合企业实际，给职工算两笔帐：一是矿区资源赋存条件差，如果不抓住机遇转换机制，等到矿区衰老时，几千人的年工资2000万元怎么解决？一是如果企业多用1个人，工资、房子和各种费用，一年少说也要多支出6000元，如果企业少用500人，一年就可节约300万元。

通过宣传教育，广大职工提高了思想认识，增强了机遇意识和商品意识，自觉地投身于改革大潮之中。在统一思想的基础上，制定了深化改革的方案、目标、任务，提出“宣传教育到人，思想疏导到家，安置工作到位”的“三到”原则，把整个改革方案交由局职工代表大会审议通过后付诸实施。

二、切实实行三项制度改革

在转换经营机制的过程中，我局狠抓了人事、劳动、工资制度的改革。目前，全局职工人数已由7215人减到6015人，减少1200人。其中纯精简532人，归口划出668人。全局科、股、室已由108个减到65个，减少39.8%，人员由721人减到573人，减少20.5%。

1. 以机关改革为突破口

按照“精简效能”的原则，这个局以机关改革为突破口，精简科室和机关人员，科室从27个减到15个，减少44.4%，机关人员从146人减到113人，减少20%，其中机关中层干部从41人减到31人，减少24.4%。接着，各矿、厂、机关也进行了精简，8名矿级领导从岗位上退下来，成为一般干部。机关中层干部上岗前要同矿务局签订目标责任合同书，聘期一年。机关人员同样要与科室签订合同。规定在岗人员每月提1条合理化建议，每月要下井8天以上。增强了责任感和危机感，工作效率得到了很大提高。

2. 调整组织结构，进行劳动制度改革

我局在机关人事制度改革的同时，着手调整劳动组织结构，按单产单进年度目标，定编采掘队伍，采煤队定编60人，掘进队定编27人。

为了保证定编定员目标的实现，他们把眼睛盯在技术进步上。在掘进方面，大力推广使用了激光定向、光爆锚喷、耙岩机装岩等先进技术，在全部开拓巷道和60%的生产巷道采用了锚喷支护，同时改革作业方式，将过去十几年一贯制的一小班一循环作业改为二循环作业，实行“上不封顶、下不保底”的经济政策，激发了掘进工人的积极性，工时利用率、掘进效率大大提高。上半年，全局单进达126米/月，比1991年同期增长56%。

在采煤作业方式方面大搞支护改革。在8个采煤工作面装备单体液压支柱和金属支柱，使用中深孔爆破法，推行块段储量承包。1992年上半年，采煤工作面回收率达96%，万吨掘进率从1991年上半年的538米降至1992年上半年的478米，全年可少掘进6000米。

我局还调整采掘结构，使生产相对集中，然后进行劳动制度改革。全局共调整13个采掘队，直接精简7个采掘队精减人员183人。

实行采掘作业方式改革和生产结构调整后、接着又调整了井下运输、供电、通风、排矸系统，简化了生产环节，按照定员定岗的原则，对井下机电运输人员严格考核，择优录用，精简二线人员201人。

3. 完善分配制度

今年以来，该局继续完善吨煤工资含量包干制，实行联产计酬、联利计奖的办法，推行多种风险抵押金制度，扩大承包考核内容，采取计件工资、计时工资、岗位浮动工资等多种分配形式，把职工利益同企业效益紧密挂起钩来。在总结半罗山矿试点经验的基础上，对全局机电运输系统进行了工资改革，实行岗位技能工资制。该局还把吨煤工资分为采掘工资、井下辅助工资、地面人员工资三部分管理，对采掘工实行井龄分档补贴，建立合同工劳动保险金制度，并将企业人员精简后的剩余工资部分向采掘一线倾斜，使采掘工月工资达400元，比1991年同期增加125元。

三、搞好安置工作

从1985年起，我局从长计议，把多种经营作为一大支柱，逐年开发，扩大规模，先后创办木材防腐厂、风筒厂、印刷厂、服装加工厂、建筑工程队、汽车运输队、水泥速凝剂厂、移动式木材防腐设备厂、养鳗厂等24个厂点。在厦门特区开办了中外合资联合经营针织有限公司和扬声器有限公司，扩大了销售，部分产品销往国外。多种经营的发展，为提高效益、搞好安置拓宽了门路。实现了7年来全局无待业。

对下岗人员我们视工种、性别、年龄、特长以及工作表现、身体状况等情况，分门别类，采取相应措施来安置。今年精减的532名职工，安置到劳动服务公司的就有414人，退休和内部预退50人，停薪留职和转岗培训43人，其他25人。

四、改革生活后勤管理机制，实行社会化服务

我局远离城市，居住分散，点多面广。现有20个职工食堂，12个澡堂，281幢住宅楼，6座俱乐部等，这一庞大的生活服务系统长期吃企业原煤“大锅饭”，造成“企业办社会”的矛盾突出。仅1991年企业就负担536万元，严重影响了煤矿的经济效益。1992年，我局把生活服务从原煤生产中分离出来，一改过去的单纯服务型为经营服务型，实行生活服务社会化。目前，我局成立了生活服务公司，下设的分公司已把食堂、生活澡堂、幼儿园、招待所、医院及各卫生所、餐饮业网点、俱乐部等纳入生活服务公司的管理范围，服务公司所属部门的费用（除固定资产折旧外）一律自负盈亏。

我局采取“两个不变”和“五个服务”的措施，千方百计扩大经营销售，降低费用支出，以小补大，以丰补欠，自产为主，外购为辅，实行生产、采购、供应、服务“一条龙”管理，建立商业供应、粮食副食品加工、蔬菜瓜果、服装加工四大基地。目前，全局形成1000万元的营业能力，一年可节约费用304万元，吨煤工资下降3元。

改革使企业效率、效益得到提高。1992年上半年，原煤产量50万吨，与1991年相同。全年工效达0.762吨/工，比1991年同期提高5%，原煤万吨坑木消耗降～63.9立方米，比1991年同期下降29%，吨煤成本降到47.7元，比1991年同期下降3.9%。企业要在生产保持百万吨的基础上，消化增支额635万元，力争实现320万元。

煤炭工业对外经济贸易机构

一、中国煤炭进出口总公司

中国煤炭进出口总公司于1982年7月经国务院批准成立，是从事煤炭工业对外经济贸易的国营企业，具有法人资格。

1．公司领导

总经理：卫国福

副总经理：宋　勤　陈荣寿　施毓才　黄绍辰
邹保林　谢鸿秋

2．经营范围和商品目录

经营范围

1）经营煤炭、煤矿设备等商品的出口业务；

2）经营煤炭、煤矿设备等商品的进口业务；

3）接受委托，代理上述产品的进、出口业务；

4）经营煤炭行业的技术进、出口业务；

5）承办中外合资经营、合作生产业务；

6）承办来料加工、来样加工、来件装配业务；

7）开展补偿贸易业务；

8）开展与原苏联、东欧国家的易货贸易业务；

9）从事本行业对外咨询服务、技术交流业务；

10）经营转口贸易。

商品目录

1）出口商品目录

一类商品

煤炭。

二类商品

焦炭。

三类商品

机械设备（重型矿山机械、煤矿机械设备、地质机械设备、小成套设备、其它机械设备及零配件），非金属矿产品（其它非金属矿产品），化工类（火工产品、其它化工商品），煤矿用仪器仪表、医疗器械，小五金，服装、鞋帽（限煤矿第三产业自产）。

2）进口商品目录

煤炭及其产品，机械设备（通用机械、煤矿机械设备、土建机械、地质机械、其它机械设备），仪器仪表，化工原料，医疗器械，生产用原、辅材料。

3．公司机构（见下页）

4．通讯地址

地址：北京市朝阳区霞光里8号

邮政编码：100016

电话：（01）4678866（中继线）
（01）4677032、4677034（经理办公室）
（01）4678339（人事部）
（01）4677035（计划部）
（01）4677037（财务部）
（01）4664320（监察审计部）
（01）4664842（信息管理部）
（01）4664318（经营部）
（01）4678393（机关服务公司）

电传：211273 CNCIEC CN
211274 CNCIEC CN
211275 CNCDC CN

传真：（01）4677038、4664863

电挂：北京3520（国内）
CNCIEC BEIJING（国际）

5．子公司

通过全国清理整顿公司，中国煤炭进出口总公司经批准保留的子公司有6个，即中国煤炭进出口有限公司、中国煤矿设备进出口公司、中国煤炭开发公司、中国煤炭进出口深圳公司、秦皇岛煤海开发有限公司（内贸型）和平朔第一煤炭有限公司(生产型)。

1）中国煤炭进出口有限公司

（1）公司领导

经理：李向东

副经理：苗艳秋　华祖贵　张凤山

（2）经营范围和商品目录

经营范围

经营煤炭、煤炭加工产品的出口业务；

经营煤炭的进口业务；

接受委托，代理上述产品的进、出口业务；

开展煤炭行业补偿贸易业务；

中国煤炭进出口总公司

- 经理办公室
- 人事部
- 计划部
- 财务部
- 监察审计部
- 信息管理部
- 经营部
- 机关服务公司
- 中国煤炭进出口有限公司
- 中国煤炭开发公司
- 中国煤矿设备进出口公司
- 中国煤炭进出口深圳公司
- 秦皇岛煤海开发有限公司
- 平朔第一煤炭有限公司
- 秦皇岛储运中心
- 培训中心
- 秦皇岛分公司
- 石臼分公司
- 天津分公司
- 辽宁分公司
- 黑龙江分公司
- 江苏分公司
- 广东分公司
- 连云港办事处
- 平朔办事处
- 大同办事处
- 淮北办事处
- 丹东办事处
- 欧洲代表处
- 英国代表处
- 日本代表处
- 汉城代表处
- 环能贸易有限公司（香港总代理）

经营转口贸易。

出口商品目录

煤炭（包括原煤、筛选煤、洗精煤、水煤浆、块煤、粉煤、混煤、低质煤、中煤、煤泥、褐煤、腐植酸原料、成型煤、煤炭加工产品）。

进口商品目录

煤炭（包括原煤、洗精煤、块煤、粉煤、混煤、低质煤、中煤、煤泥、成型煤、褐煤、煤炭制成品）。

（3）公司机构

中国煤炭进出口有限公司

- 动力煤业务部
- 炼焦煤业务部
- 无烟煤业务部
- 平朔煤业务部
- 综合计划部
- 财务部
- 货源运输部
- 质量管理部

（4）通讯地址

地址：北京市朝阳区霞光里8号

邮政编码：100016

电话：（01）4678866（中继线）

（01）4664309、4664310（集团电话）

（01）4678341（动力煤业务部）

（01）4664872（炼焦煤业务部）

（01）4664873（无烟煤业务部）

（01）4664871（平朔煤业务部）

（01）4664317（综合计划部）

（01）4677031（财务部）

（01）4664870、4678396（货源运输部）

电传：211273 CNCIEC CN、211274 CNCIEC CN

传真：（01）4677039

2）中国煤矿设备进出口公司

（1）公司领导

经理：张龚贤

副经理：万正坤、柳成根

（2）经营范围和商品目录

经营范围

经营煤矿机械设备、仪器仪表等商品的出口业务；

经营煤矿机械设备、仪器仪表等商品的进口业务；

接受委托，代理上述产品的进、出口业务；

承办来料加工、来样加工、来件装配业务；

经营转口贸易。

出口商品目录

三类商品

机械设备（重型矿山机械，煤矿机械，地质机械，成套设备，其它机械设备），仪器仪表（煤矿安全仪器、仪表及其它类仪器、仪表），煤矿用医疗设备，小五金。

进口商品目录

三类商品

煤矿用机械设备、仪器仪表、零配件、工具、医疗器械。

（3）公司机构

该公司下设有进口部、出口部和综合财务部。

（4）通讯地址

地址：北京市朝阳区霞光里8号

邮政编码：100016

电话：（01）4678866（中继线）

（01）4664840（进口部）

（01）4678394（出口部）

电传：211273 CNCIEC CN

211274 CNCIEC CN

传真：（01）4677038

3）中国煤炭开发公司

（1）公司领导

经理：王同田

副经理：胡庆良　宋宝钟

（2）经营范围和商品目录

经营范围

经营煤焦油的出口业务；

经营煤矿机械设备、仪器仪表等商品的进口业务；

接受委托，代理上述产品的进、出口业务；

经营煤炭系统技术进出口业务；

承办中外合资、合作生产业务；

开展补偿贸易业务；

从事对外经济贸易咨询服务、技术交流业务。

出口商品目录

煤焦油

进口商品目录

三类商品

煤矿用机械设备、仪器仪表、工具、医疗器械。

（3）公司机构

该公司下设有开发一部、二部、三部、四部和综合业务部。

（4）通讯地址

地址：北京市朝阳区霞光里8号

邮政编码：100016

电话：（01）4678866（中继线）

（01）4664892（开发一部）

（01）4664323（开发二部）

（01）4664316（开发三部）

（01）4664319（综合业务部）

电传：211275 CNCDC CN

传真：（01）4678343

4）中国煤炭进出口深圳公司

（1）公司领导

经理：

副经理：王相民

（2）经营范围和商品目录

经营范围

经营煤矿设备等商品的出口业务；

经营煤炭、煤矿设备等商品的进口业务；

接受委托，代理上述产品的进、出口业务；

承办中外合资经营、合作生产业务；

承办来料加工、来样加工、来件装配业务；

开展补偿贸易业务；

经营转口业务。

出口商品目录

二类商品

焦炭

三类商品

机械设备（重型矿山机械、煤矿机械设备、地质机械设备、小成套设备、其它机械设备及零配件），非金属矿产品（其它非金属矿产品），化工类（火工产品、其它化工产品），煤矿用仪器仪表、医疗器械，小五金，服装、鞋帽（限煤矿第三产业自产）。

进口商品目录

三类商品

煤炭及其产品，机械设备（通用机械、煤矿机械设备、土建机械、地质机械、其它机械设备），仪器仪表，化工原料，医疗器械，生产用原、辅材料。

（3）公司机构

该公司下设有业务部、财务部和办公室。

（4）通讯地址

地址：广东省深圳市文锦渡联城大厦8楼

邮政编码：518002

电话：（0755）226887、226884、204958

电传：420266 CCIEB CN

传真：（0755）225088

电挂：2998

5）秦皇岛煤海开发有限公司（内贸型）

（1）公司领导

经理：付国新

副经理：李明山

（2）通讯地址

地址：河北省秦皇岛市河北大街102号

邮政编码：066000

电话：（0335）335386

6）平朔第一煤炭有限公司（生产型）

（1）公司领导

董事长：陈日新

总经理：王茂田

（2）经营范围

煤炭开发

（3）通讯地址

地址：山西省朔州市1号信箱

邮政编码：038506

电话：（03618）23666、23667

电传：291002 PSCIC CN

传真：（03618）23651

6．国内分公司、办事处

1）中国煤炭进出口总公司秦皇岛分公司

地址：河北省秦皇岛市民族路50号

邮政编码：066000

电话：（0335）333249、333449、335879
电传：27124 QHCAC CN
传真：（0335）334912、336897
电挂：秦皇岛0948或CNCIEC QINHUANG-DAO
经理：张九彬
2）中国煤炭进出口总公司石臼分公司
地址：山东省日照市石臼镇黄海一路
邮政编码：276826
电话：（05400）331337、331903、331404
电传：323022 CLCRZ CN
传真：（05400）331510
电挂：石臼3561
经理：黄树成
3）中国煤炭进出口总公司天津分公司
地址：天津市和平区建设路84号国贸大厦15～17层
邮政编码：300042
电话：（022）301362—1365（总机）
（022）301359、301361
电传：234012 TJCNC CN
传真：（022）301377
电挂：天津4191或CNCIEC TIANJIN
经理：章祖泰
4）中国煤炭进出口总公司辽宁分公司
地址：辽宁省沈阳市东陵区长青街77号
邮政编码：110015
电话：（024）820968、820969、820958
传真：（024）820959
电挂：沈阳4085
经理：张可岩
5）中国煤炭进出口总公司黑龙江分公司
地址：黑龙江省哈尔滨市南岗区一曼街52—54号
邮政编码：150001
电话：（0451）342376
电传：87179 CNCH CN
传真：（0451）341663
电挂：3237
经理：郭永范
6）中国煤炭进出口总公司江苏分公司
地址：江苏省南京市北京西路15—1号
邮政编码：210024
电话：（025）635320、639521、307845
电传：34033 CIEJS CN
传真：（025）305411
电挂：5364
经理：骆汝宁
7）中国煤炭进出口总公司广东分公司
地址：广东省广州市环市东路360号 珠江大厦东楼10层
邮政编码：510060
电话：（020）3332075、3331952
电传：44620 CCIEG CN
传真：（020）3355864
电挂：5614
经理：王宝山
8）中国煤炭进出口总公司连云港办事处
地址：江苏省连云港市墟沟东大街
邮政编码：222042
电话：（0518）310509、310801、310335
电传：36901 CNCLO CN
传真：（0518）311637、311461
电挂：3561
经理：王绪伦
9）中国煤炭进出口总公司平朔办事处
地址：山西省朔州市1号信箱
邮政编码：038506
电话：（03618）23666、23652
电传：291002 PSCIC CN
传真：（03618）23651
电挂：7216
经理：李　平
10）中国煤炭进出口总公司大同办事处
地址：山西省大同市新平旺区矿务局第四招待所
邮政编码：037003
电话：（0352）440698
经理：叶煜深
11）中国煤炭进出口总公司淮北办事处
地址：安徽省淮北市洪山路商8号楼401室
邮政编码：235000
电话：（05611）23839、22567、21015
电挂：0427
经理：马继忠
12）中国煤炭进出口总公司丹东办事处
地址：辽宁省丹东市南立交桥6号楼2层
邮政编码：118000
电话：（0415）224372、222741、228660
电挂：3561
传真：（0415）228616
经理：于世俊

7．企事业单位

1）中国煤炭进出口总公司秦皇岛储运中心
地址：河北省秦皇岛市海港区港城大街东
邮政编码：066000
电话：（0335）333211、333181、332216
传真：（0335）333229
电挂：0328
主任：张九彬（兼）
第一副主任：李民
副主任：董荫琨、张雨江
2）中国煤炭进出口总公司培训中心
地址：河北省秦皇岛市抚宁县南戴河开发区迎宾路
邮政编码：066302

电话：（0335）933293、933294
主任：叶 青

8．海外代表处、代理

1）环能贸易有限公司（香港总代理）
地址：香港九龙尖沙嘴梳士巴利道3号星光行808～810室
电话：7351909
电传：31064 DBLRS HX
传真：7306130
电挂：DOUSOURCES
经理：潘玉顺

2）欧洲代表处
地址：比利时布鲁塞尔1150，42 AV DE L'-HORIZON
电话：（02）7702940
电传：63505 CHIBEL B
传真：（02）7626029
首席代表：胡荣斌

3）英国代表处
地址：英国伦敦NW4 4PD，11A TALBOT CRESCENT，HENDON
电话：（081）203 5405
传真：（081）203 9561
首席代表：刘威亚

4）日本代表处
地址：日本东京都千代田区三番町五丁目一〇番地三番町ヒルトツフ六〇一室
电话：（03）32342493
电传：TKCNCIECJ 32519
传真：（03）32342494
首席代表：王育杰

5）汉城代表处
地址：南朝鲜汉城特别市龙山区东子洞12-5番地碧山楼
电话：（02）7275181、7275182
电传：K32874 CNCIEC
传真：（02）7275183
首席代表：宫清操

二、中国煤炭海外开发公司

中国煤炭海外开发公司是1985年5月经对外经济贸易部批准成立的，其前身是中国成套设备出口公司煤炭分公司，是煤炭系统承揽国外煤矿工程和海外开发业务的国营企业。

1．公司领导

名誉董事长：张宝明
董事长：卫国福
副董事长：邹保林
董事：梁 东 王成龙 陈炎光 沈德琛 朱登山 白凤祥 刘 刚 侯 晏
经理：侯 晏
副经理：王彦驹

2．经营范围

1）承包本行业国外工程，境内外资工程；
2）承担本行业我国对外经济援助项目；
3）上述工程项目所需的设备、材料出口；
4）对外派遣本行业的工程、生产及其它有关的劳务人员；
5）在海外举办合营企业；
6）利用外方资源、资金和技术在境内开展劳务合作；
7）承担本专业的工程咨询、勘察和设计。

3．公司机构

该公司下设有第一、二、三业务部、综合部和财务部

4．通讯地址

地址：北京市朝阳区霞光里8号
邮政编码：100016
电话：（01）4678866（中继线）
（01）4664326、4664841
电传：210419 CODCO CN
传真：（01）4678392

煤炭进出口贸易

一、煤炭出口贸易

煤炭是我国出口创汇的重要商品之一，也是国家规定的第一类21种出口商品之一，国务院指定由中国煤炭进出口总公司独家统一经营。

1991年中国煤炭进出口总公司出口煤炭1985万吨（提单数为2011万吨，其中海运1885万吨，陆运126万吨），比1990年多出口240万吨，增长13.75%。1991年煤炭出口创汇7.51亿美元，位居出口商品第5位。

1991年出口煤炭按煤种分：动力煤1345万吨，无烟煤250万吨，炼焦煤389万吨，分别比1990年增加121万吨、92万吨和26万吨。

1991年出口煤炭按销往地区分：亚洲1665万吨，欧洲320万吨。购买我国煤炭超过百万吨的国家（地区）有：日本558万吨，南朝鲜460万吨，香港200万吨，法国159万吨，我国台湾省152万吨。

1991年出口煤炭按港口分：秦皇岛1321万吨，连云港215万吨，石臼港209万吨，天津港116万吨，张家港4.8万吨，厦门港4.5万吨。

二、煤炭进口贸易

1991年中国煤炭进出口总公司进口煤炭115.7万吨，是1970年以来煤炭进口量最少的。其中：无烟煤95.7万吨，炼焦煤20万吨。

三、焦炭出口贸易

焦炭是国家规定的第二类出口商品之一。

1991年中国煤炭进出口总公司出口蓝炭、焦炭共5.1万吨，其中使用本公司出口许可证出口3.6万吨，与其它公司联营出口1.5万吨。

1991年中国煤炭进出口总公司与印度在新加坡的代理商——新加坡技术贸易公司签订了向印度的国营公司印度斯坦铅锌公司出口8～10万吨冶金焦炭的合同。1991年已交货第一船1.5万吨，其余焦炭将在1992年内交货。

补偿贸易

一、煤焦油出口

1990年4月，中国煤炭进出口总公司与日本三菱商事株式会社签订以补偿贸易方式向日本出口煤焦油的合同。中方利用日方贷款120万美元，在山东省岚山港建造煤焦油储罐和装卸装置，并用出口煤焦油部分产品分期偿还。偿还后即转入正常出口。

1990年11月开始对日本出口煤焦油，1990年煤焦油共出口3船，计5430吨，1991年共出口20船，计38730吨，两年累计44160吨。

二、霍州矿务局曹村矿井坑口电站

这是我国与罗马尼亚合作的煤炭补偿贸易项目。

曹村矿井坑口电站是一个中煤电厂，装机容量为3×12MW，该电站的三套主机设备和主变压器及其所需钢材均从罗马尼亚引进，以出口霍州矿务局煤炭偿还电站设备和材料贷款，1991年5月签订了合同。罗方提供给曹村矿井和坑口电站的设备和材料，金额为2868万瑞士法郎（约合1120万美元），需我方在4年内偿还炼焦精煤36.5万吨。

该电站已于1989年10月开工，预计1992年第一套机组建成投产发电。

三、霍州矿务局白龙矿井坑口电站

白龙矿井坑口电站，装机容量为2×50MW，该项目已列为“中罗政府经济技术合作委员会第十一次会议议定书”中的发展项目，由山西省投资。1991年11月已派出团组对罗马尼亚生产的电站设备进行了初步考察，目前正在编制可行性研究报告。

四、平庄矿务局元宝山露天煤矿

元宝山露天煤矿地处内蒙古自治区赤峰市元宝山区建昌营境内，是我国“八五”期间重点建设的能源项目，其设计规模为年产原煤500万吨，用户为元宝山发电厂。

元宝山露天煤矿选用的斗轮挖掘机组成套设备的设备进口合同与合作生产合同于1991年6月4日与德国塔克拉夫(TAKRAF)公司正式签约。由中德双方合作制造的设备，有3600m^3/h的斗轮挖掘机2台，5000m^3/h的排土机、卸料机各2台，4个移动式胶带机的驱动站与一个分流站。共有两个系统，第一系统在合同生效后33个月投入生产。第二系统在39个月投入生产。合同总金额为7986万瑞士法郎，其中：国内合作制造由中方供货的价值为3986万瑞士法郎，由国家批准的专项出口约80万吨煤炭偿还，外汇收入用于支付元宝山露天矿引进设备贷款。斗轮挖掘机组成套设备计划在1994年投入生产。

利用国外贷款开发煤矿

一、潞安矿务局常村矿井

常村矿井是我国煤炭工业利用世界银行贷款建设的第一个煤矿项目。该矿井设计能力为年产400万吨原煤。贷款协定和项目协定于1985年10月24日生效，贷款总额为1.26亿美元。此款项主要用于采购该项目所需的先进设备以及引进项目管理技术。

从1985年起截至1990年12月底，常村煤矿设备采购已进行了13次国际招标，招标总金额为6706万美元。

1991年矿井主扇风机已安装调试完毕。副井也已安装完毕，正在进行最终调试。工作面设备和矿井监控系统的招标工作已于1991年底前结束，合同谈判将于1992年上半年内完成。主井和选煤厂的安装工程即将开工。常村矿井预计于1993年建成投产。

二、古交矿区东曲矿井

古交矿区东曲矿井系利用日本输出入银行第二批能源贷款项目，贷款金额相当于2亿美元，该矿井设计能力为年产400万吨原煤。于1985年9月25日开工，1991年12月16日投产。

该矿井的设备引进工作，由中国煤炭开发公司负责，1991年新签合同7个，合同总金额为257万美元，主要有大功率采煤机、移动式变电站及x光机等一批医疗设备。从1986年至1991年底，共签合同33个，合同总金额折合约2000万美元。东曲矿井的设备引进工作预计于1992年可基本结束。

三、准格尔项目一期工程

准格尔项目一期工程系利用日本输出入银行的第二批能源贷款，贷款金额相当于8亿美元。该项目是一个煤、电、运同步建设的综合性项目，是我国“八五”期间重点建设的能源工程。一期主体工程包括：年产原煤1200万吨的黑岱沟露天煤矿及与其相应的选煤厂；一座20万千瓦的坑口电厂；一条由准格尔薛家湾至丰镇的216公里的电气化铁路和配套建设的黄河取水工程等。

该项目一期工程已于1990年7月17日开工建设，预计1993年移交生产，1995年达到设计产量。

1991年通过对外询价谈判，已分别与美国、加拿大、英国、德国、日本、香港等的15个公司、厂商签订了采购设备合同计21个，合同总金额为6973万美元，主要设备有：美国BE公司395BI型斗容 $29.8m^3$ 电铲5台，汽车起重机80吨、140吨各2台，各式工程机械40台，选煤设备10台，35千伏移动变电站15套等。其它设备的引进工作，都正在积极进行。

技术引进

一、淮南煤矿机械厂引进日本普利司通公司管状带式输送机专利，已于1991年7月23日签订了技术许可证合同。这是我国首次引进管状状带式输送机的设计技术。

二、为满足煤矿大运量刮板输送机的需要，张家口煤矿机械厂与德国MRP公司于1991年12月23日签订了引进该公司$\phi34\sim\phi42$圆环链制链设备合同。

西北煤矿机械总厂一厂与瑞典ESAB公司也签订了引进该种规格圆环链的制链设备合同。

对外合作开发煤矿和承包煤矿建设工程

一、援助坦桑尼亚基畏那煤矿生产技术合作项目

自1988年10月基畏那煤矿移交生产以来，1988年11月到1991年5月为第一期生产技术合作，主要工作是中方专家组指导坦方人员进行生产、技术和管理工作。在此期间共派出人员200人次，该煤矿累计共生产原煤21万吨，掘进进尺4429米，发电1618万度。中方提供价值为449万元人民币的生产所需零配件及工器具。

由1991年6月到1994年5月为第二期生产技术合作。1991年末我在坦桑尼亚的专家人数为92人。

此外，为满足坦桑尼亚基畏那煤矿的生产需要，1991年向该煤矿出口火药96吨，雷管8万发，保障了煤矿的正常生产。

二、基畏那煤矿工人村的工程施工项目

工人村首期工程建筑面积2.3万平方米，共300套166栋工人宿舍，截至1991年底已竣工129栋。

1991年末我在坦桑尼亚的施工人数为62人。

三、基畏那煤矿至肯耶拉输电线路工程

该工程为由基畏那煤矿至肯耶拉市17公里输配电线路架设和安装。1991年签订了设计和施工合同，现已完成了全部设计。计划于1992年开始施工。

四、摩洛哥杰拉达煤矿三号立井工程

摩洛哥杰拉达煤矿三号立井井筒直径6.8米、深785.5米。1988年8月开工，到1991年3月已完成全部井筒凿井工程。因摩方资金未落实，井筒安装工程暂时停下，我方人员于1991年9月全部撤回，共派出人员约200人次。

五、印度尼西亚东加里曼丹劳乌龙矿(LOA ULUNG)开发项目

东加里曼丹劳乌龙矿经过1987年的现场考察，1988年提出了该矿的可行性研究报告，确定年设计产量29万吨原煤，斜井开拓，开采C层煤。

1991年5月17日，经印尼外国投资管理局同意，苏哈托总统签字批准，由中国煤炭海外开发公司、中国工商信托投资公司、香港三星公司等单位组成的合资公司——东加国土之光有限公司，在印尼注册成立，以经营承包煤矿建设和开采的业务。

1991年6月30日在北京召开合资公司第一届董事会，对承包劳乌龙矿开发工程进行了研究。商定由中国煤炭海外开发公司提供技术和设备，中国工商信托投资公司提供国外建设费用，香港三星公司提供前期费用，目前施工前的准备工作已基本就绪，计划于1992年第1季度开工。

六、印度尼西亚中加里曼丹木拉拉翁煤田开发项目

1991年10月中国煤炭海外开发公司与印尼山宝集团合作，对该集团所属的中加里曼丹木拉拉翁煤田进行了考察。初步认为该煤田是有开发前景的，经充分协商，确定双方合作进行木拉拉翁煤田地质勘探工作。由中方派出6名地质、测量、采矿设计等技术人员，于1992年初赴该煤田现场指导地质勘探工作。

其　它

中日煤炭第十一届综合会议

中日煤炭综合会议是中日长期贸易项下、煤炭贸易事业界的高级例会，每年召开一次。她始于1981年，1991年为第十一次例会。

中日煤炭第十一届综合会议于1991年9月24日在中国四川省成都市召开。双方代表各27人参加了会议。日方团长为日中长期贸易协议委员会中国煤炭专门委员会委员长、新日铁制铁株式会社常务董事田中克重先生，中方团长为中日经济贸易协调委员会煤炭分会会长、中国煤炭进出口总公司总经理卫国福。

按双方的约定，会议的议题是买卖双方交流煤炭的产需及其相关的情况和今后的趋势，总结煤炭贸易的执行情况，确定下一年度的交易。双方的会议成员相对固定，由与供、需相关的领导部门及贸易业界高级领导、具体负责人组成。所以，该会议既是一个业务会议，又是一个促进友好合作及贸易发展的交谊会。

本次例会由全体大会、分组会（动力煤组、炼焦煤组）和总结大会三部分组成。

在全体大会上，中方卫国福团长做《祝愿中日煤炭贸易兴旺发达》的主题报告，中国统配煤矿总公司杨涵处长、铁道部王成廉副局长和交通部胡汉湘副司长分别做《利用日本能源贷款项目建设生产情况》、《中国出口煤炭的铁路运输情况》及《中国有关港口对煤炭出口贸易运营情况》的专题报告。日方田中克重团长做日方的主题报告，并介绍了日本钢铁业界的状况，日本石炭资源开发（株）沓泽公常务董事介绍了日本动力煤的需求状况。在分组会上，双方就执行合同情况、相互间的期望要求以及买卖双方的供需发展趋势，进一步坦率友好地交换了意见。

通过总结，双方认为，中日煤炭综合会议是一种很好的交流形式，她对促进中日煤炭贸易的顺利发展、增进买卖双方的友谊起了十分重要的作用。

国际交往

来华访问、技术交流

△ 1月30日～2月6日　东北内蒙古煤炭工业联合公司副总经理马凤森赴香港洽谈与煤电联营有关的技术合作项目。

△ 2月20～22日　联合国计划发展署顾问沃罗比约夫到东北内蒙古煤炭工业联合公司铁法矿务局晓南矿，考察厚煤层机械化采煤的情况。

△ 3月8～22日　全苏矿山地质力学与测量科学研究院露天边坡稳定科技考察组诺尔瓦托夫（副院长）、普斯托沃伊托娃（研究室主任）、戈洛瓦诺娃（原煤炭部外事司官员）、哥列宾希科夫（研究员）等一行4人到东北内蒙古煤炭工业联合公司平庄、阜新、抚顺等矿务局和长春煤田地质研究所进行露天边坡稳定技术交流。

△ 3月12日～4月1日　东北内蒙古煤炭工业联合公司魏强等2人赴德国，参加莱比锡博览会，展品主要是多种经营产品和煤机产品。

△ 4月8日　中国统配煤矿总公司张宝明副总经理会见了以副会长饭田庸太郎先生为团长的日本亚洲交流协会访华团一行21人。双方就中国的煤炭生产及日本的煤炭市场情况交换了意见和看法。

△ 4月9～16日　美国ICF能源公司煤层气综合利用专家组库斯克拉（总裁）、鲍威尔（地质学家）、朱航（高级职员）等3人到东北内蒙古煤炭工业联合公司铁法和沈阳矿务局及长春科学技术中心等单位，进行煤层气抽放及综合利用技术交流。

△ 4月10～24日　东北内蒙古煤炭工业联合公司大雁矿务局局长何福林等4人赴秘鲁，参加太平洋国家采矿会议和展览会。

△ 4月10日　中国统配煤矿总公司范维唐副总经理会见了美国利瓦（Liva）公司总经理奥斯汀（John Austin）先生，并向外宾介绍了中国活性炭的科研单位和生产企业的情况。

△ 5月　东北内蒙古煤炭工业联合公司派安监局2人赴美国，参加第5届矿井通风学术会议。

△ 5月24日～6月2日　蒙古煤炭总公司索苏尔（总经理）、亚特木扎布（计划投资局局长）、奥特根巴图尔（销售局局长）、巴斯图、那顺宝因等5人到东北内蒙古煤炭工业联合公司平庄、阜新等二个矿务局，就贸易合作签定了意向书。

△ 6月11～21日　东北内蒙古煤炭工业联合公司阜新矿务局2人赴美国，参加国际会议。

△ 6月15～29日　东北内蒙古煤炭工业联合公司6人赴俄罗斯，就北票矿务局科技合作进行了洽谈并签订了合同。

△ 6月19日　苏联参加哈尔滨贸易洽谈会11人到长春，参观东北内蒙古煤炭工业联合公司本部。

△ 6月　东北内蒙古煤炭工业联合公司物资供应公司副经理符广达等4人赴德国，洽谈设备引进及配件采购等事宜。

△ 7月1日　中国统配煤矿总公司韩英副总经理接见德国克虏伯公司驻京首席代表麦贺法（Mainhoffer）先生和陆国宏先生。双方就准格尔露天矿购买设备的报价问题交换了意见。

△ 7月6日　菲律宾亚洲开发公司董事长梁开来到东北内蒙古煤炭工业联合公司，洽谈合作事宜。

△ 7月21日～8月2日　东北内蒙古煤炭工业联合公司霍林河矿区7人赴新加坡，执行设备中检培训。

△ 8月27日　德国西门子公司大连办事处首席代表塞巴斯蒂安及首席代表助理陈文华到长春东北内蒙古煤炭工业联合公司探求合作。

△ 8月　东北内蒙古煤炭工业联合公司地质局5人赴苏联，进行经贸洽谈。

△ 9月13日　中国统配煤矿总公司范维唐副总经理会见了瑞士徕卡集团公司副总裁一行5人，双方就如何使用瑞士政府的贷款问题交换了意见。外宾还介绍了瑞士煤矿井下防爆测距仪，新一代卫星定位系统技术。

△ 9月17日　中国统配煤矿总公司胡富国总经理、韩英副总经理会见了英国安德逊公司总裁麦克法兰先生一行，就双方的合作进行了广泛的交谈。

△ 9月17日　中国统配煤矿总公司胡富国总经理会见了前来参加第四届国际煤炭技术与设备展览会的英国采矿制造商协会主席、英国

乔伊公司总裁大卫·约翰逊先生一行，就中英采煤设备方面的合作进行了广泛的交谈。

△ 9月21日　东北内蒙古煤炭工业联合公司副总经理王殿林出访美国，参加国际矿山测量会议。

△ 10月2～9日　日贸产业株式会社、亚德罗苏商事株式会社经贸考察团野坂二郎（会长）、崔大铉（社长）、上田喜久（会长）、息玉贤（秘书长）等4人到大连、抚顺、沈阳、长春等地，考察东北内蒙古煤炭工业联合公司服装加工厂、大理石膨润土厂，商讨赴日本国培训事宜。

△ 10月　东北内蒙古煤炭工业联合公司4人赴美国，参加计算机技术交流。

△ 10月21日～11月6日　朝鲜民主主义人民共和国煤炭部厚煤层开采技术考察团李男洙（球场矿务局局长）、张去南（煤炭部生产指导局副局长）、韩昌贤（煤炭部设备指导局）、姜明俊（龙北煤矿副总工程师）、李汉举（天城煤矿副总工程师）、金英吉（科学院岩石力学研究所所长）等6人到铁法、沈阳、通化、南票等矿务局，考察学习厚煤层开采技术。

△ 10月31日～11月14日　东北内蒙古煤炭工业联合公司多种经营公司经理李再清等2人赴美国参加烧烤用型煤工业协会91年年会。

△ 11月16日～12月2日　以中国统配煤矿总公司万国程总经济师为团长的6人代表团，应美国浪耳公司（LONG-AIRDOX CO.）、英国安德森公司（ANDERSON CO.）、日本三井三池株式会社（MITSUI MIKE MACHINERY CO.，LTD）的邀请，赴美国进行了考察和访问。

△ 11月19～24日　德国赫姆夏特公司总经理斯潘德尔、鲁尔煤炭公司北星联合矿场总经理库拉特、经理普斯德霍策到七台河、鸡西等矿务局，考察东北内蒙古煤炭工业联合公司使用AKH综合设备条件。

△ 11月25日～12月24日　全苏矿山地质力学与测量科学研究院总研究员佩图霍夫、研究室主任库兹涅佐夫和沙巴洛夫3人到北票矿务局开始双方第一期科研合作项目。

△ 12月15～29日　东北内蒙古煤炭工业联合公司珲春矿区总指挥孙凤廉等4人赴印度尼西亚，参加采矿会议和展览会。

出国考察

△ 1月13～26日　东北内蒙古煤炭工业联合公司副总经理卓利格图出访日本国，考察非金属矿产品技术。

△ 1月18日　秦皇岛煤炭工业学校校长刘宗诚等3人赴加拿大讨论校际交流项目执行计划，在外停留2周。

△ 1月20日　山东省煤炭工业管理局局长王遇春等5人赴美国考察继续工程教育，在外停留2周。

△ 1月31日　焦作矿业学院讲师龚放敏赴日本攻读博士学位，在外停留1年。

△ 2月8日　煤炭科学研究总院上海分院副院长黄伯翔等4人赴美国考察煤矿井下供电技术，在外停留2周。

△ 2月25日　中国煤田地质局物探处黄治平等5人赴日本进行中日合作勘探项目地震资料处理，在外停留3周。

△ 2月27日　北京煤炭管理干部学院外语系副主任王武全等3人，赴德国进修德国语言文学，在外停留半年。

△ 2月　煤炭科学研究总院矿山实用化工中心工程师余定基赴德国进行煤炭化工研究，在外停留半年。

△ 3月4日　以北京煤炭设计研究院院长王文澄为团长的11人代表团赴伊朗就承包塔巴斯煤矿钻探项目进行考察、谈判、签约。

△ 3月4～16日　东北内蒙古煤炭工业联合公司副总经理孙秉政出访日本国，考察胶带输送机项目。

△ 3月5日　中国矿业大学北京研究生部教授陶树人赴菲律宾、泰国亚洲银行办事处进行合作研究，在外停留3周。

△ 3月27日　煤炭科学研究总院煤化学所所长吴春来赴日本进行酸雨防治技术研究，在外停留一周。

△ 3月31日　东北内蒙古煤炭工业联合公司副总经理赵清雷赴英国，参加“煤炭与环境保护国际会议”，并考察了英国煤矿。

△ 4月1日　中国矿业大学北京研究生部办公室主任万伟太赴日本进修日语，在外停留2个月。

△ 4月12日　山西大同矿务局副局长李继权等8人赴日本三井矿山株式会社进行技术交流，在外停留2周。

△ 4月15日　中国统配煤矿总公司陕西公司副经理赵宝利等9人赴美国考察连续采煤机开采技术及管理，在外停留2周。

△ 4月16日　煤炭科学研究总院建井研究所高级工程师周荫鸿等4人赴德国考察冻结壁变形量测技术，在外停留2周。

△ 4月17日　西安煤矿设计院高级工程师李洪臣等5人赴澳大利亚考察煤炭开采与设计，在外停留2周。

△ 4月17日　北京煤炭科学研究总院上海分院高级工程师曾宏疆等4人赴英国考察蓄电池胶套轮、蓄电池齿轨轮电机车，在外停留2周。

△ 4月18日～5月3日　东北内蒙古煤炭工业联合公司伊敏煤电公司副经理赵克俭等6人赴挪威，考察露天矿冻土治理技术。

△ 4月19日～5月1日　东北内蒙古煤炭工业联合公司阜新矿务局王大文等5人赴日本国，考察选煤设备与技术。

△ 4月23日　大同矿务局副局长王光博等5人赴美国考察煤矿井

下安全仪器的使用情况，在外停留2周。

△ 4月30日　中比合营企百公司董事会议在比利时布鲁塞尔召开。中方企百公司董事长卫国福等4人和比方企百公司副董事长李德汉、企百公司总经理诺尔曼等人出席会议并形成董事会纪要。

△ 5月6～20日　东北内蒙古煤炭工业联合公司派4人赴乌克兰，就合建中餐馆、康复中心等事宜进行实地考察。

△ 5月10～18日　中国统配煤矿总公司陈钝副总经理率6人代表团赴巴西出席由中国统配煤矿总公司煤田航测遥感公司在巴西承包的巴西国土整理工程项目第一期工程开工仪式，并商谈二期工程投标事宜。

△ 5月12日　经国家科委批准，由中国统配煤矿总公司山东公司、山东矿业学院、兖州矿务局、新汶矿务局和苏联科学院西伯利亚分院煤炭研究所、库兹巴斯工学院、苏联煤炭工业部普罗阔彼耶夫斯克——水力采煤科研生产联合体、苏联拉斯巴斯卡亚煤矿等8个单位共同发起，并由中方组织的中苏岩石力学、矿山压力和岩层控制国际学术讨论会在山东泰安举行。中方组委会主席为中国统配煤矿总公司山东公司经理王遇春，苏方组委会主席为苏联科学院西伯利亚分院煤研所所长格里茨柯。出席此次讨论会的学者、专家、教授120余人，其中苏方专家24人、经中苏两国有关专家的评审，有49篇论文收入论文集。其中22篇在大会上交流，27篇分别在两个分会场交流。

会后，苏方代表还到兖州矿务局和新汶矿务局现场考察，并结合两局生产实际情况进行了技术交流。

△ 5月14～30日　东北内蒙古煤炭工业联合公司副总经理崔敬谦赴加拿大，考察露天矿生产管理技术与设备。

△ 5月16日　中日合资的兖日水煤浆厂在山东石臼港举行开工典礼。山东省郭长才副省长、中国统配煤矿总公司张宝明副总经理、郝凤印副总工程师、兖州矿务局赵景彻局长、中国煤炭进出口总公司卫国福总经理和日商岩井株式会社副社长等参加了典礼。

△ 5月18日　平顶山矿务局副局长张玉栓等5人赴奥地利考察矿区铁路维修养护技术与设备，在外停留2周。

△ 5月19～21日　中国统配煤矿总公司范维唐副总经理（世界采矿大会国际组委会副主席）率4人代表团出席了在西班牙首都马德里召开的世界采矿大会国际组委会第68次会议。会议讨论和通过了秘书处的工作报告；接纳蒙古和葡萄牙采矿全国委员会作为国际组委会的成员国；通报了1992年5月29日将在西班牙马德里召开的第十五届世界采矿大会的准备情况，确定了世界采矿大会国际组委会第69次会议的日期及地点。

△ 5月20日　煤炭科学研究总院煤化学研究所高级工程师鲍世齐赴美国肯塔基大学进行煤化工合作研究，在外停留1年。

△ 5月25日　煤炭科学研究总院西安分院副院长姚单等4人赴瑞典考察测试技术，在外停留2周。

△ 5月26日　中国统配煤矿总公司劳资局局长魏元锐等7人赴加拿大考察劳动保护及保险，在外停留2周。

△ 5月　山东矿业学院钱泽民副教授等2人赴香港考察无线电通讯设备，在外停留2周。

△ 6月1日　中国统配煤矿总公司财务局局长朱登山等9人，赴德国考察工程投标及财务管理，在外停留2周。

△ 6月6～12日　能源部、经贸部、北京市政府同联合国技术合作部主办，国家环保局和国务院有关部门协办的能源、环境与经济发展国际会议在京举行。印度、埃及等29个发展中国家和美国、德国等8个发达国家及联合国有关组织的专家、观察员参加了会议。

会议围绕在发展过程中的能源与环境问题、能源发展的环境影响、减少能源开发对环境的影响、完善环境保护的国际战略、新全球环境持续发展的前景这5个专题进行了研讨。

△ 6月14日　中国煤田地质局副局长梁继刚等8人赴日本参加中日地质合作勘探项目第6次管理委员会会议和技术组会议，在外停留2周。

△ 6月22日　中国统配煤矿总公司装备公司处长袁世威等5人赴美国考察矿井电话与社会电话的汇接与交换技术，在外停留2周。

△ 6月26日　中国统配煤矿总公司装备公司副经理严万生等5人赴英国考察双速电机制造技术，在外停留2周。

△ 6月28日～7月12日　东北内蒙古煤炭工业联合公司生产部主任崔德智等6人，赴全苏矿山地质力学与测量科学研究院就北票矿区动力现象预报科研合作和购置“波浪-2”仪和Си-4测站进行洽谈并签订合同。

△ 6月29日　中国矿业大学北京研究生部副教授许小隶赴英国考察采煤机健康监测与故障诊断，在外停留3周。

△ 7月5～10日　中国统配煤矿总公司韩英副总经理赴罗马尼亚参加中罗煤炭工业技术经济合作常设工作组第七次会议。这次会议的主要任务是检查中罗合作项目的进展情况，研究合作项目的下一步工作，寻求双方新项目合作的可靠性。

会谈中双方一致认为项目进展顺利，双方表示了继续发展合作的愿望，愿在以下方面进行探讨：①露天开采；②合作生产两国及第三国市场需要的采矿设备；③罗方向中方提供白龙项目所需要的罗方设备配件，中方以罗方需要的货物进行交换：④合作建设白龙坑口电厂；⑤在中国合作建设一个煤炭开采、洗选和焦化项目，中方以焦炭偿还等。

△ 7月6日　中国统配煤矿总公司生产局副处长伊常德等5人赴美国考察综采顺槽拉卷胶带机使用技术，在外停留2周。

△ 7月6日　中国统配煤矿总公司教育局局长鲍恩荣等10人赴德国柏林工业大学参加第四届中德采煤技术研讨会，在外停留2周。

△ 7月17日　中国统配煤矿总公司供应局副局长张树铮等6人赴美国考察煤矿井下支护技术，在外

停留2周。

△ 7月20日～8月2日 能源部副部长，中国统配煤矿总公司总经理胡富国率代表团对德国、意大利进行了访问。在德期间，胡副部长出席了在波恩举行的中德经济合作混合委员会煤炭工作组第五次会议。会后，赴意大利考察了ENI集团公司先进的水煤浆技术。

△ 7月25日 山西矿业学院院长章迪寰等2人赴美国参加第四次中美教育学术交流会，在外停留3周。

△ 8月5日 中国统配煤矿总公司调运局局长洪尚青等5人，赴美国考察煤炭运输装车计量及煤质检验技术，在外停留2周。

△ 8月20日 秦皇岛煤炭工业学校讲师韩跃军等2人赴加拿大进行校际交流活动，在外停留8个月。

△ 8月30日 中国矿业大学北京研究生部讲师赵书敏赴德国进行合作科研工作，在外停留1年。

△ 9月2日 煤炭科学研究总院开采所副所长刘修源等4人赴日本考察冲击地压监测和防治及海下采煤技术，在外停留2周。

△ 9月9日 中国统配煤矿总公司教育局副局长于世海等5人赴加拿大考察职工技术教育，在外停留2周。

△ 9月10日 以煤炭科技情报研究所副所长孙茂远为团长的5人代表团赴蒙古人民共和国就双方煤炭工业科技信息交流及有关问题进行探讨。

△ 9月13日 煤炭科学研究总院煤化学研究所高级工程师戴和武等5人赴法国考察煤炭加工利用技术，在外停留2周。

△ 9月15日 秦皇岛煤炭工业学校教务处主任郝振国赴加拿大进修，在外停留3个月。

△ 9月16日 1991年国际煤炭技术交流及设备展览会在京开幕。国务院副总理邹家华、能源部部长黄毅诚、国家计委副主任叶青为开幕式剪彩，国务院生产办公室副主任赵维臣、能源部副部长兼中国统配煤矿总经理胡富国出席了开幕典礼。

△ 9月16日 以中国煤矿文工团瞿弦和为团长的60人长城艺术团赴马来西亚进行巡回演出。

△ 9月16～20日 第四届国际煤炭技术与设备展览会在北京全国农业展览馆举行。展览会由国务院副总理邹家华、国家计委副主任叶青、能源部部长黄毅诚参加剪彩。中国统配煤矿总公司总经理胡富国、国务院生产办公室副主任赵维臣等领导同志出席了开幕式及开幕式招待会。

美、英、德、澳、日、香港等12个国家和地区的50多家公司、200多位国外代表参加了展出；40多个国内厂家和科研部门展出了他们的科研新产品。展览期间同时组织了几次技术交流和座谈会，共有7000多人次参观了展览。

△ 9月19日 煤炭科学研究总院工程师吴丙芳等5人赴美国考察乳化炸药生产线专用设备和生产工艺，在外停留2周。

△ 9月27日 以中国统配煤矿总公司河北公司东庞矿副矿长为团长的工人代表团赴泰国进行贸易洽谈。

△ 10月1日 东北内蒙古煤炭工业联合公司副总经理苑振铎等6人赴香港，洽谈石墨出口及经贸合作事宜，并考察了煤炭销售市场。

△ 10月6日 山东矿业学院教授祝侃等2人赴日本讲学，在外停留2周。

△ 10月9日 中国统配煤矿总公司计划局总工程师郝玉策等5人赴美国考察用电子技术改造传统煤炭产业，在外停留2周。

△ 10月10日 煤炭科学研究总院副院长张声涛等4人赴德国参加中德冻结井壁量测技术执行工作组会议，在外停留10天。

△ 10月11～23日 以中国统配煤矿总公司华煤实业开发公司经理杨显忠为团长的5人代表团赴新加坡对东南亚ＬＫ私人有限公司进行考察，并与外方商谈在华创办合资公司事宜。

△ 10月14～31日 以中国统配煤矿总公司办公厅副主任孙勇为团长的7人代表团赴朝鲜民主主义人民共和国就朝鲜煤炭工业科技管理及组织机构进行考察。

△ 10月15日 中国矿业大学北京研究生部主任巴肇伦等4人赴美国考察选煤脱硫技术，在外停留2周。

△ 10月16日 中国煤田地质总局副局长郭万荣一行4人赴巴西、美国就经济技术合作进行考察。

△ 10月18～25日 中国统配煤矿总公司赵全福总工程师带领考察组赴香港考察了防火毯的使用和生产技术等事项。在港期间，考察组还与南非驻香港商务专员进行了接触，与南非集宝公司进行了技术交流，详细地了解了防火毯的有关技术问题。

防火毯是纯羊毛纤维织品，经浸于防火水溶性胶质化学药剂而制成的产品。实验证明：防火毯有以下几种用途：①作为救援及灭火工具，可帮助救护人员进入火场抢救受困人员；同时受困、受伤者也可借助此毯脱离火场；②在火灾初期，可用防火毯直接扑灭火；③可用防火毯裹在烧伤处，降低烧伤者温度，使烧伤部位免受感染，以减轻烧伤者的痛苦及烧伤程度。

△ 10月20日 中国煤田地质局地质处副处长艾树勋等4人赴美国进行全球定位仪的验收和技术培训，在外停留2周。

△ 10月22日～11月4日 中国统配煤矿总公司张宝明副总经理率中国煤炭代表团，到德国柏林参加国际煤炭贸易会议，并到德国、英国部分矿井、露天矿和矿用设备制造厂进行考察。通过参加国际煤炭贸易会议和考察，大家一致认为，目前世界煤炭生产、煤炭贸易形势和发展趋势是：煤炭需求稳定增长，煤炭价格缓慢上升，煤炭市场竞争日趋激烈，对出口煤的质量要求日趋严格；世界主要产煤国的工作面装备正在向重型、大功率、高效的方向发展，生产高度集中，矿井、露天矿正向大型化发展。

通过参加国际煤炭贸易会议和考察，结合我国实际情况，代表团对搞好我国煤炭出口和推进煤矿现代化建设提出以下几点建议：

1．保持煤矿出口政策稳定，尽

快建立出口煤炭基地。

2. 引进工作面关键技术装备，解决薄煤层工作面开采和运输机"卡脖子"问题，实现高产高效和大面积丰产。

3. "八五"、"九五"要加大露天煤矿的开采比重。

△ 10月27日 北京煤炭管理干部学院院长郭福善等2人赴美国商签校际合作协议，在外停留2周。

△ 10月29日 北京煤炭设计研究院电厂处副处长宋绍南一行5人赴印度尼西亚就向印尼出口火电站成套设备进行考察、洽谈。

△ 10月30日 以湖北省煤炭工业厅副厅长薛明发为团长的7人代表团赴朝鲜民主主义人民共和国就石煤开采及综合利用进行考察。

△ 11月1日 中国矿业大学讲师王崇林等4人赴日本研修计算机软件技术，在外停留2年。

△ 11月7日 东北内蒙古煤炭工业联合公司总经理李云峰出访美国，考察煤田甲烷气的勘探与开发技术。

△ 11月8日 煤炭科学研究总院煤化学研究所工程师佘珠峰赴日本进行煤化学合作研究，在外停留1个月。

△ 11月9日 阜新矿业学院院长刘明新等4人赴德国讨论校际科技合作项目，在外停留2周。

△ 11月9日 中国统配煤矿总公司外事局局长范学光等4人赴德国参加中德煤炭科技合作工作组会议，在外停留1周。

△ 11月10日 煤炭科学研究总院太原分院黄华斌等4人赴德国考察重型掘进机技术及切割刀具，在外停留2周。

△ 11月13日 焦作矿业学院讲师李锡锋赴日本进行合作科研，在外停留3个月。

△ 11月14～27日 东北内蒙古煤炭工业联合公司总工程师陈宗吉等6人赴匈牙利，考察煤矿安全生产技术。

△ 11月16日 中国统配煤矿总公司总经济师万国程等6人赴美国考察高产高效长壁采煤工作面的开采技术，在外停留2周。

△ 11月20日 中国统配煤矿总公司综合利用局副处长张恩义随团赴德国考察煤炭成型技术，在外停留2周。

△ 11月20日 煤炭科学研究总院高级工程师李忠成等4人赴日本进行煤矿瓦斯、煤尘着火源预防措施研究，在外停留12天。

△ 11月24日 煤炭科学研究总院重庆分院王茂吉等4人赴德国考察机械化采煤工作面综合防尘技术，在外停留2周。

△ 11月25日 山东矿业学院助教姜岩随团赴德国考察，在外停留2周。

△ 11月30日 中国统配煤矿总公司综合利用局副局长李钟奇等5人赴英国、德国考察高岭土加工利用技术，在外停留2周。

△ 12月7日 煤炭科学研究总院副院长虞相等5人赴美国参加中美化石能科技合作议定书工作组会议，在外停留2周。

方针、政策性文件简目

印发日期	文件名称	印发文号	实施日期
1991.1.19	关于煤矿六好区队的考核、评选办法（试行）	中煤总办字(1991)第24号	1991.1.19
1991.2.19	关于开展“质量、品种、效益年”活动的意见	中煤总办字(1991)第60号	1991.1.19
1991.2.28	煤炭行业高级技师评聘试点办法	中煤总劳字(1991)第78号	1991.2.28
1991.3.5	煤与沼气突出矿井危险程度分级办法	中煤总安字(1991)第88号	1991.3.5
1991.3.14	生产矿井“质量标准化安全创水平”标准及考核评级与奖励办法（修订）	中煤总生字(1991)第107号	1991.3.14 1991.3.27
1991.3.27	中国统配煤矿总公司关于对所属企业延续两年总承包的实施办法	中煤总办字(1991)第131号	1991.3.27
1991.3.29	关于改进和完善煤炭企业职工升级制度的若干规定	中煤总劳字(1991)第137号	1991.3.29
1991.4.5	关于进一步改进完善煤炭企业工效挂钩办法的补充意见	中煤总劳字(1991)第143号	1991.4.5
1991.4.26	煤矿用液力偶合器易爆塞和爆破片生产、供货暂行办法	中煤总生字(1991)第171号	1991.4.26
1991.5.29	煤炭工业建筑安装工程成本核算与管理办法	中煤总财字(1991)第222号	1992.1.1
1991.6.21	煤矿矿井通信管理办法	中煤总生字(1991)第250号	1991.6.21
1991.6.21	统配煤矿煤炭运销工作标准化单位标准及考核评级办法（试行）	中煤总生字(1991)第251号	1991.6.21
1991.6.26	关于进一步加强多种经营集体经济工作的若干规定	中煤总集字(1991)第271号	1991.6.26
1991.6.29	关于改进完善煤矿机械制造企业工资工效挂钩办法	中煤总基字(1991)第282号	1991.1.1
1991.7.22	中国统配煤矿总公司企业法律事务工作暂行规定	中煤总办字(1991)第337号	1991.7.22
1991.8.5	中国统配煤矿总公司保密工作规定	中煤总办字(1991)第368号	1991.8.5

续表

印发日期	文件名称	印发文号	实施日期
1991.8.20	中国统配煤矿总公司技师管理试行办法	中煤总劳字(1991)第394号	1991.8.20
1991.8.31	加强回采工作面瓦斯管理的暂行规定	中煤总安字(1991)第428号	1991.8.31
1991.9.10	煤炭工业生产系统工人操作规程	中煤总生字(1991)第458号	1991.9.10
1991.10.18	中国统配煤矿总公司关于“八五”期间和今后十年生活福利工作规划的意见	中煤总劳字(1991)第523号	1991.10.18
1991.11.15	中国统配煤矿总公司煤炭基建项目监理试行办法	中煤总基字(1991)第561号	1991.11.15
1991.11.15	煤田地质勘探安全规程（试行）	中煤总地字第566号	1991.11.15
1991.11.20	煤炭工业环境保护监测工作管理办法（试行）	中煤总环字第578号	1991.11.20
1991.11.25	煤炭工业施工企业会计制度	中煤总财字第590号	1991.11.25

主要标准、规程和规范简目

1991年制定的煤炭行业标准

标准号	标准名称	发布文号	实施日期
MT213-91	煤矿用反井钻机通用技术条件	能源技(1991)38号	1991-03-01
MT221-91	煤矿用防爆灯具	能源技(1991)38号	1991-03-01
MT231-91	矿用刮板输送机驱动链轮（代替MT/Z 9-80）	能源技(1991)38号	1991-03-01
MT232-91	1吨矿车　立井多绳罐笼	能源技(1991)86号	1991-05-01
MT233-91	1.5吨矿车　立井多绳罐笼	能源技(1991)86号	1991-05-01
MT234-91	3吨矿车　立井多绳罐笼	能源技(1991)86号	1991-05-01
MT235-91	立井多绳罐笼　平衡锤	能源技(1991)86号	1991-05-01
MT236-91	组合钢罐道　滚轮罐耳	能源技(1991)86号	1991-05-01
MT237.1-91	多绳提升容器　B型钢丝绳悬挂装置　楔形绳卡	能源技(1991)86号	1991-05-01
MT237.2-91	多绳提升容器　B型钢丝绳悬挂装置　垫块式首绳悬挂装置	能源技(1991)86号	1991-05-01
MT237.3-91	多绳提升容器　B型钢丝绳悬挂装置　圆尾绳悬挂装置	能源技(1991)86号	1991-05-01
MT237.4-91	多绳提升容器　B型钢丝绳悬挂装置　扁尾绳悬挂装置	能源技(1991)86号	1991-05-01
MT237.5-91	多绳提升容器　B型钢丝绳悬挂装置　技术条件	能源技(1991)86号	1991-05-01
MT238-91	悬臂式掘进机通用技术条件　（整机部分代替MT139-86）	能源技(1991)38号	1991-03-01
MT239-91	褐煤蜡技术条件	能源技(1991)173号	1991-08-01
MT240-91	煤矿降尘用喷嘴通用技术条件	能源技(1991)173号	1991-08-01
MT241-91	煤层注水泵技术条件	能源技(1991)173号	1991-08-01
MT242-91	矿用KJ型安全帽灯	能源技(1991)850号	1992-01-01
MT243-91	煤矿井下液力偶合器用高含水难燃液	能源技(1991)850号	1992-01-01

续表

标准号	标准名称	发布文号	实施日期
MT244-91	煤矿窄轨车辆连接链	能源技(1991)850号	1992-01-01
MT245-91	DTQ6型通用抓斗	能源技(1991)850号	1992-01-01
MT246-91	采煤机截齿	能源技(1991)850号	1992-01-01
MT247-91	采煤机齿座	能源技(1991)850号	1992-01-01
MT248-91	摩擦提升机用衬垫摩擦系数测试方法	能源技(1991)850号	1992-01-01
MT249-91	矿用隔爆型双速三相异步电动机	能源技(1991)850号	1992-01-01
MT/T187.8-91	刮板输送机紧固件非金属嵌件六角锁紧螺母	能源技(1991)850号	1992-01-01
MT/T250-91	矿车修理机械	能源技(1991)879号	1992-01-01
MT/T250.1-91	矿车修理机械　通用技术条件	能源技(1991)879号	1992-01-01
MT/T250.2-91	矿车修理机械　拆轮机	能源技(1991)879号	1992-01-01
MT/T250.3-91	矿车修理机械　装轮机	能源技(1991)879号	1992-01-01
MT/T250.4-91	矿车修理机械　整形机	能源技(1991)879号	1992-01-01
MT/T250.5-91	矿车修理机械　轴承外圈卸装机	能源技(1991)879号	1992-01-01
MT/T250.6-91	矿车修理机械　液压站	能源技(1991)879号	1992-01-01
MT/T250.7-91	矿车修理机械　刷轮机	能源技(1991)879号	1992-01-01
MT/T250.8-91	矿车修理机械　注油机	能源技(1991)879号	1992-01-01
MT/T250.9-91	矿车修理机械　轴承清洗机	能源技(1991)879号	1992-01-01
MT/T250.10-91	矿车修理机械　电动悬臂吊车	能源技(1991)879号	1992-01-01
MT251-91	煤矿水中亚硝酸根离子测定方法	能源技(1991)879号	1992-01-01
MT252-91	煤矿水中钾离子和钠离子测定方法	能源技(1991)879号	1992-01-01
MT253-91	煤矿水中硝酸根离子测定方法	能源技(1991)879号	1992-01-01
MT254-91	煤矿水中铵离子测定方法	能源技(1991)879号	1992-01-01
MT255-91	煤矿水中可溶性二氧化硅测定方法	能源技(1991)879号	1992-01-01
MT256-91	煤矿水中pH值测定方法	能源技(1991)879号	1992-01-01
MT257-91	煤矿水中游离二氧化碳测定方法	能源技(1991)879号	1992-01-01
MT258-91	ML型薄壳防水闸门	能源技(1991)879号	1992-01-01

1991年修订的煤炭行业标准

标准号	标准名称	发布文号	实施日期
MT15-91	矿用刮板输送机型式与参数（代替MT15-82）	能源技(1991)38号	1991-03-01
MT71-91	矿用圆环链用开口式接链环（代替MT71-83）	能源技(1991)38号	1991-03-01
MT72-91	边双链刮板输送机用刮板（代替MT72-83）	能源技(1991)38号	1991-03-01
MT99-91	矿用圆环链用扁平接链环（代替MT99-85）	能源技(1991)38号	1991-03-01
MT176-91	商品煤质量抽查方法（代替MT176-88）	能源技(1991)556号	1991-08-01

煤矿设计成果

煤炭行业在全国第五次优秀工程设计第三次优秀工程勘察评比中获奖项目

序号	项目名称	获奖等级	获奖单位
1	潘一矿选煤厂	金质奖	选煤设计研究院
2	太西矿选煤厂	金质奖	西安煤炭设计研究院
3	逢春煤矿瓦斯抽放工程	银质奖	重庆煤炭设计研究院
4	开滦矿务局钱家营矿井	银质奖	石家庄煤炭设计研究院
5	达竹矿务局石板选煤厂	银质奖	重庆煤炭设计研究院
6	徐州矿务局三河尖煤矿	银质奖	江苏省煤矿设计院
7	太原煤气公司嘉乐泉矿井首采区工程设计	铜质奖	太原煤炭设计研究院
8	东滩矿井北风井通风机设备安装设计	铜质奖	兖州煤炭设计研究院
9	山东兖州矿区铁路运输工程	铜质奖	兖州煤炭设计研究院

煤炭行业在全国第一次优秀工程建设标准设计评比中获奖项目

序号	项目名称	获奖等级	申报单位
1	TJ型进罐推车	金质奖	兖州煤炭设计研究院
2	架空索道标准设计	银质奖	重庆煤炭设计研究院
3	1.5吨矿车立井多绳罐笼	银质奖	兖州煤炭设计研究院
4	XGZ系列刮板输送机	银质奖	选煤设计研究院
5	1.0吨矿车立井多绳罐笼	铜质奖	武汉煤炭设计研究院

CM12/30N型磁选机

兖州煤炭设计研究院
营口磁性材料厂

该磁选机采用可靠的传动系统、合理的箱体结构和新型的磁系统，从而使本机具有磁场强度高、处理量大、调整方便、运行可靠、回收率高的特点，满足了大型选煤厂生产的需要，填补了我国选煤专用磁选机的空白，达国内先进水平。

主要技术特征

滚筒直径×长度（mm）	1200×3000
滚筒转速（r/min）	19
滚筒表面平均场强（mT）	195
选别重介粒度（mm）	-0.6
处理能力（m^3/h）	240～350
电动机功率（kW）	7.5
设备重量（kg）	7087

工业性试验地点

七台河矿务局桃山选煤厂

通过鉴定日期

1991年5月6日

主井箕斗提升定重装卸载和信号微机控制系统

沈阳煤矿设计院
沈阳市兴华煤矿电器设备厂

该控制系统结构新颖，性能稳定，功能完善，具有隔爆、防水、抗干扰、灵敏度高、使用维修方便等特点。能满足各种井型的主井装卸载提升系统的自动控制要求。

主要技术特征

一、MZJ-1型煤重检测器

测重范围（t）	0～30
测量精度	1%（满量程）
电压（V）	DC6
电流（mA）	10
外型尺寸（mm）	402×330
自重（kg）	70

二、KBWK-1型微机控制箱

1/0	32/32点
时钟频率（Hz）	50
内存容量（bit）	2K×8
指令长度（it）	86
输出口能力（V、A）	≤220 5
控制方式	手动或自动
显示	数字显示
电源	AC127(220)V 100VA

三、CWK-22型磁性限位开关

接点：常开、常闭各2个，电流≤5A	
电源（V）	AC127(220)
动作距离(mm)：磁敏件与磁体间距离	2～250

工业性试验地点

舒兰矿务局营城煤矿九台立井

通过鉴定日期

1991年6月29日

网壳及组合网壳设计试验研究

太原煤炭设计研究院

实践证明这种结构型式符合我国国情，能够发挥钢与混凝土两种建筑材料的力学性能，刚度与抗震性能比较好，施工方便，造型美观，使用效果良好，经济指标比较优越，有广阔的推广发展前景。本成果对我国组合网壳的发展起到了重要作用，并达到了国内领先水平，在工程实践方面达到了国际水平。

工业性试验地点

汾西矿务局柳湾矿选矸楼

通过鉴定日期

1991年10月14日

轨道电路在煤矿井下“信、集、闭”系统中的应用

北京煤炭设计研究院
铁道部通号公司研究设计院
北京矿务局

该系统技术先进，性能稳定，灵敏度高，能连续检测列车占用情况：该系统采用的电路简单，造价低，能实现“一次调整”，维护工作量小。本系统在恶劣的环境中试验，证明对环境适应性强。该设备填补了国内空白。

主要技术特征

发送器、接收器电压（V）	127
轨道送端脉冲电压幅值（V）	60～110

当采用18kg/m钢轨，钢轨阻抗<1.11Ω/km及道碴电阻>0.15Ω/km时，轨道电路有效长度为400m

工业性试验地点

北京矿务局王平村煤矿

通过鉴定日期

1991年7月30日

JQS-6型轻型箕斗

北京煤炭设计研究院
徐州煤矿安全设备制造厂

该轻型箕斗是基于目前我国采用J-6型箕斗所存在的结构老化、技术落后、笨重等问题而采取相应措施设计的，对于现有老矿的控潜及今后条件相应的新矿井建设都具有较高的实际应用价值。

该轻型箕斗由于采用优质钢材，因而具有强度高、维修量小、寿命长、自重轻等特点。自重比老式J-6型箕斗减轻约20%，箕斗寿命预计比老式箕斗长2～3倍，并有较显著的节电效果。

该轻型箕斗外动力开启的扇形闸门型式为国内首创，达到目前国际同类产品水平。

主要技术特征

名义载重（t）	6
有效容积（m^3）	7
闸门型式	侧底扇形闸门
卸载方式	外加动力
提升钢丝绳最大终端载荷（kg）	1290
提升钢丝绳直径（mm）	40.5
罐道钢轨型号（kg/m）	38
总重（kg）	3768
外形尺寸（mm）	6600×1928×1682

工业性试验地点

潞安矿务局王庄煤矿

通过鉴定日期

1991年12月26日

多绳提升容器B型钢丝绳悬挂装置

北京煤炭设计研究院
徐州煤矿安全设备制造厂
山东煤矿泰安机械厂

该悬挂装置采用分离式千斤顶进行调绳，千斤顶不随提升容器进行，避免了液压系统泄漏；液压管路系统采用快速接头，装卸速度快，省时，省力；采用调整垫块调整钢丝绳间的张力平衡，因而调整简单方便；悬挂装置外型尺寸小，可减少井架高度，节省投资；整套悬挂装置零部件均采用销轴和扁开尾销联结，代替螺栓螺母联接，安全可靠，拆卸方便。

首绳悬挂装置按设计破坏载荷分为60～300t共6个品种，200t和300t适用于大型提升容器，目前在国内是最大的。

尾绳悬挂装置按设计破坏载荷分为60～180t共4个品种，可满足井深1000m平衡圆尾绳的要求。

工业性试验地点

淮南、淮北矿务局有关立井

通过鉴定日期

1991年12月26日

81型罐笼井操车设备

西安煤炭设计研究院
沈阳煤矿设计院
广东石龙煤矿机械厂

81型罐笼井操车设备是由机械、电控、气控三大部分组成。其工作原理是由电控控制气控、再由气控来控制机械动作，从而完成煤矿罐笼井装卸矿车的作业内容。其中机械部分是由进出侧的风动压轮阻车器、推车机、气动钩式阻车器、风动摇台和出车侧的风动摇台、阻拉器等组成。电控装置有3种操作方式：一是不带PC机的手动操作，二是带PC机（起监控作用）的手动操作，三是自动操作。

该产品属引进消化项目，并编制了系列设计。其结构有了很大的改进和创新，达到了国内领先、国际80年代同类产品水平。

主要技术特征

1. 风动压轮阻车器

可以制动速度为1m/s的串车

2. 装卸推车机

一次推车数（辆）	1-2
推车速度（m/s）	1与1.5
推爪最大行程（mm）	8700
电动机：	
当推车速度1m/s时	
功率（kW）	15
型号	YB180L-6
当推车机速度1.5m/s时	
功率（kW）	22
型号	YB180L-4
制动器	
型号	BYWZ1-300/70
制动力矩（Nm）	617

3. 卸罐阻拉器

最大工作行程（mm）	2500
阻拉能力（当气压为0.4MPa时）	
阻力（N）	19260
拉力（N）	17750

4. 气动钩式阻车器

允许阻车车速（m/s）	1.2

5. 摇台

摇臂长度（mm）	750～3000
最大调节高度（mm）	±320

工业性试验地点

开滦矿务局荆各庄煤矿

通过鉴定日期

1991年12月15日

煤炭科研成果

4.5m"三软"厚煤层一次采全高综采成套设备与工艺

徐州矿务局
煤炭科学研究总院北京开采研究所
西安煤矿机械厂
张家口煤矿机械厂

4.5m"三软"厚煤层一次采全高综采成套设备与工艺研究是国家"七五"重点科技攻关项目，经过5年多时间的试验研究，研制了ZYR340-25/47插腿掩护式液压支架，SGZR-764/264W型输送机和MXR-300/4.5R型采煤机配套，能够适应"三软"厚煤层的地质条件。用此种液压支架，煤体深部用化学加固的方法，有效地控制住了"三软"煤层的片帮、冒顶问题。工作面顺槽采用锚网梁支护与SDB型支架配套，解决了大断面巷道超前支护问题。采用这套设备和工艺，在徐州矿务局权台煤矿4.5m厚煤层综采一次采全高取得成功。这项成果为在国内同类煤层实现综采开辟了途径。

ZYR3400-25/47型插腿掩护式液压支架

煤炭科学研究总院北京开采研究所
徐州矿务局

ZYR3400-25/47型插腿掩护式液压支架是为4.5m"三软"厚煤层一次采全高而研制的设备。该支架采用带平衡千斤顶的短顶梁、双向可调的活动侧护板、潜入式伸缩梁（伸缩值为800mm）、二级伸缩、可翻转护帮板（最大护帮高度2m）、插腿式底座等新结构，增强了防片帮、冒顶的能力。支架的稳定性和顶梁的密封性能好以及与其它设备的配套性均较好。在工业性试验时，在煤层倾角16°，工作面受水淹停产检修，局部有构造、片帮、冒顶和局部涌水等情况下，支架没有发生倒架、陷底等现象，适合4.5m厚煤层综采一次采全高工作面使用。

薄煤层双伸缩支撑掩护式液压支架

煤炭科学研究总院太原分院

该项目是为发展"三硬"条件下薄煤层综采而研制的四柱和六柱两种双伸缩支撑掩护式液压支架。这两种支架都具有工作阻力大、支护强度高、切顶性能好、抗冲击能力强等特点。其前梁采用超薄等强度箱式焊接结构设计，强度高，弹性接顶性能好。前后立柱间管路均布设于梁体内部，增大了架中空间。

主要技术特征

支架型式	ZZ5000/7/14型四柱双伸缩支撑掩护式	TZ510-7/14型六柱双伸缩支撑掩护式
支架高度(m)	0.7～1.4	0.7～1.4
初撑力(kN)	4653(p＝28MPa)	4152～4890
工作阻力(kN)	5000($p_安$＝30.1MPa)	4282.6～5076.4
支护强度(kN/m^2)	602～704(H＝0.9～1.4m)	0.57～0.69(MPa)
通风断面(m^2)	1.9(H＝0.9m)	1.595×3.482
重量（t）	6.76	7.8

双速刮板输送机

煤炭科学研究总院太原分院

该项研究包括两项成果：SGD-730/180型和SGB-630/150C型双速刮板输送机。为了解决输送机重载难起动、电动机易烧损以及液力偶合器有时出故障等问题，在原两种机型的基础上，采用双速电动机驱动代替单速电动机驱动。为适应双速电动机驱动要求，保证传动部与原机型互换，去掉了原电动机与减速箱之间的液力偶合器，用梅花形弹性联轴器联结。此传动装置结构紧凑，可整体互换。输送机的双速变极电机具有低速起动转矩大、起动电流小等特点，提高了输送机的安全性和可靠性。

主要技术特征

	SGD-730/180型	SGB-630/150C型
运输能力(t/h)	500	250
刮板链速(m/s)	0.46/0.92	0.46/0.92
刮板型式	φ26×92单圆环链	φ18×64双边、

		圆环链
中部槽规格(mm)	1500×730×220	1500×630×90
出厂长度(m)	150(最大200)	200
减速器速比	39.86	39.86
装机功率(kW)	2×90	2×75

DYZ外注式单体液压支柱乳化油

煤炭科学研究总院北京开采研究所

外注式单体液压支柱在我国煤矿使用量很大（达数百万根），而外注式单体液压支柱乳化液供液为开式系统，属一次性消耗，乳化液的消耗量很大。DYZ型乳化油就是为外注式单体液压支柱而研究的专用乳化油。其使用浓度低，在中硬水质情况下，仅使用1%～2%的乳化油，且具有良好的自乳化性、防锈、防霉性、易清洗性和足够的稳定性以及对密封材料有较好的适应性。其价格比现用的乳化油便宜，是较理想的单体液压支柱专用乳化油。

井下数据采集仪和微机矿压数据处理系统

煤炭科学研究总院计算机应用研究中心
煤炭科学研究总院北京开采研究所

该课题研制了本安型SH8/8型井下数据采集仪，开发了矿压数据处理软件。该采集仪采用单片微机技术，可连接多个压力传感器，连续采集液压支架立柱和千斤顶的压力数据，并贮存于EPROM中，既可利用微机进行处理，亦可在井下通过液晶屏显示。

主要技术特征

量程（MPa）	0～60
精度（%）	1
连续工作周期（h）	48
EPROM数据区容量（kb）	32
最多可接传感器数（个）	8
工作电压（V）	5
工作电流（mA）	55
外箱尺寸（mm）	288×220×144
重量（kg）	5

微机处理软件能直接读取EPROM中贮存的数据，经处理后可通过打印机输出支架阻力曲线、压力变化特征曲线和压力特征值分布直方图等，同时还可自动提取循环参数，并对参数进行统计分析。

EBZ-75型半煤岩掘进机

煤炭科学研究总院唐山分院
国营内蒙古第二机械厂
开滦矿务局荆各庄煤矿

该机是国家“七五”科技攻关项目，是国内第一台可伸缩横轴式半煤岩掘进机，适用于水采、普采、高档普采和综采的半煤岩巷道掘进。其主要特点是：具有横截头外伸缩截割机构；整机受力状态较好，有利于保持机体平衡；总体布置合理，工作振动小；外形尺寸小，调动灵活；履带行走，爬坡能力强；具有内外喷雾系统。

主要技术特征

适应巷道净断面（m^2）	4.7～16
可掘最大高度（m）	3.84
可据最大宽度（m）	5.59
可掘煤岩硬度	f≤6
最大工作坡度	6°
装载能力（m^3/h）	煤80～100 岩15～20
截割电动机功率（kW）	75
泵站驱动功率（kW）	75
总功率（kW）	150
外形尺寸（m）	7.7×1.6(2.0、2.5)×1.65
总重量（t）	26

ZY24M双级气腿凿岩机

煤炭科学研究总院上海分院
衢州煤矿机械厂
兖州矿务局兴隆庄煤矿
淮南矿务局李嘴孜煤矿
鹤壁矿务局三矿

该机以ZY-24凿岩机为主体，采用双级伸缩气腿，整体重量为41kg，是风动凿岩机中最轻的产品之一。该机改进了凿岩机构和推进机构的联结，可在90°内无级调速，既能钻水平眼，又能钻顶板锚杆眼，解决了同类凿岩机不能钻垂直顶板眼的问题，实现了一机两用。在向上打眼时，为防止岩浆倒流，研制了防倒流机构，使大部分岩浆转向下落，并采用了向上小孔排气气路，使残余岩浆不能进入机体，提高了机器使用寿命。该机还设有远控操作机构，使操作工尽可能避开碎石和岩浆下落区域，改善了劳动条件。该机采用双级伸缩气腿，降低了机面高度，扩大了适应范围，可一次打成1.8m的深孔，从而保证了凿孔质量，减少了挪机次数。该机与“三小”光爆锚喷岩巷掘进作业线配套，使用φ32的钻头，可提高凿岩速度40%。

YYGJ90型
液压凿岩机的研究

煤炭科学研究总院北京建井研究所
宣化采掘机械厂
邢台矿务局东庞煤矿

该液压凿岩机取消了CYY20型的启动阀，保留了原机的中心供水方式，在配油方式上借鉴了国外的先进技术。该机与CYY20型机相比，提高了能量利用率和钻孔速度，在f＝4～6和f＝8的岩石中，钻速分别为1.52m/min和1.142m/min。

主要技术特征

冲击性能	
油压（MPa）	14～20
流量（L/min）	32～35
功率（kW）	5～10
回转性能	
油压（MPa）	14
流量（L/min）	34～40
输出扭矩（N-m）	300
输出转数（r/min）	220
机重（kg）	105
外形尺寸（mm）	664×250×140

矿井抢险救灾通讯系统

KT-5型抢险救灾通讯系统

煤炭科学研究总院常州自动化研究所
锦州市煤矿通讯器材厂

该系统由KT7002型调度指挥机、KT1014型报警广播电话及KT8007型综合接口柜等组成。可实现用一台调度指挥机指挥3个（或5个）局部报警通讯系统。每个局部系统又可接入20门报警话机，实现紧急状态的双向报警，有利抢险救灾的指挥。该系统除可作抢险救灾用外，还可作为中小矿调度通讯系统使用。

主要技术特征

允许接入局部报警通讯系统数（个）	3（或5）
通话绳路（条）	1
交换绳路（条）	1
中绳路（条）	1
话机紧急呼叫频率（Hz）	1024
话机扩播功率（W）	≮1.5
系统最大通讯距离（km）	15

矿井抢险救灾通讯系统

KJT-75矿井救灾指挥通信系统

煤炭科学研究总院抚顺分院

该系统是装备矿山救护队的专用设备。各种设备均为本质安全型，可在煤矿井下存在爆炸性气体混合物的情况下使用。

该系统采用有线电话、扩音技术、载波技术和无线电通信相结合的方式，实现地面指挥——井下基地——灾区小队之间的指挥通信联络。井下通信距离可达2km，可同时指挥3路灾区小队作业，灾区救护队员可使用全面式密封面罩讲话，解决了70年代老产品感应电话通信不稳和利用喉头发话器讲话清晰度不高及单工操作等问题。

KJ-7型矿井监控系统

煤炭科学研究总院常州自动化研究所
大同矿务局
阜新矿业学院

该系统是用于大同矿务局均压灭火自动调节的主要设施，并对多种通风参数进行自动监测。该系统也可作为煤矿通用监控系统。

该系统由地面监控中心和井下监控站、子系统两部分组成。可集中、连续地监测矿井环境参数和主要机电设备的工况，并管理实现均压调节等功能的子系统。该系统具有模拟盘显示，表报、曲线、图形等屏幕显示，打印绘图，数据贮存和调用，参数超限报警等多种功能。还具有各子系统失效对策和自检测试等功能。

根据矿井测点分散、监控范围大、关联设备相对集中的特点，该系统采用两级计算机管理的，“集散”型系统体系结构，功能分配得当，技术面貌先进，符合国情。

该系统应用软件功能丰富实用，具有汉字处理功能，能够满足我国各种矿井环境、工况监测、控制的需要。并且操作简单方便，系统生成操作在线进行，分站、测点定义实行全屏幕编辑，配置情况一目了然，采用高分辨彩色显示器显示。

该项研究开发出7个可以单独推广应用的系统、子系统及成套装置，研制成功了9个技术先进、性能、价格比高的产品。

矿井安全钻机

煤炭科学研究总院重庆分院

（一）ZY(B)-50/ZY(Q)-50型液压钻机

ZY(B)-50型和ZY(Q)-50型液压钻机主要用于打瓦斯抽放孔、超前排放孔、煤层注水孔、地质勘探孔等工程孔。这两种钻机均采用液压传动，无级调节打钻孔速度。这两种钻机的功率大，钻进能力强（50m），钻孔效率高（0～4m/min），机身短，结构紧凑，互换性强，拆装搬运方便，特别适合中小煤矿使用。（B）型钻机采用摆线马达动力头，适合于大倾角钻孔。（Q）型钻机采用中空球马达动力头，特别适合于打近水平钻孔及使用长钻杆。孔口喷雾灭尘装置效果好，工人能离孔口操作，提高了工作安全性。

（二）ZT-20型工作面防突钻机

该钻机主要用于有煤与瓦斯突出危险的回采工作面快速实施防突卸压时的打瓦斯排放钻孔，也可打煤层注水孔等。该机为电动机械传动，具有钻进速度快、辅助时间短、体积小、重量轻、适应性、稳定性好等特点。

（三）ZF-25型防突钻机

该钻机主要用于打瓦斯抽放孔等工程孔。该机以压风为动力，配有两个风动马达，除能随机操作外，还配有远距离工作台，在有煤与瓦斯突出时，可于孔口20m外操作。该钻机钻进能力为25m，整机耗气量为5.5m^3min，进气压力≥0.4MPa，钻机重量130kg。

KHJ-1型矿井火灾监控系统及自动灭火装置

煤炭科学研究总院重庆分院

该系统主要用于监控和扑灭胶带输送机火灾，也可隔绝和扑灭巷道其它外因火灾。该系统可对胶带打滑程度进行监测和报警，并对胶带输送机主滚筒、电动机轴承、液压联轴器的温度进行监测，还可对胶带起火初期阶段的烟雾进行监控。当温度达到一级报警点（可预先设定）时，系统自动喷水灭火。

当巷道其它外因火灾使灭火控制阀附近温度达到57℃时，易熔阀自动炸裂泄水，达到自动隔绝灭火的目的。在紧急情况下，也可人工打开手动卸压阀进行灭火。

该系统具有监测显示，二级报警，断电停电，自动水喷雾灭火的功能。水压为0.3～1.2MPa，水量大于20m^3/h，传感器可与矿井其它环境监测系统配套使用。

KHJ型矿井自动呼救器

煤炭科学研究总院抚顺分院

该仪器属本质安全型，体积小，重量轻，可随身佩带。当佩带人员走动或工作时，仪器不报警。当佩带人员处在静止或在危险区遇到困境不能动时，仪器会自动发出响声（佩带人员也可以手动报警）引导营救人员及时发现，进行营救。

主要技术特征

声级强度（dB/mA）	>80
自动呼救延迟时间（s）	25±3
电源电压（V）	6
最高开路电压（V）	7
最大工作电流（mA）	<40

头灯式沼气报警器

煤炭科学研究总院重庆分院

头灯式报警器将矿灯与沼气报警器结合在一起，矿灯电源同时可做为报警器电源，既能照明，在沼气超限时又能自动报警。头灯式沼气报警器适合有沼气爆炸危险矿井的放炮员、电钳工和管理人员使用。该项技术的关键是在保证矿灯的照度和规定的连续使用工作时间内，具有高精度的沼气报警性能，同时还不需改变操作人员、管理人员用灯的习惯，并且做到重量轻，体积小，维护方便。该项成果包括KDJ-3型和KDJ-3B型两种头灯式沼气报警器。

主要技术特征

报警范围	0.5%～2.0%CH_4（出厂时设定为1.0%）
报警误差	±0.2%CH_4
响应时间（s）	<20
整机电流（A）	<0.15（报警电路及催化元件）
连续工作时间（h）	>11
照度（lx）	500（开始照明），300（照明11h后）
重量（g）	比矿灯增重50

增安型电气设备

煤炭科学研究总院上海分院

该项目是国家“七五”科技攻关项目，共研制成功11个增安型、矿用一般型电气设备及其配套的电气设备，建立了7个增安型及矿用一般型电气设备检测装置，提出了4个有关增安型和矿用一般型电气设备的标准规范和建议稿。

研制的11个设备是：YA450-4型矿用增安型和一般型高压水泵电动机（与北京重型电机厂合作）、BGP5-6B矿用隔爆型高压真空配电装置（与上海电器厂合作）、BLDJ-2型漏电、过流、温度保护继电器（与上海电器厂合作）、YZH-22增安型荧光灯和YZZ-22增安型支架荧光灯（与上海燎源灯具厂合作）、BAM-2.5矿用隔爆兼增安型和BBM-2.5矿用隔爆型照明综合保护装置（与上海无线电三十三厂合作）、TZ200/660/4和JZ25/127/3矿用增安型接线盒（与湖南冷水江市煤机厂合作）、BGH1-200l/10矿用增安型接线盒（与瓦房店防爆电气厂合作）。

这11个设备中的6个是全增安型矿用电气设备，填补了国内空白，且制造工艺简单，便于操作维修，性能可靠安全，价格比同类隔爆型电气设备降低6.5%～34.5%，重量减轻23.1%～59%。其中7项技术为国内先进水平，为我国煤矿提供了一批新的电气设备。

燃洗矸新型130t/h锅炉的研制定型

煤炭科学研究总院北京煤化学研究所
哈尔滨工业大学
上海发电设备成套设计研究所
鸡西矿务局滴道矸石试验电厂
济南锅炉厂

燃洗矸新型130t/h流化床锅炉在试验煤种条件下燃烧良好，负荷稳定，达到了设计规格，热效率达74.35%，其性能优于原130t/h流化床锅炉。设计中采用的二次风的布置方式和选定的参数，明显地提高了流化床锅炉的燃烧效率。该锅炉采用三床多级风、水共冷式冷碴器，结构简单，属国内首创。给水、汽温、负压调节和排碴自控系统运行良好，提高了大容量流化床锅炉的自动化水平。

制煤气用型煤的研究

煤炭科学研究总院北京煤化学研究所

该项研究是以煤泥、粉煤为原料制成的防水型型煤，以代替块煤造煤气。首先在试验室对粘结剂进行筛选，研究成型条件，制出了质量符合要求的造气用型煤。然后进行100t级成型工业性试验，最后在$\phi1.6$m水煤气两段炉上用加工出的型煤进行工业性造气试验，取得了好的结果。

用该项研究成果制成的型煤（煤球），冷强度为55kg/球，热强度大于100kg/球。型煤的防水性能好，浸入水中一周不变形，且干后又恢复到原来的强度。其所用的粘结剂来源广，价格便宜。

煤炭发热量在线自动快速测量装置系统

煤炭科学研究总院唐山分院
开滦矿务局荆各庄煤矿

该项目在同位素测煤炭灰分和微波测煤炭水分方面均实现在线测量，并在进行微机处理的基础上，增加了在线自动快速测定煤炭发热量的功能，使该系统同时具有测煤炭灰分、水分、发热量和微机数据处理、显示等多种功能。该系统测发热量速度快（1～2min），性能稳定，工作可靠，操作简便。对荆各庄煤矿粒度小于50mm、水分为6%～10%、灰分为28%～45%的原混煤进行测量，测量出的发热量精度，均方根差为0.4744MJ/kg，达到了设计要求。由于测量无需采样、制样和化验等程序，减轻了劳动强度，实现了自动化测量，提高了效率。该系统在煤矿、热电厂等使用，有着广阔的前景。

煤矿矿井水除盐、除氟作饮用水的研究

煤炭科学研究总院杭州环境保护研究所

该项目是一将含盐、含氟的矿井水、地下水淡化处理成饮用水的研究，其改进了电渗析淡化工艺，在淮北矿务局临涣煤矿建立了日产淡水500t的电渗析淡化装置。处理前该矿的矿井水中含高盐（300mg/l）高硫酸根（1500mg/l）和氟离子（2.31mg/l），经电渗析处理后，水质达到国家GB5749-85生活饮用水的标准。矿井水淡化运行成本为0.36元/吨淡水。该项成果可以解决矿区生活用水紧张的困难，充分利用矿井水资源，在干旱少雨、饮用水资源少和虽有矿井水、地下水，但含盐、含氟高，未经处理不能作生活用水的地区，有良好的推广使用前景。

基本建设项目

1991年直属直供基本建设矿井投产项目

项 目 名 称	煤 种	设计能力 (10^4t/a)	投产日期 (月、日)	建设工期 (月)	备 注
全 国 合 计		26-2714			
一、中国统配煤矿总公司		16-2135			
1.新建矿井		11-1645			
兴隆汪庄南平硐	烟 煤	6	9.20	25	
阳泉贵石沟斜井	无烟煤	400	12.19	98	
大同四台沟斜井	弱 粘	500	12.13	84	
洛市流舍斜井	焦 煤	30	12.16	49	
焦作位村立井	无烟煤	50	12.25	63	
芙蓉长宁小井	无烟煤	10	12.15	28	
广旺磨岩小井	烟 煤	9	12.20	28	
石嘴山三号立井	$\frac{1}{3}$焦煤	90	11.30	96	
灵武灵新二斜井	不 粘	30	12.2	29	
峰峰九龙口立井	焦 煤	120	4.29	137	
古交东曲平硐	焦、贫、瘦	400	12.16	75	
2.扩建矿井		5-490			
峰峰薛村	贫 煤	90/135-45	12.1		
晋城凤凰山	无 烟	150/400-250	12.25		
大屯煤电公司孔庄	$\frac{1}{3}$焦煤	45/105-60	12.14		
海渤湾平沟	肥 煤	45/120-75	12.20		
平顶山十二矿	肥 煤	30/90-60	12.14		
二、东北内蒙古煤炭工业联合公司					
1.新建矿井					
扎赉诺尔铁北斜井	褐 煤	150	12.1	92	
辽源梅河七斜井	长焰煤	9	12.25	25	
七台河铁东斜井	$\frac{1}{3}$焦煤	120	12.20	40	
七台河龙湖五井	弱、焦、瘦	15	12.14	12	
七台河四处小井	弱、焦、瘦	4-30	12.14	18	煤代油项目
2.扩建矿井					
扎赉诺尔灵泉三矿	褐 煤	45/180-135	12.20		
鸡西城子河	$\frac{1}{3}$焦煤	120/240-120	11.20		

1991年直属直供基本建设新井开工项目

项目名称	煤种	设计能力 ($10^4t/a$)	开工日期 (月、日)	备注
全国合计				
一、中国统配煤矿总公司		8-880		
焦作古汉山立井	无烟	70	12.26	
资兴黄牛岭斜井	焦煤	30	10.1	
铜川五华立井	弱粘	150	12.24	
韩城象山平硐	贫煤	120	12.28	
黄陵一号平硐	气煤	300	12.23	
灵武灵新斜井	不粘	165	12.2	
大同大西沟	弱粘	15	3.1	煤代油项目
黄陵苍村平硐	气煤	30	12	煤代油项目
二、东北内蒙古煤炭工业联合公司		3-630		
沈阳红阳三立井	贫、瘦	150	12.1	
铁法三台子二立井	长焰	240	12.1	
鸡西荣华立井	弱焦气	240	12.1	

煤炭工业自营、施工单位主要经济指标

	计算单位	1991年	1990年	1991年比1990年 增(+)、减(-)
一、工程量				
井巷	m	263365	272613	-9248
土建竣工	m^2			
二、施工产值	万元	471120.28	429434	+41686.28
三、劳动生产率	元/人·年			
全员	元/人·年	12611	11372	+1239
矿建工人	元/人·年	17369	15103	+2266
土建工人	元/人·年	22405	20035	+2370
安装工人	元/人·年	29715	26548	+3167
四、实物效率				
成巷(成井)	m/人·年	6.76	6.53	+0.23
土建竣工	m^2/人·年	29	27	+2
五、机械设备				
完好率	%	91	90.5	+0.5
利用率	%	68	69.0	-1

基本建设井巷工程主要经济指标

	计算单位	1991年	1990年	1991年比1990年增（＋）、减（－）
一、矿井成巷进尺	m	183218	207213	－23995
二、井巷平均月进度				
立　井	m/个	36.19	29.40	＋6.79
斜　井	m/个	60.13	58.98	＋1.15
岩　巷	m/个	61.73	62.95	－1.22
半煤岩巷	m/个	93.70	100.64	－6.94
煤　巷	m/个	96.32	97.4	－1.08
三、掘进工效率				
立　井	m^3/工	0.815	0.797	＋0.018
斜　井	m^3/工	0.682	0.729	－0.047
岩石平巷	m^3/工	0.736	0.786	－0.05
半煤岩巷	m^3/工	1.160	1.095	＋0.065
煤　巷	m^3/工	1.032	0.937	＋0.095

煤炭工业产品

煤炭产品

出口煤炭产品介绍

品名	粒度 (mm)	全水分 (%)	干基灰分 (%)	全硫分 (%)	干基挥发分 (%)	干基发热量 〔MJ/kg (kcal/kg)〕	自由膨胀序数
大同动力煤	0～50，>95%	<8	<12	<1	>27	>29.31(>7000)	
平朔洗动力煤	0～50，>95%	<8	<15.5	<1	29～35	>28.47(>6800)	
乌兰动力煤	0～50，>95%	<10	<10	<0.7	>32	>28.47(>6800)	
梁洼动力煤	0～50，>95%	<8	<16	<0.5	>25	>28.47(>6800)	
黄陵动力煤	0～50，>95%	<8	<15	<1	>26	>28.47(>6800)	
半无烟煤	0～50，>95%	<8	<16	<1	10～14	>28.89(>6900)	
淮北洗炼焦煤	0～50	<10	<10	<0.3	27～30		3～5
开滦洗炼焦煤	0～50	<10	<11.5	<0.8	22～25.5		7～9
枣庄洗炼焦煤	0～50	<10	<8.5	<0.8	32～34		5～7
鹤岗洗炼焦煤	0～6	<10	<9.5	<0.3	30～34		6～8
东庞洗炼焦煤	0～50	<8	<9	<0.4	32～36		4～6
兖州洗炼焦煤	0～50	<10	<10	<0.5	30～35		2～4
平顶山洗炼焦煤	0～50	<10	<10	<0.5	22～24		5.5～6.5
平顶山1/3焦洗炼焦煤	0～50	<10	<10	<0.5	<30		4～5
太西无烟块煤	20～100，>70%	<5	<7	<0.5	<10	>31.40(>7500)	
太西无烟洗粒煤	15～40，>70%	<6	6～7	<0.5	<10	>31.40(>7500)	
太西无烟粉煤A	0～13，>90%	<7	12～13	<0.5	<11	>29.31(>7000)	
太西无烟粉煤B	0～13，>90%	<7	<7	<0.5	<10	>31.40(>7500)	
太西无烟洗块煤	30～80，>70%	<6	6～7	<0.5	<10	>31.40(>7500)	
中国无烟粉煤	0～25，>80%	<7	<25	<1	<10	>25.12(>6000)	
阳泉无烟块煤	20～80，>65%	<5	12～14	<1，最高≯1.2%	<11	>29.31(>7000)	
阳泉无烟粉煤	0～30，>80%	<7	22～24	<1.1，最高≯1.5%	<11	>27.21(>6500)	
山西无烟粉煤（一号）	0～30，>80%	<7	13～15	<0.5	<10	>25.96(>6200)	

续表

品　　名	粒　度 (mm)	全水分 (%)	干基灰分 (%)	全硫分 (%)	干基挥发分 (%)	干基发热量〔MJ/kg (kcal/kg)〕	自由膨胀序数
山西无烟粉煤(三、四号)	0～25,>80%	<7	17～19	<0.5	<10	>25.96(>6200)	
百善无烟粉煤	0～30,>80%	<7	<20	<0.7	<11	>27.21(>6500)	
洛阳无烟粉煤	0～25,>80%	<7	18～20	<0.5	<12	>27.21(>6500)	
晋城无烟块煤	20～80,>70%	<5	14～16	<0.6	<10	>29.31(>7000)	
焦作无烟块煤	20～80,>70%	<5	<13～15	<0.5	<10	>28.47(>6800)	
焦作无烟粒煤	6～13,>70%	<6	<13～15	<0.5	<10	>28.47(>6800)	
焦作无烟粉煤	0～15,>85%	<10	<13～15	<0.5	<10	>28.47(>6800)	

煤矿机电新产品

优质煤矿机电产品

荣获国家质量奖金质奖产品名单

产品名称	生产地区	生产单位	备注
ZFY(LM)-120型煤矿用反井钻机	江　苏	苏南煤矿机械厂	该产品外形图及主要技术指标见文前彩图

荣获国家质量奖银质奖产品名单

产品名称	生产地区	生产单位
AHY_6型隔绝式压缩氧气呼吸器	辽　宁	抚顺煤矿安全仪器厂
ZK-2型煤矿机采工作面通信控制系统	天　津	天津煤矿专用设备厂

能源部煤炭工业第九次科技进步奖授奖项目（1991年）

序号	产品名称	获奖级别	研制（生产）单位	备注
1	KTP型旋转式铁谱仪	一等奖	中国矿业大学	
2	LM-200型反井钻机的研制和钻井技术	一等奖	煤炭科学研究总院北京建井研究所 江苏省苏南煤矿机械厂 山东省新泰市汶南煤矿 山东省宁阳县石屯煤矿	

续表

序号	产 品 名 称	获奖级别	研制（生产）单位	备 注
3	ZC-3型侧卸式装岩机的研制和密封润滑带攻关	二等奖	煤炭科学研究总院北京建井研究所 浙江省小浦煤矿机械厂 上海采矿机械厂 开滦矿务局赵各庄煤矿	
4	ELMB-75型煤巷掘进机	二等奖	煤炭科学研究总院上海分院 南京晨光机器厂 峰峰矿务局	该产品外形图及技术指标见文前彩图
5	YOS系列水质液力偶合器	二等奖	张家口煤矿机械厂	
6	600mm轨距3t、5t底卸式矿车及卸载站	二等奖	沈阳煤矿设计研究院	
7	DMB-3F5S型矿用隔爆三相异步电动机	二等奖	辽宁省抚顺煤矿电机厂	
8	KDY-1矿井地震仪、GJY-1工程检测仪的研究	二等奖	淮南矿业学院 长沙旭华仪表厂	
9	KS系列传感器及KSE-1型频率计	三等奖	煤炭科学研究总院北京开采研究所	
10	QZ3-150型切削式钻头	三等奖	煤炭科学研究总院抚顺分院 霍林河露天煤矿	
11	HPC-V型潮式混凝土喷射机	三等奖	煤炭科学研究总院南京研究所 江苏武进县通用机械厂	
12	MYQ-1.1型矿车清理机	三等奖	焦作矿业学院 焦作建材机械厂	
13	TZK-58型矿井轴流式通风机	三等奖	北票矿务局	
14	ZYQ轻型液压支架系列	三等奖	煤炭科学研究总院北京开采研究所 松藻矿务局 庆江机器厂 平顶山矿务局 平顶山煤机厂	
15	ATY-1500型天井钻机	三等奖	煤炭科学研究总院南京研究所 济南重型机器厂 兖州矿务局鲍店煤矿	该钻机详细技术指标及外形图见文前彩图
16	YS型液压水枪	三等奖	煤炭科学研究总院唐山分院 南票矿务局邱皮沟矿	
17	DJL-20型二万安培立式电解加工机床	三等奖	航空航天部六二五研究所 张家口煤矿机械厂	
18	雷管打号机	三等奖	中国矿业大学	
19	MRB160/31.5A型和RB160/31.5型乳化液泵站	三等奖	无锡煤矿机械厂 南京六合煤矿机械厂	
20	DMB-200S矿用隔爆电动机	三等奖	煤炭科学研究总院上海分院 抚顺煤矿电机厂	

续表

序号	产品名称	获奖级别	研制（生产）单位	备注
21	MXA-300型系列采煤机电控系统	三等奖	西安煤矿机械厂 航空航天部第五三一厂 山东三联电子公司	
22	BXL_1-200/400K型相过流保护器和DW80Z-350/200A-660V型馈电开关综合保护装置	三等奖	煤炭科学研究总院上海分院 淮南矿务局机电处 温州状元矿山电机厂	
23	KBSGZY系列矿用隔爆型移动变电站	三等奖	抚顺矿务局电力机车工厂	
24	本质安全型数字式绝缘电阻测量仪	三等奖	煤炭科学研究总院合肥研究所 黄山市徽州电气控制设备厂	
25	KT4型煤矿生产调度报警电话通讯系统	三等奖	煤炭科学研究总院常州自动化研究所 镇江有线电厂	
26	TLL1000型立式螺旋卸料离心脱水机	三等奖	煤炭科学研究总院唐山分院 北票矿务局机电总厂 双鸭山选煤厂	该产品外形图及技术指标见文前彩图
27	2PGC-600×750A型双齿辊破碎机	三等奖	中国矿业大学 山东煤矿莱芜机械厂 徐州矿务局三河尖煤矿	该产品外形图及技术指标见文前彩图
28	AZWJ-1.2型智能化瓦斯检测记录仪	三等奖	江苏省煤矿研究所	

通过鉴定的煤矿机电新产品

序号	项目	生产单位	备注
1	AZL-60W微型过滤式氧气自救器	广东煤矿安全仪器厂	
2	AZHT-1型初期供氧装置	西安煤矿仪表厂 中国科学院盐湖所	
3	铁基粉末冶金JWT外套	北京煤矿机械厂 浙江乐清黄华粉末冶金厂	
4	KJ13型碱性矿灯	福建矿灯厂	
5	SGZ-764/400(C、S、W)型刮板输送机	张家口煤矿机械厂	
6	MSCD-1型矿用声控自动喷雾装置	浙江永嘉电瓷电控厂	
7	SGZB-730/220型中边链刮板输送机	张家口煤矿机械厂 煤炭科学研究总院太原分院 大同矿务局	
8	厚煤层分层自动铺联网液压支架及配套设备	北京煤矿机械厂	
9	WQK型矿用污水潜水电泵	江苏泰州潜水电泵厂	
10	KBJY-16型矿用隔爆型节能荧光灯	沈阳市珠光灯具总厂	

续表

序号	项　　　　目	生产单位	备注
11	AZH-60型化学氧自救器	湖南煤矿安全仪器厂 煤炭科学研究总院抚顺分院	
12	FDZB-1A型风电沼气闭锁装置	湖南煤矿安全仪器厂 煤炭科学研究总院抚顺分院	
13	QJZ-200/660型真空磁力起动器	徐州煤矿机械厂	
14	YGD-2X9H隔爆节能灯	煤山矿灯厂	
15	QYG1900/14/30型轻型支架	北京煤矿机械厂 煤炭科学研究总院北京开采研究所	
16	WRB200/31.5型乳化液泵站	无锡煤矿机械厂 煤炭科学研究总院太原分院	
17	厚煤层分层自动铺联网液压支架及配套设备	郑州煤矿机械厂 苏南煤矿机械厂 煤炭科学研究总院唐山、太原分院 大同矿务局	该产品外形图及技术指标见文前彩图
18	4.5m“三软”厚煤层一次采全高综采成套设备与工艺	西安煤矿机械厂 张家口煤矿机械厂 徐州矿务局 煤炭科学研究总院北京开采研究所	
19	ZYR3400-2.5/47型插肥掩护式液压支架	北京煤矿机械厂 煤炭科学研究总院北京开采研究所	
20	MXA-300/4.5R采煤机及附件	西安煤矿机械厂 徐州矿务局	
21	MJYK 型采煤机无线电遥控装置	西安煤矿机械厂 航空航天部西飞研究院	
22	SGZR-764/264W刮板输送机	张家口煤矿机械厂 徐州矿务局	
23	KS12型矿灯和KTSB-102A型克电架	煤山矿灯厂	
24	CXT-5/6型防爆特殊型蓄电池电机车	徐州煤矿机械厂	
25	AWDB-2S头灯式多功能瓦斯报警仪	广东煤矿安全仪器厂	
26	HPY15-3/6-K型可移动滑片式空气压缩机	衢州煤矿机械厂 煤炭科学研究总院上海分院	
27	KBY-120/10型液压充填泵	石家庄煤矿机械厂	
28	ZFP5200-17/35型铺网支架	郑州煤矿机械厂	该产品外形图及技术指标见文前彩图
29	ZY2400/17/35型掩护式液压支架	北京煤矿机械厂 丰城矿务局	
30	AZL-60B型过滤式自救器	湖南煤矿安全仪器厂	该产品外形图及技术指标见文前彩图
31	KS11型矿灯	煤山矿灯厂 抚顺矿灯厂 兰州矿灯厂 贵阳矿灯厂	

续表

序号	项　　目	生产单位	备　注
		济源矿灯厂	
		煤炭科学研究总院上海分院	
32	BCP系列齿轮油泵	石家庄煤矿机械厂	
33	EBZ-75型半煤岩掘进机电控装置	徐州煤矿机械厂	
		煤炭科学研究总院唐山分院	
34	FDZB-A1型接口箱	浙江永嘉防爆机电厂	
35	KG7005智能型风电沼气闭锁装置	浙江永嘉防爆机电厂	
36	KG3019智能型高低浓度甲烷传感器	浙江永嘉防爆机电厂	
37	CXT-2.5/6A防爆蓄电池电机车	徐州煤矿采掘机械厂	该产品外形图及技术指标见文前彩图

学术团体及其主要活动

中国煤炭学会

2 月

5日　中国煤炭学会第三届四次常务理事会在北京召开。会议通过了中国煤炭学会1990年学会工作总结和1991年的主要工作，并审议通过了如下事项：①确定1992年学术年会主题为"煤矿环境治理"；②建立青年工作委员会；③开始施行"中国煤炭学术奖励基金管理办法"、"中国煤炭学会青年科技奖施行条例"、"中国煤炭学会团体会员试行条例"，并在试行中加以完善；④确认通过常务理事会通信选举产生的范维唐等6位代表出席中国科协"四大"和范维唐为中国科协第四届全国委员会委员候选人有效。

4 月

2～5日　中国煤炭学会煤矿机械化专业委员会在无锡召开采掘机械化研讨会。会议交流了采掘机械在研究、设计、制造方面的成果。

9～11日　中国统配煤矿总公司与中国煤炭学会在北京举行了盛大的纪念活动，隆重纪念王竹泉诞辰100周年。中国统配煤矿总公司领导和原煤炭工业部老部长全部出席了纪念会。这次纪念活动不仅缅怀了王竹泉一生的业绩，而且为广大煤炭科技工作者树立了学习的榜样，使大家受到了生动的爱国主义教育，激励与鞭策着我们更好地献身煤炭事业。在为期3天的纪念活动中进行了学术交流。

16～19日　中国煤炭学会选煤专业委员会在河南平顶山市召开第六届全国选煤学术会议。会议就选煤综合问题，分选工艺、设备与过程自动控制，筛分、产品脱水与煤泥水处理，水煤浆与产品结构优化，选煤厂设计与效率评定等领域进行了交流和讨论，并总结出5个值得重视的学术观点。

5 月

6～9日　中国煤炭学会与山西省煤炭学会在太原联合召开山西及鄂尔多斯煤田开发战略研讨会，会议重点探讨了晋陕蒙西、鄂尔多斯煤田、山西、陕西、内蒙古1991～2020年煤炭开发战略及山西鄂尔多斯煤炭外运方案设想等。

28～31日　中国煤炭学会煤矿机械化专业委员会与煤炭工业采掘机械化情报中心站在江西九江市召开刨煤机新产品推广使用经验交流会。会议得到中国统配煤矿总公司生产局领导的支持，共同商讨了我国如何加快研制和推广刨煤机的步伐。并由情报中心站进行全国适合于刨煤机开采的薄煤层调研、汇总工作。

6 月

9～11日　中国煤炭学会第六次学会工作座谈会在云南昆明市召开。会议重点传达、学习、贯彻了中国科协"四大"精神和江泽民总书记在中国科协"四大"所作的重要讲话，分析研究了学会工作面临的新形势和新任务，探讨了在新形势下搞好学会工作，特别是秘书长工作中许多共性的问题和有待进一步实践的问题。

17～18日　中国煤炭学会水力采煤专业委员会在桂林召开水采生产工艺系统设计优化研讨会。会议结合各水采生产、设计、科研单位的实践经验，对设计工艺思想、先进工艺技术和要采用的先进可靠的设备广泛交换了意见。认为优化设计的标准应由生产实践检验，应是高产、高效、安全、少投入、多产出，并且资源回收率高，效益好。

18日　中国煤炭学会理事长范维唐同志主持召开学会第三届五次常务理事（扩大）会议。会议邀请了能源部、中国统配煤矿总公司各有关司局的领导同志参加会议，传达、学习了江泽民总书记在中国科协"四大"的重要讲话。在认真讨论的基础上，学会与中国统配煤矿总公司技术发展局、煤炭科学研究总院形成了关于贯彻落实江总书记重要讲话的建议和措施，书面报告中国统配煤矿总公司党组。中国统配煤矿总公司党组于24日召开扩大会议听取了汇报，认为提出的建议很好，要下决心依靠科技进步改变煤炭工业的落后面貌，大力提倡科技兴煤。目前，建议和措施正在逐步实施中。

18～20日　中国煤炭学会煤矿运输专业委员会在常州召开1991年年会及学术研讨会，交流了煤矿运输新技术及新产品现状。

21～24日　中国煤炭学会科学技术情报专业委员会与煤炭科学技术情报研究所在烟台召开情报工作理论与实践研讨会。会议交流论文90余篇，内容涉及情报基础理论、情报管理、文献管理、情报研究、编译报导、情报教育、网站工作、企业情报工作等领域，从不同侧面探讨了煤炭情报工作规律及发展的重大课题。

7　月

16～18日　中国煤炭学会理事长范维唐在北京主持召开了《中国煤炭工业百科全书》第一次编纂工作会议。能源部胡富国副部长任编委会主任，中国统配煤矿总公司副总经理范维唐任常务副主任兼主编，编委会副主任有：王裕桂、芮素生、陈明和、林开源、崔敬谦、彭世济、潘惠正。会议讨论通过了各卷编委会的工作班子，明确了具体任务；原则通过了各卷的框架及交叉专业的分工意见。全书共分七卷约900多万字，要求3年内完成。该项工作由中国煤炭学会和煤炭工业出版社共同组织。

31日　根据中国科协的要求，5月初向中国科协呈报了学会复查登记申请书，5月上旬通过了中国科协的审查。5月下旬正式向民政部提出登记申请。7月2日民政部核准登记并颁发了社会团体登记证书，登记证号为社政字第0271号，并于7月31日在人民日报第七版公告。经民政部核准后，中国煤炭学会成为取得法人资格的学术性社会团体。

8　月

18～21日　中国煤炭学会岩石力学专业委员会和中国岩石力学与工程学会大同分会在大同召开矿山坚硬岩体控制学术讨论会。会议的中心议题是矿山坚硬顶板控制，包括一般坚硬顶板条件下和大同矿区特殊条件下岩体控制的理论、试验、生产实践、技术经验和数值模拟等多个领域，并对今后的发展方向和研究重点进行了深入的讨论。

21～25日　煤炭科技术语工作委员会副主任、中国煤炭学会副理事长潘惠正主持召开了煤炭科技术语编委会第二次会议，会议对1990年9月以来，9个专业委员会共同完成的《煤炭科技审定名词术语集》草案进行了审查。该术语集共有4306个词条。

9　月

6～9日　中国煤炭学会开采专业委员会、山东省煤炭学会、龙口矿务局在龙口联合举办全国矿井开拓巷道布置改革研讨会。通过广泛交流，为推进我国煤矿开拓布置改革，会议建议：①必须将地质因素、煤层条件、装备水平、开采工艺、支护技术、辅助运输及安全措施等作为统一体进行综合研究，发挥生产、院校、科研、设计等部门各自优势，协作攻关，以解决重大技术问题；②积极研究高产高效矿井的开拓系统、采区巷道布置及系统配套，进行试点后推广，争取尽快达到世界先进水平。

9～15日　中国煤炭学会煤田地质专业委员会在黑龙江省召开中国东部找煤研讨会。在广泛进行学术交流和充分讨论的基础上，会议建议在提出煤炭开发战略西移的相当一段时间内，仍不能放松对东部地带的煤炭生产，必须解决好东部地带和西部地带产量间的相互衔接问题，只有把稳住东部煤炭产量这一带有战略性的问题落到实处，安排煤田地质部门继续开展综合找煤工作，充分发挥物探手段在找煤工作中的作用，尽快地为煤矿建设提供新的建井储量，才能取得较好的社会效益。

11～15日　中国煤炭学会矿井建设专业委员会与中国统配煤矿总公司基建局、大同矿务局基建局在大同联合举办巷道掘进施工与机械化研讨会。会议认为提高井巷掘进机械化水平，不仅可直接达到提高巷道工程技术经济效益的目的，而且必将缓和生产矿井的采掘矛盾。当前主要问题是“投入”不足，应引起有关领导部门的重视。

18～21日　中国煤炭学会煤矿安全专业委员会与中国统配煤矿总公司基建局在邵武煤矿联合召开了矿井可控循环风技术研讨会。矿井可控循环风技术是随着掘进和回采通风安全的需要发展起来的一项新技术、新工艺，随着矿井的延深和井田范围的扩大，该技术的应用更有着广阔的天地。

16～20日　中国煤炭学会、中国统配煤矿总公司在北京共同举办1991年国际煤炭技术交流设备展览会。

20～22日　中国煤炭学会煤矿自动化专业委员会在天津市召开首届全国煤矿自动化学术交流会。会议以煤矿安全生产监控和可编程序控制器在煤矿的应用为主题进行了广泛的学术交流。

24～29日　中国煤炭学会瓦斯地质专业委员会在安徽西山煤矿召开了瓦斯地质第五届学术研讨会。会议就瓦斯地质研究面向经济建设主战场，为煤矿生产建设服务及瓦斯地质学科向新台阶迈进为主题进行了学术交流和讨论。

10　月

15～19日　中国煤炭学会露天开采专业委员会与煤炭工业情报中心站、东北内蒙古煤炭工业联合公司露天情报站在衡阳市召开了第三届学术会议。会议就如何评价露天开采经济效益水平以及适合我国国情和开采条件所采用的采矿工艺选择、采矿机械设备的配套等经济技术问题进行了分析论证。

21～23日　中国煤炭学会矿井地质专业委员会与淮南矿业学院、淮南矿务局煤炭学会在淮南联合举办全国矿井地质学术研讨会。会议主题是回顾总结我国近10年来的矿井地质工作和对今后工作的展望。在矿井构造、水文地质、勘探技术、井巷工程地质、综采地质、煤岩的应用和地质基础工作等方面进行了学术交流。

22～24日　中国煤炭学会水力采煤专业委员会在杭州召开了水采生产矿井高产高效研讨会。会议认为实现水力采煤高产高效必须具备三个条件，即选择适合水采的煤层条件，并具有较充足的可采储量；设计可靠完善的水采工艺系统；加强生产管理。在今后的生产、设计、科研中应围绕这三个方面进行工作，以提高水采矿井的产量和效益。

22～26日　中国煤炭学会矿山测量专业委员会、岩石力学专业委员会与测绘、金属学会矿山测量专业委员会、煤炭工业矿山测量情报中心站在唐山联合召开了全国矿山测量学术会议。会议重点对微机在矿山测量中的应用、矿区地籍测量和开采沉陷区的综合治理等问题进行了热烈讨论，并提出了有益的建议。会上还举办了测绘仪器展销活动。

28～30日　中国煤炭学会煤矿安全专业委员会在桂林召开煤矿现代化建设中的煤矿安全学术交流会议。会议总结了“七五”成果，探讨了煤矿安全领域的发展方向及新的试验方法。有的成果已被煤矿生产采用，取得了很好的经济效益和社会效益。

11　月

1～5日　中国煤炭学会第三届理事会第三次全体会议暨1991年学术年会在四川省灌县召开。1990年5月由能源部委托中国煤炭学会、煤炭工业技术委员会、煤炭科学研究总院和中国矿业大学研究生部组织中国统配煤矿总公司计划局、中国地方煤矿公司、中国煤田地质总局、煤炭科学研究总院西安分院以及北京、沈阳、西安、济南、石家庄、兰州、重庆、武汉、中国矿业大学等13个单位80人参加的11个科研小组，经1年多的时间完成了科研软课题——煤炭开发战略研究的初步成果。在学术年会上，审议了《煤炭开发战略研究》的综合报告、分报告和专题报告，分析了当前的生产建设形势，研讨了未来30年煤炭发展目标和战略，认为煤炭开发既有大规模发展的宏伟前景，又面临着大量急待解决的现实难题，当前正处在重要的关键时刻。会议提出了“关于未来30年（1991～2020）煤炭开发战略”的建议初稿。将于1992年6月在最终成果审查、鉴定的同时向有关领导部门提出建议。

12　月

2～4日　中国煤炭学会煤化学专业委员会对综合性节能课题——动力煤的利用研究成果进行专题讨论，并形成大力发展动力煤洗选加工、推广采用配煤和从贮存装运过程三个方面节约4000万吨煤炭的建议。

煤炭科普工作成效显著。中国煤炭学会科普工作委员会利用已形成的科普阵地，宣传、普及煤炭科技知识，组织1991年全国青少年煤炭科普夏令营，在全国22个省（市、区）组成183个分营，12400多名营员参加活动。组织完成了《矿工保健》、《煤矸石发电》、《自动压滤机的使用》、《综采技术安全规定》四部电视片；编辑出版《煤矿安全技术手册》及《国外煤矿安全漫画集》；积极参加了中国科协及6个部委在北京组织的节能活动周。继续举办煤炭科普画廊。

中国煤炭经济研究会

一、召开了如何搞好大中型煤炭企业座谈会

座谈会于10月中旬在北戴河召开。参加会议的有各省（区）煤经会的负责同志及27个大中型煤炭企业的代表共86人。中国煤经会理事长贾林放，副理事长徐达本、李奎生、白猷之、赵汝经、张明理和秘书长孙容参加并主持了会议。与会同志以中央工作会议为指针，结合煤炭工业的实际，畅所欲言，各抒已见。大家以饱满的政治热情和高度的责任感，就如何眼睛向内，挖掘企业潜力和改善外部环境，以及搞好大中型煤炭企业，提出了许多很好的意见和建议：①增加煤炭企业技术改造的投入，加快技术进步。推动科技进步，要从煤炭企业的实际情况出发，适宜综采则上综采，适宜高档普采上高档普采，这样，都可以提高经济效益。②理顺煤炭价格。可以扩大煤炭自销比例，增加指导性计划，同时在煤炭的分配上，实行定向、定量不定价的办法。在国家不能大幅度提高煤价的情况下，应当把对实行的补贴额定下来，同时根据物价指数的改变，相应进行调整。大家还认为，从根本上讲，是解决煤炭价格严重背离价值的状况的时候了。可以先解决若干大的煤矿，如大同、开滦、平顶山、兖州、两淮、鸡西、鹤岗、阜新、抚顺、峰峰等。提高这些煤矿的煤价，以不亏损又有一定利润为原则，使这些大的煤矿先走一步，即先搞好一些大的主要煤矿。③进一步推行劳动工资制度的改革。对于几年来推行的农民轮换工制度，应很好地进行总结，兴利除弊。通过深入地调查研究，根据不同的装备水平和工种岗位，确定哪些岗位的工种适宜采用合同工，哪些适宜采用农民轮换工，使之达到科学化和规范化，这有利于促进劳动组织的合理化和先进性。关于工资制度改革，要向效益工资发展。逐步推行工资总额同销售收入挂钩，以提高“双效”。同时要实行以岗位技能工资为主要形式的企业内部分配制度，向苦、脏、累、险和第一线生产职工倾斜，改变煤矿工人工资收入低于其它许多行业工人工资收入的不正常

情况。④改革企业产品结构，进行煤炭深加工，发展综合利用和联合企业。应逐步做到，根据用户需要，特别是冶金，电力、化工、铁路等用煤大户需要，在煤炭品种上（粒度、发热量等）进行深加工。煤矸石的综合利用应积极发展，煤炭的共生物，应综合开发。有条件的应搞煤电、煤化、煤建、煤路等联合经营。⑤认真贯彻执行《企业法》，落实企业自主权。与会同志认为，企业的“婆婆”太多，“三乱”越来越乱，检查评比过多过滥，而且往往一个部门一个检查标准，有时几个检查团同时进驻企业，同一件事有几个检查标准，搞得企业无所适从。期待各级领导机关，根据《企业法》的规定，为企业优化环境，落实企业自主权。⑥进一步完善承包经营责任制。在下一轮承包中，应建立健全具有法律效律的约束机制，承包双方要签订明确双方责任和义务的承包合同，克服只包不保的状况。⑦对煤炭企业要真正实行“双保”。国家除了对煤炭企业保证资金供应外，对于国家分配的重要物资、电力和运输等，要切实得到保证。⑧对大中型煤炭企业给予外贸自主权。要适当提高企业出口煤炭的外汇留成比例，以用于技术改造。⑨切实整顿小煤窑和个体采煤，解决他们对国营大矿的破坏和干扰问题。建议能源部根据国务院关于清理整顿个体采煤的通知要求，对小煤窑和个体采煤业认真进行清理整顿。要严格依法办事，要从国家的整体和长远利益考虑，采取强有力的措施，尽快改变小煤窑和个体采煤业乱采滥挖的混乱局面，以利于国营大矿的生产。⑩加强企业内部管理。在积极争取改善外部环境的同时，要眼睛向内，进一步挖掘内部潜力。要落实好各项经济责任制，克服经营管理工作中的薄弱环节，建立严格的考核奖罚制度，堵塞漏洞，解决企业内部效率低、消耗高、浪费多、效益差等问题，向管理要效益。⑪全心全意依靠工人阶级。企业各级领导干部要振奋精神，和工人群众同呼吸、共命运，进一步把职工群众的积极性调动起来。要加强民主管理，发挥职工主人翁的责任感和创造精神，依靠群众的智慧和力量搞好企业管理。

二、举行了江南9省（区）煤炭经济研讨会

一年一度的江南 9 省（区）煤炭经济研讨会于 4 月下旬在浙江奉化召开。这次会议的东道主为浙江省煤炭经济研究会。浙江省煤炭工业厅副厅长、浙江省煤炭经济研究会理事长王芷君主持会议。安徽、江苏、江西、福建、湖北、湖南、广东、广西、浙江等省（区）的代表出席了会议。中国煤经会副理事长徐达本和秘书长孙容参加了会议，会上各省（区）的代表介绍和交流了各省（区）政府发展地方煤炭工业的政策以及承包经营、劳动工资改革、多种经营等取得的成就和经验。福建代表介绍了省政府扶植地方煤矿取得显著成效的情况以及下一轮承包中继续坚持和完善的有关政策。江苏省代表介绍了省政府以及市县各级政府扶植地方煤矿的政策。他们根据本地区的不同情况，从实际出发，分别制定了行之有效的政策。特别是江南经济发达的市县，由于煤炭资源较缺，用煤大量依靠外省调运，对于本地区的地方煤矿，应尽可能的加以扶植。在一些政策上，对煤矿一视同仁。有些市县，在招工中，同样也招收煤矿职工子女。这和其它省（区）大不相同。与会同志认为，在煤炭销售仍然疲软的情况下，要认真做好地方煤矿本身的工作，搞好管理，增加企业后劲，进一步改革产品结构，发展多种经营，提高经济效益，在竞争中求生存，求发展，为江南各省（区）国民经济的发展，尽最大努力，提供能源，做出新贡献。会议决定，1992 年年会由江西省煤经会主办。

三、召开了西南4省（区）1市五方煤炭经济研讨会

本届西南 4 省（区） 1 市五方煤炭经济研讨会于 6 月上旬在四川成都召开。会议的东道主为四川省煤炭经济研究会。四川省煤炭工业厅副厅长，省煤经会理事长刘贤凯主持了会议。云南、贵州、广西、重庆、四川等省（区）市的代表出席了会议。中国煤经会秘书长孙容和办公室副主任田力参加了会议。与会同志对于西南地区煤炭工业的形势和未来发展进行了研讨。同志们认为，从发展看，西南地区的能源结构会有较大的变化。西南地区的水电资源丰富，而且已开始较大规模的建设，在“八五”和今后还将有更大规模的发展。长江及其支流、红水河、澜沧江等流域的大中型水电站正在开发。我们煤炭工业战线的同志，要正视和深入研究西南地区能源发展的形势。做好煤炭工业自身长远发展规划，以适应国民经济发展的需要。与会同志对于西南地区煤炭工业的形势进行了研究讨论。认为西南 4 省（区） 1 市情况也不尽相同。贵州、重庆等属煤炭“富翁”，广西缺煤，在供需上有互补性，要发展横向联合，促进共同发展。与会同志还交流了深化企业改革、发展煤炭工业的政策等方面的情况和经验。总的来看，西南地区煤炭工业的技术发展水平，较之华北、东北、中南一些主要产煤省落后一些，存在的困难也多一些。不少企业，克服资源条件差，装备水平低，以及煤炭销售等困难，积极推进改革开放，发挥主观能动性，千方百计增收节支，取得了一定的成效。今后还要继续发扬这种精神。会议确定1992年年会由云南省煤经会主办。

四、召开陇海兰新煤炭经济研讨会

此次陇海兰新煤炭经济研究会于 8 月下旬在乌鲁木齐召开。会议由新疆煤炭经济研究会主办，陇海兰新煤炭经济研究会联络处主持。鲁、苏、豫、陕、甘、宁、青、新 8 省（区）代表出席了会议。中国煤炭经济研究会副理事长赵汝经和秘书长孙容参加了会议。会议分两阶段进行。第一阶段，交流各省（区）煤炭工业的长远规划。新疆煤经会代表介绍了新疆煤炭工业2020年发展规划设想和新疆自治区对外开放（主要对前苏联）的进展情况。第二阶段是参观考察。对北疆的乌苏、博乐、伊宁、奎屯、昌吉、吐鲁番、哈密以及霍而果斯、阿拉山口两个对苏边境贸易口岸进行考察。考察横贯北疆东西，遍及十几个洲、地、市、县。各地政府负责人向考察组介绍了本地区经济发展的情况及可能开展横向联合的领域和项目。霍尔果斯和阿拉山口两个口岸经贸负责同志向考察人员介绍了对苏贸易进展的情况和前景。这次会议是亚欧第二大陆桥接通以来在新疆召开的一次重要的经济条带型的煤炭经济研讨会。会议一方面由沿线8省（区）代表探讨了煤炭企业开展横向经济联系的可能性。江苏和新疆代表还进行了意向性的协商。总的来看，是有广阔的发展前景的。尤其是沿海苏、鲁等省煤炭企业的多种经营产品，向中西部省（区）开展销售是可行的。另一方面，欧亚第二大陆桥开通后，我国对新疆周边苏联（后为独联体）几个共和国，尤其是哈萨克共和国的贸易前景广阔。他们需要大量的煤炭、电力以及生活用品。陇海兰新沿线8省（区）煤炭企业不仅能够向他们供应大量的煤炭，而且也能够供应许多多种经营产品，这有利于促进我国煤炭工业和多种经营事业的发展，应当进一步加强这一经济地带的煤炭经济研究工作，和煤炭企业加强联系，共同研究探讨，取得新的进展。会议确定，1992年年会由山东省煤经会主办。

五、一些省（区）煤经会先后召开了年会

1991年，一些省（区）先后召开了年会。江苏、山东、四川、陕西、内蒙等省（区）煤经会都召开了年会。中国煤经会副理事长李奎生和秘书长孙容分别参加了5月下旬召开的江苏省煤经会年会、6月上旬召开的四川省煤经会年会和8月上旬召开的陕西省煤经会年会。这些年会分别研讨了本省煤炭工业的改革开放和经济政策等。

中国煤炭加工利用协会

根据国家规定，向民政部申报了协会的重新登记，10月得到了民政部的批准，并发给了社团登记证书。认证中国煤炭加工利用协会为在全国活动的合法社团法人。将原设有的煤炭转化、石煤综合利用、铁道用煤3个专业委员会和新建的煤炭综合利用、煤炭计划统计两专业委员会向民政部作了备案。

7月份，在北戴河召开了第二届常务理事会第三次全体扩大会，总结和讨论了协会工作，增选了姜贤荣等3人为常务理事，并增选了朱良栋（国家计委资源节约与综合利用司副司长）、李兰田（中国地方煤矿公司副经理）、苑振铎（东北内蒙古煤炭工业联合公司副经理）、姜贤荣（能源部节能司司长）等4人为副理事长。

10月份，在西安召开了第三届煤炭加工与综合利用实用技术经验交流会，到会代表100余人，交流技术材料32份，内容包括选煤、配煤、型煤、燃烧、气化以及煤系伴生矿产加工利用等方面的实用技术。

3月和5月份，分别组织有关专家对吉林铁路，分局机车型煤厂进行了现场技术会诊，并对关键设备的技术问题和全厂投入运行的方案作了技术咨询；对沈阳铁路局型煤厂扩建进行了现场调查并作了技术咨询。

8月份，在呼和浩特协助中国煤田地质局组织了准格尔煤田伴生高岭岩开发研究的论证。

12月份，按期完成了煤炭科学研究总院委托的《郑州矿务局煤的特征及利用途径》的调查研究课题，并通过了鉴定。对郑州矿务局的煤炭利用和加工提出了建议。

12月份，改组了《煤炭加工与综合利用》双月刊的主办单位，新吸收中国地方煤矿公司和东北内蒙古煤炭工业联合公司共同作为主办单位。

10月份，在西安召开了《煤炭加工与综合利用》刊物第二届编委会第三次会议和通讯员会议。总结了该刊物的编辑、通讯联系、发行等工作，并表彰了优秀编委和优秀通讯员；会议还制定了优秀通讯员和发行工作奖励办法。

自1991年元月起，《煤炭加工与综合利用》刊物改进了编辑方针，增加了实用性技术经验的比重，进一步面向生产，为企业服务，并采用彩色封面，受到了读者欢迎，发行量有了明显增加。

组织和协调中国科学院凯斯公司和东北内蒙古煤炭工业联合公司多种经营公司合作，建立了东凯高科技公司，双方签订了协议，已于年底开始工作。

自10月开始，向会员提供系统、正规的技术资料服务工作，到年底已向会员提供资料13种，受到会员欢迎。

1月份，组织了由会员组成的考察组赴美国考查了型煤市场和超细磨设备。11月派团参加了美国烧烤工业协会年会，并访问了美国著名的休伯公司和伊文斯公司等高岭土公司，考查了解了美国烧烤型煤、炉具和高岭土等生产情况、技术要求和市场情况，并与美国烧烤工业协会建立了初步联系。

书、报、刊简目

煤炭工业出版社

地　址　北京市和平里北街21号
邮政编码　100713
电　话　4212197
电报挂号　北京2961

煤炭工业出版社发行部
地　址　北京市东四六条69号
邮政编码　100007
电　话　4018321
开户银行　北京工商银行东四分理处
帐　号　463253—49

煤炭专业科技图书

1. 地质测量

王竹泉选集

纪念中国著名地质学家　煤田地质奠基人王竹泉先生诞辰一百周年

中国煤田地质局选辑　16开　432页　22.00元（精装）　18.90元（平装）

矿山地热与热害治理

余恒昌主编　16开　412页　10.90元

地质统计学及其在煤炭资源开发中的应用

王俊庸等编著　32开　348页　4.80元

矿井水文学

〔美〕R.E.威廉斯等著　孙茂远　李英贤译　大32开　256页　4.10元

矿区复土中的矿山测量

〔苏〕И.И.波波夫　А.Ф.聂姆金著　王金庄　单礼明译　32开180页　2.50元

2. 矿建设

井内吊挂凿井

曾小泉　王保国编著　32开　146页　2.10元

煤炭工业五项设计编制内容（试行）

32开　380页　4.80元

煤矿建设招标与监理

张检身　崔增祁　阎保昌　宋啸锐编　16开　208页　5.60元

煤矿地面建筑

——中国煤炭学会煤矿建筑工程专业委员会第一届学术会议论文集

中国煤炭学会煤矿建筑工程专业委员会编　16开　288页　7.50元

3. 采　煤

地　下　开　采

高档普采工艺与设备

江光宏编　大32开　276页　4.50元

高沼气易燃煤层无煤柱开采

任德惠　丁焜主编　大32开　288页　4.90元

网状顶梁支护技术

刘福海编著　32开　122页　2.20元

通风　排水　压气设备（小煤矿技术丛书）

王墨林　齐显阳编　大32开　186页　3.25元

矿井通风网络分析及电算方法

谭国平　张建国　张凌波编著　16开　224页　5.90元

安　全　技　术

矿山爆破技术与安全
杨永琦编著　大32开　392页　6.20元

孙村煤矿综合防尘经验
王俊治　张文华　刘洪军编　32开　192页　2.90元

煤矿顶板事故的防治
毕华照　宋振骐　乔福祥等编著　32开　532页　6.95元

煤矿安全系统工程（煤矿安全技术培训教材）
张秉义　刘素兰编著　32开　216页　3.60元

煤矿电气基础〔煤矿安全技术培训丛书（六）〕
肖志宽　韩连明　杨家延编　大32开　488页　7.65元

百米岩层下的搏斗〔煤矿安全科普系列画册（二）〕
那守范文　薄惠明画　40开　188页　2.95元

无形的战线〔煤矿安全科普系列画册（三）〕
那守范主编　周玉胜文　郑瑞章画　40开　144页　2.45元

电老虎驯服记〔煤矿安全科普系列画册（四）〕
那守范主编　阎国志　范世义文　汪继文画　40开　144页　2.45元

车轮下的险情〔煤矿安全科普系列画册（五）〕
那守范主编　张济村　阎国志文　薄惠明画　40开　128页　2.25元

采掘·支护·通风〔国外煤矿安全漫画集（一）〕
佟恩瑞　李鸿业编　48开　152页　2.95元

运输·电气〔国外煤矿安全漫画集（二）〕
佟恩瑞　李鸿业编　48开　144页　2.85元

地面作业〔国外煤矿安全漫画集（三）〕
佟恩瑞　李鸿业编　48开　108页　2.30元

露　天　开　采

露天矿连续和半连续开采工艺
彭世济　张达贤　习永峰编著　16开　200页　5.30元

4. 机　　电

煤电钻电子式综合保护（修订本）
杨运富编　32开　272页　3.70元

带式输送机的传动理论与设计计算
孙可文著　大32开　296页　4.70元

矿井排水装置运行与选择设计
白铭声编著　大32开　202页　2.90元

煤矿机电事故分析与预防（内部发行）
李纪　池凤山等编著　16开　344页　8.90元

空气压缩机司机（矿山机电工培训技术问答丛书）
陈正科　薛绍淇　孙云川编　16开　138页　3.75元

多种气体检定器（煤矿安全仪器仪表丛书）
祝运武　李德洪编著　32开　124页　1.90元

本质安全型设备及电路
〔英〕J.R.贺尔编著　郁继裳等译　大32开　472页　6.50元

机械优化设计基础
张九明编著　32开　256页　3.40元

液压控制系统的分析与设计
卢长耿　李金良编　16开　440页　11.30元

微机原理及MCS-51单片机应用
顾淑平主编　大32开　584页　9.20元

换热器实用技术问题
覃　耘　张士科等编译　32开　412页　5.40元

5. 煤炭加工利用

选煤过程工艺参数自动测控技术
任清晨等编著　32开　212页　3.05元

6. 企　业　管　理

煤炭工业企业管理（修订本）
李定江主编　大32开　432页　6.85元

煤炭工业企业管理知识问答
中国煤炭工业企业管理协会编　32开　160页　3.00元

怎样当好煤矿区队长
杨崇阳　郭中海　那守范编著　32开　162页　2.30元

煤矿班组建设
李士翘主编　32开　164页　2.70元

国营企业开发新技术新产品财务政策汇编（内部使用）
财政部工业交通财务司编　32开　504页　5.00元

煤炭工业内部审计
韦忠方　谭耀芳　黄存琮等编著　32开　344页　5.90元

煤炭企业内部银行管理
中国统配煤矿总公司财务局组织编写　32开　164页　2.40元

全国煤炭基建施工企业首届会计知识大赛习题
中国统配煤矿总公司财务局组织编写　32开　124页　1.85元

煤炭工业企业会计核算办法／成本管理办法
本书编委会编　大32开　460页　7.60元

煤炭工业企业会计核算办法／成本管理办法（讲解提纲）
朱登山编　大32开　368页　5.70元

煤炭企业全面经济核算与管理
王百传编　32开　184页　2.65元

中外合资经营企业会计习题集
林维和编　32开　82页　1.50元

煤炭合理供应
韩春田编著　大32开　472页　6.95元

煤炭商品流通
韩春田编著　大32开　472页　6.95元

煤矿机械企业物资管理

中国煤矿机械装备公司编　16开　380页　25.00元（精装）　20.00元（平装）

劳动计划与统计（煤炭工业企业劳动工资管理丛书）

邓云骐　旷时麟编著　32开　300页　3.90元

安全系统工程基础与实践

沈斐敏主编　16开　260页　6.80元

生产经营与管理重大事故案——以案说法

倪成生　李文超　编　32开　224页　3.45元

7. 工　具　书

中国煤炭工业年鉴（1991）

《中国煤炭工业年鉴》编审委员会编　16开　264页　29.50元（精装）

CHINA COAL INDUSTRY YEARBOOK(1990)（**中国煤炭工业年鉴**）

《中国煤炭工业年鉴》编委会编　16开　140页（精装）

煤矿测量手册　上册（修订本）

中国统配煤矿总公司生产局组织修订　16开　556页　16.90元（精装）

煤矿测量手册　下册（修订本）

中国统配煤矿总公司生产局组织修订　16开　524页　16.10元(精装)

矿区及建筑基坑疏干手册

〔苏〕И.К.斯坦琴科主编　胡丹九译　32开　468页　6.00元

爆破术语手册

〔日〕木村真著　王中黔　刘殿中译　32开　284页　4.95元

煤矿总工程师工作指南（下）

《煤矿总工程师工作指南》编委会编　16开　608页　19.00元(精装)　16.30元(平装)

煤矿安全手册　第一篇　矿井通风与空调

黄元平等编著　16开　376页　9.70元

煤矿安全手册　第四篇　矿井防灭火

戚颖敏等编著　16开　232页　6.15元

煤矿安全手册　第十二篇　矿山救护

第十三篇　工业卫生及劳动保护

林学良等编著　16开　236页　10.80元

地方煤矿矿用设备图册

中国地方煤矿公司编　16开　476页　80.00元（精装）

煤矿机械常用技术标准手册

《煤矿机械常用技术标准手册》编委会编　16开　1224页　上下册　41.00元

煤矿机电产品目录　第二册　煤矿电器电控通讯信号设备

中国统配煤矿总公司编　16开　220页　8.45元

煤矿机电产品目录　第三册　煤炭洗选设备

第四册　矿井专用设备

中国统配煤矿总公司编　16开　164页　6.60元

系统工程应用手册——原理·方法·模型·程序

徐一飞　周斯富主编　16开　664页　18.00元

中国煤炭工业企事业单位名录

煤炭工业出版社总编室编　16开　232页　10.50元（精装）

日野汽车技术性能及检修综合手册

韩郁珊编著　16开　274页　7.70元

8. 规　　程

煤田地质勘探企业标准　技术标准　管理标准　工作标准

黄正己主编　16开　612页　25.00元（平装）　30.00元（精装）

煤炭工业工程勘察设计图纸编号（限国内发行）

北京煤炭设计研究院等编　32开　104页　1.55元

生产矿井质量标准化标准（修订本）

中国统配煤矿总公司制定　32开　372页　4.50元

矿井通风质量标准及检查评定办法（修订）

矿井综合防尘标准及检查评定办法（试行）

中国统配煤矿总公司制定　32开　56页　1.10元

选煤厂安全规程

中国统配煤矿总公司制定　64开　124页　1.10元

选煤厂机电设备完好标准

中国统配煤矿总公司制定　64开　112页　1.35元

9. 教　　材

高等学校教学用书

矿井地质学

龙荣生编　16开　272页　4.45元

地籍测量与土地管理

张凤举　邹友峰　王大武　李明秋编　16开　256页　4.15元

煤田测井资料数字处理

刘家瑾　陆国纯编　16开　216页　3.55元

测量误差检验与数据处理

姚应生等编　16开　322页　5.20元

井巷工程（修订二版）

中国矿业大学等编　16开　276页　4.50元

井巷特殊施工

翁家杰主编　16开　288页　4.65元

锚喷工程质量管理

周文安　王明远等著　16开　80页　1.40元

矿山压力及其控制（修订本）

钱鸣高　刘听成主编　16开　344页　5.55元

矿山电工学

赖昌平等编　16开　376页　6.10元

电磁场

田一涵编　16开　238页　3.90元

流体力学与流体机械

孙尚勇主编　16开　304页　4.95元

广义优化设计
高荣编著 16开 408页 6.55元
浮游选煤与选矿
蔡 璋编 16开 276页 4.50元
筛分破碎及脱水设备
张恩广主编 16开 364页 5.90元
选煤厂微机信息管理
冯绍灌 李梨栗 任志波编 16开 256页 4.15元
物资仓储管理学
马惠珍 李明恒编 16开 164页 2.75元
系统可靠性理论及应用
郭庆余 王岩编著 16开 356页 5.75元

高等学校教学参考书

构造控煤概论
黄克兴 夏玉成编著 16开 244页 3.95元
露天矿高边坡工程
何满潮著 16开 170页 2.80元
煤矿电气设备故障分析及处理
许主平 龙国凤编 16开 120页 2.00元

中等专业学校教学用书

岩石学
方少木 蔚永宁编 16开 320页 4.85元
矿山流体机械
汪德成编 16开 280页 4.20元
电子技术基础
许经鸾 秦守信编 16开 248页 3.75元
矿井通风安全仪器及监测系统
钱德群编 16开 260页 4.15元
非金属材料
高婉言 魏淑敏编 16开 296页 4.45元

煤矿技工学校试用教材

矿井水文地质
魏可忠主编 16开 160页 3.70元
采煤概论
白国杰编 16开 190页 4.45元
综采机械概论
鲁 雁著 16开 136页 3.30元
煤矿机械检修工艺学
李启明编 16开 536页 12.00元
机械基础
杨永和 阎景财主编 16开 276页 6.25元

10．科学普及读物

1992年煤炭科普台历
梅绳宗等编 64开 750页 3.30元
大学英语四级强化训练及详解
刘勇等编著 32开 272页 3.70元
青少年及儿童眼睛的保护（人体五官保健知识丛书）
王光璐主编 32开 64页 1.15元
中老年眼病的防治（人体五官保健知识丛书）
北京同仁医院 王光璐主编 32开 84页 1.40元
耳鼻咽喉常见病及其防治（人体五官保健知识丛书）
冷同嘉主编 32开 128页 1.90元
全国煤炭系统中小学生书法大赛作品集
《全国煤炭系统中小学生书法大赛作品集》编审委员会编 16开 100页 5.70元

11．综 合

100推技术资料汇编
《100推技术资料汇编》编委会编 16开 296页 46.00元
依靠科学技术进步提高经济效益成果集
中国煤炭工业企业管理协会组织编写 16开 448页 14.00元
走上振兴之路——高扬文论中国煤炭工业
《高扬文论中国煤炭工业》编辑组编 大32开 1260页 共两册25.00元
中国统配煤矿总公司 煤炭科技工作会议文集
煤炭工业技术咨询委员会编 16开 420页 11.30元
让青春在煤海中闪光
中国统配煤矿总公司优秀青年知识分子表彰大会文件资料汇编
中国统配煤矿总公司干部局编 32开 256页 3.45元
改革·实干·进取 攀登财会高峰
全国煤炭财务工作经验交流暨表彰会文件汇编
全国煤炭财务工作经验交流暨表彰会秘书处编 32开 324页 5.50元
煤炭企业文化建设（行业·企业文化丛书）
侯定和主编 大32开 408页 5.50元
山西煤炭工业志
《山西煤炭工业志》编委会编 16开 744页 58.50元（精装）
石圪节精神永放光芒
——学习石圪节文件资料选编（第二辑）
马德庆主编 32开 372页 5.20元
主人与公仆——刘庄煤矿事迹汇编
黄鸿文选编 32开 120页 1.55元
燃烧自己——来自铁道游击队故乡的报告
汪 宏著 32开 260页 4.20元

煤炭专业刊物及主要论文题录

《世界煤炭技术》(月刊)

国内发行　北京报刊发行局　代号2-836
国外发行　中国国际书店（北京2820信箱）
　　代号M332
国内统一刊号　CN11-2384
国际标准连续出版物号　ISSN0257-4896
编辑部地址　北京市和平里北街21号
邮政编码　100713

美国煤层气开发技术
张新民　1991年　№1，p.4～8
苏联露天煤矿发展概况
张敏媛　1991年，№1，p.10～14
闸流管控制的矿井提升机对电网的影响——交直流驱动的对比
俞鹏飞　1991年，№1，p.27～30
对我国发展放顶煤采煤法的一些看法
王祥麟　1991年，№2，p.1～13
全氟乙烯净化煤工艺技术
马治邦　1991年，№2，p.42～43
煤炭使用带来的环境公害的研究
谈鸣时等　1991年，№3，p.11～14
正冻土热-质传播
翁家杰等　1991年，№3，p.26～29
徐州矿务局使用刨煤机经验与改进方向
陈引亮　1991年，№4，p.1～5
对"三天轮提升系统"的分析
岳文选等　1991年，№4，p.24～27
德国煤炭加工利用研究现状
叶显彬　1991年，№5，p.14～16
钢绳强度典型计算方法剖析
岳文选　1991年，№5，p.16～20
采矿沉陷的现代理论
沈光寒等　1991年，№6，p.1～7
矿井水处理的新方法
欧阳光意　1991年，№6，p.38～39
试论提高煤炭企业经济效益的主要途径
黄国民等　1991年，№7，p.3～6
中国水力采煤技术的发展与展望
朱永德　1991年，№7，p.6～9
当前世界煤炭工业的十大特征
张大艺　1991年，№7，p.10～14
我国煤矿瓦斯的抽放和利用问题的探讨
陈静江　1991年，№8，p.10～12
国际煤炭分类的新动向
陈鹏　1991年，№8，p.34～37
波兰生产矿井提升机技术改造
张兆琏等　1991年，№8，p.38～41
含水砂层井壁后注浆新工艺
曾荣秀等　1991年，№9，p.3～6
综采放顶煤开采工艺系统的可靠性
魏方图等　1991年，№9，p.31～35
具有光纤数据通道的微机局域网
王耀才等　1991年，№9，p.42～43
论提高综采放顶煤工作面系统可靠性和工时利用率
黄永刚　1991年，№10，p.3～6
单段巴达克跳汰机的选用与评价
耿赛男　1991年，№10，p.7～15
国外厚煤层放顶煤开采综述
赵炳利　1991年，№11，p.13～16
对边坡三维计算方法的评价
王家臣　1991年，№11，p.36～38
煤炭生物加工技术的进展
陈鹏　1991年，№12，p.3～5
露天矿双能源汽车的应用效果
罗德权　1991年，№12，p.14～16

《当代矿工》(双月刊)

国内总发行　《当代矿工》编辑部
国内统一刊号　CN11-2762/C
国际标准连续出版物号　ISSN1002-8897
广告经营许可证　京东工商广字097号
编辑部通讯地址　北京市和平里北街21号
邮政编码　100713
编辑部地址　北京和平里北街七区十号楼226房间
电　　话　4219994-226

弘扬企业集团优势，加快东北煤炭工业发展
东北内蒙古煤炭工业联合公司政研室　1991年，№1，p.3～5
煤炭地下气化
张大芒　1991年，№1，p.9
预防煤尘爆炸
吴筠和　1991年，№1，p.25

当代矿工的风采
卞书田等　1991年，№1，p.31～34
巩固“七五”成果，开创安全生产新局面
陈邦文　1991年，№2，p.23
狠抓基础工作，实现持续安全生产
单金海　1991年，№2，p.24～26
弘扬石圪节精神，加强“三项”建设
李士翘　1991年，№2，p.30～31
铜川古代煤炭的开采和利用
黄卫平　1991年，№2，p.37～38
快速、优质、高效是怎样取得的
周玉峰　1991年，№3，p.5
漫话煤质活性炭
丁　焜等　1991年，№3，p.8
谈谈企业升级
邝　山　1991年，№3，p.22～23
旧时煤炭商店楹联拾零
春　宇　1991年，№3，p.34
中国共产党领导的安源煤矿工人运动
薛世孝　1991年，№3，p.35
真空技术及其在煤矿的应用
赖应得　1991年，№4，p.9-11
煤电联营
卫成福　1991年，№4，p.13～14
新汶矿务局坚持技术改造煤炭生产持续稳定协调发展
刘天惠　1991年，№4，p.2～3
从困境中崛起的肥城矿务局
傅崇才　1991年，№5，p.8
漩流中的壮歌
蒋其明　1991年，№5，p.34～35
考察美国煤矿随感
崔增祁　1991年，№5，p.44
正确认识安全生产主客观隐患的辩证关系
何碧强　1991年，№6，p.24
走向社会天地宽
周玉峰　1991年，№6，p.31
创造世界惟我劳工
潘一鸣　1991年，№6，p.37～38
情溶黑土地
刘广文　1991年，№6，p.44

《中国地方煤矿》(月刊)

国内统一刊号　CN11-2811
国际标准连续出版物号　ISSN1003-1065
广告经营许可证　京东工商广字097号
编辑部地址　北京市和平里北街21号
邮政编码　100713
电　　话　4217766-24401

全省各行各业都要支持地方煤炭工业发展
邵奇惠　1991年，№1，p.3～4
焦作市政府扶植地方国营煤矿
1991年，№1，p.15
落实政策　提高两效　安排好“八五”头一年的工作
韩宗顺　1991年，№2，p.2～5
落实政策　加强管理　促进乡镇煤矿健康发展
钱胜堂等　1991年，№2，p.36
狠抓质量标准化建设　推动企业全面发展
皖北矿务局　1991年，№3，p.13～14
加快我省膨润土开发与利用
赵家治　1991年，№3，p.21
吉林省制定支持地煤发展的具体政策
本刊编辑部　1991年，№4，p.6～7
贾庄镇实现矿矿达标
朱琪明　1991年，№4，p.31
自我积累是乡镇煤矿发展的重要途径
北京地方煤矿公司　1991年，№5，p.9
急倾斜不稳定煤层无支护采煤工艺实践
薛尚志　1991年，№5，p.38～39
强化产运销一体化管理　促进煤炭生产持续稳定协调发展
新疆煤炭工业厅　1991年，№6，p.6～7
坚持制度抓安全，乡镇煤矿事故也可避免
张玉琪　1991年，№6，p.40
发展多种经营　企业效益后劲增强
李官富　1991年，№7，p.27～28
发挥地方政府作用　抓好地方煤矿整顿
韩宇峰　1991年，№7，p.45
面对煤炭市场疲软　采取积极有效对策
姜义发　1991年，№8，p.6～8
发挥行业归口管理作用　提高自我发展能力
杜　浦等　1991年，№8，p.17～19
持之以恒抓安全　23年无死亡事故
陈德玉　1991年，№9，p.29
艰苦奋斗　五千万元建成45万吨矿井　拚搏进取　当年试产达产　利税超千万
单家村煤矿　1991年，№9，p.42～43
谈地方煤矿的技改问题
王　仪　1991年，№10，p.7
涟源市动员各方面力量整顿非法小煤矿
颜俊峰等　1991年，№10，p.40
实施以煤富县战略　发展地方煤炭工业
王　斌　1991年，№11，p.38～39
煤魂赞——记单家村煤矿党委书记兼矿长秦裕彦
刘汝新　1991年，№11，p.47～48
巩固成绩　克服困难　依靠群众搞好煤矿安全生产
韩宗顺　1991年，№12，p.2～4
另辟蹊径　稳定职工队伍
1991年，№12，p.9～10

设计、科研、情报、教育和医疗卫生简介

煤 矿 设 计

煤 矿 设 计 院 基 本 情 况

名　　称	有职称的工程技术人员	隶 属 关 系	地址及邮政编码
北京煤炭设计研究院	519	中国统配煤矿总公司	北京市德外后九条 100011
邯郸煤炭设计研究院 中邯设计工程公司	453	中国统配煤矿总公司	河北省邯郸市丛台东路 056031
石家庄煤炭设计研究院 中石设计工程公司	269	中国统配煤矿总公司河北省煤炭工业厅（公司）	河北省石家庄市石邑路 050051
太原煤炭设计研究院 太原设计工程公司	380	中国统配煤矿总公司山西省煤炭工业厅（公司）	山西省太原市青年路 230001
东北内蒙古煤炭工业联合公司沈阳煤炭设计院 中沈设计工程公司	882	东北内蒙古煤炭工业联合公司	辽宁省沈阳市沈河区长春街一段集贤里 110015
东北内蒙古煤炭工业联合公司长春煤炭设计院	133	东北内蒙古煤炭工业联合公司	吉林省长春市 130012
东北内蒙古煤炭工业联合公司哈尔滨煤炭设计院	113	东北内蒙古煤炭工业联合公司	黑龙江省哈尔滨市 150001
杭州煤炭设计研究院 中杭设计工程公司	126	中国统配煤矿总公司	浙江省杭州市省府路 310007
合肥煤炭设计研究院 中合设计工程公司	428	中国统配煤矿总公司	安徽省合肥市阜阳北路 230041
兖州煤炭设计研究院 兖州设计工程公司	582	中国统配煤矿总公司	山东省邹县 273500
选煤设计研究院 中平设计工程公司	451	中国统配煤矿总公司	河南省平顶山市 467000
武汉煤炭设计研究院 中汉设计工程公司	519	中国统配煤矿总公司	湖北武汉市武昌中南路口 430070
重庆煤炭设计研究院 中庆设计工程公司	497	中国统配煤矿总公司	四川重庆市大坪马家堡 630042
西安煤炭设计研究院	696	中国统配煤矿总公司	陕西西安市和平门外雁塔路 710054

注：本栏目有关数字为1990年的指标。

续表

名　　称	有职称的工程技术人员	隶属关系	地址及邮政编码
中安设计工程公司			
济南煤炭设计研究院	204	中国统配煤矿总公司山东煤炭工业管理局（公司）	山东省济南市堤口路　250031
中济设计工程公司			
北京煤炭设计研究院常州设计研究所	180	北京煤炭设计研究院	江苏省常州市花园新村
云南省煤矿设计院		云南煤炭工业厅（公司）	云南省昆明市白塔路　650011
内蒙古自治区煤矿设计院	170	内蒙古自治区煤炭工业厅	内蒙古呼和浩特市中山东路15号　010010
江苏省煤矿设计院	307	江苏省煤炭工业总公司	江苏省徐州市西关　221006
江苏煤炭工程公司			
福建省煤炭工业设计院	125	福建省煤炭工业总公司	福建省福州市五一中路36号　350004
江西省煤矿设计院	113	江西省煤炭工业厅（公司）	江西省南昌市四交路157号　330029
河南省煤矿设计研究院	229	河南省煤炭工业厅（公司）	河南省郑州市中原路　450007
河南省煤矿设计工程承包公司			
湖南省煤炭工业设计院	184	湖南省煤炭工业厅（公司）	湖南省长沙市新军路162号　410011
中湘设计工程公司			
广东省重工业设计院	186	广东省煤炭工业总公司	广东省广州市越华路116号　510034
广西煤矿设计院	135	广西壮族自治区煤炭工业厅	广西南宁市古城路爱国街　530022
贵州省煤矿设计研究院	145	贵州省煤炭工业厅（公司）	贵州省贵阳市　550006
兰州煤矿设计研究院	243	甘肃省煤炭工业总公司（公司）	甘肃省兰州市天水路155号　730000
中兰设计工程承包公司			
青海省矿山勘察设计院		青海省重工业厅	青海省西宁市五四大街51号　810001
宁夏煤矿设计院	102	宁夏回族自治区煤炭工业厅	宁夏银川市　750021
新疆维吾尔自治区煤矿设计院	160	新疆维吾尔自治区煤炭工业厅（公司）	新疆乌鲁木齐市老满城　830000

煤矿设计院设计任务完成情况

序号	项　　目	计　算　单　位	1990年设计任务完成情况		
			全　国　总　计	公司属设计院	省（区）属设计院
1	矿区总体设计	项 (10^4t能力/年)	1 1075		1 1075
2	矿井设计	项 (10^4t能力/年)	46 7435	30 6404	16 1031
3	选煤厂设计	项 (10^4t能力/年)	24 5085	21 4770	3 315
4	矿区辅助附属企业单项工程	项	113	91	22
5	可行性研究	项	34	25	9

续表

序号	项目	计算单位	1990年设计任务完成情况		
			全国总计	公司属设计院	省（区）属设计院
6	通用设计	项	43	30	13
7	技术研究	项	76	47	29
8	各专业的业务建设	项	81	46	35
9	各项工程施工图	综合项数	7406	5038	2368
		施工图张数	241069	184936	56133
		图纸利用率	43.85	43.89	42
10	工时利用率	出勤率	95.59	95.77	95.4
		作业率	75.66	82.81	68.5
11	设计院年末人员情况	人	12345	8893	3452
		其中：工程技术人	8628	6252	2376
		员占总人数的比例	69.89%	70.3%	68.83%

煤炭工业标准（通用）设计项目

序号	项目名称	编制单位	批准文号	批准日期
1	立井多绳提煤箕斗	沈阳煤矿设计院	能源技〔1990〕950号	1990.10.26
2	提升容器钢丝绳悬挂装置	沈阳煤矿设计院	能源技〔1990〕950号	1990.10.26
3	立井箕斗计量装载设备	沈阳煤矿设计院	能源技〔1990〕950号	1990.10.26
4	电动翻车机	沈阳煤矿设计院	能源技〔1990〕950号	1990.10.26
5	装罐推车机	沈阳煤矿设计院	能源技〔1990〕950号	1990.10.26
6	立井罐笼用摇台	沈阳煤矿设计院	能源技〔1990〕950号	1990.10.26

煤炭科学研究

煤炭科学研究机构基本情况

机构名称	主要研究专业	地址及邮政编码
煤炭科学研究总院北京开采研究所	矿山压力，“三下”采煤、矿井支护	北京市和平里青年沟路　100013
煤炭科学研究总院北京建井研究所	特别凿井法、井巷掘进及支护	北京市和平里青年沟路　100013
煤炭科学研究总院北京煤化学研究所	煤质、炼焦、煤炭气化、煤炭液化	北京市和平里青年沟路　100013
煤炭科学研究总院经济研究所	煤炭工业经济理论、经济政策和方针、煤炭工业经济管理、技术政策	北京市和平里青年沟路　100013

续表

机　构　名　称	主要研究专业	址地及邮政编码
煤炭科学研究总院计算机应用研究中心	电子计算机在煤炭工业的应用、科研计算、试验数据处理、煤炭工业管理	北京市和平里青年沟路　100013
煤炭科学研究总院唐山分院	选煤、水力采煤、矿山测量、“三下”采煤	河北省唐山市新华西路　063000
煤炭科学研究总院抚顺分院	矿井瓦斯防治、矿井火灾防治、露天开采	辽宁省抚顺市望花区北镇街5段　113001
煤炭科学研究总院太原分院	采掘机械、运输设备、液压支架	山西省太原市三营盘　030006
煤炭科学研究总院上海分院	采掘机械、煤矿电气设备	上海市肇嘉浜路1065号　200030
煤炭科学研究总院西安分院	煤田及矿井地质、水文地质、物探、钻探	陕西省西安市和平门外雁塔路北段44号　710054
煤炭科学研究总院重庆分院	防治煤与瓦斯突出、防治煤尘爆炸、防尘	四川省重庆市沙坪坝区上桥　630037
煤炭科学研究总院爆破技术研究所	爆破器材、爆破方法	安徽省淮北市相山区东山路　235039
煤炭科学研究总院常州自动化研究所	矿井自动化、矿井通讯	江苏省常州市清潭新村木梳路1号　213015
煤炭科学研究总院常州科研试制中心	研制科研样机、制造科研试验设备、小批生产科研新产品	江苏省常州市新市路180号　213002
煤炭科学研究总院南京研究所	普通凿井技术	江苏省南京市北京西路15—1号　210024
煤炭科学研究总院杭州研究所	煤矿环境保护	浙江省萧山市西河路208号　311200
煤炭科学研究总院合肥研究所		安徽省合肥市宣城路19号　230001

煤炭科技情报

煤炭工业情报网站

情报站名称	站长单位	地址及邮政编码
一、煤炭工业设计情报中心站	北京煤炭设计研究院	北京市德外后九条　100011
1.采矿专业站	西安煤炭设计研究院	陕西省西安市和平门外雁塔路76号　710054
2.机电专业站	邯郸煤矿设计研究院	河北省邯郸市丛台东路　056031
3.机制专业站	湖北煤矿设计研究院	湖北省武汉市昌中南路　430070
4.土建专业站	重庆煤矿设计研究院	四川省重庆市大坪马家堡179号　630042

续表

情报站名称	站长单位	地址及邮政编码
5.选煤专业站	平顶山选煤设计院	河南省平顶山市矿工路 467000
6.水暖专业站	兖州煤矿设计研究院	山东省邹县 273500
7.总图运输专业站	东北内蒙古煤炭工业联合公司沈阳煤矿设计院	辽宁省沈阳市沈河区长青街一段集贤里12号 110015
8.煤矿设备专业站	东北内蒙古煤炭工业联合公司沈阳煤矿设计院	辽宁省沈阳市沈河区长青街一段集贤里12号 110015
9.勘测专业站	太原煤矿设计研究院	山西省太原市青年路东陵里5号 030001
10.环保专业站	江苏煤矿设计院	江苏省徐州市淮海西路241号 221006
11.技术经济专业站	北京煤矿设计研究院	北京市德外后九条 100011
12.华北地区站	邯郸煤矿设计研究院	河北省邯郸市丛台东路 056031
13.中南地区站	武汉煤矿设计研究院	湖北省武汉市武昌中南路 430070
14.西北地区站	西安煤矿设计研究院	陕西省西安市和平门外雁塔路76号 710054
15.西南地区站	重庆煤矿设计研究院	四川省重庆市大坪马家堡179号 630042
16.东北地区站	东北内蒙古煤炭工业联合公司沈阳煤矿设计院	辽宁省沈阳市沈河区长青街一段集贤里12号 110015
17.华东地区站	兖州煤矿设计研究院	山东省邹县 273500
二、煤炭工业采掘机械化情报中心站	煤炭科学研究总院上海分院	上海市肇嘉浜路1065号 200030
1.综合机械化分站	煤炭科学研究总院上海分院	上海市肇嘉浜路1065号 200030
2.高档普采机械化分站	山东矿业学院	山东省泰安市 271019
3.掘进机械化分站	煤炭科学研究总院太原分院	山西省太原市并州南路34号 030006
4.设备分站	东北内蒙古煤炭工业联合公司沈阳煤炭科学研究所	辽宁省沈阳市朝阳大街三段240号 110011
三、煤炭工业安全情报中心站	煤炭科学研究总院抚顺分院	辽宁省抚顺市望花区北镇街 113001
1.煤矿安全粉尘分站	煤炭科学研究总院重庆分院	四川省重庆沙坪坝区上桥 630037
2.矿山救护分站	平顶山矿务局救护大队	河南省平顶山市程平路中段 467000
3.煤矿安全仪器仪表分站	抚顺煤矿安全仪器厂	辽宁省抚顺市新城路39号 113006
4.瓦斯安全分站	煤炭科学研究总院抚顺分院瓦斯安全研究所	辽宁省抚顺市望花区北镇街 113001
5.通风防灭火分站	煤炭科学研究总院抚顺分院通风救护安全研究所	辽宁省抚顺市望花区北镇街 113001
四、煤炭工业矿山压力情报中心站	中国矿业大学	江苏省徐州市南郊翟山 221008
1.单体支柱分站	山东矿业学院	山东省泰安市 271019
2.井巷地压分站	西安矿业学院	陕西省西安市雁塔路14号 710054
3.综采矿压分站	煤炭科学研究总院北京开采研究所	北京市东城区和平里青年沟路 100013
4.冲击地压分站	煤炭科学研究总院北京开采研究所	北京市东城区和平里青年沟路 100013
5.软岩支护分站	东北内蒙古煤炭工业联合公司长春煤炭科学研究所	吉林省长春市朝阳区卫星路26号 130012
6.矿压仪表分站	西安煤矿仪表厂	陕西省西安市北关建强路18号 710015
7.矿山支护与设备分站	北京煤矿机械厂	北京市房山区 102400
五、煤炭工业矿井建设情报中心站	煤炭科学研究总院北京建井研究所	北京市东城区和平里青年沟 100013

情报站名称	站长单位	地址及邮政编码
钻井分站	两淮煤矿特凿公司	安徽省淮北市相山 235001
六、煤炭工业锚喷支护情报中心站	煤炭科学研究总院南京研究所	江苏省南京市北京西路15—1号 210024
七、煤炭工业矿山测量情报中心站	煤炭科学研究总院唐山分院	河北省唐山市新华西道 063012
八、煤炭工业露天矿情报中心站	煤炭科学研究总院抚顺分院露天研究所	辽宁省抚顺市望花区北街 113001
九、煤炭工业地面建筑情报中心站	中国统配煤矿总公司建安公司科学研究所	河北省邯郸市丛台路56号 056002
十、煤炭工业选煤情报中心站	煤炭科学研究院唐山分院	河北省唐山市新华西道 063012
1.东北地区站	东北内蒙古煤炭工业联合公司生产部选煤处	吉林省长春市朝阳区延安大街13号 130012
2.华北西北地区站	中国统配煤矿总公司山西公司选煤处	山西省太原市并州路39号 030012
3.华东中南地区站	中国统配煤矿总公司江苏省煤炭运销公司	江苏省南京市北京西路15—1号 210024
4.西南地区站	中国统配煤矿总公司四川公司加工利用处	四川省成都市人民东路 610013
十一、煤炭工业自动化情报中心站	煤炭科学研究总院常州自动化研究所	江苏省常州市清潭木梳路1号 013015
1.固定设备分站	江西省煤炭科学研究所	江西省南昌市北京东路3号 330029
2.运输机分站	河北省煤炭科学研究所	河北省邢台市郭守敬大街23号 054000
十二、煤炭工业机械制造情报中心站	北京煤矿机械厂	北京市房山区 102400
1.铸造工艺分站	淮南煤矿机械厂	安徽省淮南市蔡家岗 232058
2.铆焊工艺分站	郑州煤矿机械厂	河南省郑州市华山路105号 450007
3.锻造工艺分站	张家口煤矿机械厂	河北省张家口市工业路6号 075025
4.电解加工工艺分站	张家口煤矿机械厂	河北省张家口市工业路6号 075025
5.热处理工艺分站	石家庄煤矿机械厂	河北省石家庄市跃进路11号 050031
6.冷加工工艺分站	西安煤矿机械厂	陕西省西安市东北效北东路列家堡 710032
7.矿灯工艺分站	抚顺矿灯厂	辽宁省抚顺市新城路6号 113006
8.机电工艺分站	抚顺煤矿电机厂	辽宁省抚顺市青年路23号 113008
9.电器工艺分站	上海矿用电器厂	上海市柳营路1001号 200072
10.产品设备分站	哈尔滨煤矿机械研究所	黑龙江省哈尔滨市香坊区新香坊 150038
十三、煤炭工业高压水射流情报中心站	江苏省煤矿研究所	江苏省徐州市淮河路241号 221006
十四、煤炭工业地方煤矿情报中心站	广东省煤炭工业研究所	广东省广州市北路7号 510400
东北分站	辽宁省煤炭工业管理局	辽宁省沈阳市沈河区先农坛路13号 110015
十五、煤炭工业医疗情报中心站	华北煤炭医学院	河北省唐山市 063000
1.华东分站	淮南矿务局第二矿工医院	安徽省淮南市蔡家岗 232052
2.中南分站	焦作矿务局职工医院	河南省焦作市健康街 454150
3.西北分站	铜川矿务局中心医院	陕西省铜川市川口路 727000
4.东北分站	抚顺矿务局总医院	辽宁省抚顺市中央大街8号 113008

续表

情报站名称	站长单位	地址及邮政编码
5.华北分站	峰峰矿务局第一医院	河北省邯郸市峰峰矿区 056200
6.西南分站	水城矿务局中心医院	贵州省六盘水市 553009
十六、煤炭综合利用情报中心站	煤炭科学研究总院杭州环境保护研究所	浙江省杭州市板桥路11号 310006
煤矸石南方分站	煤炭科学研究总院重庆分院	四川省重庆市沙坪坝区上桥 630037
十七、煤炭高等教育情报中心站	阜新矿业学院	辽宁省阜新东门外 123000
十八、煤炭工业西北地区情报中心站	石嘴山矿务局科研所	宁夏回族自治区石嘴山市 753200
1.陕西分站	韩城矿务局	陕西省韩城市 715400
2.宁夏分站	宁夏煤矿设计院	宁夏回族自治区银川市新市区朔方路 750021
3.甘肃分站	兰州煤矿设计院	甘肃省兰州市天水路219号 730000
4.青海分站	大通矿务局	青海省大通县桥头镇矿山东路170号 810101
5.新疆分站	乌鲁木齐矿务局	新疆维吾尔自治区乌鲁木齐市东山区 830027
十九、煤炭工业环境保护情报中心站	煤炭科学研究总院环境保护研究所	浙江省萧山市西河路208号 311200
二十、煤炭经济情报中心站	中国煤炭经济学院	山东省烟台市东郊清泉寨 264005
二十一、煤炭工业专利情报中心站	煤炭工业专利事务中心	北京市和平里北街21号 100713

煤炭工业教育

1990年度部属高等学校基本情况

单位：人

学校名称	地址及邮政编码	毕业生		招生		在校生		教职工				专业名称
		研究生	大学生	研究生	大学生	研究生	大学生	总数	教授	副教授	讲师	
合计		388	8947	399	8840	1062	31145	17798	167	1246	2075	
中国矿业大学	江苏省徐州市 221008	241	1497	259	1455	676	4921	3768	53	316	396	采矿工程、矿山通风与安全、铁道运输、露天开采、矿井建设、工业与民用建筑、建筑学、室内设计、供热通风与空调、机械制造工艺与设备、金属材料及热处理、工业电气自动化、计算机及应用、电力系统及自动

学校名称	地址及邮政编码	毕业生		招生		在校生		教职工				专业名称
		研究生	大学生	研究生	大学生	研究生	大学生	总数	教授	副教授	讲师	
												化、通信工程、电气技术、煤田地质勘查、水文地质及工程地质、探矿工程、选矿工程、煤化工、环境工程、矿业机械、机械设计及制造、电厂热能动力工程、思想政治教育、工业管理工程、会计学、物资管理工程、国际贸易、经济法、劳动经济、矿山测量、勘查地球物理、矿场地球物理、数学师范班、英语师范班
阜新矿业学院	辽宁省阜新市123000	38	724	35	785	109	2650	1514	23	118	239	采矿工程、矿业机械、露天开采、矿井建设、工业与民用建筑、环境工程、矿山测量、煤田地质勘探、工业电气自动化、电气技术、计算机及应用、机械制造工艺及设备、金属材料及热处理、热处理工艺及设备、工程力学、工业管理工程、工业自动化仪表、统计学、数学师资班、化学师资班、英语师资班
西安矿业学院	陕西省西安市710054	29	589	26	615	78	2093	1229	16	89	156	采矿工程、矿山通风与安全、矿井建设、工业与民用建筑、矿业机械、机械制造工艺及设备、工业电气自动化、通信工程、计算机及应用、煤田地质勘探、水文地质与工程地质、矿业测量、政教师资班、化学师资班
山东矿业学院	山东省泰安市271019	25	1035	30	1047	73	3458	1600	19	141	179	煤田地质勘查、矿山测量、水文地质与工程地质、矿井建设、工业与民用建筑、供热通风与空调工程、采矿工程、科技英语、工业电气自动化、矿业机械、机

续表

学校名称	地址及邮政编码	毕业生		招生		在校生		教职工				专业名称
		研究生	大学生	研究生	大学生	研究生	大学生	总数	教授	副教授	讲师	
												械制造工艺与设备、应用数学、计算机软件、矿山机电、煤化工、文秘
山西矿业学院	山西省 太原市 030024	13	646	19	681	45	2523	1189	10	102	155	采矿工程、矿井建设、工业管理工程、矿山通风与安全、财务会计、煤田地质与勘探、地质矿产勘查、矿山测量、矿山环境工程、矿业机械、选矿工程、机械制造工艺及设备、工业电气自动化、矿业机电、数学师范班、化学师范班、物理师范班、体育
焦作矿业学院	河南省 焦作市 454159	13	743	11	648	30	2340	1308	9	95	183	水文地质与工程地质、煤田地质勘查、矿山测量、采矿工程、矿井建设、机械制造工艺与设备、矿业机械、工业电气自动化、工业管理工程、劳动经济、化学师范班、英语师范班、数学师范班
淮南矿业学院	安徽省 淮南市 232001	24	858	16	688	47	2565	1382	19	133	187	水文地质与工程地质、煤田地质勘查、工程测量、采矿工程、矿山通风与安全、矿井建设、物资管理工程、机械制造工艺与设备、矿业机械、选矿工程、工业电气自动化、爆破器材与技术、煤化工、精细化工
湘潭矿业学院	湖南省 湘潭市 411201		394		505		1922	723	5	32	99	采矿工程、矿山通风与安全、煤田地质与勘探、水文地质与工程地质、矿业机械工业电气自动化、工业与民用建筑、建筑学、煤化工、会计学

续表

学校名称	地址及邮政编码	毕业生		招生		在校生		教职工				专业名称
		研究生	大学生	研究生	大学生	研究生	大学生	总数	教授	副教授	讲师	
黑龙江矿业学院	黑龙江省鸡西市158100		432		400		1446	837	1	40	78	煤田地质勘查、采矿工程、矿业机械、工业电气自动化、机械制造工艺与设备、工业与民用建筑、选矿工程、煤化工、工业管理工程
河北煤炭建筑工程学院	河北省邯郸市056038		536		658		2153	1075		34	121	工业与民用建筑、建筑学、水文地质与工程地质、采矿工程、矿井建设、起重运输与工程机械、工业电气自动化、供热通风与空调工程、给水排水、矿山机电、建筑管理工程
淮北煤炭师范学院	安徽省淮北市235000		679		558		1886	845	1	55	111	政治教育、汉语语言文学教育、文秘、历史学教育、生物学教育、数学教育、物理学教育、化学教育、体育教育、美术教育、英语语言文学教育
华北煤炭医学院	河北省唐山市063000	5	426	3	320	4	1640	1705	10	55	121	临床医学、预防医学、儿科学
中国煤炭经济学院	山东省烟台市264005		259		330		1151	430	1	29	37	工业管理工程、管理信息系统、会计学、统计学
华东煤炭医学专科学校	安徽省淮南市232001		129		150		397	193		7	13	临床医学、医学检验

1990年煤炭管理干部学院基本情况

单位：人

学校名称	学生数						教职工总人数	专职教师						邮政编码
	招生	毕业	在校					小计	教授	副教授	讲师	助教	其它	
			大专	中专	短训	专业证书								
北京煤炭管理干部学院	180	674	1499	152	976	342	1100	463	10	85	130	208	30	100024
郑州煤炭管理干部学院	302	1059	174	27	54	468	342	176		18	53	101	4	450052
成都煤炭管理干部学院	937	813	87	52		431	240	103	3	16	36	48		610072
山西煤炭管理干部学院	105	238	333			829	233	123		28	24	43	28	030006
长春煤炭管理干部学院	14	19	26			256	175	49		8	15	26		130012

1990年煤炭中等专业学校基本情况

学校名称	隶属关系	在校生数	招生数 合计	招生数 高中	招生数 初中	毕业生数	教职工 总计	教职工 教师	地址及邮政编码	专业设置
总　计		29076	11733			12028	9189	4048		
部属学校		18528	8267	4839	3428	9358	6311	2754		
省属学校		10548	3466	983	2483	2670	2878	1294		
部属学校										
北京煤炭工业学校	中国统配煤矿总公司	1106	576	576		630	378	122	北京市石景山　100042	地下采煤，煤矿机电，汽车内燃机修理，计算机与通讯，煤田地质勘探与矿井地质，煤矿测量，体育师资
秦皇岛煤炭工业学校	中国统配煤矿总公司	1338	579	579		881	436	172	河北省秦皇岛市　066004	物资管理，计划统计，运销管理，财务会计，计算机应用，劳动工资，审计，文书档案
徐州煤炭工业学校	中国统配煤矿总公司	1251	644	629	15	622	518	205	江苏省徐州市　221011	地下采煤，煤矿通风与安全，煤矿机电，机械制造与修配，煤矿地质，煤矿测量，水文与工程地质，计划统计，财务会计，计算机应用，煤炭运销，劳动工资，物资管理
徐州煤炭建筑工程学校	中国统配煤矿总公司	1310	632	303	329	595	366	172	江苏省徐州市　221008	地下采煤，煤矿建井，工业与民用建筑，煤矿机电设备安装，水暖与通风，煤炭基建预算，环境监测，图书馆管理，中师
石家庄煤炭工业学校	中国统配煤矿总公司	400	160	80	80	162	253	140	河北省石家庄市　050061	地下采煤，煤矿通风与安全，煤矿机电，师范，矿井地质，财务会计，护士
大同煤炭工业学校	中国统配煤矿总公司	1425	794	565	229	932	526	186	山西省大同市　037003	地下采煤，综合机械化采煤，煤矿建井，煤矿机械化，煤矿电气化，机械制造与修配，物资管理，财务会计，工业与民用建筑，煤矿通风与安全，劳动工资，煤矿机电，中师，煤化工
抚顺煤炭工业学校	东北内蒙古煤炭工业联合公司	679	313	313		349	325	146	辽宁省抚顺市　113008	地下采煤，煤矿建井，煤矿通风与安全，煤矿测量，煤矿机电，机械化采煤，煤矿机械化，煤矿电气化，计算机应用，机械制造与修配，汽车运用与修理，工程测量
阜新煤炭工业学校	东北内蒙古煤炭工业联合公司	767	295	132	163	628	375	147	辽宁省阜新市　123000	地下采煤，煤矿测量，煤矿机械化，煤矿电气化，发电厂与电力系统，煤火工，汽车运用与修理，铁路运输，工业与民用建筑，硅酸盐（水泥），体育师资，水暖与通风
辽源煤炭工业学校	东北内蒙古煤炭工业联合公司	487	244	244		564	310	118	吉林省辽源市　136201	地下采煤，煤矿机电，煤田地质勘探与矿井地质，工业与民用建筑，水暖与通风，煤矿运输，地质与测量，煤矿机械（液压维修）
长春煤炭工业学校	东北内蒙古煤炭工业联合公司	825	300		300	350	191	110	吉林省长春市　130012	劳动工资，物资管理，财务会计，计划统计，审计，师范

续表

项目 / 学校名称	隶属关系	在校生数	招生数 合计	招生数 高中	招生数 初中	毕业生数	教职工 总计	教职工 教师	地址	专业设置
鸡西煤炭卫生学校	东北内蒙古煤炭工业联合公司	1080	294	84	210	370	399	190	黑龙江省鸡西市 158100	医士，护士，检验士，药剂士，公卫医士
鹤岗煤炭财经学校	东北内蒙古煤炭工业联合公司	202	80		80	160	127	44	黑龙江省鹤岗市 154101	财务会计，计划统计，物资管理，劳动工资
海拉尔煤炭工业学校	东北内蒙古煤炭工业联合公司	463	348	92	256	115	87	49	内蒙古自治区海拉尔市 021008	露天采煤，煤矿机电，地下采煤，机械制造与修配，财务会计
重庆煤炭工业学校	中国统配煤矿总公司	1228	535	233	302	595	367	185	四川省重庆市 630037	地下采煤，煤矿建井，煤矿通风与安全，矿井地质，煤矿机电，工业与民用建筑，选煤，财务会计，体育师资，煤矿测量与地质
陕西煤炭工业学校	中国统配煤矿总公司	1030	416	164	252	643	362	158	陕西省咸阳市 712000	地下采煤，煤矿通风与安全，煤矿机电，煤田地质勘探，体育师资，煤田地质钻探，煤田地球物理勘探，财务会计，物资管理
临潼煤炭工业卫生学校	中国统配煤矿总公司	490	176		176	110	109	42	陕西省临潼市 710613	护士，医士
杭州煤炭工业学校	中国统配煤矿总公司	294	160	40	120	158	117	58	浙江省杭州市 310012	地下采煤，煤田地质勘探与矿井地质，煤矿测量，计划统计，财务会计，物资管理，煤矿机电
贵阳煤炭工业学校	中国统配煤矿总公司	382	149	120	29	148	174	103	贵州省贵阳市 550001	地下采煤，煤矿机电，工业与民用建筑，煤矿通风与安全
泰安煤炭工业学校	中国统配煤矿总公司	1382	348	128	220	314	340	175	山东省泰安市 271021	地下采煤，煤矿机电，煤矿建井，煤矿机械化，计算机应用，劳动工资，审计
枣庄煤炭工业卫生学校	中国统配煤矿总公司	324	80		80	46	148	63	山东省枣庄市 277011	护士，公卫医士
新汶矿务局师范学校	中国统配煤矿总公司	227	147		147	82	39	27	山东省新泰市 271219	中师，幼师
郑州煤炭工业学校	中国统配煤矿总公司	699	389	349	40	266			河南省郑州市 450052	财务会计，计划统计，物资管理，劳动工资，地下采煤，煤矿机电
焦作煤炭工业学校	中国统配煤矿总公司	769	435	208	227	501	223	95	河南省焦作市 454150	地下采煤，煤矿机电，工业与民用建筑，煤矿通风与安全
平顶山煤炭工业卫生学校	中国统配煤矿总公司	420	173		173	137	80	47	河南省平顶山市 467000	医士，护士，药剂士
省属学校										

续表

学校名称	隶属关系	在校生数	招生数 合计	高中	初中	毕业生数	教职工 总计	教师	地址	专业设置
北京市煤矿护士学校	北京市	123	40		40	38	12	6	北京市门头沟 102300	护士
山西省煤炭工业学校	山西省	1140	271	91	180	210	295	151	山西省太原市 030031	地下采煤，煤矿机电，煤矿建井，煤矿测量，物质管理，煤炭加工
晋东南煤炭工业学校	山西省	521				115	246	107	山西省长治市 046011	地下采煤，煤田地质勘探与矿井地质，工业与民用建筑，企业管理，煤矿机电，煤矿测量
雁北地区煤矿学校	山西省	615	261	181	80	277	132	72	山西省大同市 046000	地下采煤，煤矿机电，煤矿测量，煤矿建井，工业与民用建筑，财务会计
辽宁省煤炭工业学校	辽宁省	390	80		80	79	86	50	辽宁省沈阳市 110015	地下采煤，煤矿机电，煤矿通风与安全
黑龙江煤炭工业学校	黑龙江省	439	296		296		74	35	黑龙江省哈尔滨市 150001	地下采煤，煤矿测量，煤矿机电，财务会计，中师
内蒙煤炭工业学校	内蒙古自治区	595	120		120	81	289	118	内蒙古自治区包头市 014014	露天采煤，煤矿机电，煤矿通风与安全，煤田地质与矿井地质，财务会计
安徽省煤炭工业学校	安徽省	223	45		45	91	133	67	安徽省合肥市 230041	地下采煤，煤矿机电，财务会计
福建省煤炭工业学校	福建省	446	120		120	62	77	31	福建省龙岩市 364012	地下采煤，煤矿机电，煤矿地质，煤矿测量
江西省煤炭工业学校	江西省	1233	651	484	167	349	346	141	江西省萍乡市 137055	地下采煤，煤矿机电，选煤，煤田地质勘探与矿井地质，物资管理，煤矿通风与安全，财务会计，计划统计
湖北省煤炭工业学校	湖北省	551	230	56	174	90	89	37	湖北省武汉市 430200	地下采煤，煤矿机电，煤矿测量，企业管理，电气自动化
湖南省煤炭工业学校	湖南省	869	400	60	340	394	298	109	湖南省湘潭市 411100	地下采煤，煤矿机电，煤矿地质，计划统计，工业与民用建筑，财务会计，中师，煤矿通风与安全
广东省煤炭工业学校	广东省	732	187		187	181	119	50	广东省南海县 528237	中师英语，煤矿机电，财务会计，工业电气自动化，地下采煤
广西煤炭工业学校	广西壮族自治区	861	259		259	228	120	59	广西壮族自治区南宁市 530023	地下采煤，煤矿通风与安全，煤矿机电，财务会计，劳动工资，计划统计，煤矿测量，工业与民用建筑，中师，护士，药剂
云南省煤炭工业学校	云南省	483	241	111	130	196	177	99	云南省曲靖市 655001	地下采煤，煤矿机电，机械制造，煤矿地质，计划统计，物资管理，工业与民用建筑
甘肃省煤炭工业学校	甘肃省	456	101		101	248	180	85	甘肃省白银市 730919	地下采煤，煤矿机电，煤矿建井，煤田地质勘探，煤矿测量，工业与民用建筑
宁夏回族自治区煤炭工业学校	宁夏回族自治区	596	120		120		205	77	宁夏回族自治区石嘴山市 753000	地下采煤，煤矿地质，财务会计，煤化工，煤矿机械化，护士，工业与民用建筑，煤矿电气化，机械设备及工艺
新疆煤炭专科学校中专部	新疆维吾尔自治区	275	44		44	31			新疆维吾尔自治区乌鲁木齐市 830000	地下采煤，煤矿机电

1990年煤炭函授教育基本情况

函授部名称	下设函授站（个）	学生数（人）			教职工	教师数（人）		邮政编码
		招生	毕业	在校	总人数	专职	兼职	
中国矿业大学成人教育学院	17	246	395	905	66	23	6	221008
阜新矿业学院函授部	22	392	396	1301	220	78	150	123000
西安矿业学院函授部	12	154		360	44	15	81	710054
淮北煤师范学院函授部	8	295	70	765	95	89		235000
黑龙江矿业学院函授部	10	482	140	838	8	3	20	158100
山西矿业学院函授部	8	137	22	550	23		72	030024
焦作矿业学院函授部	8	319	93	641	48	24	45	454159
山东矿业学院函授部	8	261	75	631	85	21	35	271017
淮南矿业学院函授部	8	161	46	480	75	27	26	232001
阜新煤炭工业学校函授部	8	27	199	87				123000
秦皇岛煤炭工业学校函授部	5	51	50	101				066004
重庆煤炭工业学校函授部	9	119	86	592				630037
抚顺煤炭工业学校函授部	3	97		97				113008
泰安煤炭工业学校函授部	3	72		167				271021
陕西煤炭工业学校函授部	18	361	147	994				710068
长春煤炭工业学校函授部	4	95		95				130012
辽源煤炭工业学校函授部	3			102				136201

1990年煤炭成人高等教育基本情况

学校名称	学生数（人）						教职工	专职教师（人）						邮政编码
	招生	毕业	在校				总人数（人）	小计	教授	副教授	讲师	助教	其他	
			大专	中专	短训	专业证书								
淮南矿务局职工大学	153	178	233	247	1535		221	76		18	40	7	11	232001
大同矿务局职工大学	40	112	141	42		111	430	129		21	27	53	28	037003
甘肃煤炭职工大学	135	133	135		303		114	38		3	13	19	3	730020
乌达矿务局职工大学	84	200	297				159	80		5	31	35	9	016040
新汶矿务局职工大学	175	66	242	188		39	174	60		6	22	32		271300
兖州矿务局职工大学	128	71	130	146			188	76		5	12	59		273500
枣庄矿务局职工大学		35	101	69	1588		45	33		3	9	21		223465
肥城矿务局职工大学	31	40		92	402		75	39		4	6	19		271608
山东煤炭教育学院		30	16				100	50		8	6	32	4	270121
宁夏煤炭职工大学	80	116	200				155	74		14	27	33		753000
开滦矿务局职工大学	20	157	153		12	45	78	59		6	23	23	7	063100
郑州矿务局职工大学	76	63	88	127	50		90	39		4	7	16	12	467092
焦作煤矿医学院	54	53		142			74	48	4	10	11	16	7	454150
淮北矿务局职工大学	34	182	211		160	184	285	150		31	60	57	2	235006
鸡西矿务局工学院	207	169	360				320	88		18	49	21		158100

学校名称	学生数（人）						教职工总人数（人）	专职教师（人）						邮政编码
	招生	毕业	在校					小计	教授	副教授	讲师	助教	其他	
			大专	中专	短训	专业证书								
郑州煤田职工地质学院	57	151	265	190			309	152		20	71	61		450053
佛山煤田职工地质学院	15	77	71	155			230	94		6	50	38		528237
平顶山矿务局职工大学	40	164	229	66			258	111		19	46	46		467000
阜新煤炭职工医学专科学校	102	94	237	277			82	40		5	13	22		123000
舒兰矿务局职工大学	42	71	118	37			80	39		8	18	13		132602
峰峰矿务局职工医科大学				119			37	21		5	11	12		056200
阜新矿务局职工大学		73	102	236			534	188		13	104	71		123003
鸡西煤炭职工医学院	88	84	180	165			537	59		23	31	5		158100
陕西煤炭职工工学院	35		29	32			78	30		8	12	10		710068
双鸭山矿务局教师进修学院	8	32	14				176	75		18	33	24		155125
阳泉矿务局职工大学	48	73	113	140			114	55		5	16	7	27	045000
潞安矿务局职工大学	22	18		22			57	34		4	7	23		046204
汾西矿务局职工大学			38				68	32		4	12	16		031200
西山矿务局职工大学	40	119	64	130			109	42		3	20			030053
双鸭山矿务局职工工学院	40	74	162	182			209	78		5	56	17		155100
北票矿务局煤矿专科学校	28	66	82				150	65		11	28	25		122100
鹤岗矿务局职工工学院	40	74	157	88			185	75		5	40	30		154101
抚顺矿务局职工工学院	195	181	594	177			279	110		17	70	23		113008
沈阳矿务局职工大学	20	25	54	195			139	78		6	45	27		117019

1990年煤炭成人中等教育基本情况

学校名称	学生数（人）						教职工总人数（人）	专职教师（人）						邮政编码
	招生	毕业	在校					小计	教授	副教授	讲师	助教	其他	
			大专	中专	短训	专业证书								
淄博矿务局职工中专	21			83	1111		74	23		3	6	10	4	255120
枣庄矿务局教师进修学校	24	40		48			23	10		1	1	8		277155
开滦矿务局职工中专	173	128		331	17	104	97	71		3	23	20	25	063000
焦作矿务局职工中专	130	150		173	228		99	42			16	11	15	454173
鹤壁矿务局职工中专	37	77		124	1646	194	92	36		4	15	14	3	456691
义马矿务局职工中专	188	200		518	45		116	50		2	6	20	22	472435
宁夏煤炭职工中专		117		25			172	83		2	27	39	15	750001
甘肃煤炭干部中专	70	18		106			24	12		1	3	6	2	730080
甘肃煤炭卫生中专	78	58		146			21	12			3	8	1	730080
窑街矿务局职工中专		118		28			52	29		9	9	7	4	730080
铜川矿务局职工中专	202	79		306	227	36	108	54		10	22	12	10	727000
哈密矿务局职工中专	58	70		296			59	25		2	8	7	8	839003

续表

学校名称	学生数（人）						教职工总人数（人）	专职教师（人）						邮政编码
	招生	毕业	在校					小计	教授	副教授	讲师	助教	其他	
			大专	中专	短训	专业证书								
徐州矿务局职工中专	522	766		455	47	292	518	205		43	47	96	19	221011
通化矿务局职工中专	37	89		160			150	45		3	11	31		134331
平顶山矿务局职工中专	153	189		246			107	37		5	14	18		467000
平顶山矿务局教师进修学校	67	47		151			32	22		8	8	6		467000
淮北矿建职工中专	12	59		94			96	46		2	20	24		204000
淮北矿务局职工中专	165	84		389			153	59		11	21	27		235000
抚顺矿务局职工中专	100	134		155			220	87		12	42	33		113003
辽源矿务局职工中专	47	51		119			104	38		7	23	8		136201
肥城矿务局职工中专	31	40		90			76	39		4	6	20	9	271608
常州煤田地质职工学校	91	117		225			89	49		7	11	22		213131
长兴煤田职工地质学校	30	157		167			93	45		5	14	26		313700
通化矿务局教师进修学校				28			45	18						134300
平庄矿务局职工中专	41	156		63			97	51		5	20	24		024076
晋城矿务局职工中专	46	50		41			91	25		1	8	16		048000
东煤本溪职工中专	30	34		49			119	36		12	9	15		117000
辽源煤炭多种经营职工中专	159	80		248			88	38		6	6	26		136201
淮北煤炭卫生学校	96	120		194				51		6	18	27		235000
峰峰矿务局职工中专	68			46			193	109		14	35	60		056201
重庆煤炭职工中专	129	32		218			42	27		6	6	15		630037
阜新矿务局职工中专	19	37		236			534	188		13	104	71		123003
阜新矿务局教师进修学校	26	126		205			同	职工	中专					123003
双鸭山矿务局职工中专	125			180			209	78		5	56	17		155100
第一建设公司职工中专							30	24		5	9	10		056002
鸡西矿务局职工中专	90	260		333			148	57		3	22	32		158130
鹤岗矿务局职工中专	38	121		88			185	75		5	30	40		154100
铁法矿务局职工中专	69			145			62	33		2	10	21		112700
霍林河矿区职工中专	30	50		82			100	54		6	16	32		029200
扎赉诺尔矿务局职工中专		123		41			101	61		3	14	43		021412
七台河矿务局职工中专	79	25		168			87	41		3	7	18	11	154600
四川公司职工中专	99	97		265			229	94		8	31	44	11	630037

1990年煤炭干部学校基本情况

学校名称	在校学生数（人）	教职工总人数（人）	专职教师（人）					学校地址及邮政编码
			小计（人）	其中：				
				高级职称	中级职称	初级职称	其它	
山东煤炭干部学校	268	100	50	4	15	31		山东省泰安市 270121
新汶矿务局干部学校	355	74	16	1	4	8	3	山东省新汶市 271233

学校名称	在校学生数（人）	教职工总人数（人）	专职教师（人）小计（人）	其中：高级职称	中级职称	初级职称	其它	学校地址及邮政编码
兖州矿务局干部学校	301	63	33	4	6	17	6	山东省邹县 273500
枣庄矿务局干部学校	368	62	20	1	9	9	1	山东省薛城 277153
淮南矿务局干部学校	300	71	11	1	5	5		安徽省淮南市泉山 232001
淮北煤炭管理干部学校	553	153	50	11	21	15	3	安徽省淮北市 235006
甘肃省煤炭管理干部学校	303		8	3	2	2	1	甘肃省兰州市 730020
福建省煤炭工业干部学校		8	8		1	1	6	福建省龙岩市东肖 364012
宁夏煤炭干部学校		172	83	2	27	39	15	宁夏回族自治区石嘴山市 750001
铜川矿务局干部学校	306	108	54	10	22	19	3	陕西省铜川市王家河 727000
东煤公司鸡西煤炭干部学校	130	33	15	2	8	5		黑龙江省鸡西市 158105
徐州矿务局干部学校	406	31	22	2	5	5	10	江苏省徐州市 221011
河北煤炭管理干部学校		380	228	72	91	115		河北省石家庄市 070071

1990年煤炭技工学校情况表

学校名称	学校地址及邮政编码	学生人数（人）招生数	毕业生数	在校生数	教师人数（人）文化课教师人数	生产实习教师
总计		25757	20969	63945	5142	1156
一、部直属技工学校		8284	6041	19736	1849	447
二、部属企业技工学校		11280	10069	28550	2279	525
三、省属企业技工学校		6132	4859	15598	996	171
北京市		384	335	778	32	5
北京矿务局技工学校	北京市门头沟区上岸村 102300	384	335	778	32	5
河北省		1094	663	2454	283	62
开滦煤矿技工学校	唐山市东矿区古冶路 063109	205	161	570	59	25
张家口煤矿机械制造技工学校	张家口市桥东区 075000	232	166	459	27	18
邯郸煤炭基建技工学校	邯郸市黄粱梦 056106	200	40	414	42	8
峰峰矿务局技工学校	邯郸市峰峰矿区 056201	190	101	366	76	2
邢台矿务局技工学校	邢台市中兴路 054021	98		249	23	6
邯郸矿务局技工学校	邯郸市 054000	169	195	396	56	3
山西省		2285	1973	5653	426	74
大同煤矿技工学校	大同市新平旺 037003	607	389	1520	112	22
阳泉煤矿技工学校	阳泉市 045000	280	336	725	54	19
轩岗矿务局技工学校	原平县 034114	159	153	362	34	6
汾西矿务局技工学校	介休县西关 031200	260	453	751	74	7
晋城矿务局技工学校	晋城县 048006	480	149	960	44	8
西山矿务局技工学校	太原市北寒 030053	240	265	666	51	9

续表

学校名称	学校地址及邮政编码	学生人数（人）			教师人数（人）	
		招生数	毕业生数	在校生数	文化课教师人数	生产实习教师
潞安矿务局技工学校	长治市潞城宋村　046032	259	228	669	57	3
内蒙古自治区		1133	1260	2996	307	47
乌达煤矿技工学校	乌海市　016000	160	125	425	42	6
海勃湾煤矿技工学校	乌海市　016000	172	168	518	32	6
大雁矿务局技工学校	呼伦贝尔盟　021122	79	143	386	33	10
平庄矿务局技工学校	赤峰市　074076	173	101	468	46	5
扎赉诺尔矿务局技工学校	呼伦贝尔盟　021412	237	337	542	61	
伊敏河矿区技工学校	呼伦贝尔盟	80	272	281	42	6
霍林河煤炭基建技工学校	通辽市辽河大桥　028021	171	114	315	33	1
辽宁省		1895	1531	4909	426	121
阜新矿务局技工学校	阜新市新邱　123005	404	302	1034	66	33
抚顺矿务局技工学校	抚顺市新抚区　113008	383	432	1047	40	17
辽宁煤炭基建技工学校	沈阳市新城子区　110122	335	237	627	108	31
抚顺煤矿机械制造技工学校	抚顺市露天区　113003	252	162	735	93	15
南票煤矿机械制造技工学校	锦州市南票　121015	80	41	240	16	11
北票煤矿机械制造技工学校	北票县　122100	120	121	360	37	5
铁法煤矿机械制造技工学校	铁法市调兵山　112700	321	236	866	66	9
吉林省		559	546	1530	170	28
通化煤矿技工学校	浑江市文光路　134300	200	195	588	67	13
珲春矿区指挥部技工学校	珲春矿区　133300	79	76	235	21	4
舒兰矿务局技工学校	舒兰县　132602	120	176	347	28	6
辽源矿务局技工学校	辽源市　136201	160	99	360	54	5
黑龙江省		1532	1585	4067	306	100
鸡西煤矿技工学校	鸡西市麻山区　158180	320	312	944	72	14
鸡西煤机技工学校	鸡西市　158180	212	286	433	45	12
鹤岗矿务局技工学校	鹤岗市跃进街　154103	360	400	990	68	17
双鸭山矿务局技工学校	双鸭山市岭西区　155124	320	227	750	54	29
七台河矿务局技工学校	七台河市北山　154600	320	360	950	67	28
江苏省		746	337	1819	284	42
徐州煤炭基建技工学校	徐州市大黄山　221131	200		478	40	7
徐州煤矿技工学校	徐州市贾汪大泉　221011	360	191	826	181	7
大屯煤电公司技工学校	沛　县　221611	145	106	433	42	19
徐州煤矿机械厂技工学校	徐州市东关杨庄　221004		40	41	9	3
江苏煤炭烹饪技工学校	扬州市　225002	41		41	12	6
浙江省		200	158	506	45	9
长广煤矿技工学校	长兴县　313100	200	158	506	45	9
安徽省		1520	1231	3572	362	49
淮南煤炭基建技工学校	淮南市　232001	80	79	147	34	9

续表

学校名称	学校地址及邮政编码	学生人数（人）			教师人数（人）	
		招生数	毕业生数	在校生数	文化课教师人数	生产实习教师
淮北煤炭基建技工学校	宿州市反帝新村 234000	200	48	370	30	2
蚌埠煤田地质技工学校	蚌埠市继红路 233010					
淮南煤矿机械制造技工学校	淮南市蔡家岗 232052					
淮南矿务局技工学校	淮南市九龙岗 232035	440	316	951	105	16
淮北矿务局技工学校	淮北市李楼 235000	500	541	1307	99	18
安徽特凿公司技工学校	淮北市相山 235000				9	1
铜陵煤炭公司技工学校	铜陵市 244000	150	99	359	19	2
安徽省煤炭工业技工学校	合肥市	150	148	438	66	1
福建省		199	186	632	32	2
福建省煤矿技工学校	福州市	199	186	632	32	2
江西省		676	724	1814	123	13
江西省煤炭技工学校	高安县建山 330808	369	359	734	63	3
萍乡矿务局技工学校	萍乡市上栗区 337009	133	160	444	21	9
丰城矿务局技工学校	丰城市 331131	103	103	411	21	1
乐平矿务局技工学校	景德市乐平县 333304	71	102	225	18	
山东省		2510	1991	7056	498	160
兖州矿务局煤炭基建技工学校	邹县 273500	270	119	690	59	8
兖州煤矿技工学校	邹县 273500	470	501	1344	80	23
淄博矿务局技工学校	淄博市淄川区 255120	300	299	838	65	37
新汶矿务局技工学校	新汶市 271213	463	265	1108	75	11
枣庄矿务局技工学校	枣庄薛城区邹坞 277012	420	238	1259	77	28
肥城矿务局技工学校	肥城县 271601	270	271	810	52	3
临沂矿务局技工学校	临沂县罗庄 276017	210	200	663	60	31
龙口矿务局技工学校	龙口市 265700	107	98	344	30	19
河南省		2032	1941	5444	447	96
郑州煤矿机械厂技工学校	郑州市西郊伏牛路 451100	239	185	547	50	19
平顶山煤矿技工学校	平顶山市 467001	400	401	1200	82	16
新密煤炭技工学校	密县 451150	300	262	810	88	7
义马煤炭技工学校	义马矿区渑池县 452300	444	471	1105	89	37
焦作矿务局技工学校	焦作市 454150	200	233	615	43	
鹤壁矿务局技工学校	鹤壁市 456672	170	185	377	41	11
新峰矿务局技工学校	禹县 452500	97	73	285	20	4
安阳矿务局技工学校	安阳县 455100	92	45	233	14	2
朝川矿务局技工学校	临汝县 467500	90	86	272	20	
湖北省		102	158	355	26	3
湖北煤炭工业技工学校	黄石市 435000	102	158	355	26	3
湖南省		880	806	1731	133	27
株州煤田地质技工学校	株州市河塘铺 412003	180	40	340	26	4
白沙矿务局技工学校	耒阳市白沙大桥 421857	200	244	400	27	3

续表

学校名称	学校地址及邮政编码	学生人数（人）			教师人数（人）	
		招生数	毕业生数	在校生数	文化课教师人数	生产实习教师
涟邵矿务局技工学校	邵东县城北　422800	250	239	450	35	11
资兴矿务局技工学校	资兴县三都　423404	250	283	541	45	9
广　东　省		1142	965	3055	118	43
广东四望嶂技工学校	兴宁县黄槐　514558	120	150	546	27	5
广东梅田技工学校	宜章县梅田　424211	555	283	1124	34	8
广东曲仁技工学校	韶关市花坪　512149	326	331	1009	40	19
广东南岭技工学校（坪石）	乐昌县坪石　512227	141	201	376	17	11
广西壮族自治区		495	207	1117	74	27
广西煤炭技工学校	南宁市长岗岭　530023	100	79	315	19	3
东罗矿务局技工学校	南宁地区扶绥县　532100	198	40	408	24	15
合山矿务局技工学校	来宾县　546508	100	88	297	20	6
右江矿务局技工学校	田东县　531501	97		97	11	3
四　川　省		1727	1440	4064	345	89
重庆煤田地质技工学校	重庆市上桥　630037					
重庆煤矿技工学校	重庆市沙坪坝上桥　630037	250	234	570	83	15
南桐矿务局技工学校	重庆市南桐矿区　630802	200	211	501	43	19
永荣矿务局技工学校	荣昌县广顺场　632465	174	119	453	27	10
松藻矿务局技工学校	重庆市打通　631445	300	189	638	63	20
天府矿务局技工学校	重庆市　630052	240	151	530	35	8
中梁山煤矿技工学校	重庆市　630052	120	115	275	20	7
广旺矿务局技工学校	旺苍县尚武　628204	200	257	562	43	
芙蓉矿务局技工学校	珙县巡场桂花场　644501	243	164	535	31	10
攀枝花矿务局技工学校	攀枝花市　617012					
内江地区技工学校	咸远县高石场楠木冲　641006					
贵　州　省		1018	691	2519	165	46
六盘水煤矿机械制造技工学校	六枝特区平寨　553402	148	111	402	30	12
水城矿务局技工学校	六盘水市滥坝　553023	340	338	867	55	20
六枝矿务局技工学校	六枝特区木岗　553400	180	46	473	47	5
盘江矿务局技工学校	盘县特区两头河　561609	350	196	777	33	9
林东矿务局技工学校	修文县扎佐　550023					
云　南　省		396	266	1258	61	11
云南省煤炭技工学校	曲靖市　655000	338	211	1200	43	9
云南煤炭基建技工学校	曲靖市　655000	58	55	58	18	2
陕　西　省		1375	798	2652	191	49
韩城矿务局技工学校	韩城县英山　715400	454	278	819	46	4
铜川煤矿技工学校	铜川市红旗街　727000	280	202	610	49	21
铜川煤炭基建技工学校	铜川市五家河　727008	120	39	260	36	15
西安煤田地质技工学校	西安市坝桥镇　710024	200	79	361	22	4
蒲白矿务局技工学校	蒲城县　715517	161	81	262	15	5

续表

学校名称	学校地址及邮政编码	学生人数（人）			教师人数（人）	
		招生数	毕业生数	在校生数	文化课教师人数	生产实习教师
澄合矿务局技工学校	澄城县　715200	160	119	340	23	
甘肃省		85	91	246	40	4
靖远矿务局技工学校	靖远县　730913	85	91	246	40	4
青海省		366	147	896	34	5
青海省煤炭技工学校	大通县　810101	366	147	896	34	5
宁夏回族自治区		926	560	1682	117	31
西北煤矿机械制造技工学校	石嘴山市大武口　753001	230	101	452	34	20
石炭井矿务局技工学校	石嘴山市　753002	491	287	871	52	7
石嘴山矿务局技工学校	石嘴山市二区　753203	205	172	359	31	4
新疆维吾尔自治区		480	379	1140	97	13
哈密矿务局技工学校	哈密三道岭　839003	230	134	468	60	2
乌鲁木齐矿务局技工学校	乌鲁木齐市一号立井　830027	250	245	672	37	11

煤矿医疗卫生

全国统配煤矿局级医院基本情况

名称	地址	规模（床数）		医院总人数		卫生技术人员	
		1988	1990	1988	1990	1988	1990
总计		31342	33553	47354	50414	32161	34847
北京矿务局医院	北京市	468	556	849	946	504	575
开滦矿务局医院	河北省唐山市	724	693	1229	1280	745	777
大同矿务局一院	山西省大同市	563	615	855	963	653	681
大同矿务局二院	山西省大同市	303	300	404	451	269	340
大同矿务局三院	山西省大同市	300	300	417	508	301	377
平顶山矿务局医院	河南省平顶山市	547	687	1035	1132	502	821
淮南第一矿工医院	安徽省淮南市	330	360	623	590	343	386
淮南第二矿工医院	安徽省淮南市	562	562	912	928	571	608
淮南第三矿工医院	安徽省淮南市	300	300	529	574	332	359
淮南第四矿工医院	安徽省淮南市	114	192	374	414	248	270
淮北矿务局医院	安徽省淮北市	628	628	996	1169	599	639
淮北矿建公司医院	安徽省宿州市	302	302	453	456	309	321
大屯煤电公司医院	江苏省沛县	240	313	532	570	342	394
中国统配煤矿总公司第一建设公司医院	河北省邯郸市	122	122	179	165	136	124
华北煤炭医学院附属医院	河北省唐山市	486	500	866	871	610	618

续表

名称	地址	规模（床数）		医院总人数		卫生技术人员	
		1988	1990	1988	1990	1988	1990
平朔煤炭公司医院	山西省朔州市	120	120	156	156	128	122
峰峰矿务局一院	河北省邯郸市	500	500	747	746	513	519
峰峰矿务局二院	河北省邯郸市	400	400	608	618	442	459
井陉矿务局医院	河北省石家庄市	300	300	383	383	253	282
邢台矿务局医院	河北省邢台市	262	300	422	449	325	326
兴隆矿务局医院	河北省承德市	200	200	238	242	179	190
邯郸矿务局医院	河北省邯郸市	180	180	318	317	204	222
阳泉矿务局医院	山西省阳泉市	545	545	808	813	619	610
西山矿务局医院	山西省太原市	530	520	847	939	599	670
汾西矿务局医院	山西省介休县	391	421	459	491	353	402
潞安矿务局医院	山西省长治市	165	165	205	225	173	195
轩岗矿务局医院	山西省原平县	280	300	385	410	285	313
晋城矿务局医院	山西省晋城市	215	302	410	423	324	312
霍州矿务局医院	山西省霍州市	295	295	336	336	231	244
山西省煤矿职工医院	山西省太原市	84	126	303	458	223	375
包头矿务局医院	内蒙古自治区包头市	320	320	396	428	254	306
乌达矿务局医院	内蒙古自治区乌达市	226	250	372	460	260	293
淄博矿务局中心医院	山东省淄博市	400	400	576	600	404	432
淄博矿务局昆仑医院	山东省淄博市	200	200	201	200	107	118
枣庄矿务局中心医院	山东省枣庄市	400	400	515	544	356	399
枣庄矿务局官桥医院	山东省枣庄市	200	250	316	327	211	216
枣庄医院	山东省枣庄市	387	413	508	552	379	397
新汶矿务局中心医院	山东省新泰市	505	505	621	625	375	471
临沂矿务局医院	山东省临沂市	210	210	241	270	170	193
龙口矿务局中心医院	山东省龙口市	97	100	149	243	89	180
新汶矿务局莱芜医院	山东省新泰市	347	347	457	442	243	242
肥城矿务局一院	山东省肥城县	400	400	609	634	407	429
肥城矿务局二院	山东省肥城县	211	171	292	298	157	169
兖州矿务局医院	山东省邹县	395	365	634	624	454	449
兖州基建公司医院	山东省邹县	160	140	337	362	232	257
徐州矿务局中心医院	江苏省徐州市	300	400	595	651	373	419
徐州矿务局一院	江苏省徐州市	300	300	451	469	260	268
徐州矿务局二院	江苏省徐州市	216	572	423	770	250	405
萍乡矿务局医院	江西省萍乡市	470	470	529	529	366	364
丰城矿务局医院	江西省丰城市	370	370	388	392	267	267
洛市矿务局医院	江西省丰城市洛市镇	50	50	70	63	58	57
长广煤矿公司医院	浙江省长兴县	219	243	266	286	179	205
焦作矿务局医院	河南省焦作市	440	440	691	691	410	410
鹤壁矿务局医院	河南省鹤壁市	433	433	779	779	545	545
义马矿务局医院	河南省义马市	300	302	453	497	307	339

续表

名称	地址	规模（床数）		医院总人数		卫生技术人员	
		1988	1990	1988	1990	1988	1990
郑州矿务局医院	河南省密县	324	309	477	523	349	364
资兴矿务局医院	湖南省资兴市	256	256	274	274	192	184
涟邵矿务局医院	湖南省娄底市	304	304	278	292	191	207
水城矿务局医院	贵州省六盘水市	301	300	411	373	264	242
六枝矿务局医院	贵州省六枝特区	340	373	425	437	313	306
盘江矿务局医院	贵州省盘江县特区	243	243	251	254	185	181
广旺矿务局医院	四川省广元市	250	250	250	255	162	172
芙蓉矿务局医院	四川省珙县	260	280	280	350	195	259
攀枝花矿务局医院	四川省攀枝花市	319	319	654	673	389	433
南桐矿务局医院	四川省重庆市	177	160	374	351	250	215
永荣矿务局医院	四川省重庆市荣昌县	180	280	255	268	154	166
天府矿务局医院	四川省重庆市北培区	227	152	297	275	197	197
松藻矿务局医院	四川省重庆市綦江县	183	168	243	220	172	144
铜川矿务局中心医院	陕西省铜川市	530	530	614	676	405	459
铜川王石凹医院	陕西省铜川市	200	200	273	282	182	202
韩城矿务局总医院	陕西省韩城市	268	300	334	355	212	258
韩城矿务局二院	陕西省韩城市	100	125	225	219	143	141
澄合矿务局医院	陕西省澄城县	168	168	236	252	164	184
蒲白矿务局医院	陕西省蒲白县	212	230	248	269	173	187
窑街矿务局医院	甘肃省兰州市	341	351	420	415	295	291
靖远矿务局医院	甘肃省白银市平川区	253	400	487	551	366	396
石嘴山矿务局医院	宁夏回族自治区石嘴山市	280	300	412	453	296	328
石炭井矿务局医院	宁夏回族自治区石嘴山市	240	250	412	424	268	277
乌鲁木齐矿务局医院	新疆维吾尔自治区乌鲁木齐市	265	305	289	329	206	231
哈密矿务局医院	新疆维吾尔自治区哈密市	230	200	376	394	307	309
抚顺矿务局医院	辽宁省抚顺市	700	700	1201	1372	776	912
阜新矿务局医院	辽宁省阜新市	561	616	1062	1131	842	827
沈阳矿务局医院	辽宁省沈阳市虎石台	350	350	410	418	318	329
沈阳矿务局本溪医院	辽宁省本溪市	533	533	672	680	466	478
铁法矿务局医院	辽宁省铁法市	400	435	617	577	428	443
南票矿务局医院	辽宁省锦州市	350	350	400	440	300	335
北票矿务局医院	辽宁省北票市	308	400	452	467	334	317
辽源矿务局医院	吉林省辽源市	411	511	594	648	337	405
通化矿务局医院	吉林省浑江市	430	430	545	562	475	419
舒兰矿务局医院	吉林省舒兰县	310	400	424	475	279	331
鸡西矿务局医院	黑龙江省鸡西市	400	574	598	725	447	522
鹤岗矿务局医院	黑龙江省鹤岗市	510	510	918	910	617	615

续表

名称	地址	规模（床数）		医院总人数		卫生技术人员	
		1988	1990	1988	1990	1988	1990
双鸭山矿务局医院	黑龙江省双鸭山市	400	500	630	686	429	437
七台河矿务局医院	黑龙江省七台河市	230	350	407	544	286	368
大雁矿务局医院	内蒙古自治区呼伦贝尔盟海拉尔市	200	200	388	396	304	321
平庄矿务局医院	内蒙古自治区昭乌达盟赤峰市	350	350	529	530	404	414
扎赉诺尔矿务局医院	内蒙古自治区呼伦贝尔盟满州里市	250	250	485	432	294	320
伊敏河矿区医院	内蒙古自治区呼伦贝尔盟海拉尔市	50	50	179	189	125	131
霍林河矿区医院	内蒙古自治区哲里木盟扎鲁特旗	136	136	301	309	242	229

全国统配煤矿卫生防疫站基本情况

名称	地址	职工人数	
		1988	1990
合计		649	914
淮南矿务局防疫站	安徽省淮南市	26	25
大同矿务局防疫站	山西省大同市	23	17
淮北矿务局防疫站	安徽省淮北市	29	44
平顶山矿务局防疫站	河南省平顶山市	25	23
平朔煤炭工业公司防疫站	山西省朔州市	10	9
淄博矿务局防疫站	山东省淄博市	6	11
枣庄矿务局防疫站	山东省枣庄市	15	20
新汶矿务局防疫站	山东省新泰市	14	19
肥城矿务局防疫站	山东省肥城市	8	6
兖州矿务局防疫站	山东省邹县	48	48
徐州矿务局防疫站	江苏省徐州市	29	31
义马矿务局防疫站	河南省义马市	10	18
郑州矿务局防疫站	河南省密县	16	25
鹤壁矿务局防疫站	河南省鹤壁市	9	13
长广煤矿公司防疫站	浙江省长兴县	15	13
资兴矿务局防疫站	湖南省资兴市	15	9
铜川矿务局防疫站	陕西省铜川市	6	8
韩城矿务局防疫站	陕西省韩城市	5	6
澄合矿务局防疫站	陕西省澄城县		3
蒲白矿务局防疫站	陕西省蒲白县		8
石嘴山矿务局防疫站	宁夏回族自治区石嘴山市	4	4
石炭井矿务局防疫站	宁夏回族自治区石嘴山市		32
南桐矿务局防疫站	四川省重庆市		23

续表

名称	地址	职工人数	
		1988	1990
永荣矿务局防疫站	四川省永昌县		11
天府矿务局防疫站	四川省重庆市北碚区		10
松藻矿务局防疫站	四川省綦江县		9
中梁山矿务局防疫站	四川省重庆市		15
攀枝花矿务局防疫站	四川省攀枝花市	12	11
萍乡矿务局防疫站	江西省萍乡市		11
丰城矿务局防疫站	江西省丰城市		10
抚顺矿务局防疫站	辽宁省抚顺市	14	20
阜新矿务局防疫站	辽宁省阜新市	32	32
沈阳矿务局防疫站	辽宁省沈阳市虎石台	46	44
铁法矿务局防疫站	辽宁省铁法市	19	12
南票矿务局防疫站	辽宁省锦州市	7	9
北票矿务局防疫站	辽宁省北票市	14	15
辽源矿务局防疫站	吉林省辽源市	14	24
舒兰矿务局防疫站	吉林省舒兰县	47	76
珲春矿区防疫站	吉林省珲春县		60
鸡西矿务局防疫站	黑龙江省鸡西市	30	33
鹤岗矿务局防疫站	黑龙江省鹤岗市	24	26
双鸭山矿务局防疫站	黑龙江省双鸭山市	7	9
七台河矿务局防疫站	黑龙江省七台河市	28	15
大雁矿务局防疫站	内蒙古自治区海拉尔市	14	21
平庄矿务局防疫站	内蒙古自治区赤峰市	16	12
扎赉诺尔矿务局防疫站	内蒙古自治区满州里市	12	14

全国统配煤矿结核病防治院、所基本情况

名称	地址	规模（床位）		职工人数	
		1988	1990	1988	1990
总计		786	854	787	887
大同矿务局结防所	山西省大同市		100		101
平顶山矿务局结防所	河南省平顶山市			10	8
淮南矿务局结防所	安徽省淮南市				9
新汶矿务局结防所	山东省新泰市				6
邯郸矿务局结防所	河北省邯郸市				4
北京矿务局结防所	北京市门头沟区			11	11
抚顺矿务局结防所	辽宁省抚顺市			15	15
阜新矿务局结防所	辽宁省阜新市	120	138	102	109
铁法矿务局结防所	辽宁省铁法市				5
南票矿务局结防所	辽宁省锦州市			3	2

续表

名称	地址	规模（床位）		职工人数	
		1988	1990	1988	1990
北票矿务局结防所	辽宁省北票市			2	
北票矿务局结核病院	辽宁省北票市	100	100	64	72
辽源矿务局结核病院	吉林省辽源市	100	100	79	67
辽源矿务局结防所	吉林省辽源市				2
通化矿务局结核病院	吉林省浑江市	100	100	67	62
鸡西矿务局结核病院	黑龙江省鸡西市	136	136	135	134
鸡西矿务局结防所	黑龙江省鸡西市			11	10
珲春矿区结防所	吉林省珲春县				7
舒兰矿务局结核病院	吉林省舒兰县	50		46	
鹤岗矿务局结核病院	黑龙江省鹤岗市	180	180	179	219
鹤岗矿务局结防所	黑龙江省鹤岗市			6	
双鸭山矿务局结防所	黑龙江省双鸭山市			3	4
七台河矿务局结防所	黑龙江省七台河市			20	7
大雁矿务局结防所	内蒙古自治区海拉尔市			11	11
平庄矿务局结防所	内蒙古自治区赤峰市			9	7
扎赉诺尔矿务局结防所	内蒙古自治区满州里市			14	15

煤矿疗养院基本情况

名称	隶属关系	地址	床位		职工人数	
			1988	1990	1988	1990
总计			4457	4842	2106	2195
中国煤矿工人北戴河疗养院	中国统配煤矿总公司	河北省秦皇岛市北戴河区	700	700	201	201
泰山煤矿工人疗养院	山东公司	山东省泰安市	420	420	291	290
临潼煤矿工人疗养院	陕西公司	陕西省临潼县	450	450	246	246
重庆煤矿工人疗养院	四川公司	四川省重庆市	250	250	117	107
临沂温泉疗养院	山东公司	山东省临沂市	405	455	271	262
烧伤工人疗养院	江西公司	江西省九江市庐山区	300	300	4	4
淮南尘肺疗养院	淮南矿务局	安徽省淮南市	200	200	169	221
永荣矿务局疗养院	永荣矿务局	四川省荣昌县		120		45
涟邵尘肺疗养院	涟邵矿务局	湖南省娄底市	78	80	3	3
昆明疗养院	云南省煤炭工业厅	云南省昆明市	100	100	100	53
淄博矿务局疗养院	淄博矿务局	山东省淄博市		100		53
大连疗养院	东北内蒙古煤炭工业联合公司	辽宁省大连市	600	750	222	237
兴城疗养院	阜新矿务局	辽宁省兴城市	374	337	207	211
通化温泉疗养院	东北内蒙古煤炭工业联合公司	吉林省浑江市	300	300	195	183
鹤岗矿务局瘫痪疗养院	鹤岗矿务局	黑龙江省鹤岗市	180	180	42	45
平庄矿务局热水沟疗养院	平庄矿务局	内蒙古自治区赤峰市	100	100	38	34

全国统配煤矿精神病医院情况

名称	地址	规模（床数）		职工总数		其中卫技人员	
		1988	1990	1988	1990	1988	1990
总计		926	1040	579	644	328	367
峰峰矿务局精神病院	河北省邯郸市	50	150	45	56	16	22
铜川矿务局精神病院	陕西省铜川市	130	150	65	55	26	25
长广公司独山精神病院	浙江省长兴县	50	50	42	40	20	16
抚顺矿务局精神病院	辽宁省抚顺市	306	300	260	298	146	177
阜新矿务局精神病院	辽宁省阜新市	30	30	49	51	35	40
鸡西矿务局精神病院	黑龙江省鸡西市	100	100	89	98	56	54
鹤岗矿务局精神病院	黑龙江省鹤岗市	180	180	21	30	21	26
双鸭山矿务局精神病院	黑龙江省双鸭山市	80	80	8	16	8	7

全国统配煤矿职业病防治所基本情况

名称	地址	规模（床数）		职工总人数	
		1988	1990	1988	1990
总计		1910	1924	2006	2136
淮北矿务局职防所	安徽省淮北市	317	258	323	337
平顶山矿务局职防所	河南省平顶山市	150	105	144	144
北京矿务局职防所	北京市门头沟区	200	200	204	224
淮南矿务局职防所	安徽省淮南市				17
邯郸矿务局职防所	河北省邯郸市	30	30	16	13
徐州矿务局职防所	江苏省徐州市	310	310	290	309
萍乡矿务局职防所	江西省萍乡市	40	40	10	10
淄博矿务局职防所	山东省淄博市	100	100	149	156
新汶矿务局职防所	山东省新泰市			15	15
肥城矿务局职防所	山东省肥城县			5	6
铜川矿务局职防所	陕西省铜川市	100	100	126	126
韩城矿务局职防所	陕西省韩城市	20	18	10	14
蒲白矿务局职防所	陕西省蒲白县	23	23	12	12
大同矿务局职防所	山西省大同市	40	40	34	36
汾西矿务局职防所	山西省介休县	80	80	66	66
乌达矿务局职防所	内蒙古自治区乌达市	100	100	95	95
资兴矿务局职防所	湖南省资兴市	50	50	12	15
攀枝花矿务局职防所	四川省攀枝花市	20	30	20	22
阳泉矿务局职防所	山西省阳泉市		150		22
长广煤矿公司职防所	浙江省长兴县	50	50	69	59
抚顺矿务局职防所	辽宁省抚顺市			18	14
阜新矿务局职防所	辽宁省阜新市	120	100	104	103
沈阳矿务局职防所	辽宁省沈阳市			9	9
铁法矿务局职防所	辽宁省铁法市				5

续表

名称	地址	规模（床数）		职工总人数	
		1988	1990	1988	1990
南票矿务局职防所	辽宁省锦州市	40	40	34	31
北票矿务局职防所	辽宁省北票市	100	100	76	79
辽源矿务局职防所	吉林省辽源市				7
鸡西矿务局职防所	黑龙江省鸡西市			37	31
鹤岗矿务局职防所	黑龙江省鹤岗市			28	32
双鸭山矿务局职防所	黑龙江省双鸭山市			30	31
七台河矿务局职防所	黑龙江省七台河市	20		46	70
平庄矿务局职防所	内蒙古自治区赤峰市			14	12
扎赉诺尔矿务局职防所	内蒙古自治区满洲里市			10	14

附录

部分国家能源生产量及其构成

国别	年度	生产量（10^4t标准燃料）	能源生产构成（占生产量的%）			
			固体	液体	气体	水电、核电等
世界合计	1970	7150262	31.6	47.9	18.3	2.2
	1980	9291761	28.2	48.3	20.2	3.3
	1984	9267546	30.2	44.4	21.3	4.1
	1988	10474379	31.1	41.9	22.3	4.7
美国	1970	2130263	25.3	36.5	36.6	1.6
	1980	2105207	29.8	32.9	34.2	3.1
	1984	2048316	32.6	34.5	28.9	4.0
	1988	2054484	35.5	32.5	27.5	4.5
前苏联	1970	1207761	37.2	42.6	18.9	1.3
	1980	1937975	26.5	45.3	26.7	1.5
	1984	2114288	23.5	41.5	33.0	2.0
	1988	2442049	24.6	36.5	36.5	2.4
日本	1970	50957	70.8	2.2	6.9	20.1
	1980	42766	39.9	1.6	7.9	50.6
	1984	44701	33.3	1.4	7.0	58.3
	1985	47545	20.7	1.8	5.9	71.6
原联邦德国	1970	137490	83.0	6.3	9.0	1.7
	1980	162181	77.8	4.2	13.3	4.7
	1984	159018	73.2	5.1	13.2	8.5
	1988	150152	69.8	5.3	11.4	13.5
英国	1970	151578	87.5	0.1	9.8	2.6
	1980	277884	39.1	42.1	16.9	1.9
	1984	280402	14.9	64.4	18.2	2.5
	1988	315880	26.3	51.9	19.0	2.8
加拿大	1970	204978	6.0	49.4	35.1	9.5
	1980	280000	10.9	42.0	33.9	12.6
	1984	308783	15.4	38.2	32.8	13.6
	1988	363545	15.1	36.4	35.3	13.2
波兰	1970	157179	95.4	0.4	4.0	0.2
	1980	174997	95.7	0.3	3.8	0.2
	1984	173398	36.3	0.2	3.3	0.2
	1988	180443	96.6	0.2	2.9	0.3
澳大利亚	1970	66032	76.6	18.8	2.9	1.7
	1980	114670	62.3	26.2	9.7	1.8
	1984	145414	65.4	22.0	11.5	1.1
	1988	184257	66.4	21.2	11.4	1.0
原民主德国	1970	80957	98.7	0.2	0.8	0.3
	1980	83626	93.6	0.1	4.3	2.0
	1984	96838	92.9	1.7	3.7	1.7
	1988	97923	95.3	0.5	2.9	1.3
法国	1970	60653	64.9	7.1	15.2	12.8
	1980	51723	42.0	6.5	19.2	32.5
	1984	62345	31.7	6.3	13.5	48.5
	1988	67123	21.0	8.0	6.2	64.8
印度	1970	67763	79.4	14.6	1.0	5.0
	1980	100918	78.7	13.5	1.7	6.1
	1984	173995	70.4	23.0	2.5	4.1
	1988	221015	72.1	20.7	4.0	3.2

部分国家能源消费量及其构成

国别	年度	消费量（10^4t 标准燃料）	能源消费量（占消费量的%）			
			固体	液体	气体	水电、核电等
世界合计	1970	6512421	34.9	42.9	19.8	2.4
	1980	8566208	30.6	44.1	21.8	3.5
	1984	8888703	32.4	40.7	22.3	4.6
	1988	10013217	32.9	39.2	23.0	4.9
美国	1970	2227123	21.2	41.7	35.6	1.5
	1980	2419510	22.2	43.7	31.6	2.9
	1984	2262300	25.8	43.3	27.2	3.7
	1988	2457913	27.4	43.9	24.7	4.0
前苏联	1970	991376	43.8	32.0	22.7	1.5
	1980	1473927	33.4	34.2	30.5	1.9
	1984	164505	29.3	30.8	37.5	2.4
	1988	1953883	29.7	28.4	39.4	2.5
日本	1970	317415	26.9	68.2	1.6	3.3
	1980	427683	18.8	68.2	7.9	5.1
	1984	449830	22.5	61.0	11.1	5.4
	1988	480077	23.4	56.9	12.4	7.3
原联邦德国	1970	311709	42.2	50.2	6.4	1.2
	1980	352684	33.1	44.8	19.8	2.3
	1984	346994	34.3	43.1	18.6	4.0
	1988	339635	31.3	43.9	18.8	6.0
英国	1970	278680	50.4	42.4	5.8	1.4
	1980	268005	38.0	37.2	22.9	1.9
	1984	264933	35.0	46.2	26.1	2.7
	1988	282052	32.3	39.0	25.1	3.6

国别	年度	消费量（10^4t 标准燃料）	能源消费构成（占消费量的%）			
			固体	液体	气体	水电、核电等
加拿大	1970	187193	13.3	53.2	23.2	10.3
	1980	253452	12.6	48.5	26.3	12.6
	1984	247315	15.0	40.5	29.6	14.9
	1988	275031	14.3	39.5	30.0	16.2
波兰	1970	137647	86.8	7.5	5.5	0.2
	1980	177898	81.8	11.7	7.0	0.2
	1984	167298	82.3	10.0	7.8	—
	1988	179845	80.5	11.3	7.6	0.6
澳大利亚	1970	64077	48.8	46.5	3.0	1.7
	1980	90405	43.5	41.9	12.3	2.3
	1984	95096	43.4	37.3	17.5	1.8
	1988	113577	43.1	36.9	18.4	1.6
原民主德国	1970	104533	84.9	14.1	0.7	0.3
	1980	121702	70.7	19.3	8.5	1.5
	1984	123770	74.0	16.1	8.5	1.4
	1988	129244	74.4	15.8	8.3	1.5
法国	1970	193621	28.9	60.4	6.7	4.0
	1980	234030	21.4	56.7	14.6	7.3
	1984	213735	18.5	51.3	17.4	12.8
	1988	204580	10.6	54.2	16.1	19.1
印度	1970	76363	67.3	27.4	0.9	4.4
	1980	126387	64.9	28.9	1.4	4.8
	1984	176675	67.1	26.3	2.4	4.2
	1988	235322	68.1	25.1	3.8	3.0

主要产煤国家煤炭产量

单位：10^4t

国家或地区	1960年	1970年	1980年	1985年	1990年			
					硬煤	褐煤	总产量	占世界的%
美国	39400.0	55580.0	76295.0	80163.6	86143.2	8260.8	94404.0	19.91
前苏联	50962.3	62411.2	71640.0	72643.1	54315.8	16010.0	70325.8	14.84
原民主德国	22818.6	26253.1	25809.6	29634.0	—	24900.0	24900.0	5.26
波兰	12376.0	17286.0	22998.0	24938.4	14768.4	6758.4	21526.8	4.54
原联邦德国	23941.0	21920.0	22435.0	20952.0	7635.6	10753.2	18388.8	3.88
英国	19670.0	14460.0	12864.0	8864.4	9292.8	—	9292.8	1.96
印度	5264.0	7723.0	11270.0	15748.8	21400.0	1600.0	23000.0	4.86
澳大利亚	3813.0	6860.0	10652.0	17550.0	16250.0	4772.4	21022.4	4.43
加拿大	1000.0	1455.0	3656.0	6048.2	3766.8	3066.0	6832.8	1.44
南非	3817.0	5461.0	11604.0	17313.6	18450.0	—	18450.0	3.89
法国	5323.0	4015.0	2275.0	1710.0	1074.0	225.6	1299.6	0.27
日本	5247.0	3988.0	1804.0	1638.0	825.6	—	825.6	0.17
捷克和斯洛伐克	8461.7	10997.8	12320.0	12853.2	2277.6	8552.4	10830.0	2.28
哥伦比亚		250.0	526.0	897.5	1980.0	—	1980.0	0.42
世界总计	203689.0	292988.0	377000.0	436300.0	474000.0			100.0

部分国家或地区煤炭产量

单位：10^4 t

国家或地区	1980年			1985年			1990年		
	硬煤	褐煤	总产量	硬煤	褐煤	总产量	硬煤	褐煤	总产量
阿根廷	39.6	—	39.6	39.6	—	39.6	49.2	—	49.2
比利时	632.4	—	632.4	621.6	—	621.6	103.2	—	103.2
博茨瓦纳	37.2	—	37.2	43.2	—	43.2	70.0	—	70.0
巴西	524.4	—	524.4	771.6	—	771.6	459.6	—	459.6
保加利亚	27.6	2990.4	3018.0	22.8	3063.6	3086.4	14.4	3152.4	3166.8
智利	75.6	—	75.6	129.6	—	129.6	269.5	—	269.5
匈牙利	306.0	2343.6	2649.6	264.0	2140.8	2404.8	172.8	1584.0	1756.8
印尼	30.0	—	30.0	150.0	—	150.0	733.2	—	733.2
南朝鲜	1854.0	—	1854.0	2191.2	—	2191.2	1578.0	—	1578.0
朝鲜民主主义人民共和国	3600.0	1000.0	4600.0	3900.0	1200.0	5100.0	4050.0	1300.0	5350.0
摩洛哥	68.4	—	68.4	78.0	—	78.0	55.2	—	55.2
莫桑比克	39.6	—	39.6	3.6	—	3.6	…	—	…
新西兰	192.0	19.2	211.2	218.4	25.2	243.6	220.8	21.6	242.4
尼日利亚	18.0	—	18.0	14.4	—	14.4	12.1	—	12.1
挪威	28.8	—	28.8	50.4	—	50.4	36.0	—	36.0
巴基斯坦	150.0	—	150.0	224.4	—	224.4	274.8	—	274.8
菲律宾	32.4	—	32.4	126.6	—	126.6	123.6	—	123.6
葡萄牙	18.0	—	18.0	36.0	—	36.0	27.6	—	27.6
罗马尼亚	806.4	2709.6	3516.0	865.2	3792.0	4657.2	382.8	3361.2	3744.0
西班牙	1315.2	1545.6	2860.8	1609.2	2374.8	3984.0	1488.0	2107.2	3595.2
土耳其	360.0	1356.6	1725.6	360.0	3548.4	3908.4	560.3	4052.0	4612.3
委内瑞拉	4.8	—	4.8	3.6	—	3.6	190.8	—	190.8
南斯拉夫	38.4	4662.0	4700.4	39.6	6807.6	6847.2	28.8	6475.2	6504.0
赞比亚	57.6	—	57.6	51.6	—	51.6	37.2	—	37.2
津巴布韦	313.2	—	313.2	312.0	—	312.0	497.8	—	497.8
奥地利	—	286.8	286.8	—	308.4	308.4	—	250.8	250.8
希腊	—	2319.6	2319.6	—	3589.2	3589.2	—	5169.6	5169.6
意大利	—	193.2	193.2	—	189.6	189.6	—	148.8	148.8
泰国	—	142.8	142.8	—	514.8	514.8	—	1242.0	1242.0
哥伦比亚	500.0	—	500.0	897.6	—	897.6	1980.0	—	1980.0
墨西哥	740.0	—	740.0	840.0	—	840.0	1001.4	—	1001.4
伊朗	70.0	—	70.0	90.0	—	90.0	163.0	—	163.0
蒙古	38.8	398.5	437.3	48.0	603.8	651.8	50.0	800.0	850.0
越南	520.0	—	520.0	530.0	—	530.0	560.0	—	560.0
阿尔巴尼亚	—	150.0	150.0	—	215.0	215.0	—	207.1	207.1

世界煤炭产量

单位：10^6t

年(月)份	硬煤	褐煤	合计
1978	2540	951	3491
1979	2686	989	3675
1980	2728	1042	3770
1981	2728	1071	3799
1982	2828	1106	3934
1983	2831	1130	3961
1984	2999	1153	4152
1985	3161	1202	4363
1986	3249	1219	4468
1987	3335	1246	4581
1988	3454	1257	4711
1989	3474	1257	4731
1990	3564	1176	4740
1～3月	897	316	1213
4～6月	909	286	1195
7～9月	872	282	1152
10～12月	885	293	1178

世界煤炭产量增长速度指数

(1980＝100)

年(月)份	硬煤	褐煤	合计
1978	93	91	93
1979	98	94	97
1980	100	100	100
1981	100	103	101
1982	104	106	104
1983	104	108	105
1984	110	111	110
1985	116	115	116
1986	119	117	119
1987	122	120	122
1988	127	121	125
1989	127	121	125
1990	131	113	126
1～3月	132	121	126
4～6月	133	110	125
7～9月	128	108	121
10～12月	130	112	122

几个国家的著名矿区

国别	矿区名称	煤田面积 (km^2)	煤种	地质储量 (10^6 t)	探明储量 (10^6 t)	开发年代	现在产量 (10^6 t)
美国	阿巴拉契亚	18万	烟煤	310700	101300	1769	426.3
美国	泡德河	3.1万	亚烟煤	700000		1969	176.0
前苏联	顿巴斯	6万	烟煤	240600	38500	1820	172.6
前苏联	坎斯克-阿钦斯克	5万	褐煤	600000		1950	51.2
前苏联	库兹巴斯	12.6万	烟煤	905300	49500	1860	144.6
波兰	上西里西亚	4500	烟煤	84000	13500	1792	173.0
德国	莱茵	2500	褐煤			1891	104.0
德国	鲁尔	6200	烟煤	230300	23900	1830	54.6

世界煤炭可采储量

单位：10^6t

国家或地区	烟煤和无烟煤	次烟煤和褐煤	合计	占世界总储量的比重(%)
美国	129543	130752	260295	24.1
加拿大	3716	3044	6760	0.6
北美合计	133259	133796	267055	24.7
巴西	1933	2323	4256	0.4
哥伦比亚	9612	—	9612	0.9
墨西哥	1222	634	1856	0.2
委内瑞拉	416	—	416	+
其它	986	1403	2389	0.2
拉美合计	14169	4360	18529	1.7
法国	177	43	220	+
德国	23698	54964	78662	7.3
其中：原联邦德国	23698	34825	58523	5.4
原民主德国	—	20139	20139	1.9
希腊	—	2862	2862	0.3
西班牙	321	342	663	0.1
土耳其	158	5778	5936	0.6
英国	8602	500	9102	0.8
其它	903	145	1048	0.1
西欧合计	33859	64634	98493	9.2
前苏联	102496	136520	239016	22.1
波兰	28182	11487	39669	3.7
其它	2221	26792	29013	2.7
前苏联、东欧合计	132899	174799	307698	28.5
南非	54811	—	54811	5.1
津巴布韦	722	—	722	0.1
非洲其它	6553	279	6832	0.6
中东	189	—	189	+
非洲、中东合计	62275	279	62554	5.8
中国	152831	13292	166123	15.4
印度	60098	1874	61972	5.7
印尼	986	2000	2986	0.3
日本	826	17	843	0.1
南朝鲜	93	—	93	+
中国台湾	97	100	197	+
亚洲其它	387	1341	1728	0.2

续表

国家或地区	烟煤和无烟煤	次烟煤和褐煤	合　　计	占世界总储量的比重（%）
澳大利亚	44893	45461	90354	8.4
新西兰	20	89	109	+
亚洲、澳洲合计	260231	64174	324405	30.1
世界总计	636692	442042	1078734	100.0

说明：1.探明可采储量是指在现有经济和开采条件下，可从已经探明、地理和工程资料可靠性较高的煤田中采出的储量。
2.“+”为小于5万吨。

世界和部分国家煤炭资源的储采比

国家或地区	储采比
北美洲	260
美国	262
加拿大	98
拉丁美洲	456
巴西	506
哥伦比亚	485
墨西哥	185
委内瑞拉	166
西欧	146
法国	17
德国	181
希腊	55
西班牙	18
土耳其	129
英国	99
苏东	276
前苏联	341
波兰	184
非洲	341
南非	297
津巴布韦	144
亚洲和澳洲	215
中国	166
印度	278
印尼	299
日本	105
南朝鲜	6
澳大利亚	430
新西兰	49
世界合计	238

说明：本表的储采比（R/P）是指1990年末的剩余可采储量除以当年产量，得出剩余储量按当前生产水平尚可开采的年数（不包括今后陆续勘探的新储量）。

资料来源：英国石油公司1991年《世界能源统计评论》。

几个国家采煤工作面指标

国别	年份	长壁工作面数（个）	平均长度（m）	综合机械化程度（%）	平均日进度（m）	开采煤层平均厚度（m）
前苏联	1980	3116	138	67.4	1.27	1.61
	1985	2954	135	73.1	1.21	1.59
	1990	2467	143	78.6	1.22	1.57
波兰	1980	716	148	65.0	1.97	2.37
	1985	740	147	88.4	1.90	2.31
	1990	780	150*	91.0	1.90*	2.30
德国	1980	241	226	96.8	2.93	1.84
	1985	185	241	99.5	3.36	1.79
	1990	157	251	99.9	3.32*	1.82*
英国	1980	653	195	92.0	1.97	1.47
	1985	450	204	99.0	2.02	1.61
	1990	240	230*	99.5	2.80*	1.76*
日本	1980	81	103	68.7	2.15	1.87
	1985	75	111	70.6	2.32	1.80
	1990	27	113	78.6*	2.15	1.87

* 1989年数。

几个国家煤矿数

单位：处

国别	1970年	1975年	1980年	1985年	1987年	1989年	1990年
美国	5601	6230	5598	4547	4550	3654	3500
英国	292	241	219	169	110	86	73
波兰*	77	68	65	69	70	70	70
前苏联	700	600	587	622	585	574	496
日本	55	39	29	28	26	25	25
原联邦德国*	72	47	41	34	32	29	29

* 矿井数。

部分国家露天采煤量和比重

国别	年份	产量 (10^4 t)	比重 (%)	国别	年份	产量 (10^4 t)	比重 (%)
美国	1970	24349.6	43.31	英国	1970	790.0	5.46
	1980	45090.3	59.10		1980	1580.0	12.28
	1985	48255.7	60.03		1985	1360.0	14.80
	1990	56012.0	59.99		1990	1700.0	18.29
前苏联	1970	16660.0	26.69	日本	1970	213.0	5.34
	1980	26880.0	37.54		1980	119.0	6.59
	1985	30391.0	42.00		1985	160.0	9.72
	1990	32582.4	46.33		1990	123.7	14.97
波兰	1970	3240.6	18.70	印度	1970	1745.4	22.60
	1980	3686.4	16.10		1980	4530.5	40.20
	1985	5774.0	23.15		1985	8315.3	52.80
	1990	6758.4	31.39		1990	13315.1	61.00
原联邦德国	1970	10780.0	49.18	加拿大	1974	1835.6	86.30
	1980	12990.0	59.88		1980	3272.1	89.50
	1985	12070.0	57.61		1985	5276.2	91.90
	1990	10753.0	58.48		1990	6285.4	92.00
原民主德国	1970	26148.2	99.60	澳大利亚	1970	1927.6	28.10
	1980	25809.6	100.00		1980	6454.4	55.10
	1985	31215.6	100.00		1985	8623.8	54.40
	1990	24900.0	100.00		1990	15605.1	74.80

部分国家采煤机械化程度

年度	前苏联	原联邦德国	英国	日本	波兰
1970	85.0	92.65	92.3	72.3	83.32
1975	94.0	97.90	93.5	74.0	93.59
1980	96.1	99.20	94.0	72.0	96.00
1981	96.0	99.00	99.0	76.0	97.00
1982	96.0	99.70	99.0	78.1	96.20
1983	97.0	99.70	99.0	80.0	96.40
1984	97.0	99.60	99.0	81.1	96.80
1985	97.0	99.50	99.2	83.5	96.00
1986	97.0	99.50	99.3	83.7	97.20
1987	97.0	99.60	99.5	79.7	97.80
1988	97.0	99.60	99.5	87.4	98.00
1989	97.0	99.70	99.6	87.5	98.00
1990	96.0	99.80	99.7	87.9	98.00

说明：1. 表中采煤机械化程度为采煤机和刨煤机工作面产量占矿井回采总产量的比重。
2. 苏联是指倾角为35°以下的工作面装煤机械化程度。

几个国家煤炭消费构成

国别	年份	消费量 (10^6 t)	消费构成				
			发电	炼焦	工业	民用	其它
美国	1970	429.0	62.5	18.2	17.2	2.1	—
	1980	649.4	78.9	10.1	10.0	1.0	—
	1985	740.3	84.4	5.1	9.3	1.0	—
	1990	834.3	86.8	4.1	7.7	1.4	—
前苏联	1980	694.2	36.1	17.4	24.2	13.6	8.7
	1985	710.6	35.6	17.8	24.3	13.8	8.5
	1988	744.3	35.9	17.6	24.2	13.6	8.7
	1990	651.2	38.8	19.4	25.1	12.4	4.3
英国	1970	154.4	49.2	16.3	19.1	12.9	2.5
	1980	123.9	74.3	10.8	6.3	8.6	—
	1985	113.5	73.5	11.5	9.0	5.7	—
	1990	108.9	75.5	10.0	7.1	7.4	—
日本	1970	88.2	21.4	65.7	10.6	2.3	—
	1980	93.4	11.0	75.2	13.2	0.6	—
	1985	111.3	20.9	65.5	13.0	0.6	—
	1990	115.5	22.8	56.1	20.2	0.9	—

1990年世界煤炭贸易量

单位：10^4t

	动力煤	炼焦煤	合计
出口：澳大利亚	4918.2	5689.9	10608.1
美国	3835.0	5757.2	9592.2
南非	4581.3	358.7	4940.0
前苏联	2198.1	1682.0	3880.1
加拿大	414.0	2665.8	3079.8
波兰	1752.1	1049.3	2801.4
中国	1370.0	396.3	1766.3
哥伦比亚	1347.9	12.0	1359.9
德国	191.5	325.7	517.2
英国	220.2	9.2	229.4
其它	455.0	128.6	583.6
世界合计	21283.3	18074.7	39358.0
进口：欧共体	7755.2	4771.3	12526.5
欧洲其它	1044.1	790.3	1834.4
北美	1189.7	476.0	1665.7
中南美	266.2	1124.7	1390.9

续表

	动力煤	炼焦煤	合计
日本	3890.0	6645.2	10535.2
亚洲其它	4331.5	2666.5	6998.0
东欧	2175.6	1295.5	3471.1
非洲及中东	518.5	243.5	762.0
其它	112.5	61.7	187.0
世界合计	21283.3	18074.7	39353.0

世界煤炭海运量

单位：10^6t

年份	炼焦煤	动力煤	合计
1973	87.0	19.0	106.0
1979	104.0	53.0	157.0
1980	114.0	74.0	188.0
1981	122.0	86.0	208.0
1982	120.0	89.0	209.0
1983	112.0	87.0	199.0
1984	131.0	103.0	235.0
1985	140.7	133.1	273.8
1986	137.1	139.4	276.5
1987	135.9	138.6	274.5
1988	140.5	162.4	302.9
1989	161.0	155.0	316.0
1990	167.0	165.0	332.0

说明：世界煤炭海运量是指国际煤炭贸易中由海路运送的煤炭量。

世界市场煤炭等初级产品价格指数

（1980 年为 100）

初级产品名称	1982年	1983年	1984年	1985年	1986年	1987年	1988年	1989年	1990年
煤炭	93	83	82	82	88	87	90	95	108
原油	109	96	93	91	54	56	56	59	68
天然气	148	142	161	170	99	75	68	72	77
全部矿物（不包括原油）	116	108	114	117	90	80	80	87	99
全部矿物（包括原油）	110	97	95	93	57	59	59	62	71
全部初级产品	99	91	90	85	63	66	70	72	79

说明：此价格指数是联合国发布的，是以各种商品在国际市场上各国主要贸易商社之间的成交价格（包括离岸价、到岸价、汇率等）为基础计算的。

1992年1月国际市场煤炭（炼焦煤）价格

出口国	出口港	煤质			码头交货离岸价
		挥发分（%）	硫分（%）	灰分（%）	（美元/公吨）
美国	汉普顿路兹港	17～22	<1.0	7～8	50～52
		23～30	<1.0	7～8	49～51
		31	1.0	7～9	49～55
	巴尔的摩港	17～20	1.0	8～9	51～52
		21～28	1.0	8～9	45～51
		29～33	1.0	8～9	48～49
	东海岸港口	23～30	1.0	8～9	48～52
		35	1.0	10.0	42～46
	墨西哥湾	17～22	1.0	7～8	51～52
		31	1.0	7.0	51～52
加拿大	西海岸港口	<19	0.5	7～9	48～51
		19～22	0.5	7～9	42～50
		22～27	0.5	7.0	48～51
	东海岸港口	31	1.0	8.0	49～51
澳大利亚	新南威尔士	21～24	0.6	10.0	48～50
	肯布拉港	27～28	0.6	8.5	49～51
	昆士兰	30～38	0.6	7～9	47～49
		31～37	0.5	9.5	47～49
		17～22	0.7	9.0	49～51
		23～30	0.6	7～8	41～50
		31～34	0.7	8.5	49～50
波兰	波罗的海港口	24～26	1.0	8.0	50～54
南非		32	<1.0	7.0	48～49
前苏联	太平洋港口	19～25	<1.0	9～10	52～53

1992年1月国际市场煤炭（动力煤）价格

出口国	出口港	煤质				码头交货离岸价
		发热量（BTU/kg）	发热量（大卡/kg）	硫分（%）	灰分（%）	（美元/公吨）
美国	汉普顿路兹港	13000	7200	1.0	10.0	40～46
		12500	6950	1.0	10.0	39～44
		12500	6950	1.5	12.0	37～41
		11500	6400	1.5	15.0	36～38
	巴尔的摩港	12500	6950	1.0	10.0	39～41
		12500	6950	1.5	12.5	33～38
		12000	6700	1.0	12.0	34～36
		12000	6700	1.5	12.0	34～35
	西海岸港口	12500	6950	1.5	12.0	39～41

续表

出口国	出口港	煤质				码头交货离岸价
		发热量（BTU/kg）	发热量（大卡/kg）	硫分（%）	灰分（%）	（美元/公吨）
		12000	6700	1.5	15.0	37～39
		11500	6400	1.5	15.0	31～33
	墨西哥湾	12000	6700	0.6	10.0	38～40
		11500	6400	0.7	10.0	38～39
加拿大	温哥华	13000	7200	0.7	10.0	40～42
		11500	6400	1.0	14.0	34～38
波兰	波罗的海港口	12200	6800	0.8	7～10	42～46
		11500	6400	0.8	10～13	40～44
		10800	6000	0.8	14～16	38～40
南非	里查兹湾	10800	6000	1.0	16.0	30～32
		11500	6400	1.0	16.0	32～33
澳大利亚	肯布拉港	11700	6500	1.0	14.0	32～38
		11000	6200	1.0	14.0	27～28
中国		11200	6200	0.7	7～9	36～39
		10800	6000	1.0	11～13	34～36
哥伦比亚		11800	6550	0.75	8.0	31～34
		12000	6700	0.7	8.0	37～38
前苏联	东海岸	11500	6400	1.0	15.0	30～35
	西海岸	12250	6750	1.0	16.0	31～32
		11500	6400	1.0	16.0	29～30

几个国家煤矿事故死亡人数和百万吨煤死亡率

年份	美国		日本		英国		波兰*		印度	
	死亡人数	死亡率	死亡人数	死亡率	死亡人数	死亡率	死亡人数	死亡率	死亡人数	死亡率
1980	133	0.17	22	1.22	42	0.33	135	0.70	151	1.33
1981	154	0.21	124	7.00	39	0.31	89	0.55	162	1.26
1982	122	0.16	24	1.36	34	0.27	144	0.72	173	1.28
1983	70	0.09	17	1.00	44	0.34	95	0.50	178	1.24
1984	124	0.16	100	5.99	22	0.20	90	0.47	167	1.09
1985	67	0.08	83	4.90	12	0.28	88	0.46	191	1.21
1986	87	0.09	15	0.93	27	0.25	138	0.72	193	1.11
1987	64	0.08	8	0.64	15	0.15	106	0.55	157	0.85
1988	53	0.06	6	0.54	9	0.09	114	0.59	183	0.93
1989	67	0.07	7	0.68	18	0.17	88	0.50	176	0.84
1990	67	0.07	2	0.24	19	0.20	75	0.51	118	0.54

* 硬煤。

（京）新登字042号

1 9 9 2
中国煤炭工业年鉴
煤炭工业部《中国煤炭工业年鉴》编审委员会　编
*
煤炭工业出版社　出版
（北京安定门外和平里北街21号）
煤炭工业出版社印刷厂　印刷
新华书店北京发行所　发行
*
开本787×1092mm 1/16　印张18 3/4　插页24　字数691千字
1992年12月第1版　1992年12月第1次印刷
ISBN 7-5020-0741-5/TD·684

书号 3508 E0155　定价 35.00元